Josef Zindel

**FC Basel
Emotionen in Rotblau**

© 2001 by Opinio Verlag AG, Basel
Edition Basler Zeitung
Alle Rechte vorbehalten
Foto Umschlag: Stefan Holenstein, Basel
Gestaltung Umschlag: rébus Konzept und Gestaltung, Basel
Lektorat: Hansjörg Schifferli, Winterthur
Gestaltung Inhalt, Satz, Lithos, Druck: Birkhäuser+GBC AG, Reinach BL
ISBN 3-03999-002-0

Josef Zindel

FC Basel
Emotionen in Rotblau

Opinio Verlag
Edition Basler Zeitung

Inhalt

		Seite
	Vorwort	7
Kapitel I:	**Der Club der Region**	9
	Emotionen in Rotblau	10
Kapitel II:	**Das Stadion**	17
	Die Vorgeschichte	18
	Die Basler Stadion-Geschichte	20
	Die ersten Spiele im St. Jakob-Park	24
	Die Baugeschichte	30
	Die früheren Stadien des FCB	43
	Der St. Jakob-Park in Zahlen und Daten	46
	Die wichtigsten Spiele in Basler Stadien	50
Kapitel III:	**Die letzten Jahre des 20. Jahrhunderts**	55
	Von Ohlhauser bis Andrey	56
	Claude «Didi» Andrey: Der Aufstiegstrainer, der abstürzte	67
	Konsolidierung unter Karl Engel	72
	Jäggis «Bundesliga»-Konzept	73
	Nach Andrey stürzte auch Mathez	76
	Rotblau mit blauweissem Einschlag	78
	Nach 20 Jahren: Das Comeback im Europacup	81
Kapitel IV:	**Der FCB international**	85
	Ein FCB-Kapitel ohne Grenzen	86
	Die zehn bedeutendsten Schweizer Europacup-Auftritte	91
Kapitel V:	**Die Ära Benthaus**	93
	Eine Basler Kultfigur	94
	Benthaus' Rückblick	96
	Der Titel 1966/67	102
	Der Titel 1968/69	106
	Der Titel 1969/70	109
	Der Titel 1971/72	114
	Der Titel 1972/73	119
	Der Titel 1976/77	121
	Der Titel 1979/80	124
	Die zehn erfolgreichsten Trainer des Schweizer Clubfussballs	127

	Seite
Kapitel VI: Die Geschichte	129
Von 1893 bis 1900: Die Gründerjahre	130
Von 1900 bis 1945: Zwei Weltkriege	139
Von 1946 bis 1953: Der erste Meistertitel	155
Von 1954 bis 1965: Zurück zum Durchschnitt	160
Zwölf Reminiszenzen aus zwölf Jahrzehnten Basler Fussball	165
Kapitel VII: Der Schweizer Cup	169
Die andere FCB-Erfolgsgeschichte	170
Der erste Cupsieg: 1933	172
Der zweite Cupsieg: 1947	173
Der dritte Cupsieg: 1963	174
Der vierte Cupsieg: 1967	175
Der fünfte Cupsieg: 1975	177
Der letzte Cupfinal: 1982	178
Die erfolgreichsten Schweizer Clubs	179
Kapitel VIII: Die grossen FCB-Köpfe	181
Charlie Volderauer	182
Percy Humphreys	182
Daniel Hug	182
Jules Düblin	183
René Bader	183
Max Lehmann	184
Josef «Seppe» Hügi	184
Karl Odermatt	187
Helmut Benthaus	190
Teofilo Cubillas	190
Ottmar Hitzfeld	190
Die Marti-Doktoren	192
Werner Müller	192
Gisela «Gigi» Oeri	193
Gustav Nussbaumer	193
Kapitel IX: Die Zahlen, Daten und Fakten	195
Statistik aus 108 Jahren FC Basel	196
Quellenangaben, Fotonachweis	260

Vorwort

Der FC Basel ist nicht nur der Fussballclub einer ganzen Region schlechthin, sondern er gehört zu Basel, gehört zur Nordwestschweiz wie andere tief verankerte Institutionen: Wie die Fasnacht, wie Basels angesehene Museen, wie die Art, wie die chemische Industrie oder wie die weltweit anerkannte und bedeutsame Architektur. Wer also den FCB auf einen schlichten Fussballverein reduziert, verkennt seine sämtlichen sportlichen Grenzen sprengende Bedeutung, missachtet seine gesellschaftliche und soziale Integrationskraft.

Das habe ich selbst hautnah und wegweisend erleben dürfen: Unmittelbar am Grenzübergang von Lörrach nach Riehen aufgewachsen, lag mir der FCB schon in meiner Kindheit emotional näher als zum Beispiel der VfB Stuttgart, der Bundesligist aus der nächstgelegenen deutschen Grossstadt. So war es denn auch naheliegend, dass ich mich als junger Spieler mit Profi-Ambitionen beim FC Basel meldete und nicht bei einem deutschen Verein.

Und dass mich damals Trainer Helmut Benthaus, nach meinem schüchternen Telefonanruf, ohne Umstände und ohne komplizierte Umwege ins Training einlud, dass er in der Folge mein fussballerisches Potenzial erkannte und förderte, dass er mich sehr rasch und mutig in die Nationalliga-A-Mannschaft einbaute, wird mein ganzes Leben in meinem Gedächtnis haften bleiben: Der FC Basel und sein grosser Trainer ermöglichten mir den Start in meine Karriere als Spieler, später auch als Trainer. Und deshalb löst der FCB heute wie früher bei mir die gleichen Gefühle aus wie bei Zehntausenden anderen aus dem Dreiland Nordwestschweiz/Südbaden/Elsass: Emotionen in Rotblau.

Daran ändert auch nichts, dass ich den Schweizer Fussball und damit den FCB seit meinem Wechsel in die Bundesliga zu Borussia Dortmund und danach zu Bayern München hauptsächlich durch die Medien verfolge: Nie habe ich «meinen» FCB aus den Augen verloren – und das keineswegs nur aus höflicher Dankbarkeit, sondern aus ehrlicher Verbundenheit.

Deshalb freut es mich besonders, dass der FCB mit seinem neuen, fantastischen Stadion als erster Schweizer Verein in infrastrukturellen Belangen Bundesliga-Reife erlangt hat. Und dass er mit dem neuen «Joggeli» – so wird der St. Jakob-Park für mich halt immer heissen – im Rücken in nächster Zeit auch sportlich wieder an frühere Zeiten anknüpfen wird, steht für mich ausser Zweifel.

Von diesen erfolgreichen früheren Zeiten ist in diesem Buch ebenso ausführlich die Rede wie von der Neuzeit, in der sich die Stadt Basel die modernste Fussballarena der Schweiz schenkte. Und dass meine geografische Distanz zum FC Basel mit den Jahren nicht auch zum emotionalen Abstand wird – dafür wird auch dieses kompetent verfasste Buch des bekannten Basler Journalisten Josef Zindel mit seinen zahlreichen «Erinnerungs»-Fotos, mit seinen vielen Zeitdokumenten und seiner journalistischen Nähe zu liebenswerten oder kuriosen Details sorgen.

München, Sommer 2001

Ottmar Hitzfeld
Trainer des FC Bayern München

Der FCB-«Virus» befällt oft schon die Kleinen – und die wenigsten werden ihn je wieder los

Der Club der Region

Emotionen in Rotblau

Drunten zu St. Jakob nennt Basel seit dem März 2001 nicht einfach einen nüchternen Zweckbau sein eigen, sondern ein neues Denkmal, eine Wallfahrtsstätte, ein Vorzeige-Objekt, das schon fast ein wenig Legende geworden schien, noch ehe das erste Tor gefallen war. Erzielt wurde dieses erste Tor freilich nicht etwa im Eröffnungsspiel vom 15. März 2001, das zwischen dem FC Basel und Lausanne-Sports torlos verlief, sondern erst drei Tage später, am 18. März 2001. Und erzielt wurde es ironischerweise auch nicht von einem Basler Spieler, sondern vom argentinischen Stürmer Gimenez, der seinen FC Lugano bei diesem zweiten Meisterschaftsspiel im neuen St. Jakob-Park 1:0 in Führung gebracht hatte. Für das erste Basler Tor war kurz nach der Halbzeitpause FCB-Angreifer Hervé Tum, ein Kameruner, besorgt. Innerhalb weiterer zehn Minuten erzielten danach nochmals Tum, Carlos Varela und Feliciano Magro drei weitere Tore zum 4:1 für den FCB, zum ersten FCB-Sieg an neuer Wirkungsstätte.

Damit war erst richtig nach dem Geschmack der FCB-Anhänger eingeweiht, was zuvor in 27 Monaten Bauzeit realisiert wurde: Ein erstes modernes Stadion der Schweiz, das den Bedürfnissen des neuen Jahrtausends nach Komfort und Sicherheit, das den internationalen Ansprüchen entsprach.

Für den Schweizer Fussball wurde damit in Basel eine Pionierarbeit geleistet, wie man sie sich zehn Jahre zuvor noch nicht hatte erträumen lassen dürfen.

Tatsächlich wurden schätzungsweise kurz nach der Gründung des Genfersees in der Schweiz die ersten Stadien gebaut: Aventicum, Augusta Raurica, Octodurum, Vindonissa.

Seither haben sich im Land zwei Konstanten hartnäckig und wehrhaft durch die ganze Historie hindurch behauptet:
– Man sagt bei Abstimmungen Nein.
– Man beklagt(e) den miesen Zustand der Stadien, entwarf deshalb mal hier, mal dort Pläne, Konzepte und Strategien für Neubauten – und baute hinterher nicht.

Gewiss, es gab in den letzten paar Jahrzehnten neben Basel einige seriöse Projekte, unvergessen aber blieben bis 2001 vor allem Ideen der skurrilen Art – allen voran jene des Freddy Rumo.

Der war damals höchster Schweizer Fussballfunktionär und hatte neben anderen Ruhmestaten wie der Erfindung des Schweizer Meisterschaftsmodus der Neuzeit, ja, richtig, jenem mit halbierten Punkten, ein Stadionprojekt ausgerufen, das an Absurdität kaum mehr zu übertreffen war. Rumo fand nämlich damals am Strandbad von Thun ein Fleckchen, wo er ein Stadion mit Stahlrohrtribünen für 20 000 bis 30 000 Zuschauer erstellen lassen wollte. Diese Idee brachte er beileibe nicht am Stammtisch kurz vor dem letzten Pastis in die Runde, sondern er blies sie unbeirrt in die Öffentlichkeit hinaus: Mit Plänen, Skizzen, Daten und Finanzierungsmodellen – und das nicht etwa für ein zweitägiges Schwingfest. Sondern für eine Fussballweltmeisterschaft, die er damals in die Schweiz holen wollte.

Als Rumo endlich ging, kamen wohl ein paar realistischere Funktionäre – geblieben aber war die Erkenntnis, dass es den Schweizer Stadien von Genf bis St. Gallen, von Basel bis Lugano an allem mangelte: an Komfort, Sicherheit und Kapazität. Das ging so weit, dass man in der Genfer Charmilles die Haupttribüne verriegeln musste, weil schlicht und erschreckend Einsturzgefahr drohte. Und dass man im Basler Rankhof, wo noch vor 15 Jahren der FC Nordstern

Die «Emotionalsten» aller Emotionalen waren und sind in der «Muttenzer Kurve» zu Hause – im alten wie im neuen «Joggeli»

Nationalliga-Fussball geboten hatte, nur noch den Sportjournalisten den Zugang auf die Holztribüne erlaubte, die (wertvolleren?) Normalbesucher der Matches aber auf die Stehrampen verwies. Will heissen: Ausser Lamentieren ging in der Schweiz, sobald das Gespräch auf die Fussballstadien kam, lange Zeit wenig bis nichts – und wenn doch, dann vorwiegend in den Schubladen, wo die meisten Neubaupläne vergammelten.

Inzwischen aber ist nun doch konkretere Bewegung in die Szene gekommen: Es ist einer kein Utopist mehr, der voraussagt, dass in einigen Jahren in den wichtigsten Zentren des Landes zeitgemässe Stadien stehen werden: In St. Gallen etwa wurde die nach dem Meistertitel von 2000 entstandene positive Fussballstimmung genutzt und am westlichen Stadtrand, im «Gründenmoos», zum Spatenstich angesetzt. In Bern begann im Sommer 2001 der Abriss des altehrwürdigen Wankdorf-Stadions. Und auch in Zürich und Genf lagen Mitte 2001 mehr als spruchreife Projekte vor.

So weit wie in Basel aber war man zu Beginn des dritten Jahrtausends sonst nirgendwo im Land.

Und deshalb auch nirgendwo so stolz: Am besagten 15. März 2001 wohnten jene 33 433 Menschen dem ersten Spiel im St. Jakob-Park bei, die sich in den Wochen zuvor eine Eintrittskarte erstanden – falsch, nicht erstanden, sondern schon fast buchstäblich erkämpft hatten. Dass dabei der FCB, der sich sportlich zu jenem Zeitpunkt mal wieder ziemlich weit entfernt von seinen eigenen Zielen im Mittelmass abgeplagt hatte, gegen Lausanne-Sports dieses eigentlich ganz normale Meisterschaftsspiel nur 0:0 gestaltete, war für das Premierenpublikum für einmal eher sekundär. Hauptsache, man war dabei, Hauptsache, man war drinnen, Hauptsache, es gab mal wieder etwas wirklich Bemerkenswertes zu feiern.

Das tun die Basler nämlich nicht ungern, und nicht selten feiern sie sich selbst am liebsten. Auch wenige Tage vor der Stadioneröffnung, an der fünfhundertweissnichtwievielten Fasnacht, bemühte sich zum Beispiel noch immer kein Eingefleischter, den Nichteingeweihten die Faszination der drei schönsten Tage zu erklären. Entweder man spürts, man hat diesen Virus im Blut, man ist mittendrin – oder aber man gehe gefälligst nach Adelboden oder St. Moritz in die Skiferien.

Zu dieser Basler Eigenart, das zu preisen und hätscheln und lieben, was eben als «typisch baslerisch» gilt und worüber man in Zürich, Bern oder Aarau je nach Fasson mal staunt, mal rätselt oder spöttelt, gehört auch der FCB. Der gehört zur Region wie die Chemie, die Museen, der Zolli oder die Fasnacht. Man liebt ihn, wenn es ihm gut geht, man verwünscht ihn, wenn er die oft übersteigerten Erwartungen nicht erfüllt, wie in den zwei letzten Jahrzehnten mit schon fast sadistischer Regelmässigkeit – nur wirklich kalt lässt er die wenigsten. Selbst in den NLB-Zeiten zwischen 1987 und 1994, als sich Mannschaften wie Emmenbrücke, Châtel-St-Denis oder Malley trotzig dem klein gewordenen Basler Fussballclub mit noch immer grossen Namen stellten, blieb der wichtigste Sportverein der Region ein Thema. Und zwei-, dreimal kamen selbst zu solchen NLB-Spielen 30 000 bis 40 000 Zuschauer oder verschob die Basler Regierung eine Sitzung, weil dem FCB gerade mal wieder ein «alles entscheidendes» Aufstiegsspiel bevorstand.

Die Behauptung, dass überall sonst in der Schweiz dem lokalen Fussballklub die Liebe gekündigt worden wäre, hätte der mit den Emotionen seiner Anhänger derart gnadenlos Pingpong

Hommage an Aufstiegstrainer Claude «Didi» Andrey

gespielt, wie dies der FCB seit seinem letzten Meistertitel im Jahre 1980 getan hat, ist gewiss nicht übertrieben.

Anders in Basel. Euphorie wechselte sich mit Niedergeschlagenheit oder verletztem Stolz in galoppierendem Ablauf – wirklich unberührt aber blieb nur eine Minderheit. Dabei machten diese Emotionen vor keiner «Schicht» halt: Ob Arbeiter oder Intellektuelle, ob Politiker oder Gassenbuben, ob Linke oder Rechte, ob Männlein oder Weiblein – am FCB kam und kommt nur vorbei, wer dies ganz explizit anstrebt.

Aber nie seit den grossen Zeiten des Helmut Benthaus, der mit seiner Erfolgsserie der Sechziger- und Siebzigerjahre eigentlich erst dieses eigenartige und im Prinzip unschweizerische Fussballfieber begründet hatte, muss sich der als Aussenseiter fühlen, der sich zum FCB bekennt. Selbst in den Zeiten, als Fussball anderswo als weit weniger salonfähig galt, verbündete sich in Basel die künstlerische Elite mit den Kickern in Rotblau. Noch bis heute ist zum Beispiel die Freundschaft des damaligen Trainers Benthaus mit dem damaligen Theaterdirektor Düggelin unvergessen geblieben. So was schafft Nachahmer: Der zur Zeit der Stadioneröffnung amtierende Theaterdirektor Michael Schindhelm und sein kühn und umstritten inszenierender Schützling Stefan Bachmann zeigten sich mehrmals auf der FCB-Tribüne, Seite an Seite mit dem damaligen FCB-Sportdirektor Erich Vogel. Der umgekehrt gehörte im Januar 2001 zu den fünf Protagonisten auf der Bühne, als im Theater-Foyer vor 1200 mehrfach Unzufriedenen um Inhalt, Umsetzung und Werktreue debattiert und – mitunter auch in gehässigem Ton – gestritten wurde. Und tapfer hatte sich Vogel damals auf die Seite der angegriffenen Theatermacher geschlagen.

Mit den Auslastungsproblemen, wie sie das Basler Theater Anfang des Jahrtausend zunehmend belasteten, wird sich der FCB, so hofft der Verein mit seiner modernen Arena im Rücken, in den nächsten Jahren nicht herumschlagen müssen: Für das Kalenderjahr 2001 hatte er bereits gegen 10000 Jahreskarten abgesetzt, und als am 21. Februar 2001 morgens um 4 Uhr «online» der Vorverkauf für das Startspiel gegen Lausanne eröffnet wurde, brach noch vor dem Morgengrauen das System kurzerhand zusammen. Bis zum Abend dieses Februar-Mittwochs registrierte der FCB, der auf diesem Weg rund 8000 Karten für den Lausanne-Match in Umlauf brachte, rund 300 000 Hits auf seiner Homepage. Und als eine weitere Woche später morgens um 8 Uhr weitere gut 8000 Billette an einer eigens installierten Vorverkaufsstelle in der Sporthalle St. Jakob angeboten wurden, hatte Vorzeigefan Andi X. seine persönliche Rekord-Nachtschicht hinter und die begehrten Karten auf sich: Am Vortag um 13 Uhr hatte er sich vor der noch verschlossenen Türe mit Schlafsack und Thermosflasche installiert, 19 Stunden lang hatte er in der kalten Winternacht zusammen mit mehreren anderen Wahnsinnigen an der Spitze der wachsenden Warteschlange ausgeharrt. Bezeichnend für den Run war, dass der FCB den Verkauf der Tickets auf vier pro Person limitierte, um so einem drohenden Schwarzmarkt vorzubeugen.

Dass das Eröffnungsspiel mit 33 433 Zuschauern restlos ausverkauft war, verstand sich von selbst, doch auch die restlichen Spiele dieser Finalrunde 2001 waren für Schweizer Verhältnisse überdurchschnittlich gut besucht: Fast 29 000 Menschen strömten in diesem Frühjahr im Schnitt nach St. Jakob und sorgten dafür gleich für einen saisonalen Schweizer Besucherrekord: Nicht einmal in den unvergessenen Benthaus-Jahren, als der FCB im alten «Joggeli» die Titel gesammelt hatte, waren regelmässig derartige Zahlen zu verzeichnen gewesen. Der bisherige Besucherrekord einer Saison lag bei etwas über 16 000 Zuschauern in den Siebzigerjahren, in der Finalrunde 2001 stieg er auf über 28 000! Gewiss, das alles wird sich mit der Zeit wieder legen, normalisieren – der Stolz von Basel und seiner Bevölkerung, als erste Schweizer Stadt ein Stadionprojekt auch realisiert und dabei auch innovative und kreative Ideen umgesetzt zu haben, wird anhalten.

Dass also das erste Stadion der Schweizer Neuzeit in Basel realisiert wurde, ist kein Zufall. Nirgendwo im Land ist der Fussballsport derart breitabgestützt und in der Bevölkerung verankert wie in der Nordwestschweizer Stadt.

Allerdings ist diese Begeisterung für den FCB weit älter als das neue Stadion. Sie geht auf die Benthaus-Zeiten zurück, auf jene Phase in der rund 110-jährigen Vereinsgeschichte, in der sieben von acht Meistertiteln gesammelt wurden – erstaunlicherweise rissen die rotblauen Emotionen aber nicht wirklich ab, als es nach 1980 sportlich wieder abwärts ging. Es gab viele Versuche vieler gescheiten und weniger klugen Köpfe, zu deuten, zu analysieren, worauf denn diese Basler FCB-Begeisterung gründet.

Eine einzige wahre Antwort gibt es nicht, die Vermutung, dass dabei aber die Lust der Baslerinnen und Basler am etwas «Anderssein», am Bedürfnis, sich in einigen Punkten von der Schweizer Durchschnittlichkeit abzugrenzen, eine entscheidende Rolle an dieser unschweizerischen Begeisterungsfähigkeit spielt, ist wohl korrekt, mal abgesehen davon, dass es in Basel in anderen publikumsrelevanten Sportarten keine ernsthafte Konkurrenz für den FCB gibt.

Und sie gibt es nicht einmal im Fussball selbst, wie 1993, anlässlich des 100. Geburtstages des FCB, auch Hans-Peter Platz, der Chefredaktor der «Basler Zeitung» ausgemacht hatte:

«Während sich anderswo noch heute die feinen von den ordinären Fussballclubs unterscheiden und, wie beispielsweise in Glasgow zwischen Celtic und den Rangers, noch Religionszugehörigkeiten eine Rolle spielen, hat sich der Basler Stadtclub als Institution längst aus der Sphäre des rein Sportlichen gelöst und ist zu einem Bestandteil des Baslerischen schlechthin geworden. Geschafft hat der FC Basel diese Verbindung mit der Stadt vor allem durch die soziale Integrationskraft eines Clubs, der nie einer bestimmten gesellschaftlichen Schicht gehört hatte oder von einer vereinnahmt werden konnte.

Freude pur für Ceccaroni, Frick, Rytschkow und Calapes (v.l.n.r.)

Der FCB lockte als Mitglieder, Anhänger und Publikum immer die ganze Breite des gesellschaftlichen Spektrums und vereint und versöhnt wie an der Fasnacht in typisch baslerischer Art alle Gegensätze und sozialen Unterschiede.»

Darf sich also der FCB sehr wohl rühmen, ein für Schweizer Verhältnisse ungewöhnlicher Verein zu sein, einer, auf den «man anderswo» mitunter auch etwas neidisch ist, so sind zu dieser viele Emotionen auslösenden Institution zwei kritische Bemerkungen gleichwohl angebracht:

Zum einen ist es letztlich nur sehr schwer nachvollziehbar, dass dieser Verein mit den landesweit besten Perspektiven und dem grössten Potenzial von 1980 bis über die Jahrtausendwende hinein eine sportlich nur untergeordnete Rolle spielte, dass er seinerzeit sieben Jahre brauchte, um sich 1994 endlich nur mal wieder aus der Nationalliga B zu verabschieden und dass er bis zur Drucklegung dieses Buches im Juni 2001 während mehr als 20 Jahren keinen einzigen Titel mehr geholt hatte. Ja, auch im neuen Stadion blieb die Mannschaft der Saison 2000/01 letztlich unter dem selbstformulierten Ziel, besser als im Jahr zuvor, also mindestens auf dem 2. Rang abzuschneiden. Es sei daran erinnert, dass in diesen über 20 Jahren selbst ganz «kleine» Vereine mit weit geringeren Möglichkeiten als der FCB mal den einen oder anderen Titel holten, wie etwa die Young Boys, der FC Sion, der FC Aarau oder der FC St. Gallen, und dass in der glei-

Er war der Star in Jäggis «Bundesliga-Ära», ohne dass er sich wirklich durchgesetzt hatte: der Deutsche Maurizio Gaudino

chen Zeit ein bescheidener B-Verein wie der FC Schaffhausen gleich zweimal in einen Cupfinal vorstiess, derweil es der FCB seit 1982 nie mehr über einen Halbfinal hinausgebracht hatte, so dass er auch am 10. Juni 2001, beim ersten Cupfinal auf Basler Boden (Servette–Yverdon) nur als Zaungast dabei war.

Und zum anderen verfügt der FCB zwar – inzwischen mehr denn je – quantitativ über das beste Publikum im Land. Doch qualitativ wäre dem Verein auch in dieser Beziehung eine Steigerung zu wünschen. Zwar hat der FCB das in den Achtzigerjahren phasenweise aufgetauchte Hooligan-Problem in seinen Heimspielen bestens in den Griff bekommen, zwar hat er mit einem neuen Stadion ohne Zäune, Gräben und anderen Barrikaden die psychologisch richtige Variante gewählt, zwar sind also Ausschreitungen auf Basler Boden seit Jahr und Tag ausgeblieben. Das ist zweifellos ein Verdienst der in Basel in heiklen Momenten auffällig besonnen reagierenden Sicherheitsbehörden.

Und dennoch wäre vom etablierteren Teil des an sich ja erfreulich zahlreichen Basler Publikums mitunter mehr Unterstützung zu wünschen. Und von den «Hardcore»-Fans wieder etwas mehr von der atmosphärischen Kreativität der Sechziger- und Siebzigerjahre und, dies vor allem, mehr Respekt vor den Gegnern.

Dieses Ziel zu erreichen, sollte der Verein neben allen sportlichen Ambitionen nicht aus den Augen verlieren. Dann, erst dann, ist er im Land in jeder Beziehung Spitze.

Insgesamt aber hat der FC Basel seit seinem 100-Jahre-Jubiläum, das er 1993 noch in der Nationalliga B gefeiert hatte, und damit auch seit dem Erscheinen der ersten Auflage dieses Buches enorme Fortschritte erzielt.

Er hat sich finanziell erholt, auch wenn er sich nicht im Geringsten der kaum zu stoppenden Preisspirale entzogen hatte und inzwischen die Dimension eines mittelgrossen Unternehmens mit einem Umsatz von gegen 20 Millionen Franken jährlich erreicht hat. Und er hat sportlich aufgeholt, hat sich in diesem Bereich seit dem Wiederaufstieg im Jahr 1994 Schritt für Schritt wieder der nationalen Spitze genähert, auch wenn dies nach dem Gusto vieler Anhänger noch schneller hätte passieren dürfen. Und er hat sich im Jahr 2000 – nach 20-jährigem Unterbruch – erstmals wieder für den Europacup qualifiziert.

Das alles ist angesichts der ungebrochenen Titelträume, angesichts der Champions-League-Ambitionen, zwar noch immer nicht der Gipfel der Glückseligkeit, aber es ist sicher weit mehr als nichts.

Es war, was der FCB in den letzten Jahren erreicht hat, genug, um die grossartigen Emotionen in Rotblau neu zu schüren, aber nicht genug, um sie auf Dauer am Brennen zu halten.

Mit dem neuen Stadion, von dessen Entstehung auf den folgenden Seiten ausführlich die Rede ist, sind die Perspektiven besser denn je.

Frühjahr 2001: Das neue Basler Stadion von innen während des Eröffnungsspiels

Das Stadion

Die Vorgeschichte

Eines Tages liess Kaiser Vespasian seinen Marketingchef kommen und befahl: «Fidelius,» – so hiess Vespasians Marketing-Adlatus – organisier mir eine Pressekonferenz!»

Und Fidelius tat, wie ihn geheissen. Denn er wusste sehr wohl, dass er widrigenfalls mit seiner Enthauptung hätte rechnen müssen.

Am Tag der Pressekonferenz wieselten sie alle herbei, die Reporter, die Ausrufer, die Schreiber, die Chronisten, jene halt, die von Berufs wegen herbeieilen mussten. Daneben machten auch noch ein paar andere ihre Aufwartung – jene Pappenheimer, die nie fehlen, wenn es etwas gratis gibt: Man sieht sie an Vernissagen und Aperos, man trifft sie am Leichenmahl. Und man begegnet ihnen an Pressekonferenzen bei Chips und Nüsschen und Weissem und Jus und Lachsbrötchen.

An Vespasians Pressekonferenz kredenzten sie – durchaus saisongerecht – Oliven, Pinienkerne, Feigen und Cervisia.

Dazu verteilten sie Pressemappen mit ausführlichen, grafisch anmächelig dargestellten Unterlagen zum «Stadion-Neubau-Projekt Rom».

Und siehe da: Nur wenige Jahre später war dieses Projekt realisiert. Das Stadion wurde mit dem Eröffnungsspiel zwischen den in die Serie A aufgestiegenen Römer «Gladiatori» und einer Teutoburger Auswahl eingeweiht. Das Stadion erhielt den Namen «Colosseum».

Was den Römern billig war, war uns Helvetiern freilich nicht heilig. Wohl gab es seit der Schlacht von Bibracte (53 vor Christus) auch in unserer Region immer mal wieder Stadion-Pläne, und ...

... vor allem gab es dazu Pressekonferenzen in rauhen Mengen. Zu diesem Thema muss nun freilich nochmals ein bisschen ausgeholt werden: Wer in der heutigen Schweiz das Vergnügen hat, das nicht allüberall geschätzte Handwerk des Sportjournalisten auszuüben, wird täglich von hier nach dort gehetzt. Und umgekehrt.

Beim Autor dieses historisch dichten Abrisses waren es in über 20 Berufsjahren rund 3000 Fussballspiele, 1000 Handballspiele, 500 Interviews, 400 Trainerentlassungen und 1 Schwingfest in Langenthal.

So wie ziemlich genau eine Million Pressekonferenzen mit einem Gesamtumsatz von drei Bruttoregistertonnen gesalzener Erdnüsschen und 90 Barrel Orangenjus. Etwa 20 Prozent dieser Pressekonferenzen befassten sich mit Themen der unterschiedlichsten Art: Mit der Finanzkrise bei YB, mit der Finanzkrise bei GC, mit der Finanzkrise beim FCB, mit der Finanzkrise bei Servette und mit der Finanzkrise beim FC Luzern.

An den übrigen 80 Prozent all dieser Pressekonferenzen wurden Neubau-Pläne von Schweizer Stadien vorgestellt. Und stets liefen diese Stadion-Pressekonferenzen nach dem nämlichen Muster ab:

1. Begrüssung durch die Vertreter der Generalfinanz AG, der Firlefinanz GmbH und der Conceptconsulting Ltd.
2. Vorstellung des Neubaukonzeptes
3. Verteilen der entsprechenden Pressemappe mit den Stadion-Neubau-Konzept-Unterlagen
4. Allgemeine Diskussion

Die allgemeine Diskussion versandete meist sehr rasch, ganz einfach deshalb, weil es sich mit fünfzig Kubik Nüsschen im Mund nicht eben vertieft debattieren lässt.

Aus diesem Grund fanden in den letzten 30 Jahren einzig bei den Pressekonferenzen I, III, VI und IX der Wankdorfgenossenschaft Bern, bei

13. Dezember 1998: Massimo Ceccaroni hilft nach dem letzten Spiel im alten Joggeli beim «Aufräumen»

Die Lichter der Flutlichtanlage im alten Joggeli gingen am 13. Dezember 1998 endgültig aus

Noch einmal ein volles Joggeli, dann folgte am 13. Dezember 1998 nach dem Spiel gegen Lugano endgültig der Abpfiff

der fünften Auflage der St. Jakob-Pressekonferenz im Jahr 1984, bei der Stahlrohr-Tribünen-Pressekonferenz für das Thuner Stadion zur Weltmeisterschaft 1994 und bei der Neubau-Pressekonferenz des FC Aarau in der Kiesgrube Schafisheim wenigstens halbwegs engagierte Pressekonferenzen statt.

In allen anderen Fällen, von Lugano-Cornaredo über Luzern-Allmend, Rebstein-Birkenau, Servette-Charmilles bis hin zu Basel-Schorenmatte, war es jeweils so, dass man vor dem Traktandum 4 «Allgemeine Diskussion» nochmals das Glas hob, dann die Pressemappe unter den Arm klemmte, sie in die Redaktion trug, die Leserschaft informierte ...

... und danach die ganze Geschichte wieder vergass. Bis zur nächsten Stadion-Neubau-Projekt-Pressekonferenz irgendwann irgendwo.

Nur eines musste man in der Schweiz nie: Seine geschätzte Leserschaft auch tatsächlich über die Realisation eines Stadion-Neubau-Konzeptes informieren. Wenn also die Welt dereinst untergehen wird, wird man in allen Schubladen aller Redaktionsschreibstuben aller Schweizer Zeitungen tonnenweise Unterlagen zu Stadion-Neubau-Konzepten finden. Die, die jüngeren Datums sind, werden massiv verstaubt und vergilbt und vom Papierkäfer zerfressen sein. Und die älteren versteinert.

Die Basler Stadion-Geschichte

Basel rühmt sich mitunter nicht ungern, eine untypische Schweizer Stadt zu sein. Nicht selten hat derlei den Beigeschmack von Eigenlob – zumindest in der Frage der Fussballstadien aber ist ein gewisser Stolz halt schon berechtigt.

Denn war es schon Anfang der Fünfzigerjahre im Hinblick auf die Fussballweltmeisterschaft 1954 eine Pionierleistung gewesen, wie innert nicht einmal zweier Jahre und – nach einer verlorenen Abstimmung – auf genossenschaftlicher Basis das Stadion St. Jakob hochgezogen wurde, so bestätigte «Basel» rund 40 Jahre später abermals, dass man in dieser Stadt auch mal in der Lage ist, eine Idee nicht nur zu konzipieren, sondern auch zu realisieren.

Während zur Jahrtausendwende an anderen Schweizer Orten von Genf über Bern, Luzern und Zürich bis nach St. Gallen in den Stadionfragen wie erwähnt hauptsächlich noch debattiert, verhandelt und gestritten wurde, schritt man in Basel nach jahrelanger Diskussion mit verschiedensten Plänen und Varianten nun wirklich konkret zur Tat – mit dem Ergebnis, dass im März 2001 das erste Spiel in der neuen Arena stattfinden und im Sommer des gleichen Jahres das schönste, zweckmässigste, stolzeste Stadion der Schweiz offiziell eröffnet werden konnte:
der St. Jakob-Park.

Natürlich waren auch in Basel etliche finanzielle, politische und raumplanerische Hürden zu überwinden, bis das Ziel erreicht war, und selbstverständlich verlief auch in Basel keineswegs alles reibungslos. Doch im Unterschied zu vielen anderen Stadionprojekten der Schweiz blieb es in Basel nicht beim Wünschenswerten – man ging das Machbare konkret an. Man *machte* es.

Denn die Stadionkatastrophen von Brüssel und Sheffield hatten auch hierzulande vertiefte Sicherheitsdiskussionen ausgelöst, dazu wurden mit zunehmender Beliebtheit des Fussballs, der sein Schweizer Popularitätstief der Siebzigerjahre überwunden hatte, auch die Anforderungen an den Komfort grösser und grösser. Dazu kamen immer strengere Vorschriften der grossen Fussballdachverbände Fifa und Uefa, so dass auch – oder gerade – in Basel die Ideen für einen Stadion-Neubau zunehmend reiften, zumal die Zeiten, in denen im 1954 eingeweihten Joggeli grosse internationale Spiele stattfinden konnten, endgültig der Vergangenheit angehörten: Trotz allem Charme war die Arena nach internationalen Massstäben hoffnungslos veraltet und entsprach mit ihren über 40 000 ungedeckten Stehplätzen nie und nimmermehr den modernen Anforderungen.

Schon 1988 hatte die damalige Bankverein-Tochter «Uni Finanz und Promotions AG» ihr Modell der Firma Wirth-Architekten präsentiert: Geplant war ein Neubau mit 25 000 gedeckten Sitzplätzen sowie Verkaufsläden, Büros und Gewerberäumen. Angesichts dieser relativ kleinen Zuschauerkapazität begann freilich die Volksseele zu kochen, so dass die Initianten eine zweite Version, jetzt mit Raum für total 40 000 Besucher (Sitz- und Stehplätze) vorlegten. So wirklich zu befriedigen vermochte dieses Modell freilich noch immer nicht: Man sprach damals von einer «Lego-Variante», da aufgrund der vorliegenden Pläne tatsächlich der Eindruck entstand, die ursprüngliche Version sei durch simples Aufstocken in der Art von Lego-Bausteinen zu einer zweiten Variante aufgeblasen worden.

Dennoch befasste sich der Grosse Rat des Kantons Basel-Stadt im März 1994 erstmals mit dem Thema «Stadion-Neubau». Dabei ging es weniger um das vorgelegte Wirth-Projekt der «Uni Finanz» in der Grössenordnung von 150 Millionen Franken, dessen Realisierung den Kanton nichts gekostet hätte, sondern vorwiegend um städte- und raumplanerische Fragen.

Obschon sich der Grosse Rat also nicht konkret zum vorliegenden Projekt zu äussern hatte, kam in den entsprechenden Debatten mehr oder weniger deutlich eine recht geringe Begeisterung für dieses Modell zu Tage. Dabei ging es durchaus auch um die Architektur an und für sich: Man befürchtete einen Verlust der bisherigen Ambiance im Joggeli, zudem wurden Bedenken kommerzieller Art laut. Kurzum – die Debatten mündeten in der Feststellung, wonach die Basler Behörden keine Garantie für den Erfolg des vorliegenden Konzeptes übernehmen könnten. Sollte also der Neubau in der vorgelegten Form nicht zu realisieren sein, wären Alternativen zu suchen.

Damit immerhin machte der Grosse Rat klar, dass – wenn auch keineswegs zwingend in der präsentierten Form – in Sachen Stadion Handlungsbedarf bestehe und dass ein Neubau oder aber eine komplette Sanierung letztlich eben doch eine städtische Aufgabe sei.

Die Basler Regierung folgte diesen Argumenten, als sie danach im Sommer 1994 einen Vorstoss des SP-Grossrats Roland Stark stillschweigend überweisen liess. Der Vorstoss von Stark verlangte im Falle eines Scheiterns des Wirth-Projektes die Ausarbeitung von Alternativen mit einer breiten regionalen Abstützung. Tatsächlich hatte das «Wirth-Projekt» letztlich keine Chance. Es

Ein Bild, das Wehmut hinterlässt: Die alte Joggeli-Tribüne als Abbruch-Ruine

scheiterte an den längst überholten Bedürfnissen nach freier Bürofläche und damit an der fehlenden Finanzierbarkeit.

Immerhin aber waren die Diskussionen endgültig lanciert und Politiker wie Öffentlichkeit für dieses Thema sensibilisiert.

Im Frühjahr 1996 erfolgte dann der entscheidende «Kick», als die Berner Generalunternehmung Marazzi AG aus Muri, unbeeindruckt durch das Scheitern des «Wirth-Modells», ihr Projekt präsentierte.

Bereits am 25. Oktober 1996 nahm die Marazzi-Idee in der Raumplanungskommission des Basler Grossen Rates die erste politische Hürde. Im April 1997 wurde das Projekt mit der Erteilung der Baubewilligung durch das Basler Bauinspektorat definitiv aufgegleist – und nur vier Jahre später, 2001, war es umgesetzt.

Was nun hier nach «husch, husch!» tönen mag, war, dem beeindruckenden Realisationstempo zum Trotz, noch immer bei weitem kein hindernisloser Weg. Dennoch: Mit der im April 1997 erteilten Baubewilligung wurde klar, dass Basel als erste Stadt der Schweiz ein Stadion der «neuen Generation» erhalten wird – so gesehen, war die Erteilung der Baubewilligung tatsächlich ein erstes historisches Datum, an dem auch deutlich wurde, dass es gelungen war, ganz verschiedene Interessen und ebenso viele verschiedene Beteiligungsgruppen unter einen Hut zu bringen.

Das betraf in erster Linie die «Stadiongenossenschaft St. Jakob», die Besitzerin des alten Stadions im Baurecht, dann die Einwohnergemeinde Basel, der das Land gehört, den FCB und schliesslich in erster Linie auch die Generalunternehmung Marazzi und ihre Investoren.

Das Projekt, das die Marazzi-Gruppe, die Stadiongenossenschaft, der FC Basel und die Investoren gemeinsam vorstellten, sah damals noch einen Neu- oder Umbau des alten Stadions vor.

Erstmals wirklich detailliert präsentiert wurde das Projekt am 26. Juni 1997, als alle entscheidenden Verträge unter Dach und alle relevanten politischen Hürden genommen waren.

An diesem zweiten «historischen Datum» nach jenem der Baubewilligung stand fest, dass ...

– das neue Stadion eine Kapazität von 33 433 überdeckten Plätzen gemäss Uefa-Norm haben wird,

– von den 33 433 Plätzen, wie vom harten Kern der Fans gewünscht, deren 3 000 als Stehplätze konzipiert sind,

– dem Stadion eine Altersresidenz mit 107 Wohnungen und 16 Pflegezimmern angefügt wird,

– als Investoren die Winterthur-Versicherung, die Suva und die Pensionskasse des Basler Staatspersonals gewonnen wurden.

1997 war noch von einem Finanzvolumen von 170 Millionen Franken und einem Baubeginn im Dezember 1997 die Rede. In Tat und Wahrheit belief sich dann aber die Summe auf über 220 Millionen Franken, und effektiver Baubeginn war – mit dem Abriss des alten Stadions als Start – im Dezember 1998.

Geplant war ursprünglich auch eine Bauzeit in zwei Etappen, so dass der FCB nach dieser Idee zumindest den Grossteil seiner Heimspiele mit einer Kapazität von mindestens 16 000 Zuschauern in der «Baustelle» hätte austragen können.

Später entschied man sich dann aber für die radikalere Variante: Für einen totalen Neubau und nicht einen

Umbau, so dass der FCB für exakt zwei Jahre ins Schützenmatte-Stadion am Wielandplatz ausweichen musste.

Diesen Abweichungen von der ursprünglichen Planung zum Trotz wurde am besagten 25. Juni 1997 ein Projekt präsentiert, das – wie der damalige Basler Regierungspräsident Ueli Vischer betonte – für alle beteiligten Partner zu einer «Win-win-Situation» führte:

Die Stadt Basel kam zu einem hypermodernen, zeitgemässen Stadion, ohne Geldanlangen oder die öffentliche Hand bemühen zu müssen, der FCB erhielt eine für Schweizer Verhältnisse unvergleichliche Spielstätte, die selbst höchsten europäischen Ansprüchen mehr als genügt, die Generalunternehmung Marazzi, die auch die Neubauprojekte des Berner Wankdorf-Stadions in ihre Hände nahm, hatte einen riesigen Bauauftrag. Den Investoren aus der Wirtschaft und der Versicherung winkten Renditen, die auf eine Höhe von 5 Prozent berechnet waren. Und die Stadiongenossenschaft St. Jakob profitiert vom Entgelt, das ihr die Benutzer des neuen Stadions entrichten müssen.

Der überraschendste Partner der Investorengruppe war ohne Zweifel die Pensionskasse des Basler Staatspersonals. Deren Anlagekommission befand das Projekt für so seriös und solid, dass sie der Idee zustimmte. Dabei ist zu erwähnen, dass dieser Schritt nicht etwa von Regierungsrat Ueli Vischer initiiert wurde, obschon er als baselstädtischer Finanzdirektor von Amtes wegen Präsident der Anlage-Kommission war. Vielmehr wurde die Pensionskasse von Mitinvestor «Winterthur» akquiriert.

Die «Winterthur» war denn auch die federführende Investorin. Ihr oblag die Aufgabe, potente Mieter für die verschiedenen im Stadion integrierten Nutzflächen zu finden. Mit der Vermietung der Ladenfläche innerhalb des Stadions an das Warenhaus Manor gelang ihr dabei schnell ein erster namhafter Schritt.

Gemeinsam bildeten die drei Investoren die «Miteigentümergemeinschaft St. Jakob-Park» (MEG). Diese MEG war und ist nicht nur für die Finanzierung zuständig, sondern sie zeichnete juristisch auch als Bauherrin, der die Marazzi-Unternehmung unterstellt ist und war.

Dass Basel so nach vielen Irrungen und Wirrungen plötzlich verblüffend rasch zu einem realisierungsfähigen Stadionprojekt kam, konnte damals, 1997, mit Fug und Recht als Sensa-

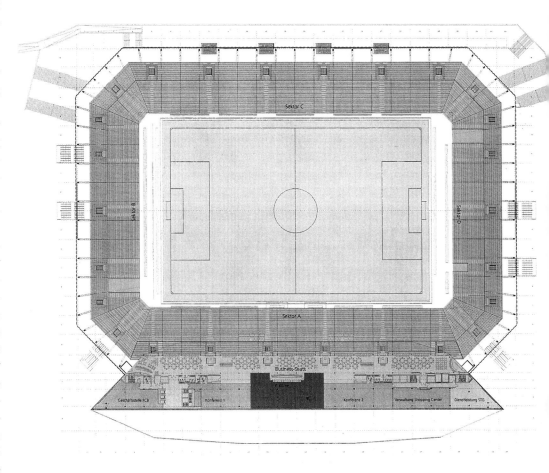

Aus den Plänen der Architekten Herzog & de Meuron: Das zweite Obergeschoss des St. Jakob-Parks

tion bezeichnet werden. Dabei hatte es zu Beginn auch dem Marazzi-Modell gegenüber, das 1996 noch vom später abgewählten Baudirektor Christoph Stutz quasi aus dem Hut gezaubert wurde, einige Skepsis gegeben. Vor allem die Idee der Nutzung einer Altersresidenz brachte zuerst einmal Spötter auf den Plan. Dabei war dieses Idee im Prinzip nichts als folgerichtig, denn exakt dafür bestand in Basel gemäss einer Untersuchung Bedarf – und noch vor dem ersten Spatenstich standen erste Interessenten für diese Alterswohnungen auf der Matte.

Letztlich erwies sich das nun realisierte Modell für Basel, aber auch für den gesamten Schweizer Fussball als absoluter Glücksfall, wie es im Juni 1997 auch Urs Hobi in der «Basler Zeitung» kommentiert hatte:

«... dieser Glücksfall für die Stadt und für den Fussball hat verschiedene Verursacher. Zweifellos sind die Verantwortlichen der Stadiongenossenschaft mit Präsident Stephan Musfeld als unermüdliche Promotoren und Moderatoren zu belobigen und die Generalunternehmer und Finanzleute zu ihrem Unternehmerrisiko in schwierigen Zeiten zu beglückwünschen. Aber auch die politischen Behörden hatten im ganzen Geschäft eine sichere Hand, als es galt, das Bewilligungsverfahren über die verschiedenen Hürden zu schaukeln.»

Den symbolischen Hut zog Urs Hobi zum Schluss seines Kommentars auch noch vor den Instanzen des «VCS», dem ökologisch orientierten Verkehrsclub der Schweiz, der aufgrund seines Verzichtes auf zeitraubende Rekurse gegen die vorgesehene Anzahl der Parkplätze im Interesse des Ganzen über den eigenen Schatten gesprungen sei.

Und als später auch noch Naturschützer auf eine zuerst angekündigte Einsprache gegen die Integrierung eines SBB-Bahnhofs verzichteten, war der Weg zur Umsetzung eines grossen Planes endgültig frei.

So gross das Geschenk eines neuen Stadions für den FC Basel auch war, und so immens die vereinseigenen Perspektiven damit auch wurden – für ihn hatte das ganze Projekt nicht nur Vorteile: Zwar begrüsste man letztlich auch beim FCB den Entscheid zugunsten eines schnellen und radikalen Neubaus statt eines langfristigen Umbaues; doch für ihn waren damit vorübergehend auch einige Opfer verbunden.

Vor allem musste eine Ausweichstätte für zwei Jahre gefunden werden.

Zur Debatte standen der neu erbaute Rankhof an der Grenzacherstrasse, das Heimstadion des in den Amateurfussball zurückgefallenen früheren NLA-Vereins FC Nordstern, und die Schützenmatte. Man entschied sich – aufgrund der etwas grösseren Kapazität und der besseren Anbindung an den öffentlichen Verkehr – für die Schützenmatte, die Heimat der Old Boys.

Mit diesem temporären Umzug waren nicht nur für die Stadiongenossenschaft finanzielle Einbussen verbunden, sondern auch für den FCB.

Aus diesem Grund setzte der Verein die Eintrittspreise weit über dem nationalen Durchschnitt an – was von den Fans nicht goutiert und was schliesslich gar im Grossen Rat zum Politikum wurde, so dass der FCB im Verlauf der zwei Jahre die Eintrittspreise dann doch wieder senkte.

Diese Preispolitik war jedoch nicht allein ausschlaggebend, dass sich der Zuschaueraufmarsch auf der Schützenmatte so bei durchschnittlich relativ bescheidenen 7000 Besuchern einpendelte. Vielmehr war die fehlende Ambiance und der mangelnde Komfort – trotz aller grossartigen Bemühungen des Sportamtes und des BSC Old Boys – ein anderer wesentlicher Grund für die FCB-ungewohnte Zuschauerbaisse.

Doch irgendwann waren auch diese zwei Jahre vorbei, und sie waren für den FCB keineswegs nur von Schaden: Immerhin schaffte der Verein nach fast zwanzig Jahren ausgerechnet auf dem Platz der Old Boys wieder einmal eine Europacup-Qualifikation. Für diese internationalen Spiele gegen Folgore San Marino, Brann Bergen und Feyenoord Rotterdam beanspruchte dann aber der FCB im Herbst 2000 die Gastfreundschaft der Grasshoppers und deren Hardturm-Infrastruktur in Zürich.

14. August 1999: Christian Gross bei der Grundsteinlegung

Die ersten Spiele im St. Jakob-Park

Und diese Premiere im neuen Stadion führte – der Spielplan wollte es so – den FC Basel abermals mit Lausanne-Sports zusammen.

Eigentlich handelte es sich bei diesem Match vom 15. März 2001 um ein ganz normales Meisterschaftsspiel der Finalrundensaison 2000/2001. Zuvor hatte der FCB zweimal auswärts antreten müssen und dabei ausgesprochen schlechte Werbung für dieses mit grosser Spannung und viel Vorfreude erwartete Startspiel im neuen «Joggeli» gemacht: In die Finalrunde waren die Basler am 25. Februar mit einer miserablen Leistung und einer folgerichtigen 0:3-Auswärtsniederlage gestartet. Es folgte hernach mit einem 0:0 bei den Grasshoppers immerhin eine Steigerung, und weil die Mannschaft dazwischen auch ihren Cupauftritt beim B-Ligisten Bellinzona mit 3:2 erfolgreich beendet hatte, herrschte vor dem Lausanne-Heimspiel zwar keine sportliche Euphorie, aber immerhin auch nicht gerade Katerstimmung.

Der Run nach Karten für dieses Eröffnungsspiel war enorm – trotz direkter Fernsehübertragung hätte der FCB gut und gerne das doppelte Quantum von Tickets absetzen können. Für 33 433 Besucher im Stadion, darunter vielen geladenen Ehrengästen, war schliesslich der Eröffnungsmatch ohne ein einziges Tor keine fussballerische Offenbarung – doch weil die Blicke der Zuschauer in dieser Partie ohnehin viel häufiger mit glänzenden Augen und sichtbarem «Besitzerstolz» durchs Stadion schweiften, konnte man für diesesmal mit der sportlich

Das erste Spiel im neuen Stadion am 15. März 2001:
FCB-Spieler Hakan Yakin vergibt bei diesem 0:0 eine der Basler Chancen gegen Lausanne-Goalie Rapo

mässigen Ausbeute leben: Für einmal war das Ergebnis sekundär, und immerhin war man gegen Angstgegner Lausanne nicht mit einer Niederlage ins Zeitalter des neuen Stadions gestartet.

Doch der FCB hatte sich für diese Finalrunde auch resultatmässig einiges vorgenommen: Die Vorgabe, die sich der Verein selbst gegeben hatte, war ein besseres Abschneiden als in der Saison zuvor, als der FCB mit seinem 3. Schlussrang und der Qualifikation für den Uefa-Cup das beste Ergebnis seit 1980 erreicht hatte.

Im Klartext hiess das Ziel: Meistertitel oder 2. Rang, der in dieser Saison ebenfalls noch gut genug für die Qualifikation zur Champions League war.

Und in seinem zweiten Heimspiel, nur vier Tage nach dem Lausanne-Match, holten die Basler gegen Lugano das zuvor Verpasste auf eigentümliche Art nach.

Zur Pause lag der FCB 0:1 im Rückstand, und nur einer überragenden Leistung ihres slowakischen Torhüters Miroslav König hatten es die Basler zu verdanken, dass sie nicht bereits 0:3 oder gar 0:4 hinten lagen. Was freilich kurz nach der Pause folgte, war von einer kaum mehr zu überbietenden Absurdität: 45 Minuten lang hatte der FCB kein Bein vor das andere gebracht – dann aber glich ganz kurz nach der Pause der im Winter aus Sion geholte Kameruner Hervé Tum mit einem Kopfball, dem ersten FCB-Tor in der neuen Arena, zum 1:1 aus und lancierte damit die denkwürdigsten Spielminuten der Basler seit Jahren. In der Tat kehrten nochmals Tum sowie Magro und Varela innerhalb von zehn Minuten das zuvor von Wintermeister Lugano krass dominierte Spiel: In der 55. Minute hiess es bereits 4:1. Das Stadion kochte, die 33 000 FCB-Fans wussten so

Er führte den FCB als Trainer ins neue Stadion: Christian Gross

wenig wie die Spieler, wie ihnen geschah.

Mit diesem 4:1 hielt sich der FCB vorerst im Meisterrennen, und nach einem 0:0 beim FC Zürich, bei dem der von Kaiserslautern zurückgeholte Münchensteiner Murat Yakin in der zuvor instabilen Abwehr ein glänzendes Comeback gab, nach einem 2:1-Heimsieg gegen Sion und einem 1:1 gegen Meister St. Gallen lag für den FCB bei Halbzeit dieser Finalrunde sportlich noch einiges drin.

Dann folgte ein abermals denkwürdiger Match – jener vom 22. April bei Schweizer Meister St. Gallen im Espenmoos. Kurz nach der Pause waren die Basler durch ein absolutes Phantomtor 0:2 in Rückstand geraten. Goalie König hatte einen weiten Flankenball des St. Galler Aufbauers Nixon erwiesene 18 Zentimeter vor der Torlinie gefangen, allein, der auf der Höhe der Sechzehnerlinie postierte Linienrichter entschied auf Tor. Dieser krasse Fehlentscheid, der später von der Rekurskommission als

26 000 Fans erlebten am 6. Juni 2001 das erste Länderspiel im neuen Stadion, das die Schweizer mit N'Kufo, Henchoz und Frei gegen Slowenien allerdings 0:1 verloren

«Tatsachenentscheid» geschützt wurde, weckte den FCB, wiewohl er das Spiel nach Platzverweisen gegen Savic und Cravero in Unterzahl beenden musste. Zu neunt glichen die Basler durch Huggel und Hakan Yakin aus, ehe St. Gallens Zellweger in der 96. Minute den 3:2-Siegestreffer erzielte. Zum zweitenmal innert Jahresfrist war der FCB damit in St. Gallen durch einen monumentalen Fehlentscheid eines Schiedsrichters vorentscheidend aus dem Titelrennen zurückgeworfen worden. Ein Jahr zuvor war nämlich dem FCB im nämlichen Espenmoos ein absolut reguläres Kopftor Kreuzers in der 85. Minute zum 2:1 für die Basler von Schiedsrichter René Rogalla aberkannt worden, und nun verhalf Ref Dieter Schoch dem FC St. Gallen zu einem völlig umstrittenen Sieg.

Mit zwei Siegen in Folge, einem 1:0 in Sion und einem 2:1 gegen den FCZ zuhause, blieben die Basler aber in hartnäckiger Tuchfühlung mit der Spitze, ehe sie in der viertletzten Runde in Lugano nur 1:1 spielten und damit den Rückstand auf die führenden Teams von St. Gallen und GC auf vorentscheidende sechs Punkte anwachsen liessen.

In den drei restlichen Partien dieser Saison ging es damit im indirekten Zweikampf mit dem FC Lugano «nur» noch um den 3. Rang und damit den Einzug in den Uefa-Cup. Doch auch dieses Ziel sollte der FCB schliesslich verpassen – mit drei weiteren Unentschieden, die er verursachte.

Das 3:3 gegen die Grasshoppers vor abermals 33 433 Zuschauern war zwar abermals ein sehr denkwürdiger Match. Der FCB spielte in dieser Partie gegen den Zürcher Spitzenklub gut, sehr gut sogar – und er führte bis zur 90. Minute mit 3:1 noch viel zu knapp. Doch dann brach in der Nachspielzeit die Unbill wie ein schweres Gewitter über den FCB herein: Nunez und Camara brachten GC mit ihren Toren in der 91. und 92. Minute zum 3:2 und zum Schlussergebnis von 3:3 ins Titelrennen zurück.

Vier Tage später kamen die Basler in der zweitletzten Runde in Lausanne nicht über ein 1:1 hinaus, genau so wenig wie am letzten Spieltag gegen Servette – das wars dann gewesen, der Uefa-Cup und damit das Minimalziel verfehlt: Der FCB musste sich mit dem wenig attraktiven UI-Cup bescheiden und bei einem nüchternen Rückblick auf die Finalrunde 2001 bilanzieren, dass das Starthalbjahr im neuen Stadion wohl einen neuen Schweizer Besucherrekord gebracht hatte, sportlich aber ein Misserfolg gewesen war, für den wenig später der Sportchef büssen sollte: Nach nur anderthalb Jahren musste Erich Vogel wieder gehen.

Denn auch im Cup erfüllte der FCB die eigenen Erwartungen nicht. Nur zu gerne hätte er den ersten Cupfinal der Geschichte, der in Basel ausgetragen wurde, mitbestritten. Mit Carouge nach einem 1:1 im Penaltyschiessen und mit Bellinzona mit 3:2 hatten die Basler zwei B-Ligisten auswärts bezwungen, ehe in den Viertelfinals mit dem Auftritt bei Lausanne-Sports erneut ein Auswärtsmatch bevorstand. Der FCB überstand auf der Pontaise gegen seinen vielleicht ungeliebtesten Rivalen 120 Minuten torlos – die folgende Elfmeterlotterie aber verlor er schliesslich 8:9. Ausgerechnet der Basler im FCB-Team schlechthin hatte mit seinem Fehlschuss die Entscheidung zu Ungunsten der eigenen Mannschaft herbeigeführt: Massimo Ceccaroni scheiterte mit dem neunten Basler Penalty an Lausanne-Goalie Gentile, so dass ...

... der Cupfinal vom 10. Juni 2001 im St. Jakob-Park nicht nur ohne einheimische Beteiligung stattfand, sondern auch ohne Deutschschweizer Mitwirken. Denn in den Halbfinals hatte sich Servette zuhause dank eines Tors des Baselbieters Alex Frei mit 1:0 gegen St. Gallen durchgesetzt, und Lausanne scheiterte zuhause an Aussenseiter Yverdon – im Penaltyschiessen notabene.

Servette gegen Yverdon: Das war nun bei aller Sympathie für den welschen Fussball und für den kleinen Aussenseiterverein aus Yverdon, der erstmals in seiner Vereinsgeschichte in einem Cupendspiel stand, nicht eben der Wunschfinal.

Gleichwohl kamen 20 000 Zuschauer in den St. Jakob-Park und erlebten ein sehr einseitiges Endspiel.

Servette gewann nämlich gegen den zuvor als Absteiger «gewählten» FC Yverdon-Sports ohne grossen Aufwand mit 3:0 – mit einem Ergebnis, das nach Toren von Lonfat, Petrov und Frei schon nach 55 Minuten feststand. Selten zuvor in der Geschichte des Schweizer Cups war ein Finalist so einfach zur Trophäe gekommen – was den Frust der FCB-Fans über das «eigene» Verpassen des Endspiels auch nicht eben kleiner machte.

Mit dem Meistertitel der Grasshoppers und dem Cupsieg von Servette sowie dem 4. Schlussrang des FC Basel endete so das erste Halbjahr im neuen Basler Stadion, das vier Tage vor dem Cupfinal auch noch seine internationale Taufe erlebt hatte: Mit dem WM-Qualifikationsspiel gegen Slowenien.

Die Schweizer Nationalmannschaft hatte wenig zuvor ihre Pflichtaufgabe auf den Färöer-Inseln mit einem 1:0-Sieg dank eines späten Tors von Alexander Frei erfüllt und konnte nun im St. Jakob-Park auf dem 2. Rang hinter den enteilten Russen zu

Der FCB vor seinem 2:1-Heimsieg gegen den FC Zürich am 5. Mai 2001 (v.l.n.r.): Kreuzer, König, Ceccaroni, Cravero, Hakan Yakin, Savic, Ergic, Tum, Huggel, Tchouga, Murat Yakin

den beiden Heimspielen gegen die Slowenien vom 6. Juni und gegen Jugoslawien vom 1. September 2001 antreten.

Die Partie gegen die Jugoslawen fand nach Drucklegung dieses Buches statt, gegen die Slowenen erlebten dann 26 000 Zuschauer eine herbe Enttäuschung: 0:1 verloren die Schweizer dieses enorm wichtige Spiel, und diese Niederlage warf die Schweiz in ihrem Kampf um ein WM-Ticket für 2002 weit zurück.

Es war diesmal eine unverdiente Niederlage: Die Schweizer waren die klar bessere Mannschaft, sie hatten ein deutliches Chancenplus, allein, das Fehlen der verletzten Stürmer Chapuisat, Hakan Yakin und Thurre sowie den Rücktritt von Türkyilmaz konnten die beiden übrig gebliebenen Angreifer Frei und N'Kufo nicht wettmachen.

Dass dabei die Schweizer nicht wenigstens ein 0:0 erreichten, verursachte mit einem schlimmen Fehler Abwehrchef Henchoz. Ausgerechnet Henchoz, der zuvor mit dem FC Liverpool den englischen Cup und den Uefa-Cup gewonnen hatte, leistete sich in der 82. Minute einen krassen Lapsus – seinen viel zu kurz gespielten Rückpass auf Goalie Pascolo erlief sich der slowenische Stürmer Cimirotic und stellte den nicht eben verdienten Sieg der Seinen her.

Damit ging die kurze Ära von Nationaltrainer Enzo Trossero in der Schweiz vorzeitig zu Ende: Der eigenwillige Argentinier, der vor dem Spiel auf den Färöern reichlich stillos Captain Sforza abgesetzt und damit eigentlich demontiert hatte, warf den Bettel mitten in der WM-Ausscheidungskampagne hin, liess auf eigenes Bestreben seinen Vertrag auflösen und reiste in seine Heimat zurück.

Nur 44 Stunden später präsentierte der Verband den Nachfolger. Er entschied sich diesmal für eine Schweizer Lösung und liess den früheren FCZ-Internationalen Jakob «Köbi» Kuhn vom U21-Nationaltrainer zum «richtigen» Nationaltrainer aufsteigen. Der hat nun den Scherbenhaufen, den Trossero hinterliess hatte, wieder zu kitten.

War damit das erste halbe Jahr im neuen Stadion vor allem für den FC Basel sportlich nicht ganz wunschgemäss verlaufen, so lag der Zuschauerzuspruch immerhin weit über dem Budget. Dass das Startspiel gegen Lausanne ausverkauft war, war selbstverständlich keine Überraschung, doch auch danach strömten die Zuschauer in Massen in die neue Arena, wiewohl die «eigene» Basler Mannschaft bei weitem nicht nur entzückte: Die schlechteste Zuschauerzahl in den sieben Meisterschafts-Heimspielen der Finalrunde 2001 stammte aus dem mit 1:1 beendeten bedeutungslosen Schlusspiel gegen Servette und lag mit 23 000 Besuchern noch immer bei einem stolzen Bundesliga-Wert. Zum Vergleich: Lausanne-Sports kam bei allen sieben seiner Heimspiele dieser Finalrunde zusammen nicht einmal auf diese Zahl.

Im Schnitt waren es exakt 28 813 Besucher, die den FCB in neuer Umgebung am Werk sehen wollten., dazu kamen die 20 000 im Cupfinal und die 26 000 vom Länderspiel gegen die Slowenen: Der neue St. Jakob-Park brachte die Massen wie noch nie in der Geschichte des Schweizer Fussball auf die Beine.

Die Baugeschichte

Ehe im Frühjahr 2001 die ersten Meisterschaftsspiele des FC Basel ausgetragen werden konnten, hatte Basels Bevölkerung während der Bauzeit reichlich Gelegenheit, staunend und mit riesiger Vorfreude das Wachsen und Gedeihen dieses innovativen und für die Schweiz richtungsweisenden Bauprojektes zu verfolgen.

Zwei Eckdaten interessierten und berührten die Öffentlichkeit nach der langen Planungsphase vor allem:
– Der Abschied vom alten «Joggeli» am 13. Dezember 1998 und der zwei Tage darauf erfolgte Abriss der zur Legende gewordenen Anlage.
– Das erste Spiel vom 15. März 2001 im neuen Stadion gegen Lausanne-Sports.

Zwischen diesen zwei denkwürdigen Daten lag eine zeitliche Kluft von rund 800 Tagen. Dabei war vor allem die Beobachtung spannend und aufschlussreich, wie sich innerhalb dieser nur 27-monatigen Frist die öffentliche Stimmung, die rund um die Abbruchzeit des «Joggeli» spürbar von Wehmut und Nostalgie geprägt war, zunehmend in eine unbeeinträchtigte Vorfreude und in nur schlecht verborgenen Stolz umwandelte.

Nicht weniger als 35 000 Menschen verabschiedeten sich am Sonntag, den 13. Dezember 1998, ab 16.15 Uhr und vor laufenden Kameras des direkt übertragenden Senders Sat1 von ihrem Joggeli.

Angesagt war das letzte Spiel jener Qualifikationsphase, also ein ganz normales Meisterschaftsspiel, in dem es weder für den FC Basel noch für seinen Gegner Lugano sportlich um viel ging. Die Basler hatten sich bereits für die Finalrunde vom Frühjahr 1999 qualifiziert, die Tessiner standen bereits vor diesem letzten Spieltag als Teilnehmer der Auf-/Abstiegsrunde fest.

Doch für dieses letzte Spiel in jener Stätte, in der der FCB in den Sechziger- und Siebzigerjahren seine ganz grossen Triumphe gefeiert hatte, kamen sie nochmals alle.

So nebenbei erwähnt: Der FCB verliess sein «Joggeli» als 1:3-Verlierer, nicht zuletzt deshalb, weil offenbar auch die Mannschaft vom riesigen Drum und Dran so beeindruckt war, dass eine konzentrierte Leistung nicht mehr möglich war. Zudem beeinflusste auch Schiedsrichter Reto Rutz den Ausgang des Spiels, als er Mitte der ersten Halbzeit den Basler Goalie Stefan Huber völlig zu Unrecht des Feldes verwies und Hubers unerfahrener Ersatzmann Slaven Matan danach zwei haltbare Tore kassierte.

Der einzige, der also bei diesem von Wehmut, Nostalgie und Vorfreude geprägte Nachmittag nicht richtig mitmachen wollte, war der Schiedsrichter. Rutz verdarb vor allem dem damaligen Basler Trainer Guy Mathez das Fest; dem wars überhaupt nicht ums Feiern. «*Wer hat das Fest verdorben?*», fluchte Mathez mit eindeutigen Gesten Richtung Schiedsrichter und auch Richtung Publikum «*... und überhaupt – wie kann man nur feiern, wenn man verloren hat ...?*»

So richtig hat Mathez an diesem Tag also die Basler Volksseele nicht begriffen, denn die restlichen 34 999 Besucher im Stadion liessen sich ihre Feier nicht trüben, nicht durch den Schiedsrichter, nicht durch das 1:3, nicht durch den in den Kabinengängen tobenden Trainer.

Vielmehr ging es nach dem Schlusspfiff erst richtig los – auf einer grossen Leinwand verabschiedeten sich VIPs aller Gattung und Sorten vom Stadion, und nochmals wurden zahlreiche schöne oder wichtige Tore aus 45 Joggeli-Jahren vorgeführt.

Gemeinsam von FCB-Spielern, dem Platzwart Walter Lehmann und von Fans wurden danach die beiden Tore abmontiert. Andere Nostalgiker stachen sich aus dem zur Legende hochstilisierten Rasen ihren ganz persönlichen Ziegel zum Aufbewahren aus, die einen vom Mittelpunkt des Feldes, die anderen bei den Corner-Ecken draussen oder, wie der 16jährige FCB-Anhänger Caspar, der sich exakt an jener Stelle einen Rasenziegel ausstach, von der aus Jahre zuvor FCB-Verteidiger Marco Walker sein Kopftor zu einem 1:0-Sieg gegen die Grasshoppers gemacht hatte, in der 91. Minute wohlverstanden ...

So wars ein Abend voller kollektiver Sentimentalität und Schwelgen in der Vergangenheit.

Von der Zukunft mit dem neuen Stadion wollte an diesem Tag noch keiner etwas wissen. Wehmut und zum Teil offenbar wirklich echter Abschiedsschmerz prägten das Geschehen, wie auch aus vielen persönlichen Aussagen deutlich wurde, zu denen damals Persönlichkeiten zum Thema «Joggeli» gebeten worden waren:

Ottmar Hitzfeld, ehemaliger Spieler des FCB und zur Zeit des Abrisses und Neubaus des Stadions Trainer des FC Bayern München, meinte zum Beispiel:

«*Für mich persönlich war das Joggeli ein einzigartiges reines Fussballstadion, ein Ort von Tradition, an dem der FCB manche Schlachten geschlagen hat und ich einige mitschlagen durfte. Es hat mich schon als Kind berührt, als ich mir, von Lörrach kommend, die FCB-Spiele habe anschauen dürfen. Das Joggeli ist für mich mein Heimstadion geblieben, hier liess sichs Schwelgen in Erinnerungen, man fühlte sich geborgen und wohl.*»

Fritz Walter, deutsche Fussballlegen-

de und sogenannter «Ehrenspielführer», der am 25. April 1954 mit der deutschen Nationalmannschaft das Eröffnungsspiel im Stadion St. Jakob gegen die Schweiz bestritt und zum 5:3-Sieg seiner deutschen Mannschaft zwei Tore beisteuerte, sagte: «Oben, ganz oben auf dem Bahndamm, da standen die Züge, und die Leute schauten aus den Wagenfenstern heraus ins Stadion runter ...»
Wenige Monate später lief Fritz Walter abermals im «Joggeli» auf, diesmal im WM-Spiel vom 30. Juni 1954, diesmal gegen Österreich. Es ging um nichts Geringeres als um den Einzug in den Final. Die Deutschen gewannen diesen Halbfinal in der folgenden Aufstellung 6:1:
Turek; Posipal, Kohlmeyer, Eckel, Liebrich, Mai, Rahn, Morlock, Ottmar Walter, Fritz Walter, Schäfer.
Fritz Walter erzielte zwei Tore und erinnerte sich 44 Jahre später:
«Die Österreicher waren favorisiert in Basel mit ihren Hanappi, Happel, Stojaspal, das war eine grosse Mannschaft, doch wir machten eines der besten Spiele, das je eine deutsche Nationalmannschaft gezeigt hat. Es war ein Traum.»
Logiert hatten die Deutschen vor diesem WM-Spiel nicht wie gewohnt in Spiez, sondern für einen Tag in Rheinfelden – und auch daran erinnerte sich Fritz Walter in seinem Gespräch mit Sportredaktor Michael Martin von der «BaslerZeitung» vom 9. Dezember 1998 noch bestens:
«Die Schweizer Gastfreundschaft war riesig ... aber das Grösste waren jeweils die Schweizer Uhren, die wir nach den Spielen überreicht bekamen.»
Sehr aktiv hat der 1943 geborene Karl Odermatt die gesamte Geschichte des Joggeli selbst miterlebt – als 11-jähriger Zaungast des Eröffnungsspiels im Jahr 1954 zwischen Deutschland und der Schweiz,

Stadion-Präsident Stephan Musfeld, Marketing-Mann Jürg Bosshardt und Bau-Unternehmer Bruno Marazzi begrüssten ....

... am 14. August 1999 Tausende zur Grundsteinlegung in der St. Jakob-Baustelle.

als 55-jähriger FCB-Marketing-Angestellter und Zuschauer 44 Jahre später beim Abschiedsspiel gegen Lugano. Dazwischen lag seine grosse Karriere als FCB-Spieler. An das Eröffnungsspiel erinnerte er sich noch bestens, auch wenn er im Gedränge vom Spiel selbst kaum etwas mitbekam:
«Das Stadion war total überfüllt. Wie so viele andere Leute konnte ich unter einem weggerissenen Zaun ins

Selbst nachts wurde eifrig gebaut, um das neue Stadion rechtzeitig bezugsbereit zu bekommen

Stadion schlüpfen, doch je länger je mehr wurde ich in den hintersten Reihen gegen das Gitter und gegen einen Balken oben am Bahndamm gedrückt. Schliesslich hat mich einer über das Gitter zum Stadion hinausgeschmissen, damit ich nicht erdrückt wurde. Draussen habe ich dann ein paar Flaschen gesammelt und vom Depot-Erlös eine Wurst mit Brot gekauft.»

Erste Bekanntschaft mit dem Joggeli-Rasen als Spieler machte Odermatt noch als Aktiver des FC Concordia – in einem Cupmatch mit dem Erstligaklub gegen den grossen FCB. Die Congeli gewannen überraschend 2:1 – und das nur fünf Tage nach jenem Länderspiel, in dem FCB-Stürmer Seppe Hügi fünf Tore zum 6:2-Sieg über Frankreich erzielt hatte. Wenig später wurde Odermatt vom FCB verpflichtet, und an eines der vielen grossen Spiele im Joggeli mag sich Odermatt noch besonders gut erinnern – an den Cup-Halbfinal von 1967 gegen den FC Lugano:

«Wir rechneten mit etwa 20 000 Zuschauern, doch als wir aus der Kabine kamen, war es rundum voll. Es war für mich ein unbeschreibliches Gefühl, vor 52 000 Zuschauern zu spielen.»

Und noch etwas Spezielles bringt Odermatt mit dem Joggeli in Verbindung:

«Das Vertrauen der Zuschauer in unsere Mannschaft war damals grenzenlos. 1967 zum Beispiel trafen wir im Cup auf den Erstligisten Le Locle, und wir haben diesen Gegner nicht ernst genommen, auf jeden Fall stand es in der 89. Minute 0:1. Wir retteten uns aber noch in die Verlängerung und gewannen mit Müh und Not noch 2:1. Doch die Zuschauer waren ob unserer Darbietung eher belustigt als erbost. Die wussten, irgendwie drehen wir das schon noch. In einem anderen Match lagen wir zur Pause gegen Servette 0:2 zurück. Drinnen in der Kabine tobte Trainer Benthaus, draussen aber sangen die Fans fröhlich ihre Schlachtgesänge. Benthaus begriff die Welt nicht mehr, er sagte, die sind wahnsinnig ...»

Köbi Kuhn, im Juni 2001 zum Schweizer Nationaltrainer ernannt, spielte zwischen 1960 und 1977 mit dem FC Zürich. Er war quasi die Zürcher Antwort auf Karl Odermatt – und auch er hat natürlich aus vielen Spielen seine Erinnerungen ans Joggeli:

«Die schlimmste Niederlage war jene, als 1972 der FCB durch ein 4:0 Schweizer Meister wurde. Zwar hatten wir gegen den FCB wenige Tage zuvor den Cupfinal gewonnen, doch dieser Misserfolg in Basel schmerzte mich sehr. Dennoch: Im Joggeli war zu der Zeit, als Karli Odermatt und ich unsere besten Jahre hatten, jedes Spiel ein Ereignis. Es herrschte zwischen dem FCB und dem FCZ eine grosse Rivalität, weil wir uns gegenseitig aber vom Nationalteam her kannten, war es eine sympathische Rivalität. Das Joggeli zeichnete sich vor allem dadurch aus, dass es ein reines Fussballstadion war. Deshalb fuhren wir Aktive und Zuschauer aus Zürich jeweils lieber ins Joggeli als in jede andere Arena.»

Otto Luttrop spielte zwischen 1966 und 1973 für den FC Lugano. Seine Erinnerungen:

«Das Stadion St. Jakob war für uns immer eine sehr hohe Hürde. Mir ist der Cup-Halbfinal von 1967 bestens in Erinnerung, als es in Basel einen Zuschauerrekord gab. 52 000 waren im Stadion, darunter rund 10 000 Tessiner. Der FCB führte 1:0, anschliessend gelang mir der Ausgleich durch einen Freistoss von rechts. Ich denke, FCB-Goalie Marcel Kunz rechnete mit einer Flanke, aber ich hielt den Spann voll drauf und traf unhaltbar in die nahe Ecke. Leider gelang meinem Kollegen Helmut Benthaus, mit dem ich zuvor bei Westfalia Herne zusammengespielt habe, kurz vor Schluss der Siegtreffer für den FCB. Das Joggeli war deshalb speziell, weil die Zuschauer sehr nahe beim Spielfeld standen oder sassen. Für mich waren die Vergleiche mit dem FCB immer ein Wiedersehen mit Helmut, aber auch ein ganz direkter Rivalitätskampf, in dem man auch persönlich zu bestehen hatte. Denn damals hatte jedes Team nur einen Ausländer, dafür aber solche mit Format und nicht so Halbweiche wie heute.»

Angesichts dieser zahlreichen schönen oder weniger schönen Erinnerungen grosser Fussballer ans Joggeli wars nicht verwunderlich, dass der besagte 13. Dezember 1998 nochmals zu einer denkwürdigen Veranstaltung wurde.

Dann aber war die Zeit dieser legendären Sportstätte endgültig zu Ende – schon am nächsten Tag begannen die ersten Abbau-Arbeiten. Stephan Musfeld, der Genossenschafts-Präsident und gleichzeitig auch einer der Bauunternehmer, schilderte Ende Januar 1999 der Basler Zeitung ein paar der wichtigsten Abbau-Schritte: «In einer ersten Phase galt es, eigentliche Aufräumarbeiten vorzunehmen, und zwar in den Innenräumen der Tribüne, in den Restaurants, Garderoben und Vereinszimmern. Es waren zudem die Holzbänke zu entfernen, Zäune abzumontieren und sie dem Sportamt für eine weitere Nutzung zu übergeben.

Danach rückten die schweren Maschinen an, um den Damm am Westende in Richtung Gellertstrasse abzutragen. Auch der Rasen wurde entfernt, der Humus darunter ausgegraben und in eine Baumschule transportiert.

Zuerst wurde die Stehrampe mit dem sogenannten Marathontor abgetragen, danach Schritt um Schritt das ganze Stadion. Das komplette Aushubmaterial betrug 500 000 Kubikmeter, was rund 60 000 Lastwagenfahrten zu den verschiedenen Deponien erforderte. Der eigentliche Tribünenabbruch wurde durch Spezialmaschinen, die den Betonbau fachgerecht zerlegten, vollzogen. Dabei sei erwähnt, dass die Haupttribüne auch ein eigentliches Meisterstück der Ingenieurtechnik war, weil die einzelnen Träger nicht nur das Dach, sondern auch den oberen Tribünenteil und Teil der Vortribüne ‹halten› mussten.

Impression von der Baustelle nach dem Aushub

Auch die Gegenseite am Bahndamm war aus der Optik der Fachleute ein durchaus interessantes Tummelfeld. Als die Centralbahn vor mehr als 100 Jahren die Birsebene mit einem Damm überbrückt hatte, ging man äusserst behutsam vor, jetzt ging es auch darum, die Statik des Bahndammes mit dem Neubau zu kombinieren. Zur Hangsicherung mussten Bohrpfähle installiert werden, dazu hatte man das Problem des Grund-

Das erste «FCB-Stadion»: eine Aufnahme von 1893 auf dem Landhof-Areal

wassers in den Griff zu bekommen.» Mit diesen Schilderungen machte Stephan Musfeld deutlich, was für Laien nicht ersichtlich war: Gleichzeitig mit dem Abbruch des alten Stadions gingen viele Planungsdetails und auch technische Ausführarbeiten bereits Hand in Hand mit dem Aufbaubeginn der neuen Arena, für die am 14. August 1999 ein symbolischer und kollektiver Grundstein gelegt wurde.

Zu diesem Anlass kamen abermals mehr als 6000 Personen, die sich so erstmals einen persönlichen Eindruck von der Baustelle machen konnten.

Um 17 Uhr dieses Samstages wurde ein aus 4000 Einzelteilen zusammengefügter Grundstein einbetoniert – auf jedem Teil hatten die Besucher dieser Grundsteinlegung, darunter auch die komplette erste Mannschaft des FCB mit ihrem Trainer Christian Gross an der Spitze, ihre ganz persönlichen Wünsche aufmalen können.

Von vielen Fachleuten, Politikern, Sportlern, Nostalgikern, Funktionären und anderen mehr oder weniger am Neubau beteiligten Menschen war bisher die Rede – noch nicht aber von zwei Basler Persönlichkeiten, die sich längst Weltruhm verschafft haben und die am Projekt «St. Jakob-Park» weit mehr als nur am Rande, sondern sehr zentral beteiligt waren: die beiden Architekten Jacques Herzog und Pierre de Meuron vom gleichnamigen Basler Architekturbüro mit dem Hauptsitz an der Rheinschanze 6 sowie mit Niederlassungen in London, München und San Francisco.

Der berufliche Weg der beiden liest sich wie der Lebenslauf eineiiger Zwillinge:
– Beide wurden 1950 in Basel geboren
– Beide studierten zwischen 1970 und 1975 an der ETH Zürich bei Aldo Rossi und Dolf Schnebli
– Beide machten das Architekturdiplom ETH im Jahr 1975
– Beide assistierten 1977 bei Dolf Schnebli
– Zusammen gründeten sie 1978 das Büro Herzog & de Meuron in Basel
– Beide wurde zwischen 1983 und 1994 zu Gastprofessuren an die Cornell University, Ithaca/N.Y, sowie an die Harvard University in Cambridge in die USA berufen
– Beide sind seit 1999 Professoren am ETH-Studio in Basel

Nur fünf Jahre nach der gemeinsamen Bürogründung im Jahr 1978 gewann das zunehmend berühmter werdende Duo die erste namhafte Auszeichnung – den Kunstpreis (Baukunst) der Akademie der Künste von Berlin im Jahr 1983. Es folgten danach bis ins Jahr 2000, in dem sie den «Prix Max Petitpierre» gewannen, zahlreiche weitere Preise (2001 auch noch den «Pritzker-Preis», den «Nobelpreis» für Architektur) für ebenso zahlreiche Bauten und Projekte, von denen in Dutzenden von Monografien, Büchern, Ausstellungen und Werkverzeichnissen Zeugnis abgelegt wird.

Unter anderem schufen sich Herzog & de Meuron ihre Namen mit den folgenden Bauten:
– Lagerhaus Ricola in Laufen, 1987
– Siedlung Pilotengasse Wien, 1989–1992
– Lokomotiv-Depot Auf dem Wolf in Basel, 1991–1995
– SBB-Stellwerk 4, Auf dem Wolf in Basel, 1991–1994
– Karikaturen- und Cartoons-Museum Basel, Umbau- und Neubau, 1994–1996
– Sportanlage Pfaffenholz, Basel-St.-Louis, 1992/93
– Zentralstellwerk SBB Basel, 1998/1999
– Dominus Winery, Yountville/California, 1996–1998
– Museum Küppersmühle Duisburg, 1997–1999
– Multiplex-Kino Heuwaage Basel, Projekt 1998, Ausführung geplant ab 2001
– De Young Museum, Golden Gate Park, San Francisco, Projekt 1999, Ausführung geplant 2002–2005

Den bisher grössten Ruhm allerdings holten sich die beiden Künstler mit

Eine der Tribünen des St.Jakob-Parks nimmt Gestalt an: Eine Aufnahme vom 26. Mai 2000

der Planung und Realisierung des Museums für Gegenwartskunst in London, dem sogenannten «Tate Modern», ab, das im Mai 2000 unter weltweiter Beachtung eröffnet wurde und für das den beiden Architekten der sogenannte «RICS Award 2000», ein bedeutender Preis von «The Royal Institution oft Chartered Surveyors, London», verliehen wurde.

Zum Projekt des Basler Stadion-Neubaus, das in der Fachsprache offiziell «St. Jakob-Park Basel, Fussballstadion, kommerzielles Zentrum und Seniorenresidenz» genannt wird, wurde das berühmteste Basler Architekturbüro mit dem erklärten und unbeugsamen FCB-Anhänger Jacques Herzog nach eigener Aussage «*erst später*» hinzugezogen, und zwar «*als schon ein Vorprojekt des Generalunternehmers Marazzi vorlag, welches die volumetrische Ausdehnung und die kommerziell nutzbaren Flächen im Rahmen des Gesetztes für diesen Standort absteckte.*»

Die Motivation, architektonisch führend beim Projekt «St. Jakob-Park» dabei zu sein, umschrieb Herzog so: «*Uns reizte es natürlich, dieses grossmassstäbliche Projekt mit Fussballarena und Einkaufsflächen mitzugestalten, obwohl unser architektonischer und städtebaulicher Spielraum von Anfang an eingeschränkt war. Wir haben darauf verzichtet, jedes Detail kontrollieren zu wollen und steckten in Absprache mit dem Generalunternehmer stattdessen einen klaren Rahmen für unseren Einflussbereich ab. Wir konzentrierten uns in der Folge auf einige wesentliche Elemente, welche dem*

Ort eine unverwechselbare Identität vermitteln sollten: die transluzente Farbigkeit der Stadionhülle, die Proportionen und die Dachkonstruktion der Stadionarena, die langgestreckten Fassaden der Altersresidenz sowie die Foyers und Eingangsbereiche von Stadion und Residenz.»

Waren also die Spitzenarchichtekten von Herzog & de Meuron weder von Anfang der Planung an dabei noch kann das Gesamtwerk «St. Jakob-Park» allein ihren kreativen Energien zugeschrieben werden, so brachten sie ins ganze Projekt dennoch das ein, was in erster Linie ihren längst anerkannte Fähigkeiten entspricht: Einen funktionell zumindest in groben Zügen bereits bestehenden Plan optisch und mit unkoventionellen Ideen auf ein hohes Niveau zu bringen, oder, wie es Jacques Herzog formulierte:

«Als wir erstmals mit diesem Projekt konfrontiert wurden, als wir erstmals auch von der exotisch anmutenden Idee mit dem Altersheim hörten, gab es architektonisch erst ein dürftiges Konzept, dafür aber einen funktionierenden Marketingplan.»

Herzog verhehlte im Gespräch nicht, dass es zu Beginn mit der Generalunternehmung Marazzi auch Probleme gegeben habe. Im Prinzip und vereinfacht formuliert: Es müssen da zwei von Haus nicht eben kompatible Kräfte aufeinandergestossen sein – gab es hier die kommerziell denkende Unternehmensgruppe aus Bern und dort die Künstler aus dem berühmten Basler Architekturbüro.

«Das waren erstmals tatsächlich Interessen, die auseinander drifteten», bestätigte Herzog, doch dann hätten die Marazzi-Leute erkannt, dass *«wir loyale Leute»* seien. Will heissen: Die Architekten standen der grundsätzlichen Idee des Konzeptes nicht einfach negativ gegenüber, sondern sie konnten die Unterneh-

26. Juli 2000: Dachgerüste ....

mer davon überzeugen, dass zum Gelingen des gesamten Projektes auch architektonische Fragen mitentscheidend seien. Und so bekamen plötzlich beide Seiten gemeinsam viel Freude, auch wenn es oft und immer wieder ein gegenseitiges Feilschen um jedes «Teilchen» gegeben habe.

Entscheidend war gemäss Herzog auch, dass Basels Regierungsrat Ueli Vischer ein *«guter und wichtiger Partner»* der Idee gewesen sei, im Prinzip immer neutral geurtelt habe sich aber von der grundsätzlichen Idee Herzogs habe überzeugen lassen: Das neue Stadion dürfe nicht schierer Zweckbau sein, sondern

... und erste Dachmontage

müsse auch, von einer tollen Architektur geprägt, für Basel und die Region eine einzigartige Sache werden.

Es brauchte allerdings noch so seine Zeit, bis sich die verschiedenen «Parteien» gefunden hatten, denn es ging bei diesen (sachlichen) Auseinandersetzungen selbstverständlich auch um (viel) Geld. Dass die Ideen der beiden Basler Architekten das Gesamtprojekt nicht eben verbilligten, dass deren Überlegungen im Gegenteil das Projekt verteuerten, versteht sich von selbst. Ja, es ist anzunehmen, dass die innovativen und mutigen Architekturideen halt einen beträchtlichen Teil der Mehrkosten ausmachten: Ursprünglich waren für das Projekt 170 Millionen Franken budgetiert gewesen, schliesslich aber betrug das Finanzvolumen über 220 Millionen Franken.

Nach zum Teil sehr schwierigen und intensiven Gesprächen einigte man sich auf die Lösung, wonach Marazzi die gesamtverantwortliche Unternehmung bleibe, die Architekten vom Büro Herzog & de Meuron umgekehrt die Zuständigkeit für das Äussere zugesprochen erhielten, dass sie also quasi das «Design» entwarfen.

Damit hatten die Architekten freie Hand, visuell ganzheitlich und ohne *«Tüpflischisserei und ohne Etepetete»* (Originalton Herzog) zu planen. Und so seien denn die wichtigsten und entscheidenden architektonischen Ideen zumindest in groben Linien relativ rasch aufgezeichnet gewesen – wie «rasch», machte Herzog mit einem Kinderreim deutlich:
*«Punkt, Punkt, Komma, Strich;
und fertig war das ganze Gesicht.»*

Verantwortlich für das Projektteam des Büros Herzog & de Meuron war Jacques Herzog persönlich. Dazu gehörten Pierre de Meuron, Christine Binswanger, Stefan Marbach, Richard Wickli, Osman Askari, Dieter Dietz, Wolfgang Hardt, Susanne Kleinlein, Angelika Krestas, Lukas Kupfer, Hans-Ulrich Matter, Ivo Sollberger, Andy Fries, Lukas Huggenberger und Sebastian Massmann. Zufall oder nicht – «Trainer» Jacques Herzog hatte für das Stadionprojekt exakt ein 16köpfiges Kader beisammen, so viele halt, wie eine Fussballprofi-Mannschaft inklusive Ersatzbank für ein Spiel auch benötigt. Insgesamt beschäftigt das Büro Herzog & de Meuron 124 Mitarbeitende, davon 95 in Basel.

Was nun aber das Projektteam «St. Jakob-Park», ergänzend zu den bereits von den Marazzi-internen Generalplanern vorgelegten Plänen, einbrachte und entwarf, waren im wesentlichen und konkret die folgenden Bereiche:

– Die äussere Fassade des Hochgebäudes mit den Altersresidenzen wurde mit einem kunstvoll schlichten Betongitter versehen.

– Die ins gesamte Zentrum eingebettete Fussballarena, also das effektive Fussballstadion, wurde so konzipiert, dass es rundherum in Querschnitt gleichwertig ist, dass es quasi einen symmetrischen Kessel darstellt.

– Die Abdeckung, also das Dach des Fussballstadions, wurde so geplant, dass es ebenfalls rundherum auf allen Seiten gleichartig aussieht und dass es, wie es bisher einzig im neuen Stade de France von Paris zu sehen war, eine glatte Untersicht ohne Träger hat, dass also das Dach wie ein gleichförmiger, geschlossener Deckel oder wie eine Decke in einem Theater über die Tribünen gelegt ist.

Die optisch wichtigste Idee, die das Stadion in seiner Art einmalig macht, betraf aber die rote «Lichthülle», die Herzog & de Meuron rund um die

«Väter» des neuen Stadions:
Stephan Musfeld ...

... und der Basler Regierungsrat
Ueli Vischer

gesamte äussere Stadionfassade von unten bis oben legen liessen. Dazu wurden sogenannte Cupolux-Elemente verwendet, die durchsichtig sind und die von innen her mit rotem Licht angestrahlt werden. Und rot wurden auch die Unterhälften der inneren Betontribünendecken bemalt. Als Berater eigens für die Farbkonzeption hatte Herzog den berühmten Farben-Künstler Rémy Zaugg beigezogen.

Vor allem nachts wurde damit ein fantastisches Zusammenspiel von Farbe, Nacht und Licht erreicht: Das leuchtende Rot der Aussenhülle, das das Grün des Rasens zusätzlich intensiviert, vereint mit dem Dunkel der Nacht – einen visuell markanteren Anziehungspunkt gibt es weit und breit nicht.

Der ganze Stadionkomplex, für den planerisch neben dem Büro Herzog & de Meuron sowie neben der Generalunternehmung Marazzi auch die Basler Landschaftsarchitekten Fahrni und Breitenfeld sowie für den Tiefbau das Büro Aegerter & Bosshard tätig waren, hat auf einer Grundstücksfläche von 36 500 Quadratmetern einen Brutto-Rauminhalt von 282 000 Kubikmetern.

Dort, wo früher die gedeckte Sitzplatztribüne des alten «Joggeli» stand, wurde das «Hauptgebäude» hochgezogen. Das wird wie folgt genutzt:

– Untergeschosse (total vier Untergeschosse, das eigentliche Stadion ist dabei so in die Tiefe «versenkt» worden, dass sich der Rasen des Fussballfeldes auf der Höhe des zweiten Untergeschosses befindet): Warenhaus Manor, Technikräume und Lager, links und rechts davon auf den beiden «kurzen» Stadionseiten sind zudem ein Fitnesscenter sowie die Spielergarderoben des Stadions untergebracht, Tiefgaragen.

– Erdgeschoss: Warenhaus Manor, eine Pizzeria sowie links und rechts auf den beiden «kurzen» Stadionseiten Veloräume und die sogenannte «Drehscheibe des Basler Sports».

– 1. Obergeschoss: Restaurant, Geschäftsstelle FCB, Pressezentrum. Von der Höhe dieses ersten Obergeschosses an sind die übrigen Stadionseiten bis und mit dem 3. Obergeschoss von den Tribünen belegt.

– 2. Obergeschoss: Die Business-Seats des Stadions, oberer Stock der FCB-Geschäftsstelle, Konferenz und Verwaltungsräume

– 3. Obergeschoss: VIP-Logen des Stadions, Pflegeabteilung der Seniorenresidenz, Restaurant.

– 4. bis 9. Obergeschoss: Wohnungen der Seniorenresidenz.

Der neue St. Jakob-Park ist freilich nicht nur architektonisch ein grosser Wurf, in seiner Multifunktionalität hat er grundsätzlich neue Dimensionen zumindest im Schweizer Stadionbau eröffnet. Um aber die hohen Investitionen zu refinanzieren, sind die Betreiber auf eine abdeckende Vermietung der kommerziellen Nutzungsflächen und auf eine konsequente Vermarktung angewiesen. Von einer «Vermarktung der Anlage bis aufs Letzte» sprach deshalb im Frühjahr 2000, als der Neubau immer klarere Konturen bekam und mehr oder weniger im Fahrplan vorangetrieben wurde, Stephan Musfeld, der Präsident der Stadiongenossenschaft St. Jakob.

Diese Forderung Musfelds fusste auf der längst gewonnenen Erkenntnis, dass sich – zumindest in der Schweiz – reine Fussballstadien nicht mehr finanzieren lassen, dass ein Mehrfachnutzen über den sportlichen Bereich mitten hinein in die kommerzielle Geschäftswelt die einzige mögliche Finanzierungsart ist.

Im Basler Beispiel sind die Fremdvermietung der Ladenflächen, Büroräume und Altersresidenzen Sache der MEG, aber auch dem FC Basel selbst winkt(e) mit dem Neubau des Stadions neue markante Vermarktungsmöglichkeiten.

Folgerichtig verabschiedete man sich nun ganz von der Ehrenamtlichkeit: Die Stadiongenossenschaft St. Jakob und die ein paar Jahre zuvor gegründete «FC Basel Marketing AG» taten sich zur sogenannten «Basel United» zusammen – treffender als mit diesem trendigen Umstieg in die englische Business-Sprache hätte nicht symbolisiert werden können, wie um die Jahrtausendwende nun auch der FCB nach ausländischem Vorbild die Weichen Richtung Profitcenter gelegt hat: Aus dem Verein, der im November 1893 von ein paar Idealisten im ersten Stock der Schuhmachern-Zunft gegründet wurde, der danach 100 Jahre lang mit wechselndem Erfolg ein Bestandteil des Schweizer Fussballs und ein Teil des gesellschaftlich-kulturellen Lebens der Region Basel war, der noch 15 Jahre vor dem Stadion-Neubau nahe dem finanziellen Abgrund stand, der mehrfach vom Konkurs bedroht war, der eine Zeit lang seine Meisterschaftsspiele in Emmenbrücke, Glarus, Monthey und Châtel-St-Denis austragen musste, der noch in den Achtzigerjahren administrativ von Lotti Besenbeck, der einzigen Sekretärin, in einem windigen Büro im oberen Stock des baufälligen Landhof-Stadions geführt wurde, ist eine eigentliche Unternehmung mit mehreren Dutzend Arbeitnehmern geworden.

Auf bis zu 60 Prozent schätzte man vor dem Bezug des neuen Stadions das Steigerungspotenzial des FCB im Marketingbereich ein: Das jedenfalls prophezeite im Jahr 2000 Peter Jauch.

Jauch war drei Jahre zuvor von Jäggi als Geschäftsführer zum FCB geholt worden, im Jahr 2000 dann aber zum Geschäftsleiter besagter «Basel United» ernannt worden.

Die «Basel United» hat die Aufgabe, alles was den Innenraum des eigentlichen Stadionbereichs betrifft, zu vermarkten – in erster Linie also die Zuschauer ins Stadion zu bringen: Einige hofften im Vorfeld der Stadioneröffnung auf eine Auslastung von durchschnittlich 15 000 bis 20 000 Besuchern pro Heimspiel. Eine Rechnung, die als reichlich kühn zu beurteilen ist und die längerfristig allenfalls dann aufgeht, wenn der nach wie vor wichtigste Bestandteil des Vereins – die Mannschaft – sportlich «mitmacht» und über geraume Zeit zum nationalen Spitzenklub mit echten und vor allem regelmässigen Titelchancen und mit Aussichten auf internationale Spiele wird.

Entsprechend defensiver rechnete denn auch FCB-Vizepräsident Mario Cueni: Er sprach von einem zu erwartenden Zuschauerschnitt von 12 000 bis 15 000 und einer Verdoppelung der bisherigen Matcheinnahmen auf rund fünf Millionen Franken pro Saison.

Es lag nun aber freilich in der Natur der Sache, dass zwischen «Basel United» mit Geschäftsführer Peter Jauch und dem FC Basel mit seinem Geschäftsführer Werner Schneeberger in den Fragen des Marketings – namentlich im Bereich des Ticketverkaufs – nicht immer identische Interessen bestanden.

Schneeberger vertrat, als es galt, die Preise für Einzel- und vor allem für Dauerkarten festzulegen, mit seinen Ideen eher das «Fussvolk» und die bisherigen Geldgeber, denen auch in neuer, moderner Umgebung Fussball zu moderaten Preisen ermöglicht werden sollte. Jahre, ja sogar Jahrzehnte lang hätte ein beträchtlicher Teil von Basels Öffentlichkeit dem

Die Stararchitekten Jacques Herzog ...

... und Pierre de Meuron

FCB auch in schlechten und ganz schlechten Zeiten die Treue gehalten – und dieser Teil der Kundschaft müsse zwingend auch fortan mit familien-, kinder- und jugendfreundlichen Preisen gepflegt werden. Das gelang Schneeberger letztlich: Die «normalen» Eintrittspreise wurden tiefer angesetzt als in den zwei Jahren zuvor im kleinen Ausweichstadion Schützenmatte.

Peter Jauch dagegen hatte von Amtes Wegen vor allem nach kaufmännischen Kriterien zu argumentieren und zu handeln: Für ihn steht der Business-, VIP und Logensektor im Zentrum des Vermarktungspotentials.

Der gesamte Business-Bereich ist denn auch das Kernstück im Innenbereich der Haupttribüne an der St. Jakobsstrasse (jener also mit der Seniorenresidenz) über dem Tribünendach. Im zweiten Stock wurde das VIP-Restaurant mit 1100 VIP-Tribünenplätzen untergebracht, im dritten Stock dann elf Logen mit je 20 Sitzplätzen. Wiewohl namentlich für diese Logen die Mietpreise in der Höhe von gegen rund 400 000 Franken für drei Jahre – kürzere Mietfristen sind nicht möglich – horrend sind, waren bereits im Mai 2000 deren sechs an Basler Firmen vermietet.

«Günstiger» zu haben waren die insgesamt rund 1100 Business-Seats: Für sie sind Beträge zwischen 2500 und 5000 Franken jährlich abzuliefern – also kaum mehr, als die Donatoren zu früheren Zeiten zu bezahlen hatten. Unvergleichlich besser sind dafür die Leistungen, die garantiert werden: Verpflegung während der Spiele, Gratisparkplatz, Wärmedecken im Winter. Nur eines konnten die FCB-Vermarkter ihrer zahlungskräftigen und zahlungswilligen Kundschaft gegen alles Geld nicht garantieren: Gute Leistungen der Mannschaft.

Von diesen aber wird letztlich alles abhängig sein: Ohne Spitzenleistungen, ohne Titel und ohne Champions-League-Spiele wird selbst der grösste und eindrücklichste sportliche «Schmuckkasten» der Schweiz auf die Dauer wieder ein ganz normales Stadion.

Die Perspektiven freilich, das zeigten die ersten Wochen und Monate nach Aufnahme des Spielbetriebs eindrücklich, sind für die Fussballstadt Basel besser denn je: Die ersten Meisterschaftsspiele im März, April und Mai waren stets ganz oder nahezu ausverkauft (vergl. auch Seiten 24 bis 29). Und weil erstmals in der Geschichte des Schweizer Fussballs im Jahr 2001 ein Cupfinal in Basel stattfand, weil der neue «St. Jakob-Park», zumindest so lange, bis andere Städte und Vereine nachgezogen haben, auch Austragungsort wichtiger Länderspiele sein wird, hat Basel vorerst einmal eines erreicht: Man ist infrastrukturell die Nummer 1 im Land.

Und exakt darauf freute sich schon während der zweijährigen Bauphase die ganze Region. So kamen an einem fürchterlichen heissen Augusttag des Jahres 2000 über 10 000 Personen zu einem «Tag der offenen Türe» auf die Baustelle im Gellertquartier – und Tausende von ihnen nutzten die Gelegenheit, gegen einen bescheidenen Betrag von zehn Franken «ihren» künftigen Stadionsitz zu signieren und damit symbolisch «ynezschtuehle».

Am 15. März 2001 ging mit dem 0:0 gegen Lausanne nach gut zweijähriger Bauzeit das erste Spiel über den neuen «Joggeli-Rasen». Das Stadion war so weit gediehen, dass es fussballerisch genutzt werden konnte, auch wenn die Beendigung des Baus in anderen Bereichen, namentlich die Seniorenresidenz, erst auf das Jahr 2002 geplant war.

Ein besonders grosser Tag war dieser 15. März vor allem für Stephan Musfeld. Er, seit Jahren Präsident der Genossenschaft Stadion St. Jakob, kann zu Recht als der eigentliche «Vater» und «Drahtzieher» des Basler Stadionprojektes gelten: Unter ihm und unter FCB-Präsident René C. Jäggi wurde das, was einst als kühne Vision – von vielen gar als Utopie abgetan – begonnen hatte, realisiert.

Und so, wie viele im Dezember 1998 den Abschied vom alten «Joggeli» wehmütig kommentiert haben, so gab es nun umgekehrt viele Persönlichkeiten, die aus ihrer Freude keinen Hehl machten – wie etwa Stephan Musfeld selbst:

«Im ganzen Projekt hatten wir auch absolutes Glück: Wir haben hier in Basel mit Herzog & de Meuron Architekten mit weltweiter Ausstrahlung. Schon nur die Fassade des Stadions – das ist der absolute Wahnsinn. Dieses Haus wird von nun an wahrgenommen in Basel, das wird ein Erscheinungsbild haben, das gibt es sonst nirgends auf der Welt. Ob es nun wirklich das schönste Stadion der Welt ist oder nicht – ich finde es jedenfalls. Es ist einmalig, auch in der Kombination der verschiedenen Teile. Das ist der grosse Vorteil, den wir gegenüber anderen haben, denn das Stadion wird auch für das ganze Stadtmarketing wichtig – wir hatten schon Monate vor der Eröffnung, noch mitten in der Bauzeit, Anfragen für Führungen.»

René C. Jäggi, der FCB-Präsident zur Zeit der Eröffnung, verband seine Freude über das neue Stadion auch gleich mit neuen Visionen:

«Das Stadion wird eine unheimliche Entwicklung im Schweizer Sport generell, speziell aber im Fussball auslösen. Und damit verbinde ich mein uraltes Anliegen, das ich seit

26. Februar 2001: Der St. Jakob-Park 20 Tage vor dem Eröffnungsspiel

meinem Amtsantritt beim FCB vertrete: Es muss künftig wirtschaftliche Rahmenbedingungen geben, um als Verein in den Profifussball aufgenommen zu werden. Bei allen regionalen Überlegungen und bei allen schönen Seiten des Sports: Wenn in Delémont 1000 Leute auf der Brücke zum Autobahnzubringer ein Spiel gratis anschauen, kann es so nicht weitergehen. Deshalb sage ich, es muss ja nicht gleich überall ein solcher Kessel stehen wie in Basel, aber ein Stadion mit 15 000 bis 20 000 gedeckten Sitzplätzen und für die Spieler die Löhne für sieben, acht Monate garantiert – das müssen künftig die Bedingungen sein für die Teilnahme am Profifussball ...»

Ein kritischer Aspekt war aus der Aussage von Helmut Benthaus, dem grossen Trainer der sportlich grossen FCB-Zeiten, zu entnehmen:
«... wenn aus Sicherheitsdenken und Komfortansprüchen unumgänglich geworden ist, dass das Joggeli einem neuen modernen Stadion weichen musste, so bleibt doch zu hoffen, dass der frühere Joggeli-Geist auch im neuen Stadion herrschen werde.»
Als «grossen Zugewinn für die Standortattraktivität unseres Kantons» bezeichnete die damalige Sportministerin Veronika Schaller den Stadion-Neubau, derweil sich Nationalrätin Anita Fetz, getreu ihrer sozialdemokratischen Gesinnung, vor allem für die breite Bevölkerung freute: «Dieses neue Stadion mit

dem integrierten Dienstleistungszentrum und den Alterswohnungen ist eine tolle Sache, über die sich die ganze Region Basel freuen darf. Der Verein hat mit einer klugen Preispolitik bei den Stehplätzen auch ein gutes Zeichen gesetzt.»

Auch in Basels Kulturwelt stand man dem Neubau überaus positiv gegenüber. So etwa sagte der Basler Theaterdirektor Michael Schindhelm, der wenige Wochen vor dem ersten Match im neuen Stadion wegen der schlechten Auslastung seines Theaters und wegen seiner Stasi-Vergangenheit ins Gerede geraten war:

«*Basel bekam ein neues Kolosseum. Im Zeitalter von Big Brother, in dem die Gladiatoren in Containern vor der Fernsehkamera sitzen, ist das eine gute Nachricht. Es wird weiter Fussball und Popmusik gespielt, und zwar live. Im neuen Joggeli-Kolosseum. So, wie auch weiter Theater gespielt wird. Allen Gladiatoren, im Stadion und auf der Bühne, ein heissblütiges Publikum!!!*»

Hollywood-Produzent und Oscar-Preisträger Arthur Cohn, ein seit Jahr und Tag regelmässiger FCB-Matchbesucher, verriet vor allem sportliche Hoffnungen:

«*Die einzigartige Atmosphäre des Stadions wird Anreiz und Verpflichtung sein, auf dem Spielfeld das Beste zu geben. Zusätzlich kann dieses Stadion den FC Basel im Speziellen dazu animieren, sich auch – und endlich – international zu bewähren und zu etablieren.*»

Galerist und Kunstaktivist Klaus Littmann, der Anfang der Achtzigerjahre eine Ausstellung «Fussball in der Vitrine» konzipierte, meinte:

«*Der Fussball gehört für mich zur Kultur, weil er jedes Wochenende unzählige Menschen fasziniert und mitreisst. Es ist mit einer katholischen Messe zu vergleichen. Deshalb finde ich es toll, dass Basel eine neue*

Der Humus für den Rasen wird verlegt

Kulturstätte bekommt – ganz im Sinne der Alltagskultur. Hoffentlich wird das neue Stadion ebenso prächtig wie das Münster und andere Pilgerorte.»

Ein ganz besonderer Punkt im Zusammenhang mit dem «St. Jakob-Park» lag bei seinem Statement dem in Basel lebenden Schriftsteller Martin R. Dean am Herzen:

«*Ein neues Joggeli also für Basel: Das ist richtig, das ist gut und nötig, allein schon des Namens wegen: Joggeli ist nicht eindeutschbar, schon gar nicht für Zürcher Zungen. Dieses kurze, aufhüpfende, tief zufrieden aus dem Bauch aufsteigende `Jo`, dem ein sattes, auf den Zungenballen abrollendes Doppel-G folgt, sowie die freudig-euphorische Endung auf i (blankes Entsetzen beim Verlieren, schiere Lust beim Sieg:iiii!) – dieses Wort gehört ganz und gar nach Basel.*»

Diese Forderung wurde Schriftsteller Dean bereits am 15. März 2001 ein erstesmal erfüllt, als 33 433 Zuschauer, die sich mit viel Durchhaltevermögen eine Eintrittskarte ergatterten, zum ersten Match nach St. Jakob pilgerten und aus jenem ziemlich kommunen 0:0 in einem ganz normalen Meisterschaftsspiel des FCB gegen Lausanne ein wahres Fest machten – und kein Mensch bereit war, den eigenen Volksmund zu verleugnen: Auch der St. Jakob-Park blieb das «Joggeli» und wird es so lange bleiben, wie es in Basel Fussball gibt.

März 2001: Noch ist das Stadion leer, aber parat für das erste Spiel gegen Lausanne

Die früheren Stadien des FCB

Schon vor den Zeiten des alten und des neuen «Joggeli» war der FC Basel – mit wenigen Ausnahmen in seiner schwierigen Anfangszeit – nie ohne eigenes Daheim, und das, was während der meisten Zeit seiner bald 110-jährigen Geschichte seine wirkliche Heimat war, hatte er sich im wesentlichen selbst erarbeitet: Das Landhof-Areal mitten in Kleinbasel. Die Geschichte seiner Sportstätten würde allerdings ein eigenes Buch füllen, an dieser Stelle begnüge man sich deshalb mit einem gerafften Überblick:

– November 1893. Wenige Tage nach der Gründung des FC Basel vom 15. November 1893 stellt der erste Clubpräsident, Roland Geldner, der wenige Jahre später in den Bergen starb, den «Sportplatz» Landhof, der damals noch eher eine Wiese war, zur Verfügung. Gleichzeitig vermacht er dem FC Basel zwei Bälle, womit Geldner ohne jeden Zweifel als erster «Matchballspender» bezeichnet werden kann, denn schon am 26. November, nach wenigen Trainings auf dem Landhof, findet auch das erste (interne) Spiel zwischen zwei Teams des neuen Vereins statt.

– Frühjahr/Sommer 1894. Das erste Zuhause auf dem Landhof war allerdings noch kein bleibendes, denn die Spielwiese fiel 1894 dem «Verkehr» zum Opfer, wie es in früheren Chroniken etwas schleierhaft heisst. Für den FCB hiess das, sich nach einem neuen Platz umzusehen – und den fand man auf Vermittlung des damaligen Militärdirektors, Regierungsrat Bischoff, auf der Schützenmatte. Und im «Landhaus» der gutbaslerischen Familie Bernoulli-von der Thann an der Schützenmattstrasse bekam der Club ein Zimmer zur Verfügung, in dem sich die Fussballer jeweils umziehen konnten.

– September 1897. Zum zweiten Mal in seiner nun vierjährigen Geschichte erhält der FC Basel auf dem Landhof Gastrecht. Dort nämlich hatte in der Zwischenzeit der «Verein Basler Rennbahn», der sich abgekürzt V.B.R. nannte, eine Radrennbahn gebaut. Der Innenraum wurde nun dem FC Basel zum Zweck des Fussballspiels vermietet, und zwar zu diesem Mietzins: Der FCB hatte dem V.B.R 30 Prozent der Einnahmen aus den Spielen weiterzureichen, wobei die Fussballer ihr gemietetes Areal nicht pausenlos zur Verfügung hatten. In der Zeit, in der der Platz auch noch als Eisbahn benutzt werden konnte, hatten die Fussballer gefälligst zu weichen. Fussball genoss in jenen Jahren wirklich noch keine Priorität, auch wenn es gerade in Basel, selbst in der Regierung, fortschrittliche Kräfte gab, die diesem neumodischen

Perfekte Sicht von allen Plätzen

Letzte Pflege für den neuen Rasen

Sport aus England wohlgesinnt waren.

– September 1900. Das Landhof-Glück wurde im Jahr 1900 vorübergehend nochmals getrübt, weil am 9. September, als die Saison neu beginnen sollte, noch keine Zusage von den Landhof-Besitzern für eine Vertragsverlängerung vorlag. Kurzerhand verlegte der FCB sein Training für ein paar Tage auf den Pauluskirchplatz (!), ehe am 15. September die Rückkehr auf den Landhof doch noch möglich wurde.

– September 1901. Doch die Schwierigkeiten wurden ein weiteres Jahr später noch viel grösser: Der «Verein Basler Rennbahn» hatte sich aufgelöst, auf dem Sportplatz Landhof wurde eine Kegelbahn (!) gebaut, und auf der Schützenmatte war kein Platz mehr frei. So wurde der FCB einige Zeiten lang regelrecht hin- und hergeschoben: Das Gaswerk stellte drei Plätze zur Verfügung, doch selbst das an sich noch beste Areal, jenes beim Pumpwerk, war zu klein. An der Allschwilerstrasse fand man hernach einen Platz, doch eine notwendige Einigung mit dem Pächter wurde nicht erreicht. Die kantonalen Behörden wiesen dem FCB schliesslich das Terrain des FC Excelsior Basel an der Thiersteinerallee zu, hier blieb der FCB bis im Herbst 1902 (ohne Umkleidekabine) – so lange halt, bis eines Tages, wie der damalige Chronist festhielt, «unvermittelt Bausteine abgeladen wurden, und der Club somit wieder auf dem Trockenen sass.»

– Herbst 1902. Besitzerin des Landhof-Areals war inzwischen eine Dame namens Katharina Ehrler-Wittich, die dem FCB ihr Gelände zur Verfügung stellte, die später zur grossen Gönnerin des Vereins und gar Ehrenmitglied wurde. Für Kosten von rund 150 Franken musste der FCB die Kegelbahn aus Zement wieder abtragen und den Platz für den Fussballsport bespielbar machen. Doch nun, 1902 und damit neun Jahre nach der Gründung, fand der FCB auf dem Landhof seine definitive Heimat: Bis zum Umzug ins Stadion St. Jakob in der «Ära Benthaus» blieb der Landhof Spielort, und darüber hinaus bis zum heutigen Tag Gelände für die Junioren, für das Clubrestaurant, für das Archiv, für Sitzungen des Vorstandes, für lange Zeit auch für das Sekretariat.

– 1906. Für rund 300 Franken wird der Landhofplatz mit «Barrieren» umzäunt, womit die Zuschauerplätze erstmals abgetrennt waren.

– 1908. Im Hinblick auf das Länderspiel Schweiz–Deutschland, das erste gegen den späteren Rekordgegner, das dritte in der Schweizer Länderspielgeschichte, wurde die erste Tribüne gebaut: 3000 Zuschauer umsäumten am 5. April 1908 den Landhof, als es mit 5:3 einen Schweizer Sieg gegen Deutschland gab.

– 1909. Am 20. Mai 1909 fand ein weiteres Länderspiel auf dem Landhof statt: England spielte erstmals in der Schweiz – und erteilte den Schweizern eine 9:0-Lektion.

– 1919. In der Zeit nach dem Ersten Weltkrieg begann im Fussball eine Phase, die namentlich vom damaligen FCB-Chronisten Jules Düblin sehr, sehr pessimistisch beschrieben wurde. Düblin sprach im Zusammenhang mit dem Sport von «*massiv zunehmender Geschäftmacherei*», «*Grosstuerei*» und «*Bonzentum*». Beim FCB ging man wirklich gewagte Experimente (noch) nicht ein, auch wenn der Verein nicht gerade jene blütenweisse Weste hatte, wie es seine Chronisten jener Zeit wahrhaben wollten. Mit den Gebrüdern Putzendopler aus Wien oder einem Spieler Schaffter aus Budapest wurden zum Beispiel auch vom FCB ausländische Fussballer geholt, und zum innovativen Verhalten, wie man heute viel eher sagen würde, gehörte gewiss auch ein weiterer Ausbau der (Holz-)Tribüne auf dem Landhof, die dann während Jahrzehnten ihren Dienst versah.

– 1944/45. Nach Jahren der Ruhe plagten den FCB neue Sorgen um die Erhaltung des Landhofes, wo man nach wie vor nur zur Miete war und man deshalb ein Ende des Mietverhältnisses nie ausschliessen konnte. Es wurde deshalb ein «Aktionskomitee zur Erhaltung und Neugestaltung des Sportplatzes Landhof» gegründet. Und dieses Komitee erwirkte auf lange Zukunft hinaus einen entscheidenden Schritt zugunsten der Clubheimat: Mit der Regierung des Stadtkantons konnte ein Baurechtsvertrag auf die Dauer von 75 Jahren unterzeichnet werden.

– 1948. Eine Bau- und Finanzkommission zur Neugestaltung des Landhofes konstituierte sich im Februar 1948.

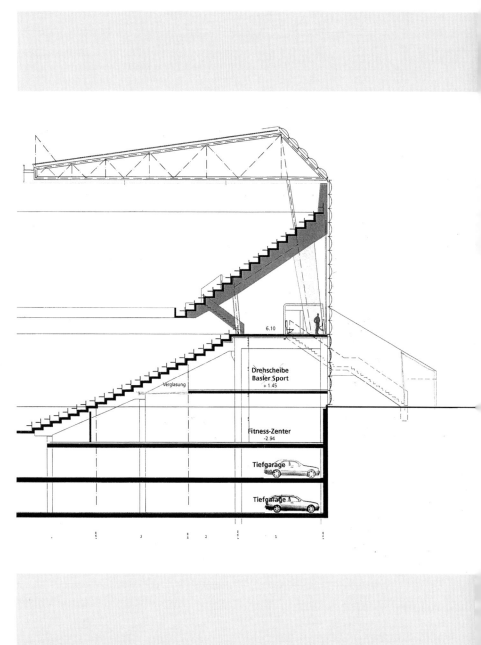

Die Westtribüne im Querschnitt

Der St. Jakob-Park in Zahlen und Daten

Baubeginn:	13. Dezember 1998	**Stadion-Kapazität:**	Total 33 433 Plätze
			30 433 Sitzplätze
Erstes Spiel:	15. März 2001:		1100 Business-Seats
	FCB–Lausanne 0:0		13 VIP-Lounges mit je 20 Plätzen
			3000 Stehplätze
Erstes Länderspiel:	6. Juni 2001:		
	Schweiz–Slowenien 0:1	**Altersresidenz:**	107 Wohnungen
			16 Pflegezimmer
Erster Cupfinal:	10. Juni 2001:		
	Servette–Yverdon 3:0	**Weitere Infrastruktur:**	Warenhaus
			Fitnesscenter
Eröffnungsfeier:	30. Juni 2001		Diverse Restaurants
			Fan-Shop
Eröffnung Einkaufszentrum:	1. November 2001		FCB-Geschäftsstelle
			SBB-Haltestelle
			Parkgarage
Eröffnung Seniorenresidenz:	Mai 2002		
Endgültige Fertigstellung:	Sommer 2002		

Architekten:	Jacques Herzog, Pierre de Meuron	**Grundstückfläche:**	36 500 Quadratmeter
Generalunternehmer:	Bruno Marazzi	**Brutto-Rauminhalt:**	282 000 Kubikmeter
Präsident FCB bei Eröffnung:	René C. Jäggi	**Aushub:**	500 000 Kubikmeter (60 000 Lastwagen)
Präsident Stadiongenossenschaft:	Stephan Musfeld	**Material:**	60 000 Kubikmeter Beton
			7000 Tonnen Armierungen
			2000 vorfabrizierte Betonelemente
Baukosten:	220 Millionen Franken		20 000 Quadratmeter Belagsflächen
			150 km Elektrokabel
Investoren:	Winterthur-Versicherung (40%)		12 km Heizungsrohre
	SUVA (40%)		1200 Heizkörper
	Pensionskasse Basel-Stadt (20%)		200 TV-Monitore in den Gängen
			2 LED-Videowände zu je 45 Quadratmeter
			2 Millionen Arbeitsstunden

– 1949. Zur Finanzierung des Neubaues wurde die «Immobilien-AG Landhof» mit einem gezeichneten Aktienkapital von 150 000 Franken gegründet. Diese AG ist bis heute rechtlich die Besitzerin der Landhof-Immobilien (nicht aber des Geländes, das nach wie vor im Baurechts-Vertrag genutzt werden kann).

– 1949 bis 1951. Während der Bauzeit auf dem Landhof wich der FC Basel für seine Spiele auf die Schützenmatte zum BSC Old Boys aus.

– 1951. Am 18. August 1951 wurde der völlig neugestaltete Landhof mit seiner Tribüne, wie sie heute noch aussieht, eröffnet. Am Eröffnungsturnier nahmen Vienna Wien, der FC Sochaux, die Grasshoppers und der FC Basel teil.

– 1953. In einer Volksabstimmung war der Neubau eines Fussballstadions in Basel im Hinblick auf die WM 1954 in der Schweiz verworfen worden, doch initiative Kräfte gründeten dennoch die «Stadiongenossenschaft St. Jakob», die für rund drei Millionen privat organisierter Franken – vorwiegend durch genossenschaftliche Anteilscheine in der Höhe von jeweils 100 Franken – das 1998 abgerissene Stadion St. Jakob aus dem Boden stampften.

– 1954. Die WM-Spiele Ungarn–Deutschland (8:3), Uruguay–Schottland (7:0), England–Belgien (4:4 nach Verlängerung), Schweiz–Italien (4:1), Uruguay–England (4:2, Viertelfinal) und Deutschland–Österreich (6:1, Halbfinal) fanden in jenem Stadion St. Jakob statt, das später zur zweiten Heimat des FCB, zum Schauplatz der grossen Spiele in der Ära Benthaus, werden sollte.

– 1966. Im Herbst 1967 findet mit dem Match FC–Young Fellows das letzte Meisterschaftsspiel auf dem Landhof statt. Einziger Torschütze dieses «historischen» Spiels war der damals 19jährige Otto Demarmels,

1925 im Landhof: Schon damals wurde für ein Spiel (FCB–Montevideo, 2:5) der Matchball aus einem Flugzeug abgeworfen

1917: Zuschauer auf dem Weg zum Länderspiel Schweiz–Österreich im Landhof

Neue Sportsplatz-Anl[age]

Aufnahme vom Cupwettspiel Basel : Aarau,

Mit einem Match gegen Aarau (1:1) eröffnete der FCB am 5. Oktober 1924 das renovierte Landhofstadion

der gegen die Zürcher den 1:0-Sieg des FCB mit einem Fallrückzieher sicherstellte. Hernach wurden alle Meisterschaftsspiele zu St. Jakob ausgetragen, der Landhof blieb den Junioren vorbehalten sowie der ersten Mannschaft fürs Training und – eine Zeitlang noch – dem FC Concordia für seine Erstligaspiele.

– 1998. Am 13. Dezember 1998 fand im alten Stadion St. Jakob gegen Lugano das letzte Spiel statt. Der FCB verlor 1:3. Unmittelbar danach beginnt der Abbruch und der Neubau.

des F.C. Basel 1893 _Landhof_

ässlich der Eröffnung am 5. Oktober 1924

– 2001. Am 15. März 2001 wird im neuen St. Jakob-Park mit dem torlosen Meisterschaftsspiel FCB gegen Lausanne der Spielbetrieb aufgenommen.

– 2001. Am 6. Juni findet mit dem WM-Qualifikationsspiel Schweiz–Slowenien (0:1) das erste Länderspiel im St. Jakob-Park statt.

– 2001. Am 10. Juni ist in Basel erstmals Austragungsort eines Schweizer Cupfinals: Im St. Jakob-Park bezwingt Servette den FC Yverdon-Sports vor 20 000 Zuschauern 3:0.

Die wichtigsten Spiele in Basler Stadien

WM-Spiele
1954 17.06., England–Belgien 4:4. St. Jakob, 14 000 Zuschauer, Tore: Broadis (2), Lofthouse (2) für England, Anoul (2), Coppens, Dickinson (ET) für Belgien

1954 19.06., Uruguay–Schottland 7:0. St. Jakob, 34 000 Zuschauer, Tore: Borges (3), Abbadie (2), Miguez (2)

1954 20.06., Ungarn–Deutschland 8:3, St. Jakob, 56 000 Zuschauer, Tore: Kocsis (4), Hidegkuti (2), Puskas, Toth II für Ungarn, Herrmann, Rahn, Pfaff für Deutschland

1954 23.06., Schweiz–Italien 4:1, St. Jakob, 29 000 Zuschauer, Tore: Seppe Hügi (2), Ballaman, Fatton für die Schweiz, Nesti für Italien

1954 26.06., Uruguay–England 4:2, St. Jakob, 28 000 Zuschauer, Tore: Varela, Ambrois, Schiaffino, Borges für Uruguay, Lofthouse, Finney für England

1954 30.06., Deutschland–Österreich 6:1, St. Jakob, 58 000 Zuschauer, Tore: O. Walter (2), F. Walter (2), Morlock, Schäfer für Deutschland, Probst für Österreich

WM-Qualifikations-Spiele
1957 19.05., Schweiz–Schottland 1:2, St. Jakob, 50 000 Zuschauer, Tor: Vonlanthen II

1968 12.10., Schweiz–Griechenland 1:0, St. Jakob, 38 000 Zuschauer, Tor: Quentin

1973 09.05., Schweiz–Türkei 0:0, St. Jakob, 52 000 Zuschauer

1976 09.10., Schweiz–Schweden 1:2, St. Jakob, 30 000 Zuschauer, Tor: Trinchero (Penalty)

1981 30.05.,Schweiz–England 2:1, St. Jakob, 40 000 Zuschauer, Tore: Scheiwiler, Sulser

1989 11.10., Schweiz–Belgien 2:2, St. Jakob, 5000 Zuschauer, Tore: Knup, Türkyilmaz

2001 06.06., Schweiz–Slowenien 0:1, St. Jakob-Park, 26 500 Zuschauer

EM-Qualifikations-Spiel
1971 13.10., Schweiz–England 2:3, St. Jakob, 55 000 Zuschauer, Tore: Jeandupeux, Künzli

Sämtliche Schweizer Länderspiele in Basler Stadien
1908 05.04., Deutschland 5:3 Landhof, 4000 Zuschauer
1909 20.05., England 0:9 Landhof 9000 Zuschauer
1910 03.04., Deutschland 2:3 Landhof 5000 Zuschauer
1913 04.05., Belgien 1:2 Landhof 5000 Zuschauer
1917 23.12., Österreich 0:1 Landhof 7000 Zuschauer
1920 16.05., Holland 2:1 Landhof 8000 Zuschauer
1923 03.06, Deutschland 1:2 Schützenmatte 17 000 Zuschauer
1924 21.04., Dänemark 2:0 Rankhof 15 000 Zuschauer
1925 25.10., Deutschland 0:4 Rankhof 15 000 Zuschauer
1928 06.05., Holland 2:1 Rankhof 15 000 Zuschauer
1930 13.04., Ungarn 2:2 Rankhof 20 000 Zuschauer
1931 29.11., Österreich 1:8 Rankhof 25 000 Zuschauer
1932 06.11., Schweden 2:1 Rankhof 22 000 Zuschauer
1935 05.05., Irland 1:0 Rankhof 20 000 Zuschauer
1936 24.05., Belgien 1:1 Rankhof 15 000 Zuschauer
1937 11.04., Ungarn 1:5 Rankhof 20 000 Zuschauer
1938 03.04., Tschechoslowakei 4:0 Rankhof 18 000 Zuschauer

Für die WM 1954 wurde innerhalb eines Jahres das 1999 abgerissene «Joggeli» erbaut

Das alte «Joggeli» – Blick auf die sogenannte Muttenzer-Kurve

1945 21.05., Portugal 1:1
Rankhof 16 000 Zuschauer

1948 10.10., Tschechoslowakei 1:1
Rankhof 23 000 Zuschauer

1950 15.10. Holland 7:5
Rankhof 23 000 Zuschauer

1953 27.06., Dänemark 1:4
Rankhof 10 000 Zuschauer

1954 25.04., Deutschland
St. Jakob 51 864 Zuschauer

1954 23.06., Italien (WM)
St. Jakob 52 000 Zuschauer

1955 09.10., Frankreich 1:2
St. Jakob 50 000 Zuschauer

1957 19.05., Schottland (WM-Q.)
St. Jakob 51 000 Zuschauer

1960 06.04., Chile 4:2
St. Jakob 30 000 Zuschauer

1960 12.10., Frankreich 6:2
St. Jakob 40 000 Zuschauer

1963 05.06., England 1:8
St. Jakob 49 000 Zuschauer

1965 26.05., Deutschland 0:1
St. Jakob 40 000 Zuschauer

1966 21.04., Sowjetunion 2:2
St. Jakob 40 000 Zuschauer

1967 03.05., Tschechoslowakei
St. Jakob 22 000 Zuschauer

1968 17.04., Deutschland 0:0
St. Jakob 60 000 Zuschauer

1968 12.10., Griechenland 1:0
(WM-Q.)
St. Jakob 38 000 Zuschauer

1970 03.05., Frankreich 2:1
St. Jakob 24 500 Zuschauer

1970 15.11., Ungarn 0:1
St. Jakob 25 000 Zuschauer

1971 13.10., England 2:3 (EM-Q.)
St. Jakob 55 000 Zuschauer

Während der Bauzeit des St. Jakob-Parks war der FCB Gast auf der Schützenmatte

1973 09.05., Türkei 0:0 (WM-Q.)
St. Jakob 52 000 Zuschauer
1974 04.09., Deutschland 1:2
St. Jakob 48 000 Zuschauer
1975 03.09., England 1:2
St. Jakob 25 000 Zuschauer
1976 09.10., Schweden 1:2
(WM-Q.)
St. Jakob 30 000 Zuschauer
1977 24.05., Tschechoslowakei 1:0
St. Jakob 8 000 Zuschauer
1978 04.04., Österreich 0:1
St. Jakob 13 000 Zuschauer

1980 26.03., Tschechoslowakei 2:0
St. Jakob 12 017 Zuschauer
1980 10.09., Deutschland 2:3
St. Jakob 32 000 Zuschauer
1981 30.05., England 2:1 (WM-Q.)
St. Jakob 40 000 Zuschauer
1983 17.06., Brasilien 1:2
St. Jakob 60 000 Zuschauer
1983 26.10., Jugoslawien 2:0
St. Jakob 9 000 Zuschauer
1986 09.04., Deutschland 0:1
St. Jakob 25 000 Zuschauer
1988 05.06., Spanien 1:1

St. Jakob 14 000 Zuschauer
1989 21.06., Brasilien 1:0
St. Jakob 13 000 Zuschauer
1989 11.10., Belgien 2:2 (WM-Q.)
St. Jakob 5 000 Zuschauer
1990 31.03., Italien 0:1
St. Jakob 25 000 Zuschauer
1994 27.05., Liechtenstein 2:0
St. Jakob 14 500 Zuschauer
1996 01.06., Tschechien 1:2
St. Jakob 14 400 Zuschauer
1998 06.06., Jugoslawien 1:1
St. Jakob 24 000 Zuschauer

Finals im Europacup der Cupsieger im Stadion St. Jakob

1969 21.5., Slovan Bratislava–FC Barcelona 3:2, 19 478 Zuschauer

1975 14.5., Dynamo Kiew–Ferencvaros Budapest 3:0, 10 897 Zuschauer

1979 16.5., FC Barcelona–Fortuna Düsseldorf 4:3 n.V., 58 500 Zuschauer

1984 16.5., Juventus Turin–FC Porto 2:1, 55 000 Zuschauer

Die 15 bedeutendsten Spiele des FC Basel in Basler Stadien

1893 10.12., FCB–Realschülerturnverein Basel 2:0. Das erste Spiel des FCB in seiner Vereinsgeschichte, ausgetragen auf dem Landhof

1898 FCB–Old Boys Basel 1:1. Das erste offizielle Meisterschaftsspiel des FCB, in der Serie A, Gruppe Zentralschweiz, ausgetragen auf dem Landhof

1925 FCB–FC Horgen 8:1. Das erste offizielle Schweizer Cupspiel des FCB, ausgetragen auf dem Landhof

1942 FCB–FC Bern 3:1. Mit diesem Sieg im zweiten Promotionsmatch gegen den FC Bern, ausgetragen auf dem Landhof, stieg der FCB, der 1939 erstmals aus der höchsten Liga abgestiegen war, wieder in die Nationalliga (es gab noch keine Unterteilung zwischen NLA und NLB) auf

1953 09.06., FCB–Servette 1:0. Mit diesem Sieg, errungen vor 13 000 Zuschauern auf dem Landhof, holte sich der FCB definitiv seinen ersten Schweizer Meistertitel

1963 FCB–Celtic Glasgow 1:5. Nach etlichen Spielen im Messestädte-Cup trug der FCB in diesem Herbst seinen ersten richtigen Europacup-Match aus.

1965 FCB–Urania Genf 4:1. Das war das allererste Meisterschaftsspiel des FCB mit Spielertrainer Helmut Benthaus, ausgetragen im Stadion St. Jakob

1966 FCB–Young Fellows 1:0. Das war das letzte Meisterschaftsspiel des FCB auf dem Landhof, der fast 70 Jahre die sportliche Heimat des FCB gewesen war. Der damals 19-jährige Otto Demarmals erzielte das Tor mit einem Fallrückzieher

1967 FCB–Lugano 2:1. Zum legendären Cup-Halbfinal kamen über 52 000 Zuschauer ins Stadion St. Jakob – Rekord für ein Clubspiel in Basel. Der Stadionrekord wurde im Länderspiel Schweiz–Brasilien (1:2) am 17. Juni 1983 mit 60 000 Zuschauern aufgestellt. Das war die höchste je erreichte Zuschauerzahl in einem Fussballspiel in der Schweiz – und wird es bleiben

1968 FCB–Moutier 10:0. Der höchste NLA-Sieg des FCB seiner Geschichte

1988 FCB–Bulle 1:2. Mit dieser Heimniederlage im Stadion St. Jakob besiegelte der FCB sein sportliches Schicksal und stieg in die NLB ab

1994 30.04., FCB–FC Zürich 1:1. In diesem viertletzten Saisonspiel verpasste der FCB zwar noch den definitiven Wiederaufstieg in die NLA, stellte aber mit 42 000 Zuschauern im «Joggeli» einen Besucherrekord für NLB-Klubs auf. Mit einem 1:1 vier Tage später auswärts gegen Etoile Carouge stellte der FCB dann den Wiederaufstieg definitiv sicher

1998 12.12., FCB–Lugano 1:3. Vor 34 745 Zuschauern fand das letzte Meisterschaftsspiel im Stadion St. Jakob vor dem zwei Tage später anfangenden Abriss statt

2001 15.03., FCB–Lausanne 0:0. Im neuen St. Jakob-Park findet vor 33 433 das erste Spiel statt, ein ganz normales Meisterschaftsspiel.

2001 10.06., Servette–Yverdon 3:0. Erstmals in der Geschichte findet ein Schweizer Cupfinal in Basel statt – im neuen St. Jakob-Park

FCB Teamstützen der Neunzigerjahre: Zuffi, Gigon, Jeitziner, Walker (v.l.n.r)

Die letzten Jahre des 20. Jahrhunderts

Helmut Benthaus übergab 1982 nach 17 Trainerjahren beim FCB das Zepter an Rainer Ohlhauser (links)

Kompetenter, aber glückloser FCB-Trainer in den Achtzigern: Ernst August Künnecke

Von Ohlhauser bis Andrey

Dass der FCB zu Beginn dieses Jahrtausends das schönste, stolzeste Stadion der Schweiz und eine der modernsten Arenen der Welt beziehen konnte, hätte man rund 20 Jahre zuvor nicht einmal im Traum zu prophezeien gewagt, denn zu Beginn der Achtzigerjahre begann eine für den FCB sportlich und finanziell extrem schwierige Zeit: Fast zwei Jahrzehnte lange zehrte er vom vergangenen Ruhm – von jenem Ruhm, der vor allem von Helmut Benthaus erarbeitet worden war.

Tatsächlich geschah an einem Juni-Tag des Jahres 1982 in Basel Seltsa-

Protagonisten der Achtzigerjahre: von Wartburg und Berkemeier

Emil «Mille» Müller, FCB-Interimstrainer, starb Anfang 2001

Waren während der ganz schwierigen Achtzigerjahren Präsident: Charles Röthlisberger...

... und danach Peter Epting

Benthaus vor dem Trüppchen von 21 Profifussballern, sondern ein neuer Trainer.

Rainer Ohlhauser hiess der Mann, der den Mut mitbrachte, Nachfolger der Basler Trainerlegende zu werden. Er war jahrelang Stammspieler bei Bundesligist Bayern München gewesen, hatte 1969 mit diesem berühmten Verein die erste deutsche Meisterschaft seit Gründung der Bundesliga (1963) gewonnen, ehe er Anfang der Siebzigerjahre zu den Grasshoppers nach Zürich wechselte und in der Schweiz seine Spielerlaufbahn beendete.

Die Aufgabe, die Ohlhauser beim FCB antrat, war schwierig, sehr schwierig, denn der aus Heidelberg stammende Trainer hatte nicht nur mit Benthaus' Erbe fertig zu werden, sondern er begann seine Arbeit in Basel auch zu einem Zeitpunkt, zu dem der Verein eben eine seiner

mes, Fremdes, Ungewohntes:
Der FCB nahm sein Training für eine neue Saison auf, so, wie er es in den bisher rund 90 Jahren seiner Geschichte manches Dutzend Mal auch getan hatte.

Doch im Gegensatz zu den letzten 17 Jahren stand nicht mehr Helmut

Trainer zu NLB-Zeiten: Urs Siegenthaler

Eines der grossen FCB-Talente der Achtzigerjahre: Beat Sutter

FCB-Stützen der Achtziger- und Neunzigerjahre: Erni Maissen ...

... André Sitek ...

unruhigsten Saisons hinter sich hatte. Die Trennung von Benthaus, der beim VfB Stuttgart eine neue Herausforderung fand, hatte eben so Aufregung ausgelöst wie die Geschichte um den abgelösten Präsidenten Lieblich, der der Misswirtschaft bezichtigt wurde, weil er den Verein in ein Defizit von der Grösse einer Million Franken gestürzt hatte. Zudem hatte die Mannschaft mit

... René Botteron ...

Demarmels, Hasler und Maissen drei absolute Leistungsträger der vergangenen Jahre verloren. Für die zahlreichen Abgänge, die mit Benthaus' Wegzug einem eigentlichen «Schnitt» gleichkamen, wurde nicht gleichwertiger Ersatz verpflichtet. Neuer Ausländer war Winfried Berkemeier, ein 29-jähriger deutscher Aufbauer. Der war wohl ein sehr umgänglicher, pflegeleichter Spieler, doch eine wesentliche Verstärkung war er nicht, zumal er immer wieder an Verletzungen litt. Nach nur einem Jahr wurde sein Kontrakt nicht mehr verlängert – Berkemeier zog ins Wallis, wo er in der Folge bei mehreren

... Gerd Strack ...

... Marco Schällibaum ...

... Adrian Knup ...

... Maximiliam Heidenreich ...

Amateurvereinen Spielertrainer war und hauptberuflich eine erstaunliche Karriere machte: In Unterbäch, dem Dörfchen, das einst als erste Ortschaft der Schweiz das Frauenstimmrecht eingeführt und das der später gestürzten Bundesrätin Elisabeth Kopp das Ehrenbürgerrecht verliehen hatte, wurde der aus Aachen stammende deutsche Fussballer zum Gemeindeschreiber gewählt.

Das Kader, das Ohlhauser also zur Verfügung stand, war keines, um Staat zu machen. Am Ende schaute in der Tat in diesem ersten Jahr nach Benthaus unter 16 A-Teams nur der 11. Platz heraus, und nur weil der FC Bulle und der FC Winterthur sehr schnell jenseits von Gut und Böse waren, schon rasch als sichere Absteiger feststanden, war der FCB noch nicht wirklich in die Bredouille geraten. Da aber im Cup ebenfalls eine herbe Enttäuschung, eine Achtelfinal-Niederlage (1:2) beim bescheidenen Erstligisten FC Mendrisio, dazu kam, wunderte sich Ende Saison niemand, dass der Vertrag mit Ohlhauser nicht verlängert wurde.

Den neuen Trainer fand der als Nachfolger von Roland C. Rasi zum Präsidenten gewählte Immobilienhändler Urs Gribi in Belgien: Der Deutsche Ernst August Künnecke hatte den FC Waterschei bis in den Europacup-Halbfinal geführt, ihm eilte der Ruf voraus, ein hervorragender, ruhiger Fussballfachmann mit moderner Trainingsmethodik zu sein. 15 Jahre Tätigkeit im belgischen Spitzenfussball waren die Referenz des gelernten Finanzfachmannes aus Hannover.

Doch ein Jahr später, nach der Saison 1983/84, musste auch er, der zweite Nachfolger von Benthaus, ein nicht eben grossartiges Fazit ziehen. Neunter war der FC Basel diesmal

... Uwe Dittus ...

... und Dominique Herr

geworden, im Cup hatte es in den Sechzehntelfinals ein 0:3-Aus gegen den FC Luzern gegeben, und mitten in der Saison hatte Künnecke die drei Routiniers von Wartburg, Stohler und Maradan rausgeschmissen, so dass seine Bilanz zur Saison auch keine triumphale war.

Deutlich mehr hätte es nämlich auch diesmal sein sollen, zumal auf diese Meisterschaft hin mit sieben Neuzuzügen einige einschneidende Korrekturen im Kader vorgenommen wurden: Torhüter Urs Suter, Rolf Lauper und Martin Andermatt kamen im «Dreier-Paket» von jenem FC Wettingen, der zehn Jahre später als erster Schweizer Profiverein wegen finanziellen Debakels kurzerhand aufgelöst werden musste, Thomas Süss, der hernach während Jahren Stammspieler beim Bundesligisten Karlsruher SC war, vom FC Nordstern, René Botteron, der seine Auslandreise (Köln, Standard Lüttich, Nürnberg) beendete, Erni Maissen, der vom FCZ zurückkehrte, und schliesslich als neuer Ausländer Uwe Dreher, ein Stürmer von den Stuttgarter Kickers.

Nominell also war das Kader stärker als im Vorjahr unter Ohlhauser, doch abermals litt das gesamte Team auch unter erneuten Unruhen im Vorstand: Nicht einmal ein Jahr nach Gribis Wahl zum Präsidenten gab es auf einen Schlag die Rücktritte der vier Vorstandsmitglieder Rasi (jetzt Vize), Hinderling, Götz und Schmid.

In den 30 Meisterschaftsspielen setzte Künnecke nicht weniger als 25 Spieler ein. Immerhin waren mit Jeitziner, Grossenbacher und Nadig eigene Junioren dabei, die zu Stammspielern wurden.

War Künneckes Position schon in der Saison zuvor einige Male umstritten gewesen, so erlebte er das Ende seiner zweiten FCB-Meisterschaft nicht mehr: Präsident Urs Gribi entliess den Trainer im November 1984 nach einer 0:1-Niederlage in Lausanne. Es kam nun Emil «Mille» Müller, der Assistent Künneckes, bis Saisonende ans Ruder. Und Müller machte seine Arbeit, bei der er zum Teil auch von der Basisarbeit Künneckes profitierte, ansprechend: Ein 8. Schlussrang war das beste Ergebnis seit «Benthaus», Müller fand mit seiner einfachen Sprache, seiner Motivationsfähigkeit Gehör bei den Spielern und erarbeitete sich über Jahrzehnte im Nordwestschweizer Fussball eine grosse Beliebtheit. Eine beeindruckende Menschenmenge nahm denn auch im Februar 2001 für immer Abschied von einem liebenswerten, engagierten Menschen, als Mille Müller auf dem Friedhof Muttenz zu Grabe getragen wurde: 67jährig war er nach schwerer Krankheit verstorben. Noch wenige Wochen vor seinem Tod war ihm ein letzter grosser Wunsch erfüllt worden: Im Rollstuhl begutachtete er, begleitet von Helmut Benthaus, das neue Stadion, das damals kurz vor der Vollendung und vor dem Eröffnungsspiel stand.

17 Jahre zuvor war also Mille Müller während einiger Monate, bis zum Ende der Saison 1983/84, gar Trainer des FCB gewesen. Danach trat Müller wieder ins zweite Glied zurück und leistete namentlich im Nachwuchsbereich Grosses.

Präsident Urs Gribi gründete zu dieser Zeit die sogenannte «Fuba», eine Finanzierungs-AG mit rund 20 Mitgliedern, von denen jeder einen sehr namhaften Betrag (je 100 000 Franken) zur Verfügung stellte. Gribi wollte den FCB zu alten Erfolgen zurückführen, dazu aber brauchte es Geld, viel Geld.

Und in Stuttgart hatte einer nach drei Bundesliga-Jahren mit dem Gewinn der deutschen Meisterschaft als Höhepunkt Heimweh signalisiert, leises Heimweh zwar nur, aber nicht ganz so leise, dass man es in Basel überhört hätte. Der Mann hiess Helmut Benthaus...

Und Helmut Benthaus kam zurück. Für das Amt des deutschen Nationaltrainers lag ihm damals eine Offerte vor, ein Angebot des FC Barcelona flatterte auf seinen Schreibtisch: Helmut Benthaus, der nach sieben Titeln in der Schweiz auch in Deutschland Erfolg hatte, der den VfB Stuttgart im zweiten Jahr zur Meisterschaft geführt hatte, konnte auslesen. Die beruflichen Türen standen ihm offen, weit offen, weltweit.

Benthaus aber wählte die Tür, die ihm am nächsten lag: Er entschied sich für den FC Basel, und spätestens jetzt, als er sich zur «Heimkehr» entschlossen hatte, musste dem letzten Menschen in Basel klar geworden sein, dass dieser Helmut Benthaus lieber einen Entscheid des Herzens als einen Entscheid des Geldes, des ganz grossen Ruhmes und vielleicht des reinen Verstandes trifft: Basel und Benthaus – das waren halt noch immer zwei, die zusammengehörten.

Einst Spieler, später im FCB-Trainerstab: Ruedi Zbinden

Entsprechend gross waren die Erwartungen in Basel, doch schon das allererste Spiel der «neuen Benthaus-Ära» ging in die Hosen. 12 800 Zuschauer, für damals eine beträchtliche Zahl, waren ins St. Jakob-Stadion zum Auftaktmatch gegen den FC Luzern gekommen – und am Ende jenes Augustabends enttäuscht wieder davongezottelt: Der Erwartungsdruck hatte den FCB blockiert, und als der Luzerner Martin Müller kurz vor Spielende zum 0:1 traf, hatte der FCB exakt das, was er unter allen Umständen hatte vermeiden wollen – einen Fehlstart auch unter dem «neuen» Trainer Benthaus.

Letztlich erholte sich die Mannschaft die ganze Saison nie mehr wirklich von diesem Startflop, auch wenn das die Saison war, in der der spätere Bundesliga- und Nationalstürmer Adrian Knup seinen Knopf auftat. Der 10. Schlussrang war eine riesige Enttäuschung. Dazu passte auch die Geschichte eines denkwürdigen Cup-Halbfinals gegen Servette, in dem die Basler in der letzten Viertelstunde durch drei Tore des eingewechselten Gerd Strack ein 0:3 aufholten, dann aber in der Verlängerung durch einen krassen Fehlentscheid von Schiedsrichter Kurt Röthlisberger doch noch 3:4 verloren. Rund zehn Jahre später wurde besagter Röthlisberger von der Fifa wegen versuchter Bestechung lebenslang gesperrt – ein Schelm, wer hier Böses denkt ...

Die Wechsel im Kader vor der Saison 1986/87 waren nicht dazu angetan, beim FCB die Hoffnungen auf baldige sportliche (und finanzielle) Besserung zu schüren. Mit Jeitziner, Irizik, Lüthi und vor allem mit Beat Sutter, der für die damalige FCB-Rekordsumme von 360000 Franken zu Xamax wechselte, verlor der FCB vier Stammspieler. Dazu gingen auch Laydu, Lauper, Stefano Ceccaroni und Zbinden – diese zahlreichen Abgänge konnten aus finanziellen Gründen nicht mehr kompensiert werden. Gewiss, aus den erwähnten Transfers floss recht viel Geld nach Basel – aber nicht in die Kasse des FCB, sondern in den Fundus der «Fuba», der Finanzierungs-Gesellschaft, die sich für ihre finanziellen Leistungen die Transferrechte der meisten FCB-Spieler hatte sichern lassen.

In der Tat ging es dem FCB damals miserabel, er war am Rande des Ruins angelangt, ihm fehlten neben aller Überschuldung auch die flüssigen Mittel zum Bestreiten der täglichen Ausgaben. Da in den Jahren zuvor der Zuschauerschnitt bis auf 3800 (Saison 84/ 85) gesunken war, die Investitionen der Verzweiflung aber stetig gestiegen waren, sah der FCB nur noch einen Ausweg aus dem Schlamassel: Er wandte sich im Oktober 1986 mit einem verzweifelten Appell an die Öffentlichkeit. Urs

Friedel Rausch: Kam mit grossen Erwartungen, verliess den FCB dann aber quasi über Nacht nach Kaiserslautern

Publikumslieblinge der Neunzigerjahre: Admir Smajic ...

... und Ørjan Berg

Gribi, der Clubpräsident, war zurückgetreten, an seiner Stelle amtete interimistisch der Grossgaragist Peter Max Suter, der in seiner kurzen Amtszeit mit hemdsärmligem, letztlich aber halbwegs erfolgreichem Stil versuchte, mehr Ordnung ins finanzielle Chaos zu bringen. Unter anderem kündigte Suter eine Rückkehr zum Halbprofitum an. Mit zahlreichen Aktionen gelang es dem FCB, seine Schulden auf vorübergehend 1,1 Millionen Franken zu senken, womit der Club vorerst aus dem «Gröbsten» raus war, obschon andere Appelle, vor allem jene an die chemische Industrie, erfolglos blieben. In den folgenden Jahren sollten jedoch mehrere weitere finanzielle Feuerwehrübungen des FCB folgen müssen – noch einige Male drohten ernsthaft der Konkurs und der Entzug der Nationalliga-Lizenz.

Auch an der Spitze des Clubs ging es in jener zweiten Benthaus-Saison überaus turbulent zu und her. Gribis interimistischer Nachfolger Peter Max Suter stieg an der Generalversammlung vom 17. März 1987 nach wenigen Monaten der Vereinsführung wie angekündigt wieder aus. An jener turbulentesten Generalversammlung der Neuzeit im Restaurant des Basler Zoos scheiterte der frühere Präsident des EHC Basel, Arthur Bachmann, mit seiner Kandidatur. Vielmehr sprangen an der von wüsten Schimpftiraden und anderen verbalen Entgleisungen geprägten GV drei frühere FCB-Präsidenten nochmals gemeinsam in die Bresche: Harry Thommen, Felix Musfeld und Lucien Schmidlin senior bildeten einen sogenannten Wirtschaftsrat – mit dem ebenso schlichten wie schwierigen Ziel, den im Sumpf steckenden Karren namens FCB zu befreien. Fast ein Jahr lang blieben die drei im Amt, taten ihr Möglichstes, doch als am 4. März 1988 der Arlesheimer Versicherungsfachmann Charles Röthlisberger, der zuletzt als verantwortlicher Geschäftsführer des FCB geamtet hatte, zum ordentlichen Präsidenten gewählt wurde, als fast zwei Jahre nach Gribis Rücktritt endlich wieder präsidiale Klarheit herrschte, fehlte noch immer viel Geld. Röthlisberger trat sein Amt mit einem Minus von 1,4 Millionen Franken an.

Das hatte logischerweise auch sportliche Konsequenzen. In seinem allerletzten Match als aktiver Trainer konnte Benthaus zum Schluss der Saison 1986/87 wenigstens den Abstieg vermeiden: 7:0 kanzelten die Basler auf der Schützenmatte den FC Wettingen ab. Erni Maissen schoss vier Tore selbst und leistete bei den drei anderen (Ghisoni, Bützer, Grossenbacher) die Vorarbeit.

Dieser Abstieg, der letztlich ein schleichender war, konnte dann in der ersten Saison nach Benthaus nicht mehr vermieden werden, wurde 1988 endgültig Tatsache. Doch das war ganz gewiss nicht die alleinige Schuld des neuen Trainers Urs Siegenthaler, dem aus finanziellen Gründen ganz einfach keine wettbewerbsfähige Mannschaft zur Verfügung stand, eine Mannschaft, die auch mal 1:9 gegen Xamax verlor und die mit der Relegation, verursacht weitestgehend durch zahlreiche sogenannte «junge, regionale Spieler», in der wechselvollen Geschichte des FC Basel den Tiefpunkt erreichte.

Nicht weniger als sechs Saisons lang musste sich der einstige Serienmeister in der Anonymität der Nationalliga B abmühen und dabei unter der klugen, notgedrungen aber sehr defensiven Finanzpolitik von Präsident Charles Röthlisberger und dessen Nachfolger Peter Epting oft einem ganz anderen Ziel als dem sportlichen nachrennen: Mehrfach

Zuerst Torhüter, dann Torhütertrainer beim FCB: Thomas Grüter

war der FCB abermals vom Konkurs bedroht, auch wenn bei aussergewöhnlichem Anlass auch die Besucherzahlen nach wie vor aussergewöhnlich waren, wie etwa bei jenem 1:1 gegen den FC Zürich, das 40 000 Zuschauer anlockte und das damit wohl auf alle Zeiten ein Nationalliga-B-Rekord bleiben wird.

Doch abgesehen von wenigen Lichtblicken waren die NLB-Jahre sportlich von einem ständigen Kommen und Gehen der Spieler und Trainer geprägt. Zwischen 1988 und 1992 holte der FCB zehn Auslandprofis, was – noch vor dem Bosman-Urteil – eine extrem hohe Zahl war. Nicht weniger als 36 Spieler verliessen in dieser vierjährigen Phase den Verein nach einem oder mehr Jahren wieder, so dass sich kein wachsendes Gefüge bilden konnte und der FCB sein 100-Jahre-Jubiläum 1993 noch immer als NLB-Verein feiern musste.

Dennoch: Die Feierlichkeiten, von Peter Epting, Heini Moser und dem wenig später viel zu jung verstorbenen Arzt Dominik Müller mit grossem Enthusiasmus organisiert, brachten wieder einmal die ganze Stadt auf die Beine.

Doch mit Anhängern allein holt man keine Punkte, auch nicht in Basel – also versuchte man es nach Siegenthaler, nach einem zweiten Anlauf mit Ernst August Künnecke und nach einer internen Interimslösung mit Karl Odermatt und Bruno Rahmen wieder einmal mit einem sogenannten Startrainer: Präsident Epting präsentierte 1992 Friedel Rausch, der den Verein rechtzeitig auf die anstehenden 100-Jahre-Feierlichkeiten zurück in die NLA hätte bringen sollen.

Rausch war sieben Jahre lang beim FC Luzern gewesen war und hatte die Zentralschweizer 1989 gar zum ersten Meistertitel in der Vereinsgeschichte geführt. Ja, selbst als er 1992 mit dem FC Luzern in die NLB abstieg, war sein Image noch kaum angekratzt. Denn eine Woche nach dem Abstieg wurde der FC Luzern im allerletzten Match unter Friedel Rausch Cupsieger ...

Und dieser Rausch, dem der Ruf eines guten Motivators vorauseilte, der in seinem Auftreten, seinem «Boulevard»-Stil das pure Gegenteil seines ruhigen, zurückhaltenden Vorgängers Künnecke war, musste also im Sommer 1992 abermals eine fast neue Basler Mannschaft zusammenschweissen. Ein Jahr zuvor war vom FC Baden der torgefährliche holländische Stürmer André Sitek geholt worden – ein starker Strafraumspieler, der sich schnell zum Publikumsliebling machte, auch wenn ihm manch eine Undiszipliniertheit durchgelassen werden musste. Und nun bekam Rausch anstelle Heidenreichs, der zum SC Freiburg ging, von 1860 München mit dem kleinen Norweger Ørjan Berg einen hervorragenden Aufbauer; aus Lausanne stiess der routinierte Pierre-André Schürmann zum FCB, aus Lugano der Grenchner Verteidiger Marco Walker, aus Winterthur kamen Torhüter Christian Reinwald und Vorstopper Mario Uccella, und von den Young Boys kehrte Patrick Rahmen zu seinem Club zurück, womit die beiden Söhne von Bruno Rahmen (Patrick und Micha) erstmals gemeinsam in einer Nationalliga-Mannschaft spielten.

Die Qualifikation überstand der FCB problemlos, oft gar mit erfrischenden Spektakeln wie beim 7:0 gegen Bümpliz oder beim 8:0 gegen Urania. Vor allem zu Hause hatten die Gegner nichts zu bestellen: In den elf Heimspielen der Meisterschafts-Qualifikation 1992 und den zwei Cup-Partien gegen die Old Boys (4:0) und gegen den SC Baudepartement (6:0) liess Torhüter Reinwald nicht einen einzigen Gegentreffer zu. Nur Yverdon holte mit 0:0 wenigstens einen Zähler beim FCB ab. Am Ende dieser Qualifikation lag denn auch Yverdon an 1. Stelle, der FCB war «nur» Zweiter, nachdem er das Programm mit einer 0:1-Niederlage in Grenchen, nicht ganz den Hoffnungen entsprechend, begonnen hatte.

Der Ernst des Lebens dieser Saison

Aufstiegstrainer Claude «Didi» Andrey

aber begann erst mit der Aufstiegsrunde – und da hatte das Schicksal dem FCB ein ungemein schwieriges Programm beschert: Kein Geringerer als Rekordmeister Grasshoppers war der prominenteste Gegner, dazu kam als zweiter A-Club der FC Bulle, kam der Vorjahres-Absteiger Luzern und kam neben den Aussenseitern Chênois, Delémont und Wil auch noch der ebenfalls äusserst ambitionierte FC Locarno.

Die fünfte Aufstiegsrunde seit Basels Sturz in die Nationalliga B war also ohne jeden Zweifel die schwierigste. Der Start in die Serie von 14 Spielen war allerdings vielversprechend. Vor 5100 Zuschauern siegte der FCB in Delémont 2:0. Beide Tore gingen auf das Konto von Chassot, einem weiteren Neuen, beide Male traf er nach Vorarbeit seines Angriffspartners André Sitek. Man freute sich beim FCB zu Recht über eine gute Leistung – auch wenn ihn ein anderes Ergebnis an diesem Nachmittag

Zehntausende feierten im Mai 1994 auf dem Barfüsserplatz nach sieben NLB-Jahren die Rückkehr des FC Basel in die

Nationalliga A wie einst die Meistertitel

nachdenklich stimmen musste: Die Grasshoppers hatten ihrerseits ihren Tarif gleich mit einem 9:0-Fest über den als keineswegs schwach eingestuften FC Locarno bekanntgegeben. Das war der Anfang des erwarteten Durchmarsches von GC gewesen.

Gleiches liess sich vom FCB nicht sagen, denn schon am zweiten Spieltag gab es gleich wieder eine Ernüchterung: Vor 9200 Zuschauern im Joggeli gab es gegen den tapferen, aber

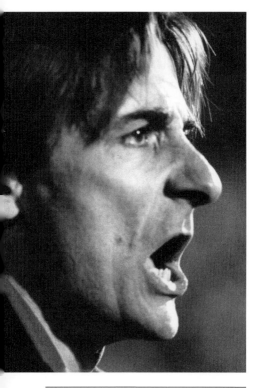

Aufgestiegen – und später ein unglücklicher Abgang: Didi Andrey

bescheidenen FC Wil (mit Trainer Christian Gross ...!) nur ein 1:1.

Dieses 1:1 war dann der Anfang weiterer enttäuschender Resultate: Fantastisch war mit 34 000 die Zuschauerzahl gegen die Grasshoppers, die zuvor von ihrem Startrainer Leo Beenhakker in die Abstiegsrunde gefuhrwerkt worden waren – enttäuschend das Ergebnis aus Basler Sicht, die durch Giovane Elber, den späteren Starstürmer des FC Bayern München, 0:1 in Rücklage gerieten und letztlich 0:2 verloren. Und als es vor nun gar 35 000 Zuschauern gegen den FC Luzern auch nur zu einem 1:1 reichte, wars das wieder einmal gewesen:

Auch der fünfte Anlauf, die Rückkehr in die NLA zu schaffen, ging in die Hosen, Sieger der Gruppe waren Luzern und GC – und das im Jubiläumsjahr 1993.

Doch für den grössten «Knall» seit Jahren sorgte nach Saisonende mit Trainer Friedel Rausch ausgerechnet jener Mann, der ein Jahr zuvor als grosser Hoffnungsträger geholt worden war, der sich vor allem als verbaler Meister (mit weniger Leistungsausweis in den effektiven Taten) hervorgetan hatte – und der dann buchstäblich über Nacht verschwand.

Dazu muss man wissen, dass Clubpräsident Epting den Vertrag mit Rausch längst bereits per Handschlag verlängert hatte. Ein Signal hatte Epting damit setzen wollen, ein Signal, dass man beim FCB auch im 101. Clubjahr nochmals alle nur denkbaren Anstrengungen unternehmen wollte, um im sechsten Anlauf endlich aufzusteigen.

Und die Schlüsselfigur sollte, so war es geplant, Friedel Rausch bleiben. Doch aus dem «Hoffnungsträger» wurde die Enttäuschung schlechthin. Rausch erhielt wenige Tage nach Saisonende, aber mehrere Wochen nach seiner Vertragsverlängerung in Basel, ein Angebot von Bundesligist Kaiserslautern. Dass Rausch dieser lukrativen und sportlich interessanten Offerte nicht widerstehen mochte, war begreiflich, wenig vornehm allerdings war der Stil seines Abganges: Rausch informierte seinen bisherigen Arbeitgeber in Basel nicht rechtzeitig über seine Veränderungspläne. Vielmehr wurde erst am 17. Juni 1993, einem Donnerstag, ein Freigabegesuch aus Kaiserslautern ins Büro von FCB-Präsident Epting gefaxt, tags darauf, am Freitag, dem 19. Juni, wurde Rausch in Kaiserslautern bereits als neuer Cheftrainer vorgestellt.

Rausch hatte also ein doppeltes Spiel getrieben – der FCB stand zehn Tage vor Trainingsbeginn zur neuen Saison 1993/94 ohne Trainer da, und das mitten in der intensivsten Transferperiode.

Allein, der Vorstand um Epting, Mario Cueni, Gustav Nussbaumer, René Hasler, Urs Luginbühl, Heini Moser und Otto Rehorek, arbeitete in der Not sehr effizient. Nach wenigen Tagen der Sichtung entschied sich der FCB für einen Mann, der als fast extremer Kontrast zu Rausch galt: Es wurde der 42-jährige Genfer Claude «Didi» Andrey, der ein Jahr zuvor den namenlosen FC Chiasso in die NLA gebracht hatte, zum neuen Trainer ernannt.

Claude «Didi» Andrey: Der Aufstiegstrainer, der abstürzte

Didi Andrey brachte den Ruf als stiller, konsequenter, intelligenter Schaffer mit, und als Mitgift erhielt er neben anderen die drei früheren Internationalen Dario Zuffi (Stürmer), Philippe Hertig (Aufbauer) und Stefan Huber (Torhüter) sowie das 19-jährige GC-Talent Mario Cantaluppi (Aufbauer).

Als Andrey am 28. Juli 1993 zur Saison startete, oblag ihm nun, was zuvor kein Siegenthaler, kein Künnecke, kein Odermatt, kein Rahmen und kein Rausch geschafft hatten – den Verein endlich von seinem erbärmlichen NLB-Leben zu befreien. Es war zwar der Wechsel von Rausch zu Andrey nicht gerade ein Kulturschock, doch wer noch die lauten Töne des Friedel Rausch in den Ohren hatte, staunte in den Gesprächen mit Andrey doch einigermassen – und sparte enorm an Notizpapier: Es war, als wären die Niagarafälle ausgetrocknet. In anderen Worten formuliert: Rausch und Andrey redeten zusammen etwa soviel wie Rausch...

Arbeit, Disziplin und «Kontemplarität» – das waren die wesentlichen Stichworte, mit denen Andrey seine Mannschaft auf den Saisonstart vorbereitete. 3,7 Millionen Franken betrug das Budget, der fremdfinan-

Er verhalf dem FCB zurück in die NLA – und durfte dann doch nicht bleiben: Der Norweger Ørjan Berg im Bad der Menge

3. Mai 1994: Nach einem 1:1 feierten die FCB-Spieler in den baufälligen Stadion-Garderoben bei Etoile Carouge den definitiven Wiederaufstieg

zierte Russe Sergei Derkach nicht inbegriffen. Für einen NLB-Verein war dies ein Rekord. Entsprechend gross war hier der Frust und dort der Spott, als – einmal mehr im FCB-Palmarès – schon das Startspiel in die Hosen ging. Und das nicht gegen irgendwen, sondern ausgerechnet gegen den Stadtrivalen Old Boys.

Die Old Boys hatten in jenen Jahren, in denen der FCB in der NLB rumkrebste, plötzlich ziemlich hoch gegriffene Ambitionen kundgetan – und als sie im «Joggeli» den grossen Rivalen mit 2:1 bezwangen, schien die städtische Hierarchie vorübergehend tatsächlich ins Wanken zu geraten.

Doch der FCB korrigierte diesen Fehlstart nur vier Tage später mit einem 3:0-Sieg in Bulle und blieb im weiteren Verlauf der Herbstqualifikation einigermassen im Fahrplan. Und spätestens, als ihm auf der Schützenmatte die Revanche gegen OB mit 6:1 eindrucksvoll gelang, nahm er endgültig Kurs in Richtung der angestrebten Auf-/Abstiegsrunde.

Dennoch – ein Meisterwurf war diese Qualifikation nicht. Von den 18 Partien verlor der FCB immerhin deren fünf, davon gegen OB, Grenchen und Delémont drei vor eigenem Publikum.

So langten die 27 Punkte «nur» zum 2. Gruppenrang hinter Etoile Carouge.

Dieser durchzogene Herbst schmälerte freilich die Aufstiegshoffnungen nicht entscheidend, denn ein abermals korrigierter Modus erlaubte im Frühjahr 1994 immerhin der Hälfte der acht Mannschaften, die an der Auf-/Abstiegsrunde teilnahmen, die NLA-Qualifikation.

Etoile Carouge, Schaffhausen und der FC St. Gallen waren die FCB-Gegner aus der NLB, dazu kamen von «oben» die vier schlechtesten A-Vereine, die da FC Zürich, Neuchâtel Xamax, Yverdon und Kriens hiessen. Mit einem 1:0-Heimsieg gegen den A-Klub Kriens startete der FCB am 20. Februar 1994 zum sechsten Aufstiegsanlauf nach seinem Abstieg im Jahr 1988. Ein schlechtes Spiel bei widerlichen Bedingungen wars, doch weil der FCB vor 8000 Zuschauern dank eines Tores von Martin Jeitziner siegte, war für einmal ein Fehlstart vermieden. Es folgten – für die Ära des in erster Linie der Defensive verpflichteten Andrey nicht untypisch – zwei torlose Unentschieden und ein 1:1, danach ein 3:0-Heimsieg gegen Schaffhausen, ehe in der sechsten Runde mit einem 0:1 beim ewigen Angstgegner Xamax die erste Niederlage des Jahres Tatsache wurde.

Doch Andrey hatte seiner Mannschaft um den technisch und spielerisch begnadeten Regisseur Admir Smajic inzwischen genügend Stabilität verliehen – das 0:1 von Xamax sollte in der ganzen Frühjahrsrunde die einzige Niederlage bleiben.

In der Tat hatte der FCB bereits am drittletzten Spieltag sein Ziel erreicht, nachdem es vier Tage zuvor vor 42 000 Zuschauern mit einem 1:1 gegen den FCZ noch nicht ganz gereicht hatte.

Man schrieb den 3. Mai 1994 – einen Punkt brauchte der FCB in seinem Auswärtsspiel beim sportlich bereits abgeschriebenen Etoile Carouge noch.

Verkrampft war an diesem Dienstagabend der Auftritt der Basler im Genfer Quartierstadion «Fontenette», kaum Chancen erspielte sich der Favorit in der ersten Stunde. Und als in der 67. Minute der 35-jährige luxemburgische Altstar Langers die Romands mit einem Freistoss aus 25 Metern 1:0 in Führung brachte, schien sich der FCB wieder einmal aus eigener Nervosität und Gehemmtheit in die Bredouille geritten zu haben.

Doch auch der FCB hatte einen Altmeister in seinen Reihen: In der 74. Minute schritt nun Dario Zuffi seinerseits zu einem Freistoss – von der Strafraumgrenze aus schlenzte er den Ball vorbei am schlecht reagierenden Carouge-Torhüter Grossen zu jenem 1:1 ein, das endgültig den Wiederaufstieg zur Folge hatte.

Was danach in Basel an Feiern, Jubelorgien und Veranstaltungen folgte, erinnerte ohne Abstriche an die grossen Meisterfeiern der Sechziger- und Siebzigerjahre.

Unmittelbar nach dem Schlusspfiff in Carouge wurde die Mannschaft mit einer gesponserten Crossair-Maschine heimgeflogen – und noch in der gleichen Nacht stieg auf dem Barfüsserplatz eine erste Aufstiegsfeier, eine notabene, die weder geplant noch organisiert war, sondern spontan zustande kam. Rund 20 000 Anhänger empfingen die Mannschaft nach Mitternacht auf dem «Barfi» – auf der Terrasse des Stadtcasinos liessen sich Trainer, Spieler und Funktionäre ein erstes Mal ausgiebig, ausgelassen und voller Euphorie feiern. Noch heute dürfte, wer damals dabei war, das immer und immer wieder angestimmte «Nie meh, nie meh – Nati B» in den Ohren haben.

Zum Ausklang dieses Aufstiegsfrühlings bat der FCB noch zu zwei Kür-Runden ins Joggeli: Zuerst bejubelten 23 000 Besucher im sportlich an sich bedeutungslos gewordenen Heimspiel gegen St. Gallen einen 3:0-Sieg, danach folgte zum Schluss dieser ersten glücklichen FCB-Saison seit Jahren noch ein 1:0-Sieg gegen Kriens. Knapp 20 000 kamen auch noch zu diesem «Auswärts-Match», der aus Sicherheits- und Kapazitätsgründen ins Joggeli verlegt worden war.

Und das war das FCB-Kader, das den Aufstieg und mit den Siegen gegen St. Gallen und Kriens noch vor Xamax, St. Gallen und dem FC Zürich den Gruppensieg schaffte: Stefan Huber, Thomas Grüter, Massimo Ceccaroni (der einzige Spieler, der aus der Abstiegsmannschaft auch beim Aufstieg noch dabei war, der weitere sieben Jahre später beim Comeback im Uefa-Cup und acht Jahre später im neuen Stadion noch immer dazu gehörte ...), André Meier, Samir Tabakovic, Marco Walker, Reto Baumgartner, Mario Uccella, Thomas Karrer, Philippe Hertig, Ørjan Berg, Admir Smajic, Martin Jeitziner, Mario Cantaluppi, Didier Gigon, Sergei Derkach, Ralph Steingruber, Dario Zuffi und – für die letzten vier Spiele – Axel Kruse.

Didi Andrey hatte also mit diesen 19 Spielern geschafft, was vor ihm alle anderen FCB-Trainer in sechs B-Jahren vergeblich versucht hatten – ausgerechnet Didi Andrey, dieser introvertierte, stille, disziplinierte Schaffer, der sich mit seiner eher spröden Art in Basel zwar grossen Respekt erarbeitete, den Zugang zu den Fans aber so richtig doch nie fand. Für ihn war Fussball Arbeit, Arbeit und nochmals Arbeit – und alles, was auch nur im entferntesten mit Show zu tun hatte, schien ihm suspekt.

Er war Nachfolger von Didi Andrey: Karl Engel, hier mit seinem Verteidiger Marco Walker, der danach den Sprung in die Bundesliga schaffte

Und diese konsequente Strategie Andreys sollte sich auch im ersten NLA-Jahr nach dem Wiederaufstieg auszahlen. Zwar endete das Startspiel schon fast traditionsgemäss mit einer Ernüchterung. Mit 0:1 verlor der mit dem dänischen Ex-Europameister Lars Olsen, dem Bosnier Asif Saric, dem vom FC Sion geholten Goalgetter Alexandre Rey sowie mit dem Birsfeldner Talent Dominic Moser verstärkte FCB seinen Comeback-Match gegen Lugano. Und auch die nächsten Ergebnisse waren

Ein Ex-Europameister verstärkte den FCB: Lars Olsen

absolut nicht verheissungsvoll. Es folgten Niederlagen auch gegen Lausanne, Xamax und die Grasshoppers, unterbrochen durch nicht weniger als vier torlose Remis, mit denen das Basler Publikum wenig anfangen konnte.

Erst in der neunten (!) Runde gab es mit 4:0 gegen Luzern den ersten Sieg in einem NLA-Match seit der Abstiegssaison 1988; danach folgten wieder zwei Niederlagen gegen YB und Sion, ehe die Basler zu einem letztlich doch noch versöhnlichen Schluss-Spurt ansetzten und von den verbleibenden elf Partien dieser Herbstqualifikation der Saison 1994/95 nur noch deren zwei verloren, umgekehrt aber unter anderem mit 3:0-Auswärtssiegen in St. Gallen und bei den Grasshoppers verblüfften. Am Ende reichte es zum 7. Rang – Andrey hatte den FCB ein halbes Jahr nach dem Aufstieg auch gleich in die Finalrunde geführt.

Für dieses erstmalige Mittun in der Schweizer Elite nach Jahren setzte sich der FCB gar die Uefa-Cup-Qualifikation zum Ziel; allein, mit exakt sieben Siegen und sieben Niederlagen wurde dieses Ziel verfehlt. Es reichte «nur» zum 7. Schlussrang – rein mathematisch ein zu schlechter Lohn für eine ordentliche Saison, zumal zum Uefa-Cup-Platz nur fünf Punkte fehlten, derweil das achtplatzierte Lausanne-Sport mit neun Längen Vorsprung abgehängt wurde.

Der persönliche Abstieg des Aufstiegstrainers Didi Andrey erfolgte dann im Herbst 1995.

Sportlich verlief die Qualifikation der zweiten NLA-Saison nach dem Aufstieg für Andrey und seine Mannen unter den Erwartungen, ja, gegen Ende des Oktobers geriet der Trainer nach einer 1:3-Niederlage in Luzern und dem damit verbundenen Krebsen rund um den Strich unter Druck – da und dort wurde bereits über eine bevorstehende Entlassung des Genfer Fussballlehrers gemunkelt. In weiten Kreisen nicht verstanden wurden gewisse personelle Entscheide Andreys. Namentlich seine vor Saisonbeginn vollzogene Massnahme, den im Publikum ungemein beliebten, pflegeleichten und hochmotivierten Norweger Ørjan Berg abzuschieben, zog viel Kritik nach sich. Tatsächlich muss auch mit Jahren Distanz dieses Massnahme Andreys als Fehlentscheid gewertet werden, zumal Berg noch Jahre später – bis hinein ins neue Jahrtausend

Genialer, aber nicht immer leicht berechenbarer FCB-Regisseur Admir Smajic

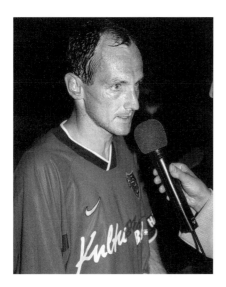  

Sie gehörten zu Jäggis «Bundesliga-Konzept»: Jürgen Hartmann, Maurizio Gaudino und Oliver Kreuzer

– glänzende Leistungen ablieferte und mit Rosenborg Trondheim gar in der Champions League spielte.

Die sofortige und fristlose Entlassung Andreys am 24. Oktober 1995 hatte aber weder mit derlei Personalentscheiden noch mit der sportlich unbefriedigenden Situation der Mannschaft zu tun. Vielmehr hatte die Massnahme des Präsidiums um Peter Epting und seinen juristisch bewanderten Vize Mario Cueni arbeitsrechtliche Gründe: Didi Andrey hatte erwiesenermassen ein Dokument unterschrieben, wonach er bei einem allfälligen Weiterverkauf des FCB-Spielers Gabriel Okolosi mitverdienen würde. Okolosi gehörte wie Alex Nyarko zu jenen afrikanischen Spielern, die im Sommer zuvor verpflichtet wurden – unter Vermittlung des Reinacher Möbelhändlers Robert Zeiser, der in den Jahren zuvor und danach Dutzende von afrikanischen Spielern nach Europa, vor allem aber in die Schweiz, brachte und mit diesen Spielern seine – oft als zwielichtig gescholtenen – Geschäfte machte.

Und von zumindest einem dieser Geschäfte wollte offenbar auch Didi Andrey finanziell profitieren. Das war zwar juristisch kein Offizialdelikt, aber gemäss Obligationenrecht (Artikel 337) ein Verstoss gegen das Arbeitsrecht.

Andrey räumte hinterher zwar ein, Fehler gemacht zu haben, betonte aber unmittelbar nach dem Auffliegen des Tatbestands, dass er niemandem ausser sich selbst Schaden zugefügt habe.

Fakt indes war, dass sich Andrey mit seinem Tun in die Gefahr von Interessenskollisionen gebracht hatte – die sofortige Trennung war die Folge. Andrey fochte zwar diese Massnahme juristisch an, und ob diese fristlose Entlassung juristisch wirklich ganz wasserdicht war, kann angesichts einer Entschädigung, die der FCB Monate später seinem Aufstiegstrainer doch noch hinterher schob (oder hinterher schieben musste ...?), mit Fug und Recht angezweifelt werden.

An der Tatsache aber, dass damit die Ära jenes Mannes, der den FCB zurück in die NLA gebracht hatte, unrühmlich und mit einem eigentlichen Eklat endete, ändern diese Vermutungen nichts – ebenso wenig wie an der Tatsache, dass sich Andrey von diesem Schlag beruflich nie mehr ganz erholte: Er arbeitete fortan in Afrika als fussballerischer Entwicklungshelfer, später bei einem griechischen Zweitligisten – in der Schweiz aber fand er keine adäquate Stelle mehr.

Beim FCB übernahm Chefscout Oldrich Svab interimistisch die Trainerrolle – doch dieser Match ging mit 0:3 gegen den FCZ vor eigenem Publikum völlig daneben, so dass sich der Vorstand schon tags darauf wieder auf die Trainersuche machen musste ...

René C. Jäggi (links) übernahm den Verein am 26. November 1996 von Peter Epting ...

Konsolidierung unter Karl Engel

Elf Tage nach Andreys Entlassung hatte der FCB wieder einen Trainer. Der Verein entschied sich für den früheren Nationaltorhüter Karl Engel und gegen den Deutschen Jürgen Röber, der ebenfalls im Rennen war und der später Bundesligist Hertha Berlin bis in die Champions League führen sollte.

Engel hatte nach seiner Aktivkarriere als Trainer beim FC Lugano und danach beim Verband als U17-Nationaltrainer sowie als Assistent und Goalietrainer von Nationalcoach Roy Hodgson gearbeitet. Doch den Schwyzer zog es wieder in den Klubfussball zurück – und er startete in Basel gut: Ausgerechnet in Lugano siegte er zu seinem Einstand 1:0 – das Tor erzielte übrigens jener Alex Nyarko, der später beim Karlsruher SC, bei Lens in Frankreich und bei Everton in Liverpool internationale Karriere machen sollte.

Auch die nächsten Spiele mit 2:2 gegen Servette und 2:0 gegen Aarau glückten dem FCB unter neuer Führung leidlich; wie überhaupt Karl Engel nach der kurvenreichen Phase, die auf den Aufstieg gefolgt war, so etwas wie eine Konsolidierung beim FCB einleitete: Noch war der Klub ziemlich weit vom Fernziel entfernt, noch gehörte er in der Schweiz nicht wieder zur Spitze, doch zu einem einigermassen sicheren Wert in der NLA wurde er langsam. Engel jedenfalls führte den FCB im restlichen Verlauf dieses Herbstes 1995 auf den 5. Qualifikationsrang und damit relativ sicher abermals in die Finalrunde, dorthin also, wo der FCB seit seinem Aufstieg bis auf eine Ausnahme (in der Saison 1997/98) Stammgast wurde.

Zum angestrebten Platz im Uefa-Cup aber reichte es im Frühjahr 1996 auch unter Engel nicht. Im Gegenteil: Die Leistungen der Mannschaft waren nicht dazu angetan, das Publikum zu begeistern oder gar zu verwöhnen: In den 14 Partien der Finalrunde 1996 holte der FCB nur drei Siege – und zwar mit 1:0 gegen Luzern sowie mit je einem 2:0 gegen Sion und Servette, alle drei zuhause. Auswärts gewann der FCB mit seinen drei Remis und vier Niederlagen nie – ein 6. Rang war zu viel zum Sterben und zu wenig zum Leben, zumindest zum gut Leben. Immerhin integrierte Engel in dieser Saison den einen oder anderen jungen Spieler – allen voran den damals 16-jährigen Binninger Oumar Kondé, der später bei den Blackburn Rovers eine Lehre auf der Ersatzbank machte und danach beim SC Freiburg zum Bundesliga-Stammspieler aufstieg. Daneben machten namentlich Nyarko, Bruno Sutter und Hakan Yakin erstmals in der NLA auf sich aufmerksam, derweil der für gutes Geld eingekaufte Alexandre Rey mit nur einem Tor in zehn Einsätzen vieles schuldig blieb.

Doch Engel dokterte auch recht viel am Team herum. Aus Stürmer Zuffi machte er zum Beispiel einen Linksverteidiger – das immerhin mit soviel Erfolg, dass Zuffi gar zu einem Comeback im Nationalteam kam.

Im Sommer setzte Karl Engel in seinem Kader für die bevorstehende Meisterschaft 1996/97 dann nochmals zu einem spürbaren Schnitt an. Von André Meier, Lars Olsen, Alexandre Rey und Gabriel Okolosi trennte man sich, dazu liess man gegen ordentliche Transferentschädigungen auch Marco Walker in die Bundesliga zu 1860 München und Mario Cantaluppi zu Servette ziehen.

Umgekehrt wurde das Kader mit Mario Frick vom FC St. Gallen, mit dem Aescher Gaetano Giallanza, der den Weg zum FCB über Sion, YB und Servette doch noch gefunden hatte, sowie mit Jean-Pierre La Placa, Daniel Salvi und Yann Poulard mehr oder weniger spektakulär verstärkt. Mit den ausländischen Spielern dagegen langte man massiv daneben: Weder der Argentinier Armentano noch der Rumäne Falub noch

Jäggis «Bundesliga»-Konzept

Die jüngste Ära der langen FCB-Geschichte begann am 26. November 1996 im Saal Francisco der Messe Basel: Nicht weniger als 1175 stimmberechtigte Vereinsmitglieder wählten im Rahmen der 103. ordentlichen Generalversammlung exakt um 22.37 Uhr den damals 48-jährigen Basler Kaufmann René C. Jäggi zum 43. Präsidenten – und zwar einstimmig. Wohl hatte es, wie so bei früheren Wahlen, auch diesmal im Vorfeld Gerüchte über angebliche Sprengkandidaten gegeben, doch am Abend selbst war Jäggi dann einziger Kandidat. Nicht eine Wortmeldung war aus dem proppenvollen Saal zu diesem Traktandum zu vernehmen, auf ein Nachzählen konnte verzichtet werden – innert zweier Minuten war die Übergabe des Amtes von Peter Epting zum früheren Adidas-Chef Jäggi vollzogen.

Peter Epting war kein spektakulärer Präsident gewesen, kein Mann der grossen Worte, keiner, der mit überdurchschnittlichem Charisma die Massen begeistert hätte. Aber der Basler Architekt war einer der wichtigen in diesem Amt gewesen – er hatte den Verein zurück in die Nationalliga A geführt; er war in Zeiten eines oft «kranken» FCB ein engagierter, fachkundiger und pragmatischer «Chefarzt» gewesen. Eine «standing ovation» und die Verleihung der Ehrenmitgliedschaft, die am nämlichen Abend auch der ebenfalls zurückgetretenen «Speakerlegende» Otto Rehorek zugesprochen wurde, war der Lohn für Eptings Engagement.

Mit Jäggi folgt ein Kurswechsel. Der neue Mann an der Spitze präsentierte einen Fünfjahresplan, gemäss dem der FCB bis ins Jahr 2002 via

... und präsentierte wenig später den Deutschen Jörg Berger als Trainer, der wenige Monate danach wieder gehen musste

der Italiener Gamberini waren auch nur im Entferntesten brauchbare Verstärkungen – ihre Zeit beim FCB war denn auch entsprechend kurz.

Für einmal begann der FCB eine Saison zwar mit einem Sieg – La Placa gelang in Aarau der entscheidende Treffer. Doch in der Folge entwickelte sich der Herbst 1996 zu einer Qualifikationsphase, in der es beim FCB selten genug nach gutem Fussball roch. Mit Ach und Krach schmuggelte sich der FCB durch die 22 Spiele – schlich fast ausnahmslos um den Strich herum, ehe er es am 1. Dezember 1996 doch wieder schaffte. Mit einem torlosen Match zuhause gegen den FC Zürich retteten sich die Basler vor 21 000 Zuschauern in einem jämmerlich schlechten Match in die Finalrunde – zusammen übrigens mit dem Gegner aus Zürich. Dem FCB und dem FCZ genügte dieses Remis, weil Luzern gegen YB und Servette (zuhause!) gegen Aarau gleichzeitig verloren und ihrerseits in die Auf-/Abstiegsrunde verwiesen wurden.

Dieser 8. Platz musste in Basel abermals als Rückschlag gewertet werden, auch wenn er für die Finalrunde ausreichte. Doch mit nur fünf Siegen aus 22 Partien meisselte sich Karl Engel als Trainer kein Denkmal. Vielmehr verdankte die Mannschaft den Sprung in die Finalrunde nochmals einem überragenden Admir Smajic, der in seiner letzten Basler Saison viel Verantwortung übernahm und dem krebsenden Team ein engagierter Patron war.

Doch ob dieser Herbst reichte, um Karl Engel eine langfristige Zukunft in Basel zu prophezeien, war fraglich, zumal sich nun die fünfjährige Präsidialzeit von Peter Epting, dem Mentor Karl Engels, dem Ende zuneigte und sich in Basel langsam eine neue Ära ankündigte – jene von René C. Jäggi.

Mehr als 40 000 Zuschauer kamen 1998 zum Spiel gegen den bescheidenen FC Solothurn, in dem die Basler im letzten Moment den abermaligen Sturz in die NLB verhinderten

Uefa-Cup in die Champions League aufsteigen sollte und dem er neue Finanzquellen zu öffnen versprach. Vom Pragmatiker Epting zum Visionär Jäggi – das mag etwas überzeichnet formuliert sein, im Kern aber dürfte dies der Sache doch nahe kommen.

Und Jäggi sollte im Verlauf der kommenden Jahre bis zur Drucklegung dieses Buches im Juli 2001 seinen ehrgeizigen Fahrplan, den er am 26. November 1996 der schon fast enthusiastischen Generalversammlung vorgelegt hatte, ziemlich einhalten: Er holte die englische Finanzgesellschaft Enic und deren Mitgift von fünf Millionen Franken in den Verein – oder korrekter formuliert – in die 1997 gegründete FCB-Marketing-AG; er brachte Gisela «Gigi» Oeri in den Vorstand und damit eine mit der Basler Chemie (Roche) verknüpfte, finanzstarke Persönlichkeit; er nutzte sein Beziehungsnetz im Winter 2000/01 zum grössten Marketingdeal der Schweizer Fussballgeschichte, als er mit Toyota, Novartis und Wella drei Hauptsponsoren an Land zog, die für die kommenden drei Jahre Einnahmen von rund acht Millionen Franken garantierten. Und in seine Präsidialzeit fiel auch die Realisation und die Eröffnung des neuen Stadions.

Doch auch Jäggis Weg war nicht frei von Pannen, was angesichts seines horrenden Tempos, das er anschlug, keine Überraschung sein konnte.

Vor allem die Startphase seiner Amtszeit gelang nicht nach Wunsch: In den Winterwochen stellte er Trainer Karl Engel im Hinblick auf die Finalrunde 1997 mit den beiden bundesligaerprobten Spielern Franco Foda und Markus Schupp, dem französischen Filigrantechniker Fabrice Henry und Rückkehrer Adrian Knup gleich vier renommierte Spieler zur Verfügung.

Dazu holte er mit Alt-Nationalspieler Heinz Hermann einen vollamtlichen Sportdirektor in den Verein.

Allein – sportlich zahlte sich dieser Kraftakt (noch) nicht aus. Karl Engel kam mit dem Kader sportlich nur durchzogen zu Ranke – und als es dem Trainer im März ein Angebot des FC Lugano ins Haus schneite, tat man sich beim FCB nicht sonderlich schwer, den Vertrag auf Engels Wunsch vorzeitig aufzulösen. Die restliche Zeit der Finalrunde 1997 überbrückte man zuerst für vier Spiele mit Heinz Hermann auf der Trainerbank, danach bis Ende der Saison mit Engels Assistenten Salvatore Andracchio.

Diese Unruhen hatten allerdings Folgen – mit Rang 8 blieb der FCB auch unter neuer präsidialer Führung (vorerst) weit hinter den Erwartungen.

Die folgende Saison, die erste ganze unter Jäggi, sollte indes noch schlechter über die Bühne gehen. Der neue Präsident, ein erklärter Fan der Bundesliga, nutzte sein Beziehungsnetz im Norden abermals. Foda und Schupp liess er zwar nach Graz ziehen, wo die beiden danach bei Sturm mehrere Titel holten und auch in der Champions League viel für das Image des österreichischen Fussballs taten. Doch abermals war die Bundesliga der «Laden», aus dem sich Jäggi im Hinblick auf die Saison 1997/98 bediente. Mit Jörg Berger holte er einen erfahrenen Trainer nach Basel, mit Oliver Kreuzer, Jürgen Hartmann und Maurizio Gaudino drei Routiniers, die zusammen weit über 1000 Bundesligaspiele bestritten hatten.

Es sei vorweggenommen: Jäggis Bundesliga-Konzept scheiterte – von den vier Deutschen setzte sich einzig Oliver Kreuzer in Basel durch und machte sich in den folgenden Jahren als Abwehrchef bis hinein ins Jahr 2001 zu einer glänzend integrierten Stütze der Mannschaft und zu einem Liebling der Massen – von denen ihn die besonders euphorischen in Sprechchören mitunter gar als «Fussballgott» feierten.

Der Jurassier Guy Mathez war Bergers Nachfolger ... und nur zu Beginn glücklicher

Die drei anderen aber scheiterten letztlich – am krassesten Trainer Jürg Berger. Im Sommer 1997 hatte er sein Amt mit viel Vorschusslorbeeren und dem vollsten Vertrauen seines Präsidenten angetreten – nach der zehnten Saisonniederlage, einem 1:2 beim bescheidenen Aufsteiger Etoile Carouge, war das Fass übergelaufen: Am 6. Oktober wurde Berger bereits wieder entlassen – und wie schon im Frühjahr zuvor, als er für Karl Engel eingesprungen war, übernahm interimistisch Salvatore Andracchio eine Mannschaft, die innerlich zerrüttet wirkte, die zu wenig Engagement zeigte. Und obschon Andracchio solide arbeitete und die richtigen Worte fand, war es zu spät: Auch er konnte den Sturz in die Abstiegsrunde nicht mehr aufhalten: Die Mannschaft beendete die Qualifikation auf dem vorletzten Rang – das bisher einzige Mal seit dem Wiederaufstieg 1994 musste der FCB wieder in diese verhasste Runde ...

... und in der torkelte der FCB haarscharf am erneuten Abstieg vorbei. Als neuen Trainer hatte sich René Jäggi etwas überraschend den Jurassier Guy Mathez ausgesucht. Mathez hatte in den Achtzigerjahren Servette zum Meistertitel geführt, sich dann aber während zehn Jahren als Spielervermittler beschäftigt – eine Vergangenheit, die ihn später auch in Basel wieder einholen sollte ...!

Vorerst aber hatte Mathez zwischen Januar und Juni 1998 keine andere Aufgabe, als dem FCB den Ligaerhalt zu sichern. Im Kader hatte es abermals etliche Wechsel gegeben: Giallanza, der regelmässigste Torschütze, war noch im Verlaufe des Herbstes 1997 nach Nantes verkauft und durch Nestor Subiat ersetzt worden; dazu holte man aus Brasilien durch Mathez' Vermittlung den Stürmer Fabinho und den Libero Webber – beide setzten sich dann nicht durch. Fabinho spielte verletzungsbedingt keine Minute, und Webber war ein derartiger Ausfall, dass ihm Trainer Mathez nach sechs Runden das Vertrauen entzog und ihn in der Folge kaum mehr einsetzte.

Das war mit ein Grund, weshalb diese Abstiegsrunde um ein Haar zum kompletten Desaster geworden wäre.

Eine andere Ursache war in der Tatsache zu finden, dass das sehr wohl namhaft besetzte Basler Team mit Routiniers wie Huber, Kreuzer, Ceccaroni, Barberis junior, Gaudino, Hartmann, Zuffi, Henry, Frick und Knup und trotz der weiteren Fortschritte von Talent Kondé nie zu einer Einheit fand.

So musste der FCB, wie wohl mit 3:2 gegen Solothurn, 4:2 gegen Kriens und 2:2 gegen YB leidlich gut gestartet, bis zum letzten Spieltag um den Ligaerhalt bangen.

Nicht weniger als 36 500 Zuschauer

Der Binninger Oumar Kondé schaffte als 20-jähriger den Sprung vom FCB nach England und danach zum SC Freiburg in die Bundesliga

kamen auf Einladung eines Konzerns an diesem 24. Mai 1998 ins Stadion St. Jakob, um den FCB gegen den FC Solothurn zu unterstützen. Die Ausgangslage war ebenso klar wie brisant: Mit einem Sieg hätten sich die Solothurner selbst in die NLA gebracht und gleichzeitig den FCB ins «B» gestürzt.

Doch bei dieser allerletzten Gelegenheit riss sich der Favorit aus Basel endlich einmal gehörig zusammen – und nicht zuletzt deshalb, weil der deutsche Star Maurizio Gaudino in seinem letzten Basler Auftritt eine seiner ganz wenigen starken Partien spielte, siegte der FCB in diesem Zittermatch durch Tore von Kreuzer, Gaudino und Frick 3:0.

Damit schaffte die Mannschaft den Ligaerhalt in allerletzter Minute doch noch und bewahrte den ambitionierten Neu-Präsidenten Jäggi vor einem fatalen Fehlstart...

Zwei Ex-FCBler gegeneinander: Alex Nyarko (l.) und Maxi Heidenreich

Nach Andrey stürzte auch Mathez

Nach dieser nur mit grösster Mühe verhinderten Relegation setzten Jäggi und Trainer Mathez zu einem Kurswechsel in der Transferpolitik an. Mathez hatte mit der Bundesliga und seinen Protagonisten wenig am Hut, er orientierte sich vielmehr am romanischen Sprachraum. Für die aus dem Kader ausscheidenden Gaudino, Zuffi, Henry, La Placa, Fabinho, Salvi, Tabakovic, Hartmann und Knup, die sich entweder neuen Vereinen anschlossen oder ihre Karriere beendeten, holte der Trainer aus seiner Westschweizer Heimat Cravero, Veiga, Ouattara und Abedi Gonçalves, dazu streckte Jäggi doch nochmals seine Fühler nach Deutschland aus, verpflichtete aber aus der Bundesliga drei nicht-deutsche Profis: Den Türken Güner von Borussia Dortmund, den Schweizer Güntensperger von Eintracht Frankfurt und den Russen Rytschkow vom 1. FC Köln. Und in der Region schliesslich entdeckte man die Talente Huggel vom FC Arlesheim und Sahin vom SV Muttenz.

Einige dieser Neuen bewährten sich, mit anderen gab es Probleme. Wirkliche Verstärkungen waren Cravero, Veiga und – zumindest sportlich – auch Rytschkow. Doch der Russe, der bereits bei früheren Klubs wegen seiner Undiszipliniertheiten gescheitert war, fasste auch in Basel nie richtig Fuss. Wohl spielte er manch einen brillanten Match und sich damit auch immer wieder in die Herzen der Fans, doch für seine Arbeitgeber war er ein reichlich beschwerlicher Kunde: Immer wieder kehrte er mit grösster Verspätung aus seiner sibirischen Heimat zurück, öfters haute er mit privaten Eskapaden über die Stränge. Mehr als ein Jahr lang hielt der Verein zu ihm, ehe er zu Delémont abgeschoben wurde.

Auch dort etablierte er sich nicht, und schliesslich verschwand er im Jahr 2000 ganz aus dem Blickfeld des Schweizer Fussballs.

Angesichts dieser zahlreichen Mutationen, die auch während der Saison anhielten – Kondé etwa wurde nach Blackburn verkauft, Ouattara zog es nach Spanien, umgekehrt stiessen im Winter 1998/99 als neue Kräfte Rückkehrer Cantaluppi und die beiden Servette-Leihspieler Varela und Potocianu zum Kader –, war es erstaunlich, wie gut sich der FCB sportlich aus der Affäre zog.

Der Start in die neue Meisterschaft verlief mit einem 0:0 gegen Sion und einer 0:5-Ohrfeige beim FC Aarau zwar mehr als verhalten, in der Folge rappelte sich die Mannschaft aber auf und verbesserte sich bis zur neunten Runde vom 11. auf den 2. Platz. Und als zum Schluss der Qualifikation am 12. Dezember 1998 der FC Lugano zum Abschiedsspiel ins Joggeli kam, stand der FCB als Tabellensechster längst als Finalrunden-Teilnehmer fest.

35 000 Zuschauer kamen zu dieser Dernière nach St. Jakob und liessen sich ihre von Wehmut und Vorfreude auf das neue Stadion geprägte Stimmung auch durch eine 1:3-Niederlage nicht vermiesen – unmittelbar nach dieser letzten Partie im 44-jährigen Stadion, das für die WM 1954 errichtet worden war, begann der Abriss ...

... und für den FCB sein zweijähriges Gastspiel auf der Schützenmatte. Für Trainer Guy Mathez, der seiner Mannschaft einen optisch durchaus ansprechenden Stil verliehen hatte, wars allerdings ein weit kürzerer Auftritt im OB-Stadion als allenthalben erwartet wurde.

Schon im Trainingslager auf Martinique in der Winterpause vor dieser

FCB-Jubel auf der Schützenmatte mit Cravero, Kreuzer und Huggel

Finalrunde 1999 wars plötzlich wieder vorbei mit der Harmonie im Team: Mathez hatte sich mit Delegationsleiter Eric Lovey zerstritten, der Disput endete mit einem tätlichen Angriff des Trainers auf den Funktionär.

Diesen Vorfall fern der Heimat schluckte Jäggi zwar noch. Nachdem dann aber weitere Ungereimtheiten Mathez' ruchbar geworden waren; nachdem er auf einen Journalisten losgegangen war; nachdem aufgeflogen war, dass sich Mathez am Transfer des Spielers Fabinho bereichert haben soll, stürzte im Mai 1999, rund dreieinhalb Jahre nach Andrey, ein zweiter FCB-Trainer über offenbar nicht lupenreine Transferpraktiken.

Mathez jedenfalls wurde ebenfalls fristlos entlassen, sein Assistent Marco Schällibaum führte die Saison zu Ende – mit Anstand zwar, zum angestrebten Platz im Uefa-Cup aber reichte es der Mannschaft aber wieder nicht. Der Titel ging an Servette, und zwar vor den punktgleichen Grasshoppers, vor Lausanne und vor dem FCZ. Der FCB wurde Fünfter. Das war wohl ein Fortschritt gegenüber dem Vorjahr, grosse Emotionen aber löste dieses Endergebnis nicht aus, zumal sich der FCB auf der Schützenmatte zwar grösster Aufmerksamkeit der Gastgeber erfreuen durfte, das Publikum sich aber in nur bescheidenem Ausmass im nicht eben geliebten Quartierstadion am Wielandplatz einfand. Und vor allem war dieser 5. Rang noch immer nicht das, was sich Präsident Jäggi bei seinem Amtsantritt ausgemalt hatte.

Deshalb schritt der Vorsitzende abermals zur Tat. Der Kontrakt mit Manager Heinz Hermann wurde nicht verlängert. Dafür sah sich Jäggi nach einem Trainer um, der ihm grösste Zuverlässigkeit, hohe Professionalität und ein Optimum an Zielstrebigkeit versprach.

Und wo bitteschön waren in den Jahren zuvor im Schweizer Fussball diese Tugenden am eindrucksvollsten und erfolgreichsten umgesetzt worden?

Richtig: In Zürich, bei den Grasshoppers ...

Rotblau mit blauweissem Einschlag

Wiewohl aktiver und begeisterter Fasnächtler und sich dergestalt der ewigen (und mitunter auch ziemlich hochgespielten) Rivalität zwischen Basel und Zürich sehr wohl bewusst, scheute sich Jäggi (richtigerweise) nicht, sich am vorbildlichst geführten Schweizer Klub zu orientieren: An GC. Dort hatte sich Christian Gross zum meistgeachteten Schweizer Trainer hochgearbeitet. Nachdem er den bescheidenen Ostschweizer Amateurclub FC Wil von der 2. Liga in die Aufstiegsrunde zur NLA geführt hatte, bekam er 1993 bei seinem Stammverein GC die Chance – und die nutzte er eindrücklich: Innerhalb von dreieinhalb Jahren holte er zwei Meistertitel, zwei Champions-League-Qualifikationen und einen Cupsieg auf den Hardturm.

Auf seine hervorragende Arbeit wurde man auch im Ausland aufmerksam, so dass er als erster Schweizer Ausbildner einen Cheftrainer-Vertrag in der höchsten englischen Liga erhielt. Mit den abstiegsbedrohten Tottenham Hotspurs schaffte er wohl den Ligaerhalt – die Belastung, ein Trainer aus der kleinen Fussballschweiz zu sein, wurde er aber ohne eigenes Verschulden nie richtig los, so dass es nach knapp einem Jahr zur vorzeitigen Trennung kam.

Jäggi nun nutzte im Sommer 1999 die Gunst der Stunde: Am 15. Juni trat Christian Gross seine Stelle beim FC Basel an. Der FCB hatte den gefragtesten und besten Schweizer Trainer der aktuellen Zeit mit einem Dreijahresvertrag an sich binden können, versehen mit dem Auftrag, den FCB nun im Hinblick auf das neue Stadion in der Schweizer Leistungshierarchie endlich ganz nach vorne zu bringen.

Gross frischte als erstes das Kader auf. Dabei entschied er sich zu einem spektakulären Torhütertausch, der anfangs bei weitem nicht von allen verstanden wurde, der sich aber im Nachhinein alles voller Erfolg erwies: Stefan Huber, seit den NLB-Zeiten beim FCB, ging zu GC, den umgekehrten Weg wählte Pascal Zuberbühler. Und der schlug in Basel unter seinem alten Förderer Christian Gross derart gut ein, dass er erstens zum Nationalgoalie aufstieg und sich zweitens im Sommer 2000 mit einem hochdotierten Leihvertrag bei Bundesliga-Vizemeister Bayer Leverkusen verbessern konnte. Freilich setzte sich Zuberbühler dann in der Bundesliga so richtig nicht durch. Der Leihvertrag zwischen ihm und Leverkusen wurde im März 2001 wieder aufgelöst.

Neben Zuberbühler holte Gross 1999 aus Luzern Innenverteidiger Knez und Stürmer Koumantarakis, dazu den Franzosen Tholot von Sion sowie den jungen Aufbauer Savic von Xamax.

Schon in den ersten Testspielen war die Handschrift von Gross zu sehen: Die Spieler erkannten sehr rasch, wie sie sich auf dem Feld zu verhalten, wo sie sich zu bewegen, welche Aufgaben sie individuell zu lösen hatten. Der Start in die Ära Gross verlief einigermassen verheissungsvoll: Nach drei 1:1-Unentschieden gegen Lugano, Xamax und GC gab es am vierten Spieltag mit 3:0 über Delémont den ersten Sieg, es folgt ein weiteres 1:1 bei Servette, dann ein 1:0-Erfolg in Yverdon und ein 2:0 über den FC Luzern, ehe es im achten Match der Qualifikationsrunde 1999/2000 auch für Christian Gross' Mannschaft vorbei mit der Ungeschlagenheit war: In Lausanne verlor der FCB 0:1, doch aus der Bahn warf dieses Ergebnis die Mannschaft überhaupt nicht.

Vor allem die Abwehr mit Zuberbühler und der meist ungemein effizient spielenden Viererkette mit dem unverwüstlichen, von den Zuschauern und den Medien zunehmend zur «Kultfigur» hochstilisierten Ceccaroni, den beiden Innenverteidigern Kreuzer und Knez und dem erstaunlichen Cravero auf der linken Seite zog sich glänzend aus der Affäre. Und ganz vorne schossen Koumantarikis und Tholot die Goals fast serienweise.

Zwar gab es da und dort leise Kritik am Stil der Mannschaft – einem Stil, der tatsächlich nicht hochattraktiv, dafür aber sehr effizient war und von dem Gross in Tat und Wahrheit zunehmend abwich, auch wenn das die Öffentlichkeit nur zögerlich wahrnahm.

Fakt aber war, dass auch im Mittelfeld enorme Fortschritte festzustellen waren: Savic auf der einen Aufbauer-Seite machte eine starke erste FCB-Saison, derweil auf der Gegenseite das frühere YB-Talent Kehrli nie richtig Fuss fasste. Im Zentrum aber harmonierten der sichtlich aufblühende Cantaluppi und Benjamin Huggel immer besser. Cantaluppi wurde nach längerem Unterbruch unter Gross wieder Nationalspieler, und Huggel entwickelte sich zur grossen Entdeckung der Saison. Unter Mathez hatte der Baselbieter nie auch nur den Hauch einer Chance gehabt, Christian Gross aber erkannte sofort das Potenzial des kräftigen Spielers, der damit in seinem zweiten FCB-Jahr unumstrittener Stammspieler wurde.

So also marschierte der FCB munter fürbass und beendete die Qualifikation mit neun Siegen und drei Unentschieden auf dem 2. Platz – eine Klassierung, welche die Mannschaft seit Benthaus' Zeiten nie mehr erreicht hatte.

Dass es noch nicht ganz nach vorne

Bester FCB-Torschütze der Saison 1999/2000: Georges Koumantarakis

Er führte den FCB erstmals nach 20 Jahren wieder in den Europacup: Christian Gross

langte, hatte zwei Hauptgründe: Zum einen verzeichnete der FCB mit zehn Unentschieden aus 22 Spielen letztlich halt doch zu viele Punktverluste; zum anderen aber gab es da eine andere Mannschaft, welche die Schweizer Fussballwelt komplett verblüffte: Unter Marcel Koller, der seine Trainerlehre wie Gross beim FC Wil absolviert hatte, setzte sich der FC St. Gallen von Saisonbeginn an die Spitze – im Dezember lagen die erstaunlichen Ostschweizer acht Punkte vor dem FCB, neun vor Lausanne und gar elf vor GC. Und weil auch in der Finalrunde 2000 der allenthalben prophezeite Einbruch der St. Galler ausblieb, zogen sie ihren «Lauf» bis am Schluss durch und wurden erstmals seit 1904 Schweizer Meister.

In der besagten Finalrunde blieb der FCB dem FC St. Gallen lange auf den Fersen. Christian Gross hatte beruflich eine nicht einfache Weihnachtszeit hinter sich, denn beim Verband war er Wunschkandidat für die Nachfolge von Gilbert Gress auf dem Posten des Nationaltrainers. Und Gross geriet in Versuchung, legte dann aber nach einigen Tagen der Überlegung mit seinem Bekenntnis, sein eben erst angefangenes Werk beim FCB fortführen zu wollen, ein eindrückliches Zeugnis seines starken Charakters ab.

Zur «Belohnung» erhielt er von Jäggi seinen alten Weggefährten aus GC-Zeiten zur Verfügung gestellt: Erich Vogel, in der Schweiz seit Jahren ebenso der beste wie umstrittenste Manager, kam nach Basel – das Erfolgsduo der besten GC-Zeiten der Neunzigerjahre nahm nun in Basel gemeinsamen Anlauf, den FCB zum Spitzenklub zu machen.

Und lange Zeit blieb der FCB im Frühjahr 2000 im Rennen um den Titel – auch dank der zusätzlichen Verstärkung durch Murat Yakin, der auf seiner Reise von Fenerbahce Istanbul zum 1. FC Kaiserslautern in seiner Basler Heimat einen halbjährigen Zwischenstopp einschaltete und der Mannschaft zusätzliche Stabilität verlieh.

Den entscheidenden Rückschlag im Kampf um den Titel erlitt der FCB ausgerechnet beim Auswärtsspiel in St. Gallen. Hatten die Basler zuvor im Heimspiel gegen den Leader mit einem 3:1 noch die beste spielerische Leistung seit Jahren abgeliefert, musste er sich nun im Rückspiel im Espenmoos mit einem 1:1 bescheiden – einem Remis, das hinterher noch lange zu reden gab. Denn der Walliseller Schiedsrichter René Rogalla aberkannte in der 85. Minute ein reguläres Kopfballtor von Kreuzer völlig zu Unrecht – damit blieb vor den letzten Runden der Abstand auf den Leader der alte. Auch wenn die St. Galler in diesem einen Match Glück hatten und von einem Fehlentscheid des Schiedsrichters profitierten, gab es an der Berechtigung ihres überraschenden Titelgewinnes nichts zu zweifeln. Sie waren ein hochverdienter Meister, und diesen Triumph bestätigten sie hernach auch im Europacup. In der Champions League scheiterten sie zwar ganz knapp an Galatasaray Istanbul, danach aber warfen sie keinen geringeren Verein als den FC Chelsea aus dem Uefa-Cup, ehe sie mit reichlich viel Pech und einem Gegentor in der 94. Minute des Rückspiels gegen den FC Brügge ausschieden.

Für den FCB aber bedeutete jenes 1:1 von St. Gallen einen kleinen Rückschlag – den 2. Platz verpassten die Basler mit einer 0:3-Heimniederlage gegen Lausanne. Dennoch: Der 3. Schlussrang nach der Saison 1999/2000 war die beste Klassierung des FCB seit seinem bis anhin letzten Meistertitel im Jahr 1980.

Mit diesem Teilerfolg hatte also Christian Gross die Latte schon in seinem ersten Jahr in Basel recht hoch gelegt – entsprechend gross waren die Erwartungen vor der neuen Meisterschaft, jener von 2000/01, zumal das Kader vor allem in der Offensive mit Magro, Tchouga und Varela sowie mit dem grossen australischen Talent Ergic nochmals deutlich verstärkt wurde.

Doch optimal verlief dann die Saison 2000/01 keineswegs mehr, da sich das innere Gleichgewicht zu Ungunsten der Defensive verschob. Wohl gab es im Herbst 2000 auf der Schützenmatte etliche sensationell spektakuläre Spiele – allen voran der 4:1-Auftaktssieg gegen den FC Sion, zu dem der von Yverdon geholte Tchouga alle vier Tore schoss. Oder jenes unvergessliche 7:4 gegen den FC Luzern, in dem der FCB nach 15 Minuten 3:0 führte, nach einer halben Stunde aber bereits den Gleichstand kassiert hatte, eher er in der zweiten Halbzeit noch viermal traf.

Doch die Mannschaft war eindeutig weniger stabil als im Vorjahr –

Siebenmal jubelten die FCB-Spieler im Herbst 2000 im Heimspiel gegen den FC Luzern (7:4!)

namentlich in ihrem defensiven Verhalten. Das hatte höchstens zu einem kleinen Teil mit dem Torhüterwechsel von Zuberbühler zum slowakischen Nationalgoalie König zu tun, zum grösseren Teil aber wie erwähnt mit dem zu Ungunsten der Abwehr verschobenen Gleichgewicht im Ensemble. Dazu kam, dass namentlich die beiden Innenverteidiger Knez und Kreuzer schwächer spielten als im Vorjahr und dass Stürmer Koumantarakis wegen zweier schwerer Verletzungen zu nur 763 Einsatzminuten kam.

Der lange, torgefährliche Stürmer fiel auch für die Finalrunde 2001 im neuen Stadion wegen einer schweren Blessur aus, die ihm vom Zürcher Verteidiger Andreoli zugefügt worden war.

In diese Finalrunde im neuen St. Jakob-Park startete der FCB nur aus der fünften Position – nach Halbierung der Punkte aber mit nicht uneinholbaren vier Punkten Rückstand auf den überraschenden Leader aus Lugano.

Doch auch in dieser Finalrunde, die erste im neuen Stadion, lief es dem FCB trotz der Zuzüge von Hakan Yakin, des jungen Kameruners Hervé Tum (Sion) und der abermaligen Rückkehr von Murat Yakin aus Kaiserslautern sportlich nicht den Zielen entsprechend: Am Schluss einer verknorzten Halbsaison, die mit der vorzeitigen Trennung von Sportchef Erich Vogel (zum FC Zürich) endete, hatte nur der 4. Rang herausgeschaut. Das Europacup-Ziel war damit verfehlt, zum Teil aus eigenem Unvermögen, zum Teil auch mit Pech, wie ausführlicher auf den Seiten 24 bis 29 beschrieben ist.

Nach 20 Jahren: Das Comeback im Europacup

Christian Gross, der Trainer, der den FCB also zurück an die nationale Spitze gebracht hat, war trotz der Rückschläge in der Saison 2000/01 der Fachmann, der eine lange – eine zu lange – internationale Durststrecke beendete. Gewiss, schon vor den Zeiten von Gross hatte der Verein seine paar Auftritte in den internationalen Sommerwettbewerben, die offiziell mal «IC», mal «UIC» genannt wurden, die als Bühnen für erste Gehversuche in der internationalen Szene zwar ihren Wert und Reiz hatten, die aber von verwöhnten Vereinen gerne auch als «Verlierercup» verflucht wurden. Die Rückkehr nach 20 Jahren in den richtigen Europacup aber verdankte der FCB Gross: Die Qualifikation für den Uefa-Cup nach der Saison 1999/2000 war der Lohn für den 3. Meisterschaftsrang in der Saison zuvor.

Finanziell langte dieses Comeback im Uefa-Cup zwar noch nicht für einen währschaften Schritt an die finanziellen Honigtöpfe: Weil der FCB im Herbst 2000 noch auf sein neues Stadion hatte warten müssen und die «Schützenmatte» für Europacupspiele nicht tauglich war, mussten die Basler auf den Zürcher Hardturm ausweichen – wie übrigens auch Überraschungsmeister FC St. Gallen, der parallel dazu in der Champions League zwar knapp an Galatasaray Istanbul gescheitert war, sich dann aber in der ersten UEFA-Cuprunde auf verblüffende Weise mit 0:1 und 2:0 über Chelsea London hinweggesetzt hatte, eher er mit 1:2 und 1:1 am belgischen Champion FC Brügge hängen geblieben war.

Der FCB seinerseits hatte bei seinem

FCB-«Legende» Massimo Ceccaroni – von den Junioren über die NLB in den Uefa-Cup

Geniales, aber schlampiges FCB-«Genie»: Der Russe Sascha Rytschkow

Uefa-Comeback zuerst eine vorzügliche Aufwärmgelegenheit: Die blütenreinen Amateure von Folgore Falciano aus San Marino, die mit einem Jahresbudget von rund 500 000 Franken haushalten mussten, waren bei den beiden Basler Siegen von 5:1 und 7:0 nicht mehr als ein sympathischer Sparringpartner. Immerhin waren bei diesen beiden Partien ein paarmal zehntausend Zuschauer TV-Zeugen, wie die Basler Offensivkräfte Tchouga (2), Muff (2), Magro (4), Tholot (2), Cantaluppi (1) und Koumantarakis (1) in regelmässigen Abständen die 12 Goals gegen den krassen Aussenseiter aus dem kleinen Fürstentum erzielten: Die zwei Spiele wurden direkt vom Basler Lokalfernsehen übertragen – und für fast am meisten Aufsehen hatte dabei die Szene in der 79. Minute des Hinspiels gesorgt, als dem Sanmarinesen Zanotti der Ehrentreffer zum 1:5 glückte. Dieses sehenswerte Kopfgoal wurde von den Amateuren in so herrlich erfrischender Weise gefeiert, wie sonst Grossvereine einen Titel bejubeln.

In der ersten Hauptrunde wars dann für den FCB vorbei mit Spaziergängen: Gegner war nun der als ungefähr gleichwertig eingestufte norwegische Klub SK Brann Bergen – in Norwegens Fussballhierarchie die Nummer 2 hinter dem seit Jahren unangefochtenen Serienmeister Rosenborg Trondheim.

Im Hinspiel «zuhause» auf dem Hardturm zeigte dabei der FCB an sich eine seiner besten Leistungen unter Christian Gross, vergass dabei aber vor lauter Angriffslust das Verteidigen: Magro und Tchouga hatten die Basler zweimal in Führung gebracht – mit einer brillanten Effizienz und aufgrund seltsamer Basler Unkonzentriertheiten in der Abwehr glichen jeweils Ludvigsen und Helstad mit den beiden einzigen Chancen ihres Teams wieder aus. Am Ende musste der FCB froh sein, dass Abwehrchef Oliver Kreuzer mit einem Foulpenalty in der 86. Minute wenigstens noch den 3:2-Siegestreffer erzielten durfte.

Es war zweifelsfrei ein verdienter Basler Sieg, einer, der aufgrund des Spielgeschehens viel zu knapp ausfiel, der fürs Rückspiel wenig komfortabel war, den FCB aber gleichwohl mit einigermassen intakten Chancen zum Rückspiel in den Norden reisen liess.

Zur Pause dieses Rückspiels freilich schien der FCB aller Illusionen beraubt: 1:4 lag er nach einer miserablen Defensivleistung zurück. Zu den Abwehrfehlern, die in jenem Herbst 2000 ohnehin keine Seltenheit waren, gesellten sich diesmal auch zwei ungenügende Paraden des sonst enorm zuverlässigen Zuberbühler-Nachfolgers Miroslav König im Basler Tor.

Doch nun belegte Trainer Christian Gross abermals, welch starker Motivator er schon damals war, wie gut er eine Leistung seiner Mannschaft lesen und einstufen konnte – und wie exakt er gegebenenfalls auch taktisch einzugreifen wusste. Seine zwei Korrekturen in der Aufstellung einerseits und die richtigen Worte zur Pause anderseits leiteten einen nicht mehr für möglich gehaltenen Umschwung in den letzten 45 Minuten ein. Bevorteilt durch ein unerklärliches Nachlassen des Gegners und durch ein bemerkenswertes eigenes Aufbäumen holte der FCB durch Kreuzers Penalty, eine von Bergen-Verteidiger Wassberg ins eigene Tore abgefälschte Flanke Magros

Zwei FCB-Aufbauer: Nenad Savic und Mario Cantaluppi

und einem Konter in der 90. Minute, den Muff abschloss, zum 4:4 auf. Mit 7:6 also stieg der FCB in die zweite Hauptrunde auf.

Die freilich war dann Endstation – der berühmte Gegner Feyenoord Rotterdam war eine Nummer zu gross. Das «Heimspiel» vor knapp 10 000 Zuschauern im Hardturm gestaltete der FCB spielerisch und taktisch zwar achtbar, hielt bis kurz vor Schluss nach Goals von Kalou und Tchouga auch ein 1:1, ehe ein Missverständnis zwischen Kreuzer und Huggel dem niederländischen Nationalspieler Bosvelt das 1:2 ermöglichte.

Damit waren die Chancen für einen Coup auf ein Minimum gesunken. Gleichwohl wird das Rückspiel des FCB im Rotterdamer EM-Stadion «De Kuip» in die Geschichte – zumindest des FCB – eingehen. Denn es war schlicht und ergreifend ein Skandal, dass diese Partie in einem wasserüberfluteten Stadion, in dem kein flach gespielter Ball die Distanz von mehr als fünf Metern schaffte, vom russischen Schiedsrichter Baskarow auf massiven Druck der Uefa-Funktionäre überhaupt angepfiffen und beendet wurde.

Bezeichnender Weise wurde dieser «Wasserballmatch» durch eine im Sumpf steckengebliebene Rückgabe von Knez entschieden: Kalou erlief sich den Ball und erzielte bereits in der 2. Minute den einzigen Treffer dieser Partie, womit sich Feyenoord mit dem letztlich «normalen» Gesamtskore von 3:1 durchgesetzt hatte.

Im letzten Spiel seines internationalen Comebacks wurden die Basler Hoffnungen also buchstäblich im Wasser ertränkt – eine zumindest ordentliche Rückkehr ins internationale Geschäft wars indes allemal. Die wirklichen Exploits sparte sich der FCB ja ohnehin auf – auf den Einzug in sein neues Stadion, auch wenn er es dann eine Saison später in der neuen Arena nicht schaffte, sich abermals für den Europacup zu qualifizieren.

Werner Schley stand und flog in den allerersten FCB-Europacupspielen in den Fünfzigerjahren im Tor

Der FCB international

Der FCB im Jahr 1911 vor einem Match in Genua

Ein FCB-Kapitel ohne Grenzen

Der Fussballsport hätte nie und nimmer seine riesige Bedeutung, seine erdumfassende Popularität erreichen können, hätte er nicht von Beginn weg die geographischen und politischen Grenzen gesprengt. Es gibt ihn schon zu Recht, den oft zitierten Begriff vom völkerverbindenden Sport, auch wenn er selbstverständlich ebenso häufig missbraucht wird. Auch der FC Basel hatte bereits kurz nach seinen Gründerjahren immer wieder den Kontakt ausserhalb der Landesgrenzen gesucht – und selbst die «europacuplose» Zeit in den Jahren von 1980 bis 2000 überbrückte er entweder mit internationalen Freundschaftsspielen oder Teilnahmen an den sogenannten internationalen Sommerwettbewerben.

Doch schon in den Anfangszeiten des Clubs gehörten Auslandreisen, so beschwerlich die damals mit der Eisenbahn auch sein mochten, zu den gepflegten Höhepunkten des Vereinslebens. Ebenso willkommen waren Gäste aus dem Ausland, die einen fussballerischen Halt in Basel machten.

Schon ein gutes halbes Jahr nach der Gründung reisten zum Beispiel stattliche Mannsbilder, die Herren FCB-Fussballer Bossart, Tollmann, Glaser, Isler, Volderauer, R. Geldner, M. Geldner, Schiess, Ehmann, Ebinger und Siegrist, erhobenen Hauptes nach Strassburg, wo, wie der damalige Chronist festhielt, «*wir bei der Ankunft in Strassburg von Herrn stud. phil. Bensemann abgeholt wurden. Erst ging es ins Restaurant Kempf, wo man einen Frühtrunk nahm und sich der überflüssigen Sachen entledigte. Nach 12 Uhr wurde gemeinsam mit dem Strassburgern das Mittagessen eingenommen ...* »

Ach ja, richtig, Fussball gespielt wurde selbstverständlich auch – vor allem von den Elsässern, die den armen Baslern im allerersten Auswärtsmatch ihrer Fussballgeschichte ein Tor ums andere aufpropften. 8:0 hiess es am Ende für die Strassburger, doch wichtiger als das Resultat war der Anfang, der damit gemacht war. Doch es war erst der Mitte der Fünfzigerjahre als «Messestädte-Cup» gestartete Europacup, der auf unserem Kontinent den Klubfussball international wirklich salonfähig gemacht hatte.

Verfasst man allerdings eine ehrliche Chronik, eine, die nicht durch die Optik der Vereinsbrille gefärbt ist, so kommt man zu einer Europacup-Bilanz, die im Fall des FC Basel nicht sonderlich gut ausfällt, ja, aufgrund seiner nationalen Erfolge, seiner

Diese Basler Mannschaft bestritt den allerersten FCB-Europacup-Match, damals Messestädte-Cup genannt – der FCB verlor 1954 gegen Zagreb 3:6

Basels Goalie Laufenburger gegen Celtic Glasgow im Flug

Torhüter Marcel Kunz: Werbung auf Bierdeckel

Bedeutung, die er in der «Ära Benthaus» im Schweizer Fussball hatte, wäre es nicht verboten gewesen, wenn sich der FCB zu seiner absoluten Blütezeit auch mal ein wenig mehr Europacup-Ruhm geholt hätte. Dennoch – einige Partien blieben unvergessen, sind bis zum heutigen Tag die Renner in Nostalgie-Gesprächen geblieben, gehörten ohne jeden Zweifel zu den ganz grossen Höhepunkten in der bald 110 Jahre alten Vereinsgeschichte. Insgesamt beteiligte sich der FC Basel in 23 Saisons an einem der Europacup-Wettbewerbe, wobei einer korrekten Geschichtsschreibung zuliebe die Zahl von 22 Teilnahmen vielleicht korrekter wäre, denn die erste Auflage des Messestädtecups im Jahr 1954/55 hatte noch inoffiziellen Charakter gehabt.

Wenn von einer – selbst für Schweizer Fussballverhältnisse – insgesamt recht mässigen FCB-Europacup-Bilanz die Rede ist, so basiert diese Aussage im Prinzip ausschliesslich auf nackten Zahlen, die nicht im geringsten lügen: Total bestritt der FCB in diesen 23 Saisons 63 Spiele. Von denen gewann er nur 16, deren acht gestaltete er unentschieden, und 39 verlor er.

Seine spektakulärsten Europacup-Spiele glückten dem FCB im Europacup der Meister der Saison 1973/74 mit den unvergesslichen Partien gegen Belgiens Meister FC Brügge und gegen Schottlands Titelträger Celtic Glasgow.

In der ersten Runde dieser Meistercupsaison, seiner fünften, war für den FCB noch alles normal gelaufen: Fram Reykjavik, der Meister aus Island, hatte gegen die Schweizer keine Chance, zumal er sich bereit erklärt hatte, aus Kostengründen beide Spiele in der Schweiz auszutragen.

Auch die Aufgabe in der zweiten Runde wurde als nicht unlösbar eingestuft: Belgiens Meister FC Brügge war schon damals ein zwar renommierter, starker Rivale, wie er es auch ein Vierteljahrhundert später im Herbst 2000 gegen den FC St. Gallen bewiesen hat, doch jenseits der Reichweite schien er für den FCB nicht. Und selbst als das Auswärtsspiel in Brügge für den FCB 1:2 verloren gegangen war, konnte man mit diesem Ergebnis in Basel leben. Es liess dem FCB nämlich weiterhin eine realistische Option aufs Weiterkommen offen.

Was dann das Rückspiel vom 7. November 1973 zum unvergesslichen Erlebnis machen sollte, war denn auch keineswegs in erster Linie der Sieg des FCB und dessen Qualifikation für die Viertelfinals an sich, sondern vielmehr die Art und Weise, wie sich die Basler durchsetzten, wie sie ihren Beitrag zu einem völlig verrück-

Das Matchprogramm des EC-Spieles Spartak Moskau–FCB von 1970

Das allerletzte FCB-Europacup-Tor des letzten Jahrtausends: Detlev Lauscher traf gegen Roter Stern Belgrad mit einem Freistoss

ten Spielverlauf beisteuerten. Dazu sei erinnert: Ein 1:0-Erfolg hätte dem FCB bereits gereicht, jeder andere Sieg aber musste wegen der Regel der Auswärtstore höher als mit einem Goal Differenz ausfallen.
Der FCB gewann 6:4 – daraus kann man kein Geheimnis mehr machen.
Doch legitim ists, nochmals das Geschehen jenes Matches aufzuwärmen, der noch heute immer wieder als «Weisch-no?»-Erlebnis aufgetischt wird, der gar ein wenig zum Synonym für die guten alten FCB-Zeiten wurde.
12 000 Zuschauer wollten das Rückspiel sehen, und sie wurden in ein unglaubliches Wechselbad der Gefühle gestürzt:
– In der 20. Minute erzielte Hasler mit einem abgefälschten Weitschuss das 1:0. Zu diesem Zeitpunkt war der FCB qualifiziert.
– Drei Minuten später, in der 23. Minute, antwortete Brügges Mittelstürmer Lambert mit einem Kopftor zum 1:1. Es war Lamberts erstes von drei Goals, und jetzt war Brügge qualifiziert.
– Als in der 29. Minute Carteus eine weitere Unsicherheit in der FCB-Abwehr mit dem 1:2 beantwortete, schwanden die Hoffnungen der Basler auf ein Minimum: Brügge war qualifiziert, jetzt mehr denn je.
– Auch Balmers 2:2 in der 32. Minute, das vierte Goal innert einer guten halben Stunde, löste noch nicht unverhältnismässige Begeisterung aus, schliesslich fehlten dem FCB noch immer zwei Tore zum Weiterkommen.
– Die Stimmung im Stadion und in der Basler Mannschaft stieg allerdings wieder schlagartig, als Wampfler mit einem fantastischen Hechtköpfler die Flanke von Cubillas zum 3:2 ins Tor spedierte. Man schrieb die 40. Minute, es war das letzte Goal der ersten Halbzeit, nach der allerdings weiterhin der FC Brügge qualifiziert war.
– Und die Belgier kamen ihrem Ziel schon in der 47. Minute nochmals einen gewaltigen Schritt näher. Lamberts Foulpenalty zum 3:3 nach einem nicht eben zwingenden Foul des eingewechselten Ramseier warf den FCB wieder massiv zurück.
– Mit Hitzfelds Elfmeter in der 65. Minute zum 4:3 – nach einem Foul von Vandendaele an Hitzfeld – kam der Mut erneut zurück. Wieder fehlte nur noch ein Tor.
– Doch erneut knickte Lambert die Hoffnungen der Basler. Er drückte eine Vorlage von Houwaert über die Torlinie zum 4:4, jetzt fehlten den Belgiern nur noch gut 20 Minuten in den Viertelfinal, und in diesen 20 Minuten hätten sie sich gar noch ein Gegentor leisten können.
– Wampfler erzielte exakt dieses Gegentor als schnelle Antwort auf Lamberts 4:4 in der 70. Minute. Jetzt hiess es 5:4, 20 Minuten blieben nun dem FCB, sein noch nötiges Tor zum Weiterkommen zu erzielen. Der FC Brügge reagierte auf diese Ausgangslage mit einer Verstärkung der Abwehr. Stürmer Le Fèvre räumte seinen Platz zugunsten von Verteidiger De Vrindt, doch dieser Kniff zahlte sich nicht aus, denn
– die entfesselt anrennenden Basler wurden in der 88. Minute, zwei Minuten vor dem Out, mit dem 6:4 belohnt. Aus drei Metern knallte Ottmar Hitzfeld den Ball, der ihm «irgendwie» vor die Füsse geraten war, aus der Drehung heraus unter

Ein erster «SRG-Vertrag» des FCB aus dem Jahr 1973

die Torlatte, ein Verteidiger der Belgier hatte die Abseitsposition aufgehoben, das Goal zählte – und jetzt reichte den Belgiern die kurze Zeit nicht mehr, nochmals zu kontern. Mit dem Gesamtskore von 7:6 stand der FCB im Viertelfinal.

Für diese dritte Runde war dem FCB als Gegner Schottlands Vorzeigeclub Celtic Glasgow zugelost worden. Die Basler waren wohl krasse Aussenseiter, allein, die beiden Partien gediehen zu etwas vom Besten, was Schweizer Fussballer in der bisherigen Europacupgeschichte gezeigt hatten, auch wenn es am Ende den Baslern nicht ins Ziel reichte.

Der 3:2-Sieg im Basler Hinspiel vor 25 000 Zuschauern war dennoch weit mehr als nur eine Ehrenmeldung. Wilson hatte die Schotten in der 21. Minute mit einer sehenswerten Direktabnahme in Führung gebracht, Williams, der Celtic-Goalie, liess sich dann aber wenig später von einem haltbaren Weitschuss Hitzfelds überraschen. In der 31. Minute brachte Odermatt den FCB mit einem Freistoss aus 26 Metern in Führung, Dalglish glich nach der Pause nochmals aus, ehe Hitzfeld nach einem Foul an Demarmels in der 64. Minute den 3:2-Hinspiel-Sieg mittels Penalty sicherstellte. Noch dramatischer verlief das Rückspiel vor nun 70 000 Zuschauern in Glasgow. Für den FCB schien dabei schon früh alles aus zu sein. Nach zwei Toren der Schotten, die annulliert wurden, gelang ihnen dann bis zur 16. Minute dennoch eine 2:0-Führung. Vier Tore hatte Celtic innert einer guten Viertelstunde erzielt, die Hälfte nur zählte – und dennoch schien das zu reichen. Doch der FCB stemmte sich auf fast wundersame Weise gegen die Hoffnungslosigkeit: Mundschin mit einem Kopftor nach Odermatts Flanke in der 33. Minute und Balmer mit einem Abstaubertor stellten bis zur 48.

Detlev Lauscher kam aus Köln – und blieb auch nach seiner Karriere in Basel sesshaft

Minute den Gleichstand her, und dieses 2:2 hätte den Baslern für den Vorstoss in die Halbfinals gereicht. Doch Gallagher bezwang in der 57. Minute den nach einer halben Stunde für Laufenburger eingewechselten Kunz zum 3:2. Damit hatten die Schotten eine Verlängerung erzwungen. Auch wenn sich der FCB fast «heldenhaft» wehrte, muss der Gerechtigkeit halber gesagt sein, dass die Schotten ihr 4:2, ihr entscheidendes Kopfballtor von Murray in der 96. Minute, sehr wohl verdient hatten, zumindest aufgrund ihres enormen Chancenplus. Auf jeden Fall stand der schottische Serienmeister, so, wie es der Normalfall war, im Halbfinal, scheiterte dann aber in dieser Runde mit 0:0 und 0:2 an Atlético Madrid. Die Spanier ihrerseits verloren den Final jenes Jahres in Brüssel in der Wiederholung gegen Bayern München 0:4.

Mit dem Aus gegen Celtic in jenem Frühjahr 1974 war des FC Basels einziger Vorstoss in eine dritte Europacup-Runde vorbeigegangen.

Zuvor und danach war der FCB nur noch sechsmal über die erste Runde hinausgekommen:

– 1964/65 im Messestädte-Cup scheiterte der FCB nach einem 2:0 und einem 1:0 gegen Spora Luxemburg mit 0:1 und 2:5 am RC Strasbourg.

– 1970/71 verblüfften die Basler mit einem Überwinden von Spartak Moskau in der ersten Runde. In der damaligen Sowjetunion hatte es eine 2:3-Auswärtsniederlage gegeben, die beiden Basler Tore erzielten vor 75 000 Zuschauern im Lenin-Stadion Odermatt und Benthaus erst in den letzten paar Minuten. Im Heimspiel trafen dann vor 44 000 Joggeli-Besuchern Siegenthaler, der den Moskauer Torhüter Kawasaschwili «uralt» aussehen liess, und Balmer zum 2:0. Der FCB überstand hernach den Anschlusstreffer von Chussainow in der 85. Minute – mit 4:4 in der Gesamtaddition zählten die zwei Auswärtsgoals zugunsten des FC

Seppe Hügi erzielte 1953 bei einer 1:4-Niederlage gegen Dänemark auf dem Basler Rankhof den einzigen Schweizer Treffer

Basel, der dann in der zweiten Runde gegen Ajax Amsterdam chancenlos blieb.
– 1973/74 kam dann der bereits geschilderte Vorstoss in die Viertelfinals mit dem knappen Scheitern gegen Celtic Glasgow.
– 1976/77 gelang dem FCB im Uefa-Cup der Vorstoss in die zweite Runde. Brillant allerdings war diese Leistung nicht. Gegen die sehr, sehr mittelmässige Mannschaft von Glentoran Belfast reichte eine 2:3-Auswärtsniederlage und ein 3:0-Heimsieg zum Weiterkommen. In der zweiten Runde folgte aber das erwartete Aus, auch wenn der FCB in den beiden Spielen gegen Athletic Bilbao, mit seinem spanischen Nationaltorhüter Iribar, eine gute Figur machte. Verpasst wurde die Überraschung im Heimspiel, in dem man sich nach Toren von Marti bereits in der 2. Minute und von Madariaga vor 15 000 Zuschauern mit einem 1:1 bescheiden musste, obschon Bilbao «zu packen» gewesen wäre, wie es tags darauf in den Zeitungen hiess. Im Rückspiel vor nun 35 000 Besuchern gelang Marti zwar erneut ein Tor, die 1:3-Niederlage seines FCB aber konnte auch er nicht verhindern.
– Die vorletzte Teilnahme an einem Europacup bis Ende des Jahres 2000 bescherte dem FCB das fünfte Mal ein Überstehen der ersten Runde. Es war die Saison 1980/81, der Wettbewerb nach dem letzten Meistertitel in der bisherigen Vereinsgeschichte. Mit zwei glatten Siegen, einem 1:0 in Belgien und einem 4:1 zu Hause in Basel, wurde der FC Brügge zum zweitenmal innert weniger Jahre aus der Konkurrenz geworfen, ehe Jugoslawiens damals bester Verein, Roter Stern Belgrad, erwartungsgemäss die Endstation bedeutete: Auch wenn dem FCB im Heimspiel ein sehr ehrenvoller 1:0-Sieg glückte, konnte er hernach in Belgrad das Aus mit einer 0:2-Niederlage nicht verhüten.
– Nach den Qualifikationsspaziergängen gegen Folgore Falciano aus San Marino und dem knappen Weiterkommen gegen Brann Bergen scheiterte der FCB in der Saison 2000/01 dann in der zweiten Uefa-Cup-Runde mit 1:2 und 0:1 an Feyenoord Rotterdam (vgl. Seiten 81 bis 83).
Insgesamt also ist die Europacup-Bilanz des FC Basel mit nur sechsmaligem Überstehen der ersten Runde gewiss alles andere als überwältigend, ja, neben den geschilderten «Highlights» gab es auch einige sehr herbe Enttäuschungen.
Die wettzumachen ist das Ziel des FCB in seinem neuen Stadion, dort, wo «Tout Bâle» auf die ersten Champions-League-Spiele des FCB wartet.

FCB-Goalie Wenger 1976 im Europacup gegen Glentoran Belfast

Die zehn bedeutendsten Schweizer Europacup-Auftritte

1958/59: Young Boys
Zwar war in der Saison 1955/56 Servette die erste Schweizer Mannschaft, die in den Europacup der Meister eingreifen durfte (und mit 0:2 und 0:5 am nachmaligen Sieger Real Madrid scheiterte), doch erstmals wirklich ins Bewusstsein der Schweizer brachten die Young Boys diesen neuen Wettbewerb in der Saison 1958/59, als sie nach Siegen über Feyenoord Rotterdam, MTK Budapest und Wismut Chemnitz bis in die Halbfinals vorstiessen. In dieser vorletzten Runde gewannen die Berner dann gegen Stade Reims vor 60 000 Zuschauern gar 1:0, verloren aber danach das Rückspiel mit 0:3.

1963/64: FC Zürich
Nach Siegen über Dundalk und Galatasaray Istanbul qualifizierte sich der FCZ für den Viertelfinal im Cup der Meister – und bestand dank eines 3:1-Heimsieges auch gegen den PSV Eindhoven, dem der 1:0-Heimsieg nichts nutzte. Im Halbfinal scheiterten die Zürcher dann aber mit 1:2 und 0:6 an Real Madrid, das seinerseits danach den Final gegen Inter Mailand 1:3 verlor.

1973/74: FC Basel
Am 7. November 1973 bestritt der FCB seinen legendärsten Match auf internationaler Ebene: Das 6:4 im Achtelfinal-Rückspiel im Cup der Meister gegen den FC Brügge ist bis heute wegen des unglaublichen Hin- und Her im Spielverlauf (1:0, 1:2, 3:2/Wampflers Hechtköpfler!, 3:3, 4:3, 4:4, 5:4, 6:4/Hitzfeld!) unvergessen, ebenso wie danach die beiden Viertelfinalspiele gegen Celtic Glasgow, auch wenn nun die Basler mit 3:2 und 2:4 an den Schotten scheiterten.

1976/77: FC Zürich
Zum zweiten Mal erreichte der FCZ die Halbfinals im Cup der Meister. Die grösste Tat war den Zürchern dabei in der ersten Runde mit dem Ausschalten der Glasgow Rangers gelungen. Dem 1:1 aus dem Auswärtssieg liess der FCZ zuhause dank Martinellis Kopftor ein 1:0 folgen. Über Turku aus Finnland und Dynamo Dresden kämpften sich die Zürcher in die Halbfinals gegen den FC Liverpool vor. Der gewann dann aber im Letzigrund 3:1 und zuhause 3:0 und liess danach auch im Final Borussia Mönchengladbach mit 3:1 keine Chance.

1977/78: Grasshoppers
1978 stand auch GC in einem Halbfinal: Im Uefa-Cup arbeiteten sich die Zürcher über Frem Kopenhagen, Inter Bratislava, Dynamo Tbilissi und Eintracht Frankfurt mit teils sensationellen Leistungen in die Vorschlussrunde vor, gewannen dabei vor 29 000 Zuschauern im Hardturm auch das Halbfinal-Hinspiel gegen Bastia 3:2. Mit viel Pech verlor GC danach das Rückspiel auf Korsika durch einen Freistoss von Papi 0:1.

1978/79: Grasshoppers
Ein Jahr darauf sorgten die Hoppers in der zweiten Runde des Cups der Meister für Furore, als sie am 1. November 1978 im Hardturm gegen Real Madrid die zuvor erlittene 1:3-Hinspiel-Niederlage (drei Kopfballtore gegen GC-Ersatzgoalie Inderbitzin!) mit 2:0 wettmachten. Vor 28 000 Zuschauern waren Doppeltorschütze Sulser sowie Ponte und Santillana-Bewacher Montandon überragend.

1985/86: Xamax
Stellvertretend für etliche erstaunliche Leistungen von Xamax, das bis Ende der Neunzigerjahre im Europacup zuhause selbst gegen Teams wie Sporting Lissabon (1:0), Bayern München (2:1), Roter Stern Belgrad (0:0) und AS Roma (1:1) ungeschlagen blieb, sei hier der erste von zwei Heimsiegen gegen Real Madrid erwähnt. Das 2:0 in der dritten Uefa-Cup-Runde der Saison 85/86 half nach dem 0:3 aus Madrid den Neuenburgern zwar so wenig zum Weiterkommen wie 1991/92 ein 1:0 über Real – im Palmarès des Provinzklubs aber bleiben diese Ergebnisse gleichwohl stolze Marksteine.

1995/96: FC Lugano
Ihre grösste Europacupleistung vollbrachten die Tessiner in der zweiten Uefa-Cup-Runde im Herbst 1995, als sie nach einem 1:1 zuhause Inter Mailand im San Siro durch einen haltbaren Freistosstreffer von Carrasco gegen Nation 3. Runde scheiterte Lugano dann an Slavia Prag.

1996/97: Grasshoppers
Bei ihrer zweiten Champions-League-Teilnahme erstaunten die Grasshoppers in den Gruppenspielen vor allem mit ihrem 1:0-Auswärtssieg gegen Ajax Amsterdam, den in der neuen Arena Murat Yakin mit einem 40-Meter-Freistoss gegen den weltberühmten Goalie Van der Sar sicher stellte.

2000/01: FC St.Gallen
Der Überraschungsmeister der Saison 1999/2000 verblüffte auch im Europacup. In der Champions-League-Qualifikation noch knapp an Galatasaray gescheitert, boten die Ostschweizer danach im Uefa-Cup gegen Chelsea nach der 0:1-Niederlage in London im «Heimspiel» auf dem Zürcher Hardturm eine der besten Schweizer Klubleistungen aller Zeiten. St. Gallen gewann durch Tore von Müller und Amoah 2:0, scheiterte dann in der nächsten Runde mit 1:2 und 1:1 mit extrem viel Pech am FC Brügge, der sein entscheidendes Tor zum 1:1 des Rückspiels in der 94. Minute schoss ...

So sah er aus, als er 1965 nach Basel kam: Helmut Benthaus

Die Ära Benthaus

Eine Basler Kultfigur

Aus Köln kam 1965 ein 29-jähriger Fussballer nach Basel und trat zu St. Jakob seine erste Stelle als Trainer – genauer als Spielertrainer – an: Helmut Benthaus.

Was damals als Experiment galt, was als Nachfolge des in jenen Zeiten erfahrenen und renommierten Trainers Georges Sobotka auch ein finanzieller Entscheid war, gedieh in den Jahren danach zum erfolgreichsten Kapitel in der Vereinsgeschichte des FCB. 17 Saisons lang führte Benthaus die Basler Mannschaft ohne Unterbruch und errang mit ihr siebenmal die Meisterschaft, sechsmal stand er überdies in einem Schweizer Cupfinal.

Der Begriff «Kultfigur» ist im Trend, wird oft auch strapaziert – für Helmut Benthaus aber ist er in Basel zweifelsfrei angebracht. Auch zwei Jahrzehnte nach seiner Ära ist er in der Stadt bekannt wie ein bunter Hund und populär wie kein anderer Sportler.

Ja, es gibt im ganzen europäischen Berufsfussball nur zwei Trainer, die es noch länger am gleichen Ort gehalten hat als Helmut Benthaus mit seinen 17 Jahren beim FCB: Guy Roux, der Monsieur des französischen Fussballs schlechthin, trainierte Auxerre zwischen 1961 und 2000 ohne Unterbruch und entschloss sich 2001, nach einem Jahr Pause, zu einem Comeback. Und sein Kollege und Landsmann Michel Le Milinaire hatte sein Amt in Laval ebenfalls über 30 Jahre ausgeübt.

Rekordmann also war Helmut Benthaus nicht, selbst dann nicht, wenn man seine zusätzlichen zwei Jahre beim FCB, jene weniger glücklichen zwischen 1985 und 1987, mitberücksichtigt.

Doch Helmut Benthaus war in der einhundertjährigen Geschichte des FCB gewiss der Mann, der im Verein am meisten bewegt, der mehr als ein Sechstel der gesamten Clubgeschichte persönlich geschrieben hatte. Das kommt aus seinen eigenen Worten, die auszugsweise auf den folgenden Seiten wiedergegeben sind, viel zu wenig zur Geltung. Sich selbst zu rühmen, das kam Benthaus gar nicht erst in den Sinn. Denn er hatte neben allen anderen Vorzügen, die ihn zum Spitzentrainer machten, zwei mitentscheidende Vorzüge: Benthaus ist intelligent. Doch dazu hatte er, der als fremder Deutscher in die Stadt Basel kam, auch den richtigen Instinkt, den Instinkt für den Fussball, für die Menschenführung, aber auch für «Basel» und den «Basler». Er biederte sich nicht an, doch er war so, wie es der damalige Basler Regierungsrat Arnold Schneider sehr präzis formuliert hatte: Benthaus war «*der Trainer, der Wurzeln schlug und doch dauernd in Bewegung war, der Trainer, der 17 Jahre lang Basels Siege und Niederlagen ertrug, Sponsoren, Gönner, Fans, Neider, Kritiker, Funktionäre, Berater, Spieler, Transfermakler und Fussballjournalisten auszuhalten wusste und bei all dem massvoll und optimistisch blieb*». Es gibt vermutlich keinen Satz, der den Stil des Helmut Benthaus besser, präziser und wahrer beschreiben könnte, als ein Satz, den Benthaus über sich selbst gesagt hat: «*Ich habe Fussball immer als eine Art Bewältigung von Leben betrachtet.*»

Und genau weil er das «Lebenbewältigen» gerade in seiner ersten und langen und erfolgreichen und schillernden FCB-Zeit hatte lernen können, in einer Zeit notabene, in der es auch für ihn Dunkles, Ungereimtes gegeben hat, gelingt es ihm heute, ohne den Fussball zu leben.

Dabei ist gerade dieser Punkt ein, wenn nicht gar tragischer, so doch bedauerlicher Punkt im Leben des Helmut Benthaus: Der Fussballer Helmut Benthaus blieb einen markanten Teil seines zweiten Berufslebens, seit er 1986 mit neuen Aufgaben in die Versicherungsbranche gewechselt hatte, ohne den Fussball. Er habe das freiwillig getan, wird Benthaus nie müde, seinen Abschied vom Sport als «normal» zu bezeichnen. Doch wer ganz genau hinhört, der vermag eine Nuance an Bitterkeit sehr wohl mitzuhören: Benthaus kritisiert am heutigen Fussball die Tatsache, dass die «Person des Trainers» immer ausgeprägter und immer schärfer und immer schneller grundsätzlich in Frage gestellt werde. Der Trainer habe im Fussball der Neunzigerjahre die natürliche Fachautorität verloren, und zwar durch Schuld der Funktionäre, die die Kompetenz eines Trainers praktisch nach jeder Niederlage in Frage stellen, die den Trainer zum Spielball eigener Interessen degradieren würden.

Nach seinem Wegzug vom FCB im Jahre 1982 hatte Benthaus zwar nochmals Erfolg: Er machte wenig später auch den VfB Stuttgart zum Meister. Er bestätigte also im rauhen Wind der Bundesliga, dass er nicht nur in Basel, nicht nur in der fussballerisch wenig bedeutsamen Schweiz Erfolg haben konnte. Dennoch zog es ihn 1985, drei Jahre danach, wieder «heim» nach Basel. Allein, den Absturz des FCB in den Achtzigerjahren, der gar in den Niederungen der Nationalliga B enden sollte, konnte auch er nicht mehr vermeiden.

1965 bis 1982 dauerte die erste, die wichtige Ära des Helmut Benthaus in Basel mit sieben Meistertiteln und sechs Qualifikationen für einen Cupfinal, von denen er allerdings «nur» zwei gewann.

Dazu kamen zwei Gesamtsiege im damals populären «Alpencup» sowie ein Erfolg im Liga-Cup, einem Wettbewerb, der in den Siebzigerjahren gegründet worden war, der aber nie eine notwendige Popularität erreicht hatte. Um diese Zahlen noch etwas deutlicher zu unterstreichen, sei daran erinnert, dass der FCB in den 72 (!) Vereinsjahren vor «Benthaus» nur einen einzigen Meistertitel (1953) errungen hatte. Und auch hernach, nach Benthaus' Weggang 1982, gab es bis über die Jahrtausendwende hinaus keinen weiteren Titel mehr. Mit anderen Worten: Sieben der acht FCB-Titel in der Schweizer Meisterschaft und zwei der fünf Cupsiege waren das Trainerwerk von Helmut Benthaus – eine bessere, eine eindrücklichere Bilanz kann weit und breit kein Berufsmann vorweisen, zumal er als Trainer insgesamt nicht mehr als ein Sechstel der bald 110-jährigen Clubgeschichte des FCB mitschrieb.

Auch das ist guter Grund, die «Ära Benthaus» auf den nächsten Seiten Schritt um Schritt, Meistertitel um Meistertitel, zu streifen und das «Gesamtwerk» eines Berufsmannes zu durchleuchten, dessen Fähigkeiten man in Basel Mitte der Sechzigerjahre schon sehr bald erkannt hatte. Denn schon bald nach einem Stellenantritt wurde Benthaus von Fritz Pieth, dem damaligen Leiter des Hochschulsportes an der Basler Universität, für den Bereich Fussball in den Lehrkörper berufen.

Und auch ausserhalb der Sportwelt war Benthaus in Basel sehr, sehr rasch integriert. Er war hier auch im kulturellen und fasnächtlichen Leben rasch zu Hause, seinen Freundeskreis suchte und fand er auch ausserhalb des «Strafraumes», seine Verbindungen mit den Theaterleuten, allen voran mit dem damaligen Theaterdirektor Werner Düggelin,

Er prägte die sportlich erfolgreichste FCB-Zeit zwischen 1965 und 1982: Benthaus als ungefähr 30-jähriger Spielertrainer

wurden fast so legendär wie seine FCB-Siege.

Es ist keine Übertreibung, wenn Benthaus als der eigentliche Begründer der für Schweizer Verhältnisse überdurchschnittlichen Verankerung des Fussballs einer ganzen Region bezeichnet wird: Benthaus machte den FCB zu einem echten Bestandteil des kulturellen und gesellschaftlichen Lebens in der Nordwestschweiz.

Er löste erst wirklich aus, was der FCB ist: Emotionen in Rotblau.

Benthaus' Rückblick

Als Helmut Benthaus den FC Basel 1982 verliess und beim VfB Stuttgart eine neue Herausforderung suchte, verfasste er für die Basler Zeitung eine fünfteilige Serie mit seinem ganz persönlichen Rückblick auf die eigene Ära, der auf den folgenden Seiten in gekürzter Form wiedergegeben sei:

«Alles begann mit einem Telegramm. Mit einem Telegramm von Basel nach Köln. Ich war eben 29 Jahre alt geworden und spielte in der damals noch jungen Bundesliga für den 1. FC Köln, als mir ein Lucien Schmidlin aus Basel telegrafisch zum erfolgreichen Abschluss meiner Studien an der Sporthochschule in Köln und zum Trainerdiplom gratulierte. Gleichzeitig bot er mir Verhandlungen an über einen möglichen Transfer rheinaufwärts – als Spielertrainer zum FC Basel. Ich kannte weder Schmidlin noch den FCB. Ich wusste nur, dass ich für die Saison 1965/66 noch einen Vertrag beim 1. FC Köln zu erfüllen hatte und es zumindest noch für ein Jahr in der Bundesliga ‹wissen wollte›. Ich bedankte mich also für die Glückwünsche und beschied dem freundlichen Herrn Schmidlin, dass ich noch ein Jahr vertraglich in Köln gebunden sei und man mich wohl kaum ziehen lassen werde.

Lucien Schmidlin wusste es besser: Er habe bereits mit Franz Kremer, dem damaligen Kölner Präsidenten, gesprochen, und man würde, wie man im Fussball zu sagen pflegt, dem Benthaus keine Steine in den Weg legen, wenn er gehen wolle.

Zuerst war ich sauer. Denn deutsch und deutlich hiess das unter anderem auch, dass ich in der bevorstehenden Saison in Köln keinen Stammplatz in der ersten Mannschaft mehr haben würde. Was ich nicht wusste war, dass sich die Präsidenten Kremer und Schmidlin aus den Zeiten des Messestädtecups bereits gut kannten, sich von Zeit zu Zeit trafen und sich wohl auch über ihre Fussballsorgen unterhielten. Die Präsidenten sahen es wohl so: Köln brauchte den Benthaus, der während einem Jahr den Fussball zugunsten des Studiums etwas vernachlässigen musste, nicht mehr unbedingt, Basel brauchte dringend einen Trainer und einen Spielmacher im Mittelfeld, was am einfachsten

Einer der zahlreichen Pokale für Benthaus

Helmut Benthaus mit der damaligen Ski-Grösse Marie-Theres Nadig

(und wohl auch am billigsten) in der Person eines Spielertrainers zu haben sein würde. So wurde ich mit dem FCB einig.

In Basel war allerdings alles anders als in Köln. In Basel gab es den Landhof und einen Platzwart. Und in Basel, so schien es mir damals, war oberstes Gebot, den Rasen zu schonen. Gespielt wurde vor der Tribüne des Landhofs, trainiert mit bis zu 30 Spielern allzuoft auf dem bescheidenen Rasendreieck hinter der Tribüne. Und dazwischen stand neben der Tribüne immer Platzwart Michel Groh, der so etwas wie der ‹starke Mann› im Club zu sein schien. Trainiert wurde drei- bis viermal die Woche. Therapeutische Einrichtungen für die Pflege der Spieler gab es nicht. Die Betreuung war ungenügend. Kurz, im Gegensatz zu Köln herrschte in Basel ein zwar nicht unsympathischer, aber doch ineffizienter Amateurismus.

Vor Beginn meiner Trainertätigkeit hatte ich die erste Mannschaft des FCB zweimal beobachtet. Ich sah eine mittelmässige Mannschaft, die wohl den damaligen schweizerischen Durchschnitt verkörperte. Ich sah aber sofort auch, dass verschiedene Spieler auf falschen Positionen eingesetzt wurden.

Später erfuhr ich mehr über diese Mannschaft, die unter Trainer Georges Sobotka 1963 immerhin den Schweizer Cup gewonnen hatte, was damals beim noch wenig glanzvollen Palmarès des FC Basel ein bedeutendes Ereignis in der Vereinsgeschichte darstellte. Ich erfuhr unter anderem aber auch, dass die erste Mannschaft des FC Basel eine total verpfuschte Saison hinter sich hatte. Ein tragisches Geschick wollte es zudem, dass die Mannschaft durch den Tod von Hans Weber, der mir von einem Länderspiel in Bern zwischen Deutschland und der Schweiz eindrücklich in Erinnerung blieb, ihren Kopf und ihren Spielmacher verloren hatte.

Was also war zu Beginn der Saison 1965/66 zu tun? Erstes Gebot war, den Trainingsbetrieb zu optimieren. Es wurde nicht nur häufiger trainiert, sondern vor allem auch pro Trainingseinheit härter. Trainiert wurde nicht mehr hinter der Tribüne, sondern auf dem Hauptplatz oder auf einem Spielfeld, das uns dauernd zur Verfügung stand. Das erste Jahr, so hatte ich es mir vorgenommen, sollte ein Aufbaujahr werden. Keine hochgesteckten Ziele also. Was damals leicht war, weil in Basel selbst kein allzugrosser Erwartungsdruck bestand. Man war mit dem Mittelmass ganz zufrieden. Freute sich über Siege und litt nicht allzusehr unter Niederlagen. Fussball wurde irgendwie noch entspannter beurteilt, wurde auch in den Medien emotionsloser beschrieben. Es gab noch nicht dieses Suchen nach Gründen und Sündenböcken für jede Niederlage. Es gab noch nicht dieses permanente Auf-dem-Fussball-und-seinen-Akteuren-Herumhacken. Fussball war 1965 tatsächlich noch eine schöne Nebensache.

Was das Kader der ersten Mannschaft anbelangt, so habe ich ganz bewusst übernommen, was vorhanden war. Ich wollte mit den vorhandenen Spielern Erfahrungen machen, wollte sie kennenlernen und daraus dann meine eigenen Schlüsse ziehen. Es zeigte sich sehr bald, dass einiges an Substanz in eben dieser Mannschaft steckte. Ich begann nicht nur mitzuspielen, sondern auch zu korrigieren. Es sollte daraus eine Mannschaft werden, die ich mein Leben lang, Spieler für Spieler, auswendig werde hersagen können:

Kunz (Laufenburger), Kiefer, Michaud, Stocker, Pfirter, Schnyder, Odermatt, Benthaus, Hauser, Frigerio (Moscatelli), Wenger.

Bereits in der Rückrunde meiner ersten Saison beim FC Basel blieben wir ungeschlagen. In der Schweiz begann man sich für den neuen FCB zu interessieren. Wir waren sozusagen auf dem Sprung.

Die Saison 1966/67, meine zweite in Basel, wurde dann zum Triumph. Wir gewannen die Meisterschaft und den Schweizer Cup. Nach einem Jahr des Aufbaus hatten wir also bereits ein Traumziel erreicht. Wer damals als Zuschauer dabei war, erinnert sich auch an die neuen Namen im Team: Toni Schnyder kam als dritter Aufbauer. Peter Wenger als neuer, gefährlicher und eigenwilliger Flügelstürmer. Peter Ramseier verstärkte die Verteidigung. Aber nicht diese neuen Spieler, die zweifellos Verstärkungen waren, machten den Erfolg aus: In erster Linie waren wir unserer Konkurrenz konditionell überlegen. Kraft, Ausdauer und Härte – das waren die ausschlaggebenden Komponenten unserer Erfolgsmischung.

Es waren am Anfang unserer Erfolgsserie also nicht ein neues System oder taktische Geheimnisse, die uns so überlegen erscheinen liessen, es waren tatsächlich die Früchte einer konsequenten konditionellen Aufbauarbeit.

Der körperlich engagierte Fussball, in dem die Verteidiger mitstürmten und die Stürmer mitverteidigten, war zudem für unsere Konkurrenz etwas gänzlich Neues. Darauf musste man sich zuerst einstellen. Aber diesen Vorsprung hatten wir bereits. Einzig der FC Zürich unter Louis Maurer und mit dem unvergesslichen Klaus Stürmer spielte ‹baslerisch› oder, wie man nach der WM in England 1966 zu entdecken glaubte, ‹so englisch wie der FC Basel›. Wer 1965/66 und 1966/67 mit offenen Augen und einem Gespür für Fussball dabei war, dem kam das Spiel der Engländer bereits bekannt vor.

Unsere Art zu spielen, mit der ganzen Mannschaft anzugreifen und mit der ganzen Mannschaft zu verteidigen, war zweifellos spektakulär. Sie bot aber auch durch ihre kampfbetonte Seite Emotionen an, machte es unserem Publikum leicht, sich mit dieser frischen Art von Fussball zu identifizieren. Und damit sind wir bei den Begleitumständen, die unsere ersten Erfolge wie Verstärker umsetzten und praktisch auf das Fussballfeld zurückgaben. Grosser Fussball braucht nämlich ein grosses Publikum. Hervorragende Spiele können nur vor einem zahlreichen Publikum, das mitgeht und für Stimmung sorgt, entstehen. Sicher, der Funke wird auf dem Spielfeld gezündet. Aber das Feuer wird vom Publikum entfacht, und in Basel hatten wir sehr rasch dieses Publikum.

Fussballerisch gesehen hatte Basel damals einen enormen Nachholbedarf an Erfolgserlebnissen. In Basel war man zu lange fussballerisch nur Provinz gewesen. Und es gehörte zu meinen grossen Erlebnissen in diesen 17 Jahren, mit welcher Identifikationsbereitschaft die ganze Region Basel auf unsere Bemühungen und Erfolge reagierte.

Fünf Meistertitel bis und mit der Saison 1972/73 – das war die Zeit der Grosserfolge. Das war auch die Zeit der grossen Publikumsaufmärsche. Wer erinnert sich nicht an den unglaublichen Halbfinal um den Schweizer Cup gegen den FC Lugano mit 52 000 enthusiastischen Zuschauern? Das war die Zeit auch des finanziellen Erfolges für den Club.

Und das war auch die Zeit ohne allzu grosse Probleme innerhalb des Clubs und ohne grosse Kritik von aussen. Aber wie jeder Erfolg, liess auch unser Erfolg in Serie den Keim nicht gerade des Niedergangs, aber zumindest der Abkühlung bereits mitentstehen. Das mag seltsam klingen, wenn man mitberücksichtigt, dass in diesen Jahren bis zu sieben Kaderspieler auch Schweizer Nationalspieler waren, in denen auch Reservespieler des FCB zumindest in der B-Auswahl mitspielten, in denen also der interne Konkurrenzdruck von unten beinahe ideale Bedingungen für eine Prolongation des Erfolges darzustellen schien. Ja, ich erinnere mich sehr genau an Trainings, die Jürgen Sundermann, Josef Kiefer (damals noch Ausländer) und ich selbst allein bestreiten mussten, weil alle anderen FCB-Spieler in einer der beiden Nationalmannschaften engagiert waren.

Gefährlich wurde für den FCB in dieser Zeit aber nicht nur eine Gegnerschaft, die sich auf unsere Gangart einstellte und mit ähnlichen Trainingsmethoden und Spielweisen aufzuholen begann, gefährlich wurde tatsächlich auch die Monotonie des Erfolgs. Was war denn für diesen FCB überhaupt noch zu gewinnen? Was ausser den immer wieder gleichen Erfolgserlebnissen über die immer gleichen Gegner konnten wir unserem Publikum offerieren, um es weiterhin in Massen in St. Jakob zu halten?

Diese Probleme waren nicht FCB-spezifisch, sondern gehören wohl immer dazu, wo in der Öffentlichkeit gearbeitet wird und der Erfolg von eben dieser Öffentlichkeit zumindest teilweise abhängig ist. Man muss sich das vorstellen: In kürzester Zeit wurde aus einer Fussballmannschaft, die unter ferner liefen um Meisterschaftspunkte mitspielte, ein Club, der während Jahren den Schweizer Fussball absolut dominierte, der wie kaum ein anderer Verein zuvor die Massen bewegte und von einem sozial sehr breitgefächerten Publi-

Meisterfeier auf dem Marktplatz

kum getragen und idealisiert wurde. Plötzlich war nicht nur der FCB jemand, sondern auch jeder einzelne Spieler wuchs auf seine Art zur Idealfigur. Karli Odermatt, vor 1965 ein grosses Talent, wuchs empor zu einer Art Vaterfigur der Mannschaft – vor allem als ich mich selbst endlich entschliessen konnte, nicht mehr als Spieler mitzumachen.

Anfangs fehlte ich natürlich noch auf dem Spielfeld. Meine Art mit der Mannschaft zu trainieren, sie auf ein Spiel oder einen Gegner einzustellen, die Spieler, wenn nötig in langen Einzelgesprächen, zu motivieren, daran hat sich nach meinem Rücktritt als aktiver Spieler freilich überhaupt nichts geändert. Und es war für meine Berufsauffassung eine schöne Bestätigung, als der FCB 1973 zum ersten Mal ohne den Spieler Benthaus die Meisterschaft gewann.

Und dann, ja dann ging Karli Odermatt nach Bern zu den Young Boys. Damit waren wir auf einen Schlag in einer ähnlichen Situation wie Mönchengladbach nach dem Wegzug von Günther Netzer. Beides waren Entscheide, die in der mitbetroffenen Öffentlichkeit die Emotionen hochgehen liessen. Bei Odermatt kam dazu, dass uns sein Wunsch nach einem Clubwechsel wie ein Blitz aus heiterem Himmel traf. Die neue Saison war geplant, die Mannschaft stand in ihren Fundamenten, und dazu gehörte natürlich ganz besonders Karli Odermatt, mit dem man sich für ein weiteres Jahr einig glaubte. Sein Entschluss, zu YB zu gehen, war ein persönlicher Entschluss, den es zu respektieren galt und hatte weit mehr mit dem Abschluss von Karlis Karriere und mit seiner Zukunftsplanung zu tun, als etwa mit den damaligen Spielbedingungen beim FCB. Trotzdem: Publikum und auch Presse verlangten sofort nach einer neuen ‹Vaterfigur›, verlangten nach einem neuen, fertigen ‹Karli Odermatt›, nach einem Typ Spieler also, der stark akzentuierte Rollenerwartungen erfüllen sollte.

Das war angesichts des Zeitdrucks nicht möglich, fussballerisch boten sich dazu aber immerhin zwei junge Talente an, die beide auf unterschiedliche Art Erfolg versprechend waren: Turi von Wartburg und Markus Tanner. Von Wartburg brachte der Mannschaft sehr viel, was ihm möglicherweise fehlte, war die ganz grosse Ausstrahlung, die Wirkung nach aussen. In dieser Beziehung schien Tanner eher der Typ zu sein, der Emotionen wecken und auf das Publikum im beschriebenen Sinn wirken konnte. Beide hatten aber damals keine Zeit, in ihre Rollen hineinzuwachsen. Odermatt ist mit einer Mannschaft gross geworden: die neuen Jungen kamen in eine grosse Mannschaft und standen dort sofort unter einem unheimlichen Leistungsdruck.

Es gibt in solchen Fällen für den Einzelnen wahre Zerreissproben. Einerseits die objektive leistungsabhängige Beurteilung eines Spielers im Club selbst und anderseits das private Umfeld, das mit seinen Erwartungen, seinen Profilierungswünschen auf einen sogenannten ‹Star› einwirkt. Fussballerisch hatte beispielsweise Markus Tanner alles, was nötig war für eine steile und erfolgreiche Karriere. Psychisch aber war er weit weniger stabil und entwickelt als etwa der in vielen Schlachten gehärtete Odermatt. Tanner scheiterte beim FCB letzlich an dieser Doppelbelastung, der er schlicht nicht gewachsen war. Seine Hochs und Tiefs auf dem Spielfeld und seine stark stimmungsabhängige Persönlichkeit brachten immer wieder Unruhe ins Mannschaftsganze. Misst man Erfolg und Misserfolg und addiert dazu seine Instabilität, so blieb wohl im beiderseitigen Interesse nur die Trennung.

Mit anderen Spielern hatten wir andere schmerzliche Erfahrungen machen müssen. Da war etwa Teofilo Cubillas. In Südamerika ein Halbgott. Bei uns ein Problemspieler. Dabei brachte er ungeheuer viel Einsatzwillen und Lernbereitschaft mit. Alles haben wir zusammen probiert. Zusatztrainings auf der Finnenbahn, um die Kondition zu verbessern. Lange und mühsame Gespräche über das Wörterbuch und einen Dolmetscher. Was aber nicht zu ändern war: Cubillas traf hier in Basel auf eine ihm ungewohnte Fussballwirklichkeit. Er war es schlicht nicht gewohnt, bereits im Aufbau und im Mittelfeld knochenhart attackiert zu werden. War er im Mittelfeld im Ballbesitz, waren unsere Verteidiger bereits in langen Sprints in den Angriff übergegangen und warteten auf Pässe, die nicht kamen. Cubillas' Ballverluste im Mittelfeld wurden für uns zu einem unlösbaren Problem. Heute, da in Südamerika viel europäischer gespielt wird als damals, wäre das Problem möglicherweise zu lösen. Damals blieb uns nur die Trennung. Wir schieden im Frieden.

Andere spektakuläre Abschiede vom FCB hatten andere Gründe. Ottmar Hitzfeld beispielsweise suchte in der Bundesliga und wohl auch in der deutschen Nationalmannschaft die ganz grosse Karriere. Er war wohl nicht zu halten. Immerhin konnte der Club mit seinem Transfer zum VfB Stuttgart die Kasse sanieren. Rolf Blättler war mit uns Meister geworden. Er war fussballerisch bereits über den Leistungszenit hinaus und befand sich bereits in einem fortgeschrittenen Alter. Ich hatte zudem den Eindruck, dass er mentalitätsmässig in Basel nicht gut zurechtkam. Walter Balmer war ein typischer Aussteiger. Die Fussballkarriere war ihm immer nur eine Sache, daneben visierte er andere Ziele an. Er hat sich später als Sportlehrer etabliert. Roland Schönenberger war ein Spieler mit grossen Schwankungen, und es gab mit ihm deswegen auch oft Auseinandersetzungen über Spielauffassungen.

Wiederum anders zeigte sich das Problem bei René Hasler und Harald Nickel. Bei einem Spieler dieser Grössenordnung gilt das totale Erfolgsprinzip, anders wäre sein Engagement und die Bedingungen, unter denen er spielt, überhaupt nicht zu rechtfertigen.

Nickel kam zu uns, um Tore zu schiessen. Und hatte vorerst auch Pech. Zuerst eine Verletzung. Dann eine Sperre für drei Spiele. Solche Pausen sind auch von einem Star nur durch unermüdlichen Einsatz wettzumachen. Keiner hat in einer Mannschaft seinen Stammplatz auf sicher. Und Nickel hat ihn verloren, weil er die von ihm zu erwartende Leistung schlicht nicht erbringen konnte. Ihn trotzdem zu nominieren, hätte letztlich geheissen, nicht mehr ernsthaft gewinnen zu wollen.

Langfristiger Erfolg im Fussball aber setzt sich aus der Wirkung vieler positiver Kräfte zusammen. Es braucht dazu die richtigen Spieler, die richtige Mannschaft, ein Erfolg versprechendes Umfeld, ein begeisterungsfähiges Publikum, einen fähigen Trainer

Und es braucht eine entsprechend arbeitende Clubleitung. Sechs Präsidenten habe ich in 17 Jahren beim FC Basel kennengelernt. In dieser Zeit haben aber nicht nur die Präsidenten gewechselt, sondern auch die Ansprüche an den Club und seine Leistungsfähigkeit haben sich vervielfacht.

In Basel traf ich auf einen Fussballclub, der noch eindeutigen Vereinscharakter hatte, mit entsprechenden organisatorischen Strukturen und einer entsprechend schmalen Infrastruktur. Vereinspräsident wurde nur jemand, der in der Vereinshierarchie aufgestiegen war. Ein Aussenstehender hätte kaum eine Chance gehabt, von einer Generalversammlung

Der frühere Präsident René Theler (links) mit Nachfolger Pierre-Jacques Lieblich und mit Benthaus

Benthaus' Ausländer: Teofilo Cubillas ...

... Jürgen Sundermann ...

... und Harald Nickel

gewählt zu werden. Im Club kannte man sich. Im Club vertraute man aufeinander. Wer in Amt und Würden war, war meist auch altgedient. Mit unseren Erfolgen kam nicht nur Geld in unsere Kasse, sondern es gab auch eine Ausgabenexplosion, die sich mit der Teilprofessionalisierung des Schweizer Fussballs in ihren Auswirkungen noch verschärfte. Der Club und seine Aufgaben wuchsen. Der Verein wurde zum Unternehmen.

Schon die ersten Vereinspräsidenten, die noch aus dem Club selbst kamen, haben sich dieser Herausforderung mutig und tatkräftig gestellt. Lucien Schmidlin und Dr. Harry Thommen waren in einer schwierigen Zeit umsichtige und erfolgreiche Präsidenten. Mit Felix Musfeld kam erstmals ein Unternehmer an die Spitze des Vereins, der sein Fachwissen einbrachte und sein Amt als solches ausübte. Ein Fussball-Präsidium war ihm nicht in irgendeiner Form Karriere- oder Prestigeobjekt. Ähnliches ist von Dr. René Theler zu sagen. Als Chef eines Versicherungskonzerns war er absolut in der Lage, die unternehmerische Dimension des Clubs recht eigentlich zu managen und neue Betriebsmittel, beispielsweise über die Donatorenvereinigung, zu beschaffen. Obwohl dem Fussball wenig vertraut, sah er die gesellschaftliche Dimension unseres Spielbetriebs und hat sich dafür eingesetzt. Neben diesen geschäftlichen Fähigkeiten muss, immer aus der Sicht des Trainers, noch einiges an Standfestigkeit und Führungseigenschaften dazukommen, damit erfolgreich gearbeitet werden kann. Diese Basis war, ich sage das offen, unter Pierre-Jacques Lieblich, dem vorletzten Präsidenten, nicht mehr intakt. Danach aber schien mir die neue Clubleitung unter Dr. Roland Rasi gewillt, diesen Idealzustand wieder herzustellen.

Ich werde und wurde oft nach den wirklichen Gründen meines Rücktritts gefragt.

17 Jahre FC Basel, das war für mich aber natürlich nicht nur 17 Jahre Fussball. Das war natürlich auch 17 Jahre Leben in und mit Basel. Und wären mir diese Stadt und ihre Bewohner nicht so liebgeworden, ich wäre, Erfolg hin oder her, nie 17 Jahre hier geblieben. Ich denke in diesem Augenblick daran, dass ich nirgendwo so lange gelebt habe wie in Basel. Das hat mit dieser Stadt, in der ich nicht nur Fussball spielen, sondern eben auch in der mir zusagenden Weise leben konnte, elementar zu tun. In Basel stimmte es nicht nur fussballerisch, sondern eben auch in allen für einen Menschen wichtigen Bereichen. Hier in Basel bin ich zu Hause, nicht nur, weil ich unterdessen auch Schweizer und Basler geworden bin, sondern weil ich hier eine Heimat gefunden habe. Was immer nun kommen wird, daran wird sich für mich in meinem Leben nichts mehr ändern.»

Der Titel 1966/67

Für Georges Sobotka, der für kurze Zeit auch interimistischer Nationaltrainer gewesen war, kam 1965 als neuer «Chef» also Helmut Benthaus. Seiner ersten Saison (1965/66) war noch kein überwältigender Erfolg beschieden, doch schon nach einem Jahr hatte Benthaus bereits wichtige Aufbauarbeit geleistet, so dass er sich nach der Saison 1966/67 erstmals als Meistertrainer feiern lassen durfte. Und weil in der gleichen Saison noch der Cupsieg gegen Lausanne dazukam, fiel in jenes Jahr das bisher einzige «Double» des Vereins – der Gewinn von Meisterschaft und Cup in der gleichen Saison.

«Programmiert» waren diese Erfolge keineswegs, in die Meisterschaft war der FCB nämlich höchstens als Mitglied eines erweiterten Favoritenkreises gestartet. Die wirklich grossen Teams jener Schweizer Fussballzeit waren die Young Boys, Servette, der FC Zürich, Lausanne und La Chaux-de-Fonds gewesen.

Und so umschrieb im Jubiläumsbuch (75 Jahre FCB) der Ende 1992 im hohen Alter von über 96 Jahren verstorbene Jules Düblin die Meistersaison 1966/67, tat es ganz im Stil damaliger Chronisten:

«Keiner hätte wohl gewagt, zu Beginn der Saison an die Verwirklichung dieses jahrelang in uns schlummernden Traums zu glauben, wenn auch die als geschlossene Einheit wirkenden Akteure, Clubleitung, Trainer und Mannschaft das volle Vertrauen der Mitgliedschaft besassen und ihre Vorbereitungen zu guten Hoffnungen durchaus Anlass gaben.

Das erste Meisterschaftsspiel dieser Saison wickelte sich unter Flutlicht zu St. Jakob ab, und zwar gegen keinen Geringeren als gegen den FC Lugano. Ein durch einen Penalty errungener knapper 1:0-Sieg war der glückliche Auftakt des Meisterschaftsjahres. Es folgten in der ersten Runde 8 weitere Siege und 4 Unentschieden; kein einziges Spiel ging verloren. In der Rückrunde erlitten wir lediglich 2 Niederlagen, neben 7 Siegen und 4 Unentschieden. Bis zum Schluss war es ein hinreissendes, aber an die Nerven gehendes Kopf-an-Kopf-Rennen mit dem FC Zürich und dem FC Lugano.

In diesen schweren Spielen wurde die Mannschaft vom enthusiastischen Mitgehen der Basler Fussballgemeinde und vieler Anhänger aus dem nähern und weitern Einzugsgebiet förmlich nach oben getragen. Unvergesslich wird jedem Teilnehmer die begeisterte und lautstarke Unterstützung der jeweilen mit Fahnen in den schwarzweissen Basler- und den rotblauen Clubfarben und ausgerüstet mit zahlreichen Transparenten und Spruchbändern, zu Tausenden und Abertausenden herbeigeströmten Anhänger bleiben, sei es zu den Spielen im Stadion St. Jakob oder sei es auf die auswärtigen Kampfplätze...»

So weit die Originalworte von Jules Düblin, diesem über Jahrzehnte hinweg treuen Begleiter des FC Basel.

Besagter FCB hatte sich mit einem «Trainingslager» über die Winterpause auf Gran Canaria (schon damals!), das die Chronisten jener Zeit allerdings noch «Erholungsaufenthalt» nannten, die richtige Vorbereitung auf die Rückrunde verschrieben, auch wenn in Las Palmas ein Testspiel gegen Tennis Borussia Berlin mit 0:4 verloren ging. Ein einigermassen kurioser Grund für jene Niederlage war schnell ausgemacht: Der Flug auf die spanische Insel war infolge schlechter Witterung massiv beeinträchtigt, sodass die Basler Spieler noch immer gezeichnet waren,

Hoher Besuch: Der damalige deutsche Bundeskanzler Willy Brandt lässt sich von Bruno Michaud die FCB-Spieler vorstellen

als sie gegen die Berliner antraten – so sie das überhaupt tun konnten. Frigerio zum Beispiel hatte den Flug so schlecht verdaut, dass er diesem Trainingsspiel fernbleiben musste.

Bis zur Wiederaufnahme der Meisterschaft aber war die Mannschaft selbstverständlich wieder gesund, ja, sie spielte insgesamt so konstant und bereits von der Handschrift ihres modernen Trainers Benthaus geprägt, dass sie die beiden einzigen Saisonniederlagen bestens verdaute. Dabei war die in Zürich erlittene 1:2-Niederlage gegen die Young Fellows die einzige unliebsame Überraschung einer Saison, die bis zum allerletzten Spieltag, der 26. Runde, vom Dreikampf zwischen dem FCB, Titelverteidiger FC Zürich und dem FC Lugano geprägt war.

An diesem letzten Spieltag empfing der FCB die Grasshoppers zu St. Jakob, und der Gewinn eines Punktes musste es sein, um zum zweiten Mal nach 1953 Schweizer Fussballmeister zu werden.

«*Echte Grosskampfstimmung*», so schrieb in der «Nationalzeitung» vom 12. Juni 1967 Max Alt, damals ein gewandter Reporter des Fussball- und Radsportes, «*echte Grosskampfstimmung herrschte im Basler Fussballstadion St. Jakob. Zum letzten Meisterschaftsspiel des FC Basel gegen den Grasshopper-Club strömten die Fans in dichten Scharen. Das sportlich orientierte Basler Publikum demonstrierte mit seinem Kommen die klare Absicht, nicht nur einem Fussballspiel zweier Clubs der Nationalliga A zuzusehen, sondern um seinen eigenen Stadtclub in dieser schweren Auseinandersetzung im wahrsten Sinn des Wortes stimmlich zu unterstützen und anzuspornen. Deswegen präsentierten sich die beiden bis auf den letzten Platz besetzten Tribünen und die Rampen der Stehplatzbesucher als eine mächtig imposante Zuschauerkulisse. Denn als die Mannschaften auf den Rasen hinaus traten, säumten 31 000 Fussballbegeisterte das Spielfeld ...*»

Und Journalist Max Alt geizte auch

Grosse Rivalen der Sechziger- und Siebzigerjahre: Fritz Künzli vom FCZ und Karl Odermatt

in der Folge seines Berichtes nicht mit blumigen Worten, vor allem nicht in jenen Abschnitten, in denen er die vier Tore beschrieb:

«*... 2 Minuten später wächst der Bei-

Und wieder eine riesige Meisterfeier in der Innenstadt

fall für die Rot-Blauen zu einem Orkan des Jubels an. Linksaussen prellt Pfirter tief in die Feldhälfte der Grasshoppers vor, riskiert aus 25 Metern einen Gewaltsschuss gegen Goalie Deck, der den Ball wohl in die Hände bekommt, aber einen unverzeihlichen Lapsus begeht, indem er die Rasanz des runden Leders unterschätzt. Es gleitet zum Entsetzen seiner Kameraden und zur Freude der Basler über dessen linke Schulter zum 1:0 für die Einheimischen ins Netz ...»

«... in der 34. Minute ist Odermatt rumorend zwischen Deck und Fuhrer zu sehen, die den von Frigerio gegen den rechten Pfosten getriebenen Ball nicht erwischen und dem kaltblütig mit dem linken Fuss dazwischenfunkenden Rot-Blauen das 2:0 für deren Farben nicht verwehren können ...»

«... trotz diesem Missgeschick attackieren die Zürcher mit unverändertem Eifer, und dank einem perfiden Drehball, losgelassen von Blättler, erreichen sie das verdiente 2:1 in der 52. Minute ...»

«... der Grasshoppers manifestiertes Bemühen, das Resultat voll auszugleichen, wird bereits in der 60. Minute belohnt. Von links her flankt Toni Allemann satt über die Köpfe von Kiefer und Mundschin hinweg, und der frei heranstürmende Bernasconi setzt den Ball mit Kopfstoss zum 2:2 ins Netz hinter Laufenburger ...»

Diese «sehr dramatische Wendung der Dinge», wie Max Alt weiter festhielt, habe die Spannung nochmals enorm anwachsen lassen, doch am Ende blieb es bei jenem 2:2, das dem FCB den letzten notwendigen Punkt und damit den zweiten Meistertitel seit 1893 – und den ersten unter Helmut Benthaus – bescherte. Und das war die Meistermannschaft 1967:

Kunz (Laufenburger, Günthardt), Kiefer (Ramseier), Michaud, Mundschin, Pfirter (Stocker), Odermatt, Schnyder, Benthaus, Frigerio (Moscatelli), Hauser (Vetter), Wenger (Konrad).

Mit dem Erringen dieses Titels hatte der FCB seine bisher erfolgreichste Saison in der Vereinsgeschichte gekrönt. «Double» – so nennt man das, was der FCB erreichte –, Meisterschaft und Cup. Am Ostermontag vor diesem letzten Meisterschafts-2:2 gegen GC hatte der FCB nämlich zum vierten Mal nach 1933, 1947 und 1963 den Cup gewonnen.

Und der Cupwettbewerb dieser Saison 1966/67 ist der denkwürdigste geblieben – nicht nur in der Geschichte des FCB, sondern des gesamten Schweizer Fussballs. Auf zwei Gründen fusst diese Aussage: Zum ersten gab es im Halbfinal-Wiederholungsspiel vom 12. April 1967 gegen den FC Lugano mit 51 000 Zuschauern im Stadion St. Jakob eine Zuschauerkulisse, wie sie in einem rein schweizerischen Spiel bis dahin erst zweimal überboten worden war: bei den Cupfinals von 1964 zwischen Lausanne-Sports und La Chaux-de-Fonds (Wankdorf Bern, 2:0, 53 000 Zuschauer) und von 1966 zwischen dem FC Zürich und Servette (Wankdorf, 2:0, 55 000 Zuschauer). Und zum zweiten wurde der Cupfinal zum bisher einmaligen Ereignis – wenn auch nicht in positiver Sicht: Er wurde wegen des berühmt gewordenen «Sitzstreikes» von FCB-Gegner Lausanne kurz vor Schluss beim Stande von 2:1 für die Basler abgebrochen und hernach in einen 3:0-Forfait-Sieg – für den FCB selbstverständlich – umgewandelt. Die Geschichte dieses legendären Cupfinals ist ausführlicher auf den Seiten 175 und 176 (Cup-Geschichte) abgehandelt.

Für den FCB war dieser Cupsieg identisch mit der Lancierung der erfolgreichen Schlussphase in der Meisterschaft, die wenige Wochen später dann ebenfalls mit dem ganz grossen Erfolg zu Ende ging, einem Erfolg, den auch die Öffentlichkeit honorierte: In mehr als der Hälfte der 26 Meisterschaftsspiele zog der FCB über 10 000 Zuschauer an, im Cup lockte er gegen Zürich 22 000 Besucher, gegen Biel zweimal 12 000, gegen Lugano 16 000 und 51 000 und gegen Lausanne 45 000 Zuschauer ins Stadion.

Diese ersten Erfolge von Helmut Benthaus, der im übrigen wirksam von seinem Coach Ruedi Wirz unterstützt wurde, hatten positive Konsequenzen auch für die Kasse mit dem damaligen Finanzchef Richard Hablützel. Rund 850 000 Franken Einnahmen bei Ausgaben von 780 000 Franken machten den Verein erstmals seit geraumer Zeit wieder schuldenfrei. Später sollte die Mannschaft den Verein mit ihren weiteren Erfolgen gar zum Millionär machen – Bilanzen, von denen der in den Achtziger und Neunzigerjahren mehrmals ernsthaft vom Konkurs bedrohte Verein später nur noch träumen konnte.

FCB- und Nationalgoalie Marcel Kunz

Der Titel 1968/69

Im dritten «Benthaus»-Jahr (1967/68) musste der FCB einen gewissen Rückschlag in Kauf nehmen. Der fiel zwar nicht schwerwiegend aus, doch wer in der Saison zuvor Meisterschaft und Cup gleichzeitig gewann, kann sich hernach logischerweise kaum mehr verbessern. So wertete man im Umfeld des FCB den 5. Schlussrang, sieben Punkte hinter den drei besten Teams der Liga, zu Recht nicht als «Katastrophe», doch zu einer Euphorie wie im Vorjahr taugte dieses Schlussergebnis in der Meisterschaft dann auch wieder nicht, zumal es im Cup ein ziemlich ruhmloses Abschneiden gab. In den Sechzehntelfinals wurde Erstligist Le Locle gerade noch mit Ach und Krach, mit 2:1 nach Verlängerung, eliminiert, ehe in den Achtelfinals mit 0:1 gegen den FC Zürich das relativ frühe Aus folgte.

Dass es dem FCB nicht zur Titelverteidigung reichte, begründeten die damaligen Chronisten mit einem «klassischen» Fehlstart in die Saison, der auch mit einem Beinbruch von Mittelfeldspieler Toni Schnyder zu tun gehabt habe. Schnyder, «Toneli», wie er gerufen wurde, zog sich die Verletzung, die ihn fast fürs ganze Jahr aus dem Spielbetrieb warf, in einem Saisonvorbereitungsspiel gegen Slavia Prag zu.

Beim Aufsteiger FC Luzern – in diesem Match fehlte auch noch Spielertrainer Benthaus – setzte es so eine nicht erwartete Startniederlage ab, aus den ersten vier Saison-Partien gegen besagten FC Luzern (2:4), gegen Sion (0:0), Grenchen (1:0) und Lugano (2:4) gab es nur drei Punkte. Auch wenn später Spitzenteams wie der kommende Meister FC Zürich im Letzigrund mit 4:1 und Lausanne zu Hause mit 2:0 bezwungen wurden, konnte dieser Rückstand bis zum Saisonende nie mehr ganz wettgemacht werden.

Dennoch: Zumindest finanziell war auch diese Saison ein Erfolg: In Heimspielen wuchs der Zuschauerdurchschnitt auf 14 400 Besucher, gegen Lugano (1:1) wurde mit 37 000 Zuschauern ein neuer Meisterschaftsrekord für die Schweiz aufgestellt, sodass der Club sein 75. Vereinsjahr ohne ökonomische Sorgen beenden konnte.

Auch dem erstmaligen Auftritt des FC Basel im Europacup der Meister – 1953 nach dem ersten nationalen Titelgewinn des FCB hatte es diesen internationalen Wettbewerb noch nicht gegeben – war kein Erfolg beschieden. Gegen Dänemarks Meister Hvidovre Kopenhagen gab es eine enttäuschende 1:2-Heimniederlage, die auch mit dem halbwegs ehrenvollen 3:3 im Rückspiel in Skandinavien nicht mehr entscheidend korrigiert werden konnte.

So musste sich der FCB in dieser Saison mit einem guten Abschneiden im Alpencup, dem damals gerade in Basel und bei Basels Publikum sehr beliebten internationalen Sommerwettbewerb, bescheiden.

Der Alpencup war Anfang der Sechzigerjahre auf Initiative der italienischen Liga entstanden. In den ersten Auflagen beteiligten sich italienische und schweizerische Teams an dieser Konkurrenz, wenig später gesellten sich Bundesligisten dazu, und in den Siebzigerjahren machten schliesslich anstelle der italienischen «Gründer» die Franzosen mit. Der Wettbewerb wurde bis Mitte der Achtzigerjahre, jetzt noch zwischen Teams der Westschweiz und aus Frankreich, aufrechterhalten, ehe er «starb».

Damals, in der «Benthaus-Ära», aber genoss der Alpencup während rund 15 Jahren ein hohes Ansehen, gerade auch in Basel. Das hatte zum einen seinen Grund darin, dass der Europacup erst in seinen Anfangsjahren war und noch nicht jene Popularität erreicht hatte wie heute. Zum anderen war die Fernsehkonkurrenz noch geringer: Um internationalen Fussball zu geniessen, war man in jenen Zeiten noch eher gezwungen, das (spärlichere) Angebot im Stadion, an Ort und Stelle also, zu geniessen. Und exakt das taten die Basler oft erstaunlich zahlreich: 1969 zum Beispiel waren 22 000 Besucher im Stadion St. Jakob Zeugen, wie der FCB den Alpencup-Final gegen den FC Bologna mit 3:1 gewann.

Auch in der Saison 1967/68 hatte es dem FCB als einzigen zählbaren Erfolg in den Alpencup-Final gereicht, auf den nächsten Titel aber musste der Verein bis zur Meisterschaft 1968/69 warten.

«Eine gewisse Portion Intelligenz schadet auch im Fussball nichts.» Das ist eine der bevorzugten Aussagen des Winterthurer Fussballjournalisten Hansjörg Schifferli, der damit zumindest indirekt dem verbreiteten Vorurteil entgegentritt, wonach es eigentlich genüge, wenn «es Fussballer zur Hauptsache in den Beinen» hätten.

Und «Intelligenz» kann in der Tat als Stichwort zu diesem zweiten FCB-Meistertitel unter Helmut Benthaus stehen. Gewiss, dem Trainer stand ein fussballerisch und technisch gutes Kader zur Verfügung, er hatte mit Balmer, Hauser und Wenger drei Stürmer, die enormen Druck entwickeln konnten, doch der Titel dieser Saison war bereits auch das Produkt einer gescheiten Arbeitsverteilung im Team, einer klugen Organisation und einer nicht nur durch Routine, sondern eben auch durch Intelligenz verarbeiteten Reife. Benthaus' Handschrift hatte zu wirken begonnen.

Diese Vorzüge zahlten sich namentlich in der Rückrunde aus. Der Start in die Meisterschaft war mit einem 4:2-Sieg gegen Biel zwar einigermassen standesgemäss geglückt, doch hernach verschuldete die Mannschaft im Herbst in 13 Partien immerhin zehn Verlustpunkte. Lausanne schien mit einem Bonus von sechs Punkten Vorsprung auf den FCB, der zur Winterpause nur an 5. Stelle lag, uneinholbar enteilt zu sein.

Doch im Frühjahr «drehte» der FCB auf, holte jetzt in 13 Spielen 20 Punkte und lief am Ende mit genau dem notwendigen einen Punkt Vorsprung auf Lausanne ins Ziel ein: Auf solchen Rückrunden wie in dieser Saison 1968/69 begründete der FCB jenen Ruf, ein «Team des Frühjahrs» zu sein, ein erstes Mal – aber ganz gewiss nicht zum letzten Mal.

Neben der ersten Auflage des später zu einiger Berühmtheit gelangten «FCB-Frühlings» spielte die Mannschaft noch eine weitere entscheidende Stärke aus – das Team war in Heimspielen kaum zu bezwingen. In der Saison 1967/68 erlitt der FCB mit 0:1 gegen die Grasshoppers und mit 1:2 gegen den FC Zürich die beiden letzten Heimniederlagen für lange Zeit: Vier Jahre lang konnte kein Meisterschaftsgegner zu St. Jakob mehr gewinnen, die Serie von 52 Partien ohne Heimniederlage ging erst am 13. August 1972 mit dem 2:3 gegen den FC Sion zu Ende.

Dass dem FCB in diesem Jahr eine wesentliche Steigerung gelang, lag allerdings auch an der Personalpolitik: Im Vorjahr hatte man ausdrücklich darauf verzichtet, neue Spieler mit «Namen» zu verpflichten, ja, selbst der einzige einigermassen prominente Abgang, jener von Aldo Moscatelli zum FC St. Gallen, wurde vor der Saison 1967/68 nicht kompensiert. Etwas innovativer war die Clubführung mit Präsident Harry

Meister 1969: Odermatt, Kunz, Michaud, Hauser, Siegenthaler, Ramseier, Sundermann, Balmer, Benthaus, Wenger, Kiefer

Thommen jetzt, ein Jahr später vor der Meisterschaft 1968/69. Zum einen konnte der Weggang von Karl Odermatt, der damals ein erstes Mal gedroht hatte, verhindert werden. 80 Schulmädchen (!) hatten mit ihrer Petition, «Karli» müsse gehalten werden, ihren Teil beigetragen. Zum anderen verpflichtete der Club mit dem Deutschen Jürgen Sundermann von Servette Genf einen Aufbauer, der dem Team in den kommenden vier Saisons bis 1972 von grossem Nutzen war: Sundermann, Benthaus und Odermatt bildeten eine Achse, die in dieser Besetzung in der Schweiz kaum zu überbieten und folgerichtig für drei Meistertitel gut war. Und diese Paradelinie «zog» auch das Publikum in Scharen an: Ein Saisonschnitt von 16 500 Besuchern pro Heimspiel, wie ihn der FCB in jenen Jahren einmal erreichte, ist bis heute Schweizer Rekord. Neben dem Aufbau mit den beiden Deutschen und mit Odermatt, dem mit Köbi Kuhn wertvollsten Schweizer

Spieler, neben dem schnittigen Angriff, profitierte der FCB auch von der vorzüglichen Abwehr, in der sich langsam auch der junge Urs Siegenthaler etablierte, in der Peter Ramseier begann, seinen Ruhm, Odermatts wichtigster Helfer zu sein, zu begründen, in der Bruno Michaud vor Nationalgoalie Marcel Kunz ein technisch gewandter Chef war. Und das erweiterte Kader verfügte mit Leuten wie Bruno Rahmen, dem vom FC Pratteln geholten Otto Demarmels, dem zähen Glarner Paul Fischli, verpflichtet von den Zürcher Young Fellows, sowie dem damals ebenfalls noch jungen Roland Paolucci über weitere Kräfte, die alle in den grossen FCB-Zeiten ihren Weg gehen sollten, die später, in den Siebzigerjahren, unersetzliche Mitglieder der nächsten FCB-Generation unter Benthaus waren.

Hatte der FCB seine Titel 1953 und 1967 nach grosser Dominanz gewonnen, so rollte er das Feld diesmal, auf seinem Weg zum dritten

Benthaus mit Tochter Bettina und seinem langjährigen Coach Ruedi Wirz

entscheidende dritte Tor zu erzielen: Odermatt köpfelte in der 56. Minute eine Flanke Sundermanns zum Siegestreffer, nein, zum Meistertitel, ein. Prest, Luzerns Torhüter, ein Unikum, das die Zentralschweizer sowohl im Goal wie im Feld aufstellen konnten, war machtlos, sein Team hatte in der Folge ausser einem Pfostenschuss von René Hasler, dem späteren FCB-Aufbauer, keine Chance mehr.

Der FC Basel war Meister, war es erneut, war es zum dritten Mal in der Geschichte, war es zum zweiten Mal unter Benthaus – und war vor allem das: ein intelligenter Meister. 8000 feierten ihn noch in Luzern, 50 000 oder mehr später bei einer jener Zeremonien auf dem Basler Marktplatz, die in jenen Jahren zur Tradition, ja fast zur dritten Halbzeit jeweiliger entscheidender Spiele wurden.

Für den FC Luzern aber war diese 2:4-Niederlage der vorübergehende Abschied aus der Nationalliga A.

Streich, von hinten auf: Erst am zweitletzten Spieltag – mit einem grossartigen 4:0-Sieg über Lausanne-Sports, bis dahin Leader – übernahmen die Basler den 1. Platz, und den hatten sie in der 26. und letzten Runde, am 8. Juni 1969, anderthalb Monate bevor Neil Armstrong als erster Mensch den Mond betrat, zu verteidigen.

Der FCB, einen Punkt vor Lausanne liegend, hatte in Luzern anzutreten, die Waadtländer ihrerseits standen mit dem Spiel gegen den FC Biel vor der vergleichsweise einfacheren Aufgabe. Kurzum, eine Niederlage durfte sich der FCB nicht erlauben, sintemal die Lausanner ihre beiden Punkte mit 3:1 gegen Biel tatsächlich gewinnen sollten.

Rund 8000 Basler taten die Reise mit ihrer Mannschaft nach Luzern mit, 18 500 Zuschauer erlebten dann, wie die Innerschweizer in ihrem Allmend-Stadion bereits in der 14. Minute in Führung gingen. Siegenthaler hatte Luzerns Mittelstürmer Kudi Müller, damals 21-jährig und am Anfang seiner Karriere, gefoult und damit das Penalty-Tor des Luzerners Trivellin zum 1:0 provoziert. In der 34. Minute glich Sundermann mit einem Foulpenalty aus, kurz nach der Pause stellte Michaud mit seinem Goal zum 1:2 die Weichen erstmals Richtung Sieg. Nochmals glichen die Luzerner in der 51. Minute durch Richter aus, ehe es weitere fünf Minuten später dem «Monsieur FCB» schlechthin vergönnt war, das

Der Titel 1969/70

Elf Monate später war der FCB erneut am Ziel, durfte schon wieder einen Meistertitel feiern – und bereits an jenem 30. Mai 1970, nur fünf Jahre nach seiner Ankunft in Basel, war Helmut Benthaus so etwas wie eine Legende im Basler, im Schweizer Fussball.

Welch fähiger Mann da seinerzeit in der Tat von Köln rheinaufwärts nach Basel gekommen war, hatte auf diese Saison 1969/70 inzwischen auch der Schweizerische Fussballverband (SFV) erkannt, wenn auch mit der gebührenden Verzögerung kleinkarierter Schreibtischakrobaten: Er stellte dem Basler Trainer einen Ausweis zu, der zum Besuch sämtlicher Spiele in der Nationalliga berechtigte – zwar nur für die Stehplätze und

Ein tiefer Schluck aus dem Meisterpokal 1970

Bruno Michaud

Das erfolgreichste Gespann des Schweizer Fussballs: Odermatt und Benthaus

Siegenthaler enteilt GC-Spieler Ohlhauser ...

erst noch auf einen falschen Namen («Bentheim»!), aber immerhin ...
Das Gesuch, den Ausweis in eine Dauerkarte mit Tribünenplatz umzutauschen, lehnten dann die SFV-Oberen vorerst noch ab: Herr Benthaus, so lautete der Bescheid, sei nicht im Besitz des Magglinger Trainer-Diploms ...

Mochte Benthaus ob dieser kleinlichen Haltung auch den Kopf geschüttelt haben – sein Kölner Diplom war allemal gut genug, die Seinen wieder zum (Schweizer!) Titel zu führen. Benthaus tat dies noch immer als Spieler und als Trainer, auch wenn er mittlerweile 35-jährig geworden war.

Zum Meisterschaftssieg vom Vorjahr gab es in dieser Saison durchaus Parallelen. Erstens musste der FCB erneut im Frühjahr die Ärmel hochkrempeln, zweitens hatte der Trainer das unveränderte Kader zur Verfügung, drittens lag der FCB am Ende nach 26 Spieltagen erneut um einen Punkt vor Lausanne, und viertens holte sich die Basler Mannschaft am letzten Spieltag den letzten notwendigen Sieg wie im Vorjahr (in Luzern) wiederum auf dem Platz des Absteigers, diesmal beim FC Wettingen.

Zur Winterpause hatte der FCB noch auf dem 6. Rang darben müssen, dank seiner in der Sonne des Trainingslagers getankten Kraft aber war er erneut in der Rückrunde die ganz starke Mannschaft, die jetzt ohne Niederlage blieb und die 13 Spiele des Frühjahrs mit dem schon fast unglaublichen Torverhältnis von 33:5 überstand. Abermals also war der FCB auf eindrückliche Art und Weise die «Mannschaft der Rückrunde».

Dass der FCB vor allem zu Hause eine sportliche Macht war, hatte längst Tradition: Die 13 Heimspiele beendete er – schon beinahe eine Selbstverständlichkeit – ungeschlagen. Neun Siege gab es im Joggeli, dies gegen Bellinzona (2:0), Biel (5:1), La Chaux-de-Fonds (3:2), Fribourg (3:0), Lugano (4:0), St. Gallen (2:1), Wettingen (6:2), Winterthur (4:0) und Young Boys (3:1) mit dem sehr stolzen Torverhältnis von 32:7. Nur GC (0:0), Lausanne (1:1), Servette (2:2) und der FC Zürich (1:1) holten in Basel im Herbst 1969 jeweils wenigstens einen Punkt.

Doch wer Meister werden will, darf sich nicht damit bescheiden, zu Hause zu punkten – auch auswärts siegte der FCB immerhin sechsmal und holte bei den direkten Verfolgern Lausanne (1:1) und FC Zürich (1:0-Sieg) drei weitere Punkte.

Den letzten Auswärtssieg, jenen, der zum Titel führte, sicherte sich der FCB am besagten 30. Mai 1970, einem Samstag, in Wettingen – und den Erfolg holten sich die glänzend eingespielten, brillant harmonierenden Basler mit 5:0 nicht zu knapp, wie Franz Baur hernach in der «National-Zeitung» in seinem Spielbericht lobend festhielt:

«*... unter der Leitung ihres Spieler-*

... und Hauser (rechts) setzt sich gegen St. Gallens Ziehmann ein

trainers Benthaus zogen die Rot-Blauen in Wettingen noch einmal sämtliche Register ihres Könnens. Man wollte nichts anderes als einen eindeutigen Sieg. Deshalb schaltete sich Benthaus zu Beginn öfters in den Angriff ein. Als dann die Würfel gefallen waren, zog er aus dem Mittelfeld unauffällig die Fäden. Mit einem herrlichen Bogenball setzte er persönlich den Schlusspunkt auf ein Torverhältnis von 59:23, das die Leistung der Basler aufs deutlichste untermauert...»

Hauser (zweimal), Balmer und Ramseier hatten in diesem «Endspiel für ein Team» bereits in der ersten halben Stunde vier der fünf Tore erzielt – besser kann die Überlegenheit des FCB gegen die Aargauer nicht unterstrichen werden. Goalie Marcel Kunz jedenfalls berührte den Ball erst beim Stande von 2:0 für seine Farben ein erstes Mal, und für die letzte halbe Stunde durfte es sich Benthaus gar leisten, seinen Abwehrchef Bruno Michaud in den Sturm zu schicken. Dort nahm er den Platz von Helmut Hauser ein – für jenen Helmut Hauser, der in diesem Match nur einer fragwürdigen Lücke im Fussballgesetz wegen hatte spielen können. Für einen Platzverweis in der Runde zuvor war der Schopfheimer mit einer Sperre von vier Spielen belegt worden, ein Rekurs des FCB aber hatte gegen diese Sanktion aufschiebende Wirkung, sodass der Grenzgänger, der so viele wichtige Tore für den FCB erzielte, auch in Wettingen mittun konnte. Zwei Tore waren sein Dank.

Bruno Michaud aber blieb ein Torerfolg versagt, jener Torerfolg halt, den man ihm in diesem Spiel besonders gegönnt hätte, denn er bestritt an diesem Abend sein letztes Nationalligaspiel. Immerhin: Michaud hatte seine Popularität, die ihm mehr als ein Jahrzehnt in Basels Mannschaft

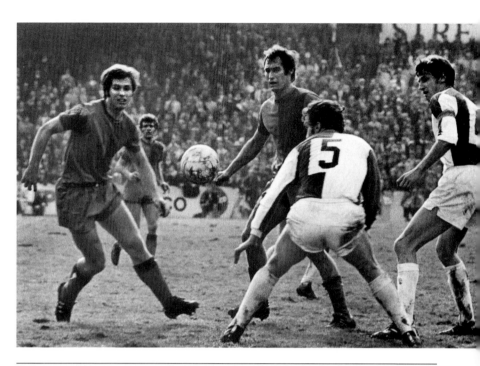

Balmer und Hauser gegen die GC-Abwehr mit Citherlet (rechts)

sowie insgesamt 15 Länderspiele (zwischen 1967 und 1969) völlig zu Recht eingetragen haben, genutzt. Seinen Mann stellte er, noch als FCB-Aktiver, auch im Basler Grossen Rat. Und nur zwei Jahre später wurde Michaud zu noch höherer Aufgabe berufen: Als Nachfolger von Louis Maurer wurde ihm die Nationalmannschaft anvertraut. Während sieben Länderspielen betreute er die Auswahl als Nationalcoach, darunter in den WM-Qualifikationsspielen gegen Italien, Luxemburg und die Türkei. In seinen sieben Partien wies Michaud eine gute Bilanz auf: Er errang zwar nur einen Sieg – beim 1:0 in Luxemburg, das Karl Odermatt sicherstellte, doch umgekehrt wurde er auch nur einmal bezwungen: am 15. November 1972 in Düsseldorf, als die Schweizer mit Deutschland ganz und gar nicht zu Rande kamen, vor allem mit Gerd Müller nicht. Der nämlich erzielte zum 5:1-Sieg gleich vier Tore. Netzer war Deutschlands zweiter Torschütze, für die Schweiz traf Fritz Künzli.

Nur zwei Spieler, die Bruno Michaud für jene Nationalmannschaft ausgewählt hatte, kamen im übrigen nicht aus Basel oder Zürich: Torhüter Prosperi vom FC Lugano und Verteidiger Guyot von Servette ergänzten die baslerisch-zürcherische Auswahl, die vom FCB mit Mundschin, Ramseier, Demarmels, Odermatt, Hasler und Balmer beschickt wurde und die aus Zürich mit Pirmin Stierli, Kuhn, Künzli und Jeandupeux vom FCZ sowie

Der frühere FCB-Coach Kurt Walter mit seiner Frau Peggy Walter

Einer hat allen Grund zur Zufriedenheit ...

mit Kudi Müller von den Grasshoppers ergänzt wurde.

Eine Schande war dieses 1:5 von Michaud und den Seinen gewiss nicht, denn eine bessere Mannschaft als jene deutsche gab es damals weltweit kaum. Nur fünf Monate zuvor war sie in Brüssel mit einem 3:0-Sieg über die damalige UdSSR Europameister geworden, und exakt mit dieser Europameister-Elf trat Deutschland in Düsseldorf auch gegen die Schweiz an: Maier; Beckenbauer; Höttges, Schwarzenbeck, Breitner; Höness, Netzer, Wimmer (Vogts); Heynckes, Gerd Müller, Erwin Kremers (Geye).

Nach seiner Karriere als Nationalcoach stellte sich Bruno Michaud dem Schweizer Verband zur Verfügung – in den verschiedensten Funktionen leistete er wertvolle Arbeit im Komitee der Nationalliga. Selbst als es 1993 in das 100. Vereinsjahr des FCB ging, war Bruno Michaud noch im Amt.

Michaud gehörte zu den (vielen) Spielern des grossen FCB der Sechzigerjahre, die Spiele auch mal mit Intelligenz gewannen und die es hernach auch im «zivilen Leben» zu guten Positionen brachten. Bei der National-Versicherung war er als Generalagent in hoher leitender Funktion tätig und politisch vertrat er die Sozialdemokraten während acht Jahren im Grossen Rat.

Noch mitten im aktiven Berufsleben starb Bruno Michaud viel zu früh – bezeichnenderweise auf dem Sportplatz, und auch der Tag seines Ablebens war voller Symbolkraft: An Allerheiligen des Jahres 1997 ereilte ihn auf dem Tennisplatz zwei Wochen vor seinem 62. Geburtstag während seiner Ferien in Thailand der Herztod.

Nach jener Saison 1969/70, der letzten also mit Bruno Michaud, bewegte sich der FCB zum dritten Mal im Europacup der Meister – und erstmals überstand er die erste Runde.

1967, nach dem ersten Titel unter Benthaus, hatte es ein ziemlich blamables Aus gegen Hvidovre Kopenhagen gegeben. Zwei Jahre später, 1969, hatte der FCB die erste Runde abermals nicht überstanden, doch diesmal war der siegreiche Gegner um einiges renommierter: Celtic Glasgow gestand den Baslern im Hinspiel in der Schweiz immerhin ein 0:0 zu, das Rückspiel entschieden dann die «Kelten» in Schottland mit 2:0 zu ihren Gunsten.

So musste sich der FCB nochmals um ein Jahr bis in den Herbst 1970 gedulden, ehe ihm auch im Europacup der Meister ein erstes Erfolgserlebnis beschieden war: Jetzt warf er in der ersten Runde die favorisierte Mannschaft von Spartak Moskau aus der Konkurrenz. Mit einer 2:3-Niederlage in der sowjetrussischen Hauptstadt und einem 2:1-Heimsieg in Basel profitierte der FCB bei Punkt- und Torgleichheit das einzige Mal in seinen insgesamt 57 Europacupspielen von der Regel, wonach in einem derartigen Fall die auswärts erzielten Tore doppelt zählen.

In der zweiten Runde aber war es dann um den FCB geschehen – verständlicherweise, denn der Gegner war jetzt die damals beste Clubmannschaft des Kontinents: Ajax Amsterdam. Die Holländer gewannen den Wettbewerb in London mit einem 2:0-Finalsieg über Panathinaikos dank Treffern von van Dijck und Haan in dieser glanzvollen Besetzung: Stuy; Neeskens, Hulshoff, Vasovic, Suurbier, Rijnders (Blankenburg), Mühren, Swart (Haan), Cruyff, van Dijck, Keizer.

Das war ein Team, das in den Jahren darauf mit Krol und Rep noch stärker werden sollte und folgerichtig auch noch die zwei nächsten Finals des Meistercups gewann.

So überraschte es keinen, dass diese vom genialen Johan Cruyff geführte Ajax-Mannschaft 1970 auch mit dem FCB fertig wurde: 3:0 siegten die Niederländer zu Hause, 2:1 in Basel.

Demarmels, Ramseier und Mundschin gegen Lausanne

Der Titel 1971/72

Blieb also dem FCB im Europacup der Meister mit dem logischen Out gegen Ajax nicht mehr als eine relativ bescheidene Ehrenmeldung, so drückte er der Landesmeisterschaft nach wie vor den Stempel auf, auch in der Saison 1970/71, der sechsten unter Benthaus. Auch diesmal lag er am Ende der Meisterschaft nach 26 Runden an 1. Stelle der Rangliste, und das bei 18 Siegen und nur zwei Niederlagen mit stolzen 42 Punkten. Nie mehr seit der ersten Meistersaison (1952/53) hatte der FCB so viele Punkte in einer vergleichbaren Meisterschaft gewonnen, nie mehr seit 1966 (FC Zürich) hatte eine Mannschaft auf dem Weg zu ihrem Titel diese hohe Anzahl an Zählern erreicht.

26 Spiele und 42 Punkte – das waren nur 10 Verlustpunkte, doch groteskerweise reichte diese Bilanz nicht zur dritten Meisterschaft in Serie, wiewohl die Basler mit 67:26 auch noch das beste Torverhältnis aufwiesen.

Der Grund, weshalb den Baslern diesmal der ganz grosse Erfolg verwehrt blieb, hatte einen ebenso einfachen wie traditionsreichen Namen im Schweizer Fussball: Grasshopper-Club. Der nämlich hatte sich bis zur letzten Runde nicht abschütteln lassen, hatte am Ende ebenfalls seine 42 Punkte auf dem Konto, hatte gar 20 Saisonsiege errungen, dabei aber bei zwei Unentschieden viermal verloren und deshalb mit 59:21 auch das etwas schlechtere Torverhältnis. Doch das Wettspielreglement sah für den Fall von Punktgleichheit richtigerweise ein Entscheidungsspiel vor – und das ging für den FCB 3:4 verloren.

Dass es am 8. Juni 1971 überhaupt zu dieser Barrage zwischen dem FCB und GC kommen sollte, verdankten die beiden Teams und deren Anhänger der Tatsache, dass beide Mannschaften auch noch die zwei letzten Spieltage unbeschadet überstanden. Der FCB und GC hatten nach jeweils 24 von 26 Runden 38 Punkte auf ihren Konti, die Basler standen vor dem Heimspiel gegen die Young Boys und der Reise am letzten Spieltag zum FC Sion, die Grasshoppers empfingen in der zweitletzten Runde noch den FC Sion und hatten schliesslich noch in Winterthur anzutreten. Keine der beiden Spitzenmannschaften durfte sich in diesen zwei letzten Runden einen Punktverlust erlauben – der lauernde Rivale hätte sofort profitiert. Zusätzliche Brisanz verlieh dem Zweikampf zwischen FCB und GC nur die Tatsache, dass der FC Sion, noch Gegner beider Meisterkandidaten, stark in Abstiegsgefahr war.

GC meisterte die Hürde Sion am zweitletzten Spieltag mit 3:0 problemlos, der FCB seinerseits, bis zu diesem Spieltag seit bereits 39 Par-

Eine gezeichnete Hommage des berühmten Karikaturisten Hans Geisen an den FCB

Paul Fischli ...

tien ohne Heimniederlage, begrüsste zu St. Jakob die Young Boys, die längst von allen Sorgen nach unten befreit und aller Hoffnungen nach oben beraubt waren und die entsprechend unverkrampft aufspielen durften. Und die Berner taten, was ihnen Lust bereitete – sie setzten dem FCB arg zu. Vor 32 000 Zuschauern, inzwischen in Basel für Spiele dieser Grössenordnung und Bedeutung schon fast eine Selbstverständlichkeit, lagen die Berner nach einem Tor ihres Mittelstürmers Wale Müller 1:0 in Führung.

Doch da trat wieder einmal der Chef auf den Plan: Trainer Benthaus, inzwischen als Spieler immer mehr auf dem «Rückzug», wechselte sich nach 45 Minuten für Reisch ein. Es war dies der Tag von Benthaus' 36. Geburtstag – und die Laune des Schicksals, des Glücks, spielte mit: Sundermann, Ramseier und Odermatt drehten die Sache in der zweiten Halbzeit mit ihren Toren vom 0:1 zum 3:1 um. Müllers zweites Tor zum 3:2 kam zu spät.

Am letzten Spieltag löste GC die nicht einfache Aufgabe beim FC Winterthur, damals kein schlechtes A-Team und als Tabellensechster auch ordentlich gut platziert, mit einem 2:1-Sieg. In Sion aber hielt die Walliser Mannschaft gegen den FCB bis zur 79. Minute ein 0:0, dann traf Basels Mittelstürmer Helmut Hauser mit einer Direktabnahme zu jenem 0:1, das den Match entschied.

GC und der FCB traten damit im Berner Wankdorf zu einem Stechen an, das zur Legende werden sollte. Mit vier Sonderzügen wurden über 4000 Basler Anhänger auf den Schienen nach Bern gekarrt, auf der Autobahn ging der rotblaue Einbahnverkehr schon um 16 Uhr nachmittags los, und weit mehr als drei Stunden vor dem Spielbeginn in Bern kam es zu mehreren Rückstaus. Manch einer habe, so berichtete ein Chronist, am Arbeitsplatz einen halben Tag «krank gefeiert» – und sei dabei höchstens das Risiko eingegangen, abends im Wankdorf auch noch seinen Chef anzutreffen ...

Hatten die «Bebbi» im Stadion denn auch ein klares Übergewicht, prägten sie – zum Teil gar mit Piccolo-Klängen – die Stimmung auf den Rängen, so mussten sie am Ende den «Weissblauen» aus Zürich den Vortritt lassen. Wohl konnte der FCB mit der damaligen «Originalformation», also nochmals mit dem über 36-jährigen Spielertrainer Helmut Benthaus, antreten, doch im 120-minütigen «Final» entschied vor allem die Kraft zugunsten von GC: Der FCB hatte am Wochenende beim 3:2 über die Young Boys mehr Energie verbraucht als die Hoppers bei ihrem 2:1 in Winterthur. Dazu kam, dass Torhüter Marcel Kunz, mit insgesamt 14 Länderspielen ein erfahrener Mann, keinen guten Abend erwischte. Die Gegentreffer von Ohlhauser und Grahn jedenfalls wurden Marcel Kunz in die Verantwortung gegeben.

Ohlhauser, gute zehn Jahre später erster Nachfolger von Benthaus auf dem Posten des FCB-Trainers, damals aber neben dem schwedischen Nationalspieler Grahn einer der beiden ausländischen GC-Profis, hatte in der 16. Minute mit einem haltbaren 25-m-Schuss zum 1:0 für die Zürcher getroffen. Fünf Minuten darauf glückte Mundschin, dem Nachfolger von Michaud im Abwehrzentrum, mit einem Kopfball am machtlosen GC-Goalie Deck vorbei der Ausgleich. Und als es nach 70 Minuten dank einer prächtigen Direktabnahme von Wenger gar 2:1 hiess, rückte ein neuer Meistertitel für den FCB in greifbare Nähe. Allein, Grahn erzwang in der 75. Minute den Ausgleich und damit eine Verlängerung, in der erneut Grahn (97.) diese Hoffnungen zunichte machte. Dieser Treffer zum 3:2 für die Zürcher kam einem K.-o.-Schlag gleich, und so wunderte sich niemand unter den 50 000 in der Arena mehr, dass GC durch Bigi Meyer gar noch zum 4:2 kam. Benthaus' Penaltytor nach einem Foul an Demarmels in der zweitletzten

... und Marcel Kunz

Torhüter «Bolle» Laufenburger

Minute des Spiels und damit einer langen, spektakulären Saison zum 3:4 war nurmehr Kosmetik.

Ein kleiner Trost waren die zusätzlichen Einnahmen, die der FCB aus dieser Barrage schöpfte: 83 000 Franken gingen in die Kasse des Vereins, der eben einen Präsidentenwechsel von Harry Thommen zu Felix Musfeld hinter sich hatte und der an der Generalversammlung 1970 erstmals ein Vermögen von knapp über 500 000 Franken auswies.

In der Saison darauf, 1971/72, lernte der FCB aus dem «Schaden» der vorangegangenen Meisterschaft, als ihm 42 Punkte nicht zum Titel gereicht hatten. Er holte sich 43 Punkte ...

... und wurde damit in der Tat nach einjährigem Unterbruch wieder Meister, zum fünften Mal in seiner Geschichte, zum vierten Mal unter Helmut Benthaus, der in dieser Saison bis auf einen achtminütigen Symboleinsatz gegen den FC Luzern «nur» noch Trainer, nicht mehr aber Spieler war.

Der Meistertitel der Saison 1971/72 war der vielleicht wertvollste, attraktivste in der Vereinsgeschichte. Gewiss, einmal, 1967, war der FCB statistisch noch erfolgreicher gewesen, als er zum bisher einzigen Mal das «Double» gewann. Doch jetzt, fünf Jahre später, kam er auf die höchste Punktzahl in jenen rund 100 Jahren Spitzenfussball, in denen es für einen Sieg noch zwei Punkte gegeben hatte. Nur einmal, in seiner ersten Meistersaison 1952/53, hatte er wie diesmal eine ganze Meisterschaft der obersten Spielklasse mit nur einer Niederlage überstanden. Damals, in der Saison mit Spielertrainer René Bader, hatte es mit 3:4 einen Ausrutscher gegen den FC Chiasso gegeben, knapp 20 Jahre später, in dieser Saison 1971/72, war es YB vorbehalten, dem FCB die einzige Saisonniederlage zuzufügen, die mit 1:4 gleich deftig ausfiel.

Doch nicht nur statistisch erfreute der FCB in dieser Phase Anfang der Siebzigerjahre. Viel wichtiger noch als die nackte Punktzahl war das spielerische Auftreten der Mannschaft, das die Massen verzückte. Benthaus hatte seinen Stil inzwischen perfektioniert, einen Stil, den richtig und erfolgreich bis zu diesem Zeitpunkt keine andere Mannschaft hatte zu kopieren vermögen. Und dieser Stil war – mit vielen plötzlichen Seitenverlagerungen – auf Odermatt zugeschnitten: Seine «stehenden» Bälle, seine angeschnittenen Freistösse oder Cornerbälle waren oft schon ein halbes Tor wert. Zudem: Benthaus hatte seinen Stamm der Mannschaft, hatte seine Leistungsträger, die hierarchisch gewachsen waren. Seit seiner Ankunft in Basel sieben Jahre zuvor hatte er immer nur punktuelle Ergänzungen vornehmen müssen. So waren beim Meistertitel von 1972 mit den Torhütern Kunz und Laufenburger, mit Ramseier, Odermatt, Wenger und Kiefer noch immer sechs Spieler dabei, die sechs Jahre zuvor das Double gewonnen hatten – sechs Spieler und der Erfolgstrainer dazu.

Dennoch: Vor dieser Saison 1971/72 waren die Mutationen grösser als in den Jahren zuvor, nach heutigen Massstäben aber waren die Wechsel im Team noch immer sehr bescheiden. Als «fertige» neue Spieler wurde vom FC Zürich der Luzerner Aufbauer René Hasler verpflichtet, dazu stiess mit Rolf Blättler vom FC Lugano ein namhafter Schweizer Stürmer zum FCB. Er brachte die Erfahrung von damals rund 20 Län-

Direkt aus dem Militär zur Meisterfeier

derspielen und die Referenz von drei Auszeichnungen als Torschützenkönig (1965 bis 1967 für die Grasshoppers) mit – nur zu einem Titel hatte es Blättler bis dahin weder mit GC noch hernach mit Lugano gereicht. Wirklich «gebraucht» hatte man damals einen Mann von der Grössenordnung Blättlers nicht, ja, angesichts des grossen Angebotes an Stürmern im Kader musste gar befürchtet werden, dass Blättler überzählig sein könnte. Doch man nahm ihn unter Vertrag, auch weil er im anderen Fall zu einem Rivalen gewechselt, so die Konkurrenz verstärkt hätte. Blättler blieb zwei Saisons, machte in diesen beiden Jahren manch guten Match, darunter auch weitere vier Länderspiele, holte sich seinen ersten und einzigen Titel, doch so richtig glücklich wurde er beim FCB nie. So war es keine Überraschung, dass er sich 1973 im Alter von immerhin 31 Jahren nochmals veränderte, sich dem FC St. Gallen anschloss.

Doch zurück ins Jahr 1971: Zu Blättler und Hasler, der wie Mundschin, Siegenthaler, Ramseier und Balmer sämtliche 26 Meisterschaftsspiele dieser Meistersaison bestritt, gesellten sich zwei grosse Entdeckungen dieser Jahre – Stürmer Ottmar Hitzfeld und Verteidiger Jörg Stohler. Hitzfeld kam aus dem benachbarten Lörrach-Stetten vom Amateurfussball Südbadens zum FCB, Stohler hatte sich bereits früher nach seiner Jugend bei den Junioren des FC Pratteln dem Nachwuchs des FCB angeschlossen. Er tastete sich in dieser Saison an die erste Mannschaft heran, wurde später wie viele seiner Teamkollegen Nationalspieler und eine jahrelange FCB-Stütze.

Schillernder, spektakulärer aber war der Karrierensprung, den Benthaus' Entdeckung Hitzfeld in seiner ersten NLA-Saison tat. Bereits im ersten Meisterschaftsspiel, beim 2:0-Auswärtssieg gegen Servette, schoss er beide Tore. Der noch nicht 20-jährige Mann, den Benthaus eigentlich langsam als Nachfolger des nur noch in den Reserven spielenden Helmut Hauser hatte aufbauen wollen, schlug auf Anhieb ein. Er bestritt in der Folge 24 Meisterschaftsspiele und schoss dabei 16 Tore – gleich viele wie der berühmte Fritz Künzli vom FCZ, nur eines weniger als die beiden Saisonbesten, der Winterthurer Dimmeler und der Servettien Dörfel.

Der Basler Markus Pfirter spielte mit dem FC St. Gallen gegen den FCB mit Goalie Kunz

Von Hitzfelds Karriere, der grössten und bedeutendsten, die je ein beim FCB geformter Spieler schaffte, ist auf Seite 190 noch ausführlicher die Rede, zum Titel der Saison 71/72 aber hatte er als junger «Spund» schon einen Riesenanteil geleistet.

Ein 2:0 des FCB in Genf war der Auftakt zu dieser überaus geglückten Saison, in der zu Hause Ergebnisse von spektakulären Ausmassen wie 6:2 (gegen Biel und La Chaux-de-Fonds), 5:1 (gegen Servette), von 4:0 (gegen den FC Zürich) oder von 3:0 (gegen Sion und St. Gallen), in der selbst die Grasshoppers zweimal 2:1 bezwungen wurden, in der der Zuschauer-Durchschnitt in den Heimspielen zu St. Jakob auf 16 500 Besucher pro Match anstieg und damit eine im Schweizer Fussball noch nie erreichte Rekordmarke meisselte. Und zwischendurch gabs für den Anhang auch ein bisschen internationale Abwechslung. Real Madrid war im Uefa-Cup zweimal Gegner des FCB, der beide Partien dieser ersten Runde erwartungsgemäss verlor, mit jeweils 1:2, aber sich und dem Schweizer Fussball keine Schande antat.

All diesen gefreuten Ereignissen zum Trotz geriet diese Saison des FCB gegen Ende nochmals ernsthaft in Gefahr. Man hatte sich im Cup mit Siegen über Monthey (3:1), La Chaux-de-Fonds (3:0), GC (1:1 und

3:2) sowie über die Young Boys (2:0) für den Final qualifiziert, den aber gegen den FC Zürich dann mit 0:1 verloren. Es war dies die erste Saisonniederlage gewesen, eine Niederlage, die schmerzte – und die für den Meisterschaftsendspurt auch gewisse Bedenken auslöste. Denn der FC Zürich war zu jenem Zeitpunkt zusammen mit den Grasshoppers einer von nur noch zwei übrig gebliebenen Meisterschaftsrivalen gewesen, und der gleiche FC Zürich sollte am letzten Spieltag zum entscheidenden Match in Basel antreten.

56 000 Zuschauer bildeten zu St. Jakob den stolzen Rahmen für diesen Match – bis zum heutigen Tag ist diese Marke Schweizer Meisterschafts-Rekord geblieben – und wird es auf alle Zeiten bleiben.

Die Ausgangslage sprach für den FCB, der Mut für den FC Zürich: Die Basler, zwei Punkte vor den Zürchern Leader, durften sich für den Titelgewinn mit einem Unentschieden bescheiden, die Zürcher brauchten einen Sieg, um eine Barrage zu erzwingen.

Dass die nicht zustande kam, verdankte der FCB einer seiner Sternstunden. Er liess nämlich dem FCZ nicht den Hauch einer Chance. 4:0 gewann er durch Tore von Mundschin, zweimal Odermatt und Hitzfeld.

Die sympathischste Geste, die grösste Anerkennung für diesen Sieg und diesen Meistertitel bekam der FCB ausgerechnet vom geschlagenen Gegner: Auf Veranlassung von Timo Konietzka stand die gesamte FCZ-Mannschaft nach dem Schlusspfiff applaudierend Spalier, als die Basler Spieler den Platz Richtung Garderoben verliessen.

Damit wars mit dem Feiern selbstverständlich noch nicht vorbei – das wurde am Tag danach in Basels Innenstadt noch gründlich nachgeholt: Zum wiederholten Male inszenierte der erfolgreiche Verein ein Defilee, das am Bahnhof begann, über die Strecke Aeschengraben–Aeschenvorstadt–Freie Strasse führte und auf dem Marktplatz mit der Meisterfeier endete, einer Meisterfeier, in der die erfolgreiche Mannschaft mit ihrem Trainer Benthaus und ihrem Coach Ruedi Wirz ihr Bad in der Menge nahm, in der die Massen ihren FCB feierten – und gewiss auch ein bisschen sich selbst.

Das «Wir-Gefühl» feierte in jenen Jahren Hochkonjunktur.

Wurde beim FCB gross: Ottmar Hitzfeld, Autor des Vorwortes in diesem Buch

Der Titel 1972/73

Meister zu werden ist im Fussball schwierig, Meister zu bleiben aber oft das noch grössere Kunststück. Dem FCB gelang dies in der achten Benthaus-Saison, der Titel Nummer 5 unter dem Kölner Sportlehrer wurde Tatsache.

Das ist eine Aussage, die so formuliert, trocken und nüchtern tönt.

Und exakt das soll sie, genau das ist beabsichtigt. Denn die ganz grosse Begeisterung der Vorjahre, die berühmt gewordene FCB-Euphorie, die brach nach diesem neuesten Erfolg, errungen 1973, nicht mehr aus. Gewiss, «man» freute sich noch immer sehr, die Nummer 1 des nationalen Fussballs zu sein, man war nach wie vor stolz, erneut den Cupfinal erreicht zu haben, auch wenn man den gegen den FC Zürich – schon wieder, nun zum dritten Mal innert vier Saisons – verloren hatte, diesmal mit 0:2 in der Verlängerung. Doch ein wenig wurde das Siegen zur Routine, die Erfolge wurden zur Gewohnheit, einer Gewohnheit, die keiner missen wollte, die aber umgekehrt halt doch nicht mehr die gleiche Begeisterung wie ehedem auslöste.

Ein Beispiel, wie routiniert «Basel» an jenem 9. Juni 1973 mit dem neuesten Titelgewinn umging, sei an der Aktion zweier Restaurants in der Innenstadt geschildert: Unmittelbar nach dem Abpfiff von Schiedsrichter Despland im 100 km entfernten Bern, wo der FCB eben mit seinem 3:2-Auswärtssieg über die Young Boys seinen Titel definitiv verteidigt hatte, legten die beiden Wirte in ihren Gasthäusern Tischsets mit dieser Aufschrift auf: «Wir gratulieren dem FC Basel zum Schweizer Meister 1973».

Dieses Ziel erreichte der FCB mit insgesamt 17 Siegen in 26 Runden, viermal war er in dieser Spielzeit bezwungen worden, eine dieser vier Niederlagen war allerdings schon fast eine historische.

Sie ereilte den FCB bereits am allerersten Spieltag, am 13. August 1972. Obschon Benthaus ein weitgehend unverändertes Stammkader zur Verfügung hatte, missriet seinem Team der Saisonstart vollständig. Es begann mit einem 2:3 gegen den FC Sion – und das war die erste Heimniederlage des FCB nach 52 Spielen, die erste seit 1968, seit mehr als vier Jahren also. Das Basler 2:3 gegen die Walliser wurde damals im ganzen Land als Sensation gewertet, und als der FCB hernach ohne den zurückgetretenen Hauser nach einer 1:3-Niederlage gegen Winterthur, einem 1:1 gegen den FC Zürich und einem 2:2 gegen Servette nur mit zwei Punkten dastand, rechnete höchstens noch eine optimistische Minderheit mit einem erneuten Titelgewinn.

Doch der FCB rappelte sich auf. Er legte eine bemerkenswerte Serie hin, gab in der ganzen Vorrunde in den weiteren neun Partien nur noch einen einzigen Punkt – bei einem 0:0 in Chiasso – ab, gewann zwischendurch auch noch die erste Auflage des so genannten Liga-Cups und lag bei Halbzeit bereits wieder an erster Stelle der Rangliste.

Der Liga-Cup war 1972 als dritter Wettbewerb neben der Meisterschaft und dem Schweizer Cup gegründet worden, und zwar ausschliesslich für Nationalliga-Clubs. Doch diese Kompetition im K.-o.-System setzte sich nicht durch, war beim Publikum nicht beliebt, zumal es neben ein bisschen Prestige nichts zu gewinnen gab. Man hätte den Wettbewerb nur retten können, wenn man dem Sieger einen Platz im Uefa-Cup zugesprochen hätte, doch weil der dann dem Meisterschaftsbetrieb entzogen worden wäre, rang man sich nicht zu einer derartigen Entscheidung durch. Vielmehr tat man 1982 das, was richtig war: Man liess den ungeliebten Wettbewerb nach zehn Auflagen sterben. Und keiner trauerte ihm nach.

Das Meisterteam von 1973 (v.l.n.r.): Demarmels, Hasler, Rahmen, Hitzfeld, Blättler, Balmer, Ramseier, Siegenthaler, Mundschin, Kunz, Odermatt

Who is who ... im Bad der Massen?

In der Meisterschaft 1972/73 also hatte sich der FCB für einmal noch vor der Frühjahrsrunde an die Spitze gearbeitet, auch wenn er nach der beschriebenen Serie mit neun nicht verlorenen Spielen noch im Winter 1972 wieder eine Niederlage erlitt. Der Start der Rückrunde war auf den Dezember vorverlegt worden, und die erhoffte Revanche gegen den FC Sion misslang dem FCB mit einer 1:2-Niederlage im Wallis. Die Spitze aber behaupteten die Basler im Frühjahr dennoch, weil sie sich in den restlichen zwölf Meisterschaftsspielen nur noch einmal schlagen liessen – zu Hause beim 0:1 gegen die Grasshoppers.

Am letzten Spieltag hätte der FCB noch entthront werden können: Wenn er seinen Match bei den Young Boys verloren und die Grasshoppers ihr Derby gegen den FC Zürich gewonnen hätten, wäre es zwischen dem FCB und GC wie schon drei Jahre zuvor zu einem Entscheidungsspiel gekommen.

Doch GC unterlag dem FCZ etwas überraschend mit 1:3, und weil der FCB in Bern seinerseits mit 3:2 gewann, wäre er gar nicht auf die Unterstützung des FCZ angewiesen gewesen. Vielmehr gerieten die Basler im Wankdorf vor «nur» 24 000 Zuschauern nie in Gefahr: Hitzfeld mit zwei Toren und Balmer mit seinem Treffer trafen für die Mannschaft Benthaus', die auch die beiden Gegentreffer von Brechbühl und Bosshard problemlos verkraftete, zumal Jean-Paul Laufenburger anstelle des knieverletzten Marcel Kunz wie gewohnt besser hielt, als es sonst eine Nummer 2 tut.

Die grosse Euphorie aber löste dieser Titel für einmal nicht aus, ja, er wurde erstaunlicherweise gar mit einigen mehr oder weniger zurückhaltenden Kritiken gewürdigt, zumal auch das Abschneiden des FCB im Europacup der Meister nicht angetan war, in Begeisterung auszubrechen. Gegen Ungarns Meister Ujpest Dosza Budapest konnte die 0:2-Niederlage aus dem Auswärtsspiel trotz des 3:2-Heimsieges nicht entscheidend wettgemacht werden.

Das Basler Publikum war zwar noch immer zahlreicher ins Stadion gekommen als in jedem anderen Ort der Schweiz, doch im Joggeli war man verwöhnter und vor allem siegesgewohnter geworden: Der Besucherschnitt sank auf rund 13 000 Zuschauer pro Heimspiel. Und gar manch ein Kritiker schrieb diesen sechsten Titel in der Geschichte des FCB nicht in allererster Linie den Qualitäten der Basler Mannschaft, sondern mehr noch den Schwächen der Konkurrenz zu.

In der Tat hatte der Schweizer Fussball damals einen schlechten Ruf – sportlich war der Fussball international nur drittklassig, die Spieler aber selbst verdienten bereits so viel Geld, dass die damals in dieser Beziehung noch recht puritanische «Öffentlichkeit» missliebig reagierte: Profifussball war damals in der Schweiz verpönt, über Zahlen wurde noch mehr als heute nur hinter vorgehaltenen Händen getuschelt, kurzum, der Schweizer Fussball krebste damals in einer eigentlichen Depression, die durch schlechte Ergebnisse und schlechte Leistungen der Nationalmannschaft noch verstärkt wurde. Das galt zwar nicht für die erneute «Meister-Stadt» Basel, doch die ganz grosse Begeisterung fehlte diesmal auch am Rheinknie.

Der Titel 1976/77

*Mit neuen Gesichtern zum Titel 1977:
Goalie Jean Müller, Odermatt-Nachfolger Arthur von Wartburg und Libero Jörg Stohler ...*

Dem unterdurchschnittlich gefeierten Meistertitel der Saison 1972/73 folgten drei magere FCB-Jahre, die mit den Schlussrängen 5, 4 und 3 nicht nach dem Geschmack der Fans waren und in die auch die spektakuläre, letztlich aber erfolglose «Cubillas-Story» (vgl. Seite 190) und ein Abgleiten der Finanzen Richtung Defizit fielen.

Zwar gab es auch in diesen drei Jahren ein paar Glanzpunkte, etwa einen 5:1-Sieg, den der FCB zu Beginn der Saison 1975/76 unter der Regie des jungen Odermatt-Nachfolgers Arthur von Wartburg gegen GC errang. Es war dies der höchste Basler Sieg aller Zeiten gegen GC – errungen ausgerechnet gegen jene Zürcher Mannschaft, die damals von Istvan Szabo und Erich Vogel, dem späteren FCB-Manager, trainiert wurde.

Doch nach damaligem «FCB-Brauch» gingen drei Jahre als «Durchhänger» in die Geschichte ein, sieht man vom 2:1-Cupfinalsieg gegen den FC Winterthur aus der Saison 1974/75 ab.

1977 aber war es wieder so weit, errang der FC Basel nach drei Saisons des oberen Mittelmasses wieder einen Meistertitel, den vielleicht unerwartetsten, überraschendsten in seinem Palmarès.

Denn die Vorbereitungsphase auf die Saison 1976/77 verlief nicht in eitler Harmonie. Nach einem schleichenden Substanzverlust im Kader, hervorgerufen durch die Abgänge von Spielern wie Odermatt, Hitzfeld, Kunz, Balmer, Paolucci, Siegenthaler oder Hauser, zu denen sich jetzt

...der zuschauen muss, wie sein Goalie Müller gegen Lausanne geschlagen ist, beobachtet von Diserens

auch noch der Wegzug von Hasler zu Xamax, von Rahmen (Rücktritt), Dörflinger und Alex Wirth gesellte, verlangten die arrivierten Spieler im Kader namhafte Verstärkung. Ja, unmittelbar nach Ablauf der Transferperiode äusserte sich Captain Walter Mundschin, dessen Karriere sich ebenfalls langsam ihrem Ende zuneigte, in einem Zeitungsinterview unverhohlen pessimistisch und enttäuscht: Er habe bis zum letzten Tag gewartet, dass im Bereich der Verstärkungen «etwas geht», er habe mehr Kommunikationsbereitschaft von der Vereinsleitung erwartet, kritisierte Mundschin, der in der Leistungshierarchie der Mannschaft weit oben stand und auch beruflich als Landschreiber des Kantons Basel-Landschaft bereits bestens abgesichert war.

Zusammenfassend beurteilte Mundschin die Aussichten auf die neue Saison alles andere als rosig, ja, vor einer Saison, die erstmals mit dem Finalrunden-Modus ausgetragen wurde, gab es nicht wenige, die gar vor einem Absturz in die Abstiegsrunde warnten.

Dabei darf nicht unerwähnt bleiben, dass sich der FCB sehr wohl verstärkt hatte: Aus Köln holte man Flügelstürmer Detlev Lauscher, vom FC Grenchen den Verteidiger Jean-Pierre Maradan. Doch Lauscher und Maradan wurden zuerst ziemlich unterschätzt, und weil der neue Präsident René Theler, der den demissionierenden Felix Musfeld abgelöst hatte, einen im Fussball meist «gefährlichen» Satz verkünden, nämlich Trainer Benthaus explizit das Vertrauen aussprechen musste, war die Stimmung im FCB so bewölkt wie schon lange nicht mehr, auch

Zu den grossen FCB-Zeiten war selbst der Speaker eine «Legende»: Otto Rehorek

wenn sich mit der neu eingeführten Leibchenwerbung neue Finanzquellen auftaten.

Der FCB fand mit dem Basler Reiseunternehmer Umberto Guarnaccia einen ersten Werbepartner, und der Deal half beiden: Der Verein konnte so sein Vermögen von noch 600 000 Franken vorübergehend wieder etwas aufstocken, der Unternehmer schaffte sich mit dem Vertrag einen Namen über die lokalen Grenzen hinaus.

Die ersten FCB-Ergebnisse jener Saison lesen sich wie die Bilanzkurve eines Gamblers im Casino: mal aufwärts, mal abwärts. Einem 4:1 gegen Chênois folgte ein 1:4 gegen die Young Boys, einem 6:1 gegen den FC Winterthur ein 0:1 gegen den FC Zürich, einem 4:1-Triumph über Servette, den Meisterschaftsfavoriten, ein 1:1 gegen den späteren Fast-Absteiger St. Gallen. In Bern gab es, nur drei Monate nach der 1:4-Heimschlappe, vor 25 000 arg enttäuschten Zuschauern einen 6:0-Auswärtssieg gegen die gleichen Young Boys. Kurzum, in jener Qualifikationsphase für die Finalrunde war die Inkonstanz so ziemlich das Konstanteste am FCB.

Dennoch: Mit dem zweiten Qualifikationsrang hatte sich der FCB für die erstmalige Auflage einer Finalrunde zumindest zum Mitglied des erweiterten Favoritenkreises gemacht. Doch die Finalrunde begann für den FCB mit einem 1:6 bei GC sportlich verheerend, am Ende der Finalrunde aber langte es dem FCB zu einer Barrage gegen den punktgleichen Servette FC.

50 000 Zuschauer bildeten am 28. Juni den grossartigen Rahmen für das zweite Entscheidungsspiel, das der FCB nach 1971 (3:4 gegen GC) zu bestreiten hatte. Und die Mehrheit im Stadion drückten den Baslern den Daumen, Favoriten aber waren die Servettiens, die auf diese Meisterschaft hin sehr viel Geld investiert hatten und den Titel quasi um alles in der Welt an den Genfersee entführen wollten. Nebst den üblichen Prämien hatte Präsident Roger Cohannier seinen Spielern mit den im Schweizer Fussball klangvollen Namen (Engel, Guyot, Bizzini, Schnyder, Barberis, Andrey, Chivers, Pfister oder Kudi Müller) im Falle eines Erfolges Ferien in Brasilien in Aussicht gestellt.

Doch Sieger und damit Meister

Die Frisuren änderten sich, was blieb in den Siebzigern, waren regelmässige FCB-Erfolge

wurde der FC Basel. In einem für «schweizerische Verhältnisse überdurchschnittlichen Spiel», wie es damals hiess, siegten die Basler 2:1. Entscheidend sei nicht die an diesem Tag hervorragende Leistung der Abwehr um Mundschin gewesen, auch nicht der technisch bemerkenswerte Auftritt von «Mäggli» Tanner, der in dieser Partie seine überdurchschnittlichen Fähigkeiten unterstrich, auch nicht die Bestätigung der guten Saisonleistungen von Detlev Lauscher, sondern, und jetzt folgt ein Zitat aus der «Basler Zeitung», die damals eben als Fusionsprodukt aus «Basler Nachrichten» und «National-Zeitung» entstanden war: «... *entscheidend waren schlussendlich nicht Einzelleistungen*», schrieb Peter Vogel, «*sondern das Antreten einer unglaublich ruhigen und selbstbewussten Basler Elf, die eine spielerische Leistung an den Tag legte, die man ihr eigentlich nicht zugetraut hatte*».
Nach Toren von Kudi Müller zum 1:0 für Servette in der 31. Minute, nach Mundschins 1:1 wenig später (37.) und nach von Wartburgs 2:1 in der 75. Minute stand der FCB als Gewinner und damit als Meister fest. Diesen Titel gönnte man vor allem auch Torhüter Jean Müller. Ihn hatten die Fachleute vor Saisonbeginn als Unsicherheitsfaktor eingestuft, er war in seiner langen Karriere vielleicht der Basler Fussballer, der am meisten auf der Ersatzbank sass und damit einen eigenartigen Rekord innehatte, doch in jener Saison überzeugte der Müller-Jean mit seinen knapp 23 Jahren. Er spielte ruhig, selbstbewusst, sicher, und für ihn mag es bitter gewesen sein, dass der Vorstand lange vor dem «Endspiel» gegen Servette, lange vor dem gewonnenen Meistertitel, einen neuen Torhüter für die kommenden Saisons verpflichtet hatte – den Thurgauer Hans Küng, der über den FC Winterthur und Xamax zu Basel zum FCB kam und die Erfahrung von ein paar Länderspielen mitbrachte.
17 Spieler setzte Benthaus in dieser Meistersaison ein: Die Torhüter Müller und Wenger, die Feldspieler Demarmels, Fischli, Geisser, Lauscher, Maissen, Maradan, Marti, Muhmenthaler, Mundschin, Nielsen, Ramseier, Schönenberger, Stohler, Tanner und von Wartburg. Die Ablösung von der «grossen alten» FCB-Generation um Odermatt war damit endgültig vollzogen. Die Mannschaft, die in der Presse auch mal als Mannschaft mit einem «System Hühnerhaufen» bezeichnet worden war, war wieder ganz oben.
«Hühner» waren Meister.

Abschied von einem grossen FCB-Ausländer: Präsident Theler mit dem Dänen Eigil Nielsen

Der Titel 1979/80

Die beiden folgenden Saisons waren Meisterschaften der Konsolidierung, waren zwei Jahre ohne grosse Veränderungen, sieht man davon ab, dass Benthaus den Übergang zum Profitum verlangte. Der wurde mit einem ersten Schritt zum Halbprofessionalismus auch halbwegs vollzogen.

In der Meisterschaft 1977/78, während der Eigil Nielsen den FCB auf den 1. Januar 1978 in Richtung dänische Heimat verliess und auf die neben Goalie Küng und dem vom FC Nordstern zurückgeholten Hansruedi Schär keine weiteren prominenten Spieler verpflichtet wurden, standen die Grasshoppers dem Basler Club vor der Sonne. Vor 25 000 Besuchern gewannen sie das meisterschaftsentscheidende Spiel gegen den FCB 4:2 und holten, betreut vom deutschen Trainer Helmuth Johannsen, erstmals nach 1971 wieder den Titel, dies in der Besetzung: Berbig; Hey; Nafzger, Montandon, Niggl; Wehrli, Bigi Meyer, Bauer; Sulser, Ponte, Elsener.

Und vor der Saison 1978/79 dämpfte Trainer Benthaus vor seiner 14. Meisterschaft in Basel die Erwartungen etwas, zumal die Abgänge von Nielsen, Muhmenthaler und Mundschin mit der Rückkehr Siegenthalers von den Young Boys sowie dem Einbau der Talente wie Baldinger und James Meyer nicht gleichwertig kompensiert wurden. *«Letztes Jahr»*, so zog Benthaus Bilanz, *«sind wir fast nochmals Meister geworden, aber damit wären wir wohl etwas zu gut honoriert gewesen.»*

Auf diese Saison hin hatte Präsident René Theler offiziell das Profitum beim FCB eingeführt, doch Benthaus warnte davor, dass dieser Schritt sofort «Wunderdinge» nach sich ziehen würde.

Diese Wunderdinge stellten sich dann aber in der Saison 1979/80 ein – und der Meistertitel, der letzte im letzten Jahrtausend (!), den der FC Basel 1980 errang, hatte eine entscheidende Parallele zum Erfolg von 1977: Erneut setzten sich die Basler in einer Saison durch, in der sie bestenfalls zu den Aussenseitern gezählt wurden. Servette, der FC Zürich und die Grasshoppers – ihnen wurden am meisten Chancen eingeräumt, sie führten in den Prognosen deutlich.

Selbst Helmut Benthaus war vor seiner 15. Saison in Basel nicht eben optimistisch: *«Wir wollen in allen Wettbewerben möglichst lange dabei sein und den Uefa-Cup erreichen.»* – Das war sein relativ zurückhaltendes Ziel.

In der Vorbereitung war er neue Wege gegangen: Nicht weniger als

Er hütete beim letzten FCB-Titelgewinn des letzten Jahrtausends das Basler Tor: Hans Küng

zehn Vorbereitungsspiele liess er seine Mannen austragen, um die verschiedenen Wechsel im Kader möglichst früh aufzufangen. Die Abgänge von Muhmenthaler, Mundschin, Nielsen und Schönenberger wurden mit der Rückkehr von René Hasler (Xamax) sowie der Verpflichtung von Schleiffer (Xamax), Küttel (Young Boys) und Serge Gaisser (St-Louis) kompensiert, wobei vor allem ein Tausch in Basel für viel Aufregung sorgte: Schönenberger, dessen engster Freund Trainer Benthaus nicht war, wechselte zu den Young Boys, Josef Küttel, der Ende der Neunzigerjahre verstorbene Innerschweizer, ging den umgekehrten Weg – und manch einer kritisierte diesen Wechsel.

Ein knappes Jahr später waren diese Kritiken verstummt. Der FCB hatte sich völlig überraschend den achten Titel in seiner Vereinsgeschichte, den siebten (und letzten) unter Benthaus geholt – da konnte im Nachhinein kein Transfer als schlecht bezeichnet werden, auch wenn Benthaus unter dem Jahr seinen von ihm veranlassten Tausch Schönenberger/Küttel noch mehr als einmal hatte verteidigen müssen.

Immer konnte auch einer wie Benthaus in 17 Jahren nicht Recht haben, diesmal aber widersprach ihm der Erfolg gewiss nicht.

Für die Finalrunde einer vorerst letzten Saison nach diesem Modus hatte sich der FCB problemlos qualifiziert: In 26 Partien zwischen dem 2:1-Auftaktsieg über Sion vom 12. August 1979 und dem bemerkenswerten 5:2-Auswärtssieg in Lugano vom 23. Mai 1980 hatte der FCB immerhin 27 Punkte geholt – nur zwei weniger als Titelverteidiger Servette, der diese Qualifikationsphase als Erster beendete und damit seiner Favoritenrolle (vorerst) gerecht wurde.

Die Finalrunde mit zehn weiteren

Der letzte Titel mit Benthaus im Jahr 1980

Matches hatten danach die sechs Finalisten Servette, FCB, GC, Luzern, Zürich und Sion in der Rekordfrist von nur 30 Tagen zwischen dem 1. und dem 30. Juni 1980 abzuspulen – unsinnigerweise wurde damit eine Meisterschaft von insgesamt zehn Monaten Dauer in nur vier Wochen entschieden, was nicht nur die Spieler strapazierte, sondern auch die potenziellen Matchbesucher. Der letzte entscheidende Spieltag fand, man mag es kaum glauben, an einem ganz gewöhnlichen Montagabend statt.

Die Ausgangslage vor dieser zehnten Finalrunde vom 30. Juni 1980 war die: Der FCB führte mit 31 Punkten, dahinter lagen mit je einem Punkt Rückstand die Meisterschaftsfavoriten Servette und GC gleichauf. Die Basler hatten im Letzigrund-Stadion gegen den FC Zürich, der aus dem Titelrennen ausgeschieden war, anzutreten, gleichzeitig trafen sich in Genf die beiden Verfolger Servette und GC zum Direktvergleich. Drei Mannschaften also hatten vor den letzten 90 von insgesamt 3240 Meisterschaftsminuten noch intakte Titelchancen, aus eigener Kraft aber konnte nur noch der FCB dieses Ziel erreichen. Ein Sieg in Zürich garantierte ihm den Titel, derweil die beiden Verfolger auf ein Stolpern der Basler hoffen mussten.

Alles mathematische Werweissen, alles Spekulieren hatte dann am Spielabend selbst früher als erwartet ein Ende: Nach 35 Minuten führte der FCB gegen den FC Zürich bereits uneinholbar 4:1, in Genf hiess es zur Halbzeitpause noch immer 0:0. Und am Ende waren es nur mehr unwesentliche Änderungen, die von diesen Halbzeitergebnissen abwichen: Der FCB hatte seinen Vorsprung mit einem 4:2-Auswärtssieg gegen den FC Zürich ohne grosse Probleme behauptet, derweil sich Servette und GC nach Toren durch den Genfer Bizzini und den Grasshopper Ponte 1:1 getrennt hatten.

Der FCB zeigte zum Saisonschluss den 24 000 Zuschauern – für einen Montagabend eine ordentliche Zahl

Markus Tanner ...

– nochmals eine geschlossene, gute Leistung. In der Runde zuvor hatten die Basler Servette mit 2:0 geschlagen und sich damit für den Match in Zürich nochmals «Flügel» beschert. Obschon Benthaus auf Markus Tanner verzichten musste, verblüfften die Basler gegen den keineswegs schlechten Rivalen mit Spielwitz, Spiellaune und Selbstvertrauen – Vorteile, die sich ein erstes Mal bereits in der 4. Minute mit dem Führungstreffer durch den damals 22-jährigen Erni Maissen auszahlten. Der FCB steckte in der 9. Minute auch den Ausgleich durch den brillanten Jugoslawen Jure Jerkovic weg: Lauscher krönte seine wohl beste FCB-Saison in der 18. Minute mit dem 2:1, Peter Marti zog nach einer halben Stunde mit dem 3:1 nach, ehe in der 35. Minute Erba, der Zürcher Stopper, dem FCB mit einem Eigentor unfreiwillig zum vorzeitigen Erreichen des grossen Ziels verhalf. Daran änderte auch Zappas Goal zum 2:4 in der 77. Minute nichts mehr.

Der FCB war Fussballmeister 1980, das letzte Mal im 20. Jahrhundert, das letzte Mal unter Benthaus – und vielleicht das erste Mal ohne Stars, sondern mit der ausgeglichensten Mannschaft, die je einen der Titel geholt hat. Einer Mannschaft notabene, die beim damaligen Schweizer Nationalcoach Leon Walker, einem – vornehm formuliert – nicht eben überzeugenden Chef, nicht sonderlich gefragt war.

Es folgten danach noch zwei eher unruhige Jahre mit den Meisterschaftsrängen 6 und 8 und der letzten Cupfinalqualifikation des Jahrhunderts – einer 0:1-Niederlage gegen den FC Sion, zustande gekommen durch ein zweifelhaftes (Foul-)Tor von Balet.

Dann verabschiedete sich die grösste Basler Fussballpersönlichkeit aller Zeiten:

Helmut Benthaus ging 1982 (vorübergehend) nach Stuttgart, begleitet von diesen Abschiedsworten des damaligen St. Galler Bundesrates Kurt Furgler:

«Der Schweizer Fussball verliert einen ausgezeichneten Fussball-Lehrer, der nicht nur Taktik und Technik dieser Sportart beherrschte und weiterzugeben wusste, sondern mit seinem weiten Horizont dazu beitrug, in Basel diese Sportart in das ohnehin reiche kulturelle Leben der Stadt zu integrieren.»

In Basels Fussball begann eine neue Zeitrechnung.

... und Otto Demarmels, er gegen FCZ-Talent Zwicker

Die zehn erfolgreichsten Trainer des Schweizer Clubfussballs

1. Karl Rappan (Ö)
14 Schweizer Titel

Geboren: 1905 in Wien
Gestorben: 1998
Palmarès in der Schweiz:
5 x Meister mit GC (1937, 39, 42, 43, 45), 1 x Meister mit Servette (1950), 1 x Meister mit Lausanne (1965), 7 Cupsiege mit GC (1937, 38, 40, 41, 42, 43, 46), 1 Cupsieg mit Servette (1949), 1 weitere Cupfinalteilnahme (1967 mit Lausanne);
Sonstiges: 4 x Schweizer Nationaltrainer (1937/38, 1942–1949, 1953/54, 1960–1963, WM-Teilnahmen 38, 54, 62);
Trainer-Stationen:
1935–1948: Grasshoppers, 1948–1957: Servette, 1958–1959: FC Zürich, 1964–1968: Lausanne;
Schweizer Nationalcoach: 1937–1938 (WM-Viertelfinal 1938 in Frankreich), 1942–1949, 1953–1954 (WM-Viertelfinal 1954 in der Schweiz), 1960–1963 (WM-Teilnahme 1962 in Chile)

2. Helmut Benthaus (De/Sz)
9 Schweizer Titel

Geboren: 1935 in Herne (De)
Palmarès in der Schweiz:
7 x Meister mit Basel (1967, 69, 70, 72, 73, 77, 80), 2 Cupsiege mit Basel (1967, 75), 4 weitere Cup-finalteilnahmen (1970, 72, 73 und 82 mit Basel);
Sonstiges: Deutscher Meister mit dem VfB Stuttgart (1984);
Trainer-Stationen:
1965–1982: FC Basel, 1982–1985: VfB Stuttgart, 1985–1987: FC Basel

3. Georges Sobotka (Tsch)
8 Schweizer Titel

Geboren: 1911 in Prag
Gestorben: 1994
Palmarès in der Schweiz:
2 x Meister mit La Chaux-de-Fonds (1954, 55), 5 Cupsiege mit Chaux-de-F. (1948, 51, 54, 55, 57), 1 Cupsieg mit Basel (1963);
Sonstiges: Meister mit Feyenoord Rotterdam (1960);
Trainer-Stationen: Bis 1945: Hajduk Split (Jug) und Zlin (Tsch), 1946–1959: La Chaux-de-Fonds, 1959–1960: Feyenoord Rotterdam, 1961–1965: FC Basel, 1965–1967: FC Biel, 1968–1970: Charleroi (Be), Später noch bei San Andres (Spanien), nochmals La Chaux-de-Fonds und FC Aarau, 1964: Interimsnationaltrainer Schweiz für 2 Spiele

4. Albert Sing (De)
7 Schweizer Titel

Geboren: 1917 in Eislingen (De)
Palmarès in der Schweiz:
4 x Meister mit Young Boys (1957, 58, 59, 60), 2 Cupsiege mit Young Boys (1953, 58), 1 Cupsieg mit St. Gallen (1969)
Trainer-Stationen: 1951–1964: Young Boys, 1964–1966: Grasshoppers, 1966–1967: VfB Stuttgart, 1967–1968: 1860 München, 1968–1970: FC St. Gallen, Später noch bei Lugano, Luzern, Fribourg, VfB Stuttgart, Chiasso, Luzern, FC Zürich

5. Timo Konietzka (De/Sz)
7 Schweizer Titel

Geboren: 1938 in Lünen (De)
Palmarès in der Schweiz:
3 x Meister mit FC Zürich (1974, 75, 76), 1 x Meister mit GC (1982), 3 Cupsiege mit Zürich (1972, 1973, 1976), 2 weitere Cupfinalteilnahmen (1979, 80 mit YB);
Trainer-Stationen: 1973–1978: FC Zürich, 1978–1980: Young Boys, 1980–1982: Grasshoppers, 1982–1983: Hessen Kassel (De, 2. Bundesliga), 1983–1984: Bayer Uerdingen, 1984: Borussia Dortmund, 1985–1986: Grasshoppers, 1990–1991: Bayer Uerdingen, 1993–1994: FC Luzern

6. Louis Maurer (Sz)
5 Schweizer Titel

Geboren: 1904 in Lausanne
Gestorben: 1988
Palmarès in der Schweiz:
2 x Meister mit FC Zürich (1963, 66), 1 Cupsieg mit Lausanne (1950), 1 Cupsieg mit FC Zürich (1966), 1 Cupsieg mit Lugano (1968), 1 weitere Cupfinalteilnahme (1947 mit Lausanne);
Trainer-Stationen: 1945–1946: Blue Stars Zürich, 1946–1950: Lausanne, 1950–1957: FC Fribourg, 1958–1959: Tournai (Belgien), 1959–1960: Olympique Marseille, 1960–1961: Union Luxembourg, 1961–1962: Tournai (Belgien), 1962–1966: FC Zürich, 1966–1970: FC Lugano;
Schweizer Nationalcoach: 1970–1971;
Sonstiges: Trainierte noch mit 80 Jahren den Tessiner Amateurclub Gentillino (2. Liga)

7. Ottmar Hitzfeld (De)
4 Schweizer Titel

Geboren: 1949 in Lörrach (De)
Palmarès in der Schweiz: 2 x Meister mit GC (1990, 91), 2 Cupsiege mit GC (1989, 90), 1 Cupsieg mit Aarau (1985);
Sonstiges: 2 x deutscher Meister mit Dortmund (1995, 96),1 x Champions-League-Sieger mit Dortmund (1997), 2 x deutscher Meister mit B. München (1999, 2000);
Trainer-Stationen: 1983–1984: SC Zug, 1984–1988: FC Aarau, 1988–1992: Grasshoppers, 1992–1997: Borussia Dortmund, 1998– : Bayern München

8. Christian Gross
3 Schweizer Titel

Geboren: 1954 in Zürich
Palmarès in der Schweiz: 2 x Meister mit GC (1995, 96), 1 Cupsieg mit GC (1994), 1 weitere Cupfinalteilnahme mit GC (1995)
Trainer-Stationen: 1988–1993: FC Wil, 1993–1997: Grasshoppers, 1998–1999: Tottenham Hotspurs (England), 1999– : FC Basel

9. Gilbert Gress (Fr/Sz)
3 Schweizer Titel

Geboren: 1941 in Strasbourg
Palmarès in der Schweiz: 2 x Meister mit Xamax (1987, 88), 1 Cupsieg mit FC Zürich (2000), 3 weitere Cupfinalteilnahmen (1974, 85, 90 mit Xamax);
Sonstiges: Französischer Meister mit Strasbourg (1979);
Trainer-Stationen: 1975–1977: Xamax, 1978–1980: Strasbourg, 1980–1981: FC Brügge (Belgien), 1981–1990: Xamax, 1990–1991: Servette, 1991–1994: Strasbourg, 1994–1998: Xamax, 2000–2001: FC Zürich;
Schweizer Nationalcoach: 1998–1999

10. Jean Snella (Fr)
3 Schweizer Titel

Geboren: 1914 in Frankreich
Gestorben: 1979
Palmarès in der Schweiz: 2 x Meister mit Servette (1961, 62), 1 Cupsieg mit Servette (1971), 1 weitere Cupfinalteilnahme (1959 mit Servette);
*Trainer-Stationen:*1948–1959: St-Etienne, 1959–1963: Servette, 1963–1967: St-Etienne, 1967–1971: Servette, Später noch bei Nice, Alger und Metz

Die FCB-Gründer: Roland Geldner (oben links), Ferdinand Isler (oben rechts), Jean Grieder (unten links) und Emil Abderhalden (unten rechts)

Die Geschichte

Von 1893 bis 1900: Die Gründerjahre

Die grösste, sportlich erfolgreichste Zeit in der weit über 100-jährigen Geschichte des FCB hat also Helmut Benthaus geprägt, doch lange bevor im Jahr 1965 der Fussballlehrer aus der Ruhrstadt Herne nach Basel gekommen war, hatte sich der FCB zu einem nicht zu unterschätzenden Bestandteil des öffentlichen Lebens der Region gemausert.

Angefangen freilich hatte alles sehr, sehr bescheiden – und vor allem sehr beschaulich:

Mit Federkiel und schwarzer Tinte, die danach vielleicht gar mit feinem Sand getrocknet wurde, ist nämlich im November des Jahres 1893 das erste Sitzungsprotokoll in der Geschichte des FC Basel verfasst und – in gestochen scharfer Handschrift – niedergeschrieben worden. Es war dies das Gründungsprotokoll des Vereins, aufgezeichnet von Jean Grieder, dem ersten Aktuar, und wenig später in weiser Voraussicht von Professor Ferdinand Isler nochmals fein säuberlich in ein Buch übertragen.

Fast 110 Jahre später würde der, der seine Notizen festhalten möchte, als hoffnungsloser Nostalgiker nicht mehr denn ein müdes Lächeln provozieren, täte er dies noch immer mit Feder und Tinte. Ein Laptop muss es heutzutage sein, ein «portable computer» mit «power speed» und «caps lock», mit «Disketten» und «Programmen», gegen deren «Absturz» man sich durch ständiges «Speichern» zu schützen hat, ein handliches Ding mit zweimal mehr Tasten als es Buchstaben hat, eines mit «enter» und «shift», eines, so dünkt dich, das jeden Moment gar noch mit Sprechen anfangen müsste. Und eines, das man danach mit wenigen Handgriffen ins «Netz» stellen kann, um den Text weltweit zugänglich zu machen.

Die Technik hat sich massiv verändert, auch für Chronisten, geblieben aber ist das Thema: der Fussballsport im Allgemeinen, der FC Basel, zumindest in diesem Buch, im Speziellen.

Begonnen hat, was mittlerweile seit stolzen elf Jahrzehnten Bestand hat, mit einem Inserat, ein paar Zentimeter mal ein paar Zentimeter klein, einem Inserat, das am 12. November 1893 in der Basler «Nationalzeitung» unter dem Titel «Football-Spiel» erschien: *«Behufs Gründung eines Footballklubs sind sämtliche Freunde dieses Sports eingeladen, nächsten Mittwoch Abends 8.¼ Uhr im oberen Saale der Schuhmachern-Zunft zu einer Besprechung zusammen zu kommen.»*

Der «nächste Mittwoch» war der 15. November 1893 – und dieses Datum gilt heute als der eigentliche Gründungstag des FC Basel. Elf wackere Mannsbilder folgten dem Ruf des kleinen Inserates, und ist diese Zahl wohl Zufall, so ist sie dennoch auch Symbol: Elf Spieler braucht es für eine Fussballmannschaft, und elf Männer waren es, die sich im «oberen Saale» der Schuhmachern-Zunft einfanden und die heute als die eigentlichen Gründer des FCB bezeichnet werden dürfen. Es waren dies – in alphabetischer Reihenfolge – Emil Abderhalden, Max Born, Josy Ebinger, Max Geldner, Wilhelm Glaser, Jean Grieder, Ferdinand Isler, Wilhelm Oser, Lucien Schmoll, Richard Strub und John Tollmann. Sie waren anwesend, dazu kamen drei weitere Persönlichkeiten, die heute ebenfalls als Gründer gelten, auch wenn sie an dieser allerersten Sitzung des FCB gefehlt hatten: Roland Geldner war der eine, Fritz Schäublin der zweite und Charlie Volderauer der dritte.

Einige der Initianten stammten aus Kreisen des Rudersportes, die sich auf der Suche nach einer sinnvollen Ergänzung zu ihrer Disziplin befanden und beim Fussball hängen blieben. Andere waren erstaunlich fortschrittlich denkende Akademiker, die, so dünkt einen heute, mit ihrer Annäherung an den damals noch weitgehend verpönten und fremden Fuss-

Mit diesem Inserat in der National-Zeitung vom 12. November 1893 begann alles

ballsport so etwas wie einen Ausbruch aus engem gesellschaftlichem Denken suchten. Ferdinand Isler etwa, Mitgründer und erster Captain des FCB, war Professor an der Kantonsschule in Frauenfeld. Er war einer der grossen Propagandisten des Fussballs, er hatte eine Broschüre zu dieser neuartigen Disziplin verfasst, er hatte die Regeln aus dem Englischen übersetzt, und schliesslich war er einer der ersten Sportjournalisten in der damaligen Schweizer Medienszene gewesen.

Akademiker waren auch Emil Abderhalden und Fritz Schäublin – der erste hatte sich in seinen Zeiten einen berühmten Namen als Arzt geschaffen, als Physiologe an der Universität Halle, der zweite war Rektor des Humanistischen Gymnasiums in Basel. Die ausdrückliche Erwähnung ihres Standes soll nicht im Geringsten als Dünkel irgendeiner Art verstanden werden, sondern vielmehr als Beleg, dass namentlich in den Gründerzeiten des FC Basel auch hoch angesehene Persönlichkeiten die treibenden Kräfte waren.

Zum ersten Vereinspräsidenten ernannten die Gründer allerdings keinen dieser Herren Doktores, sondern Roland Geldner, den Zeitgenossen als besonders «vornehmen» Menschen bezeichneten, der zudem ein hervorragender Fussballer gewesen sein soll. Und Geldner darf mit mehr als hundert Jahren Distanz auch als erster «Sponsor» des FC Basel bezeichnet werden: *«Der Spielplatz und die beiden Bälle»*, so hiess es im ersten Protokoll des Jean Grieder, *«welche Herr Roland Geldner zur Verfügung stellte, wurde mit grossem Dank angenommen. Der Platz soll in den nächsten Tagen eingerichtet werden, so dass am 26. November mit dem Spielen begonnen werden kann.»*

Es eilte den Herren also – und das war auch richtig so, denn sie hatten sich an jenem 15. November des Jahres 1893 ja schliesslich nicht in der verrauchten Stube der Schuhmachern-Zunft getroffen, um zu theoretisieren, sondern in allererster Linie, um sich und den Ihren das praktische Fussballspiel zu ermöglichen.

Zwei Stunden lang dauerte der erste Match in der Geschichte des FC Basel – und er endete am 26. November 1893 mit einem Sieg für den FC Basel. Das tönt stolz und erhaben, bedarf aber einer kleinen, dafür entscheidenden Einschränkung: Zwei zufällig gebildete interne Mannschaften trugen dieses historische Spielchen aus, FCB gegen FCB gewissermassen, das «Eins» gegen das «Zwei», wie man heute sagen würde.

Das Ergebnis dieses Spieles auf dem Sportplatz Landhof, der damals wohl zutreffender Landhof-Wiese oder gar Landhof-Acker geheissen hätte, ist nicht mehr überliefert – dafür sind noch die Namen derer bekannt, die dieses allererste FCB-Spiel überhaupt ausgetragen haben. Im «Team 1» waren dies Roland Geldner, Georg Geldner, Max Geldner, Ferdinand Isler, Fritz Schäublin, Josy Ebinger und Max Born gewesen, derweil für das «Team 2» Emil Abderhalden, Mario Arbini, John Tollmann, Adolf Hindermann, Wilhelm Glaser, Richard Strub, Lewis Gough und Jean Grieder antraten.

So historisch dieser Match auch gewesen sein mag – als «offiziell» durfte man ihn nicht bezeichnen. Diese eigentliche Premiere fand vielmehr zwei Wochen nach dem internen Trainingsspiel statt: Am 10. Dezember 1893 trat der FC Basel gegen die Turner vom Realschülerturnverein Basel an – und gewann mit 2:0. Es dauerte in der Folge bis zum zweiten offiziellen FCB-Spiel mehr als ein halbes Jahr – dafür aber wagten sich die Basler Fussballer gleich bei dieser zweiten Spielgelegenheit erstmals in der Vereinsgeschichte ins Ausland. Man trat in Strassburg an – die Reisen ins benachbarte Elsass wurden schnell einmal zur Tradition, die nicht zuletzt dank der Kontakte mit Dr. Ivo Schricker zustande gekommen waren. Er, im Strassburger Fussball gross geworden, trat später dem FC Basel bei und schuf sich dabei hier nicht nur als Spieler einen Namen, sondern noch viel ausgeprägter als Funktionär: Im Weltfussballverband Fifa brachte er es bis zum Generalsekretär, einem Amt, das er bis 1951 innehaben sollte.

Das allererste Protokollbuch ...

... und der allererste FCB-Goalie: John Tollmann

Mehr als 50 Jahre zuvor aber fand in Strassburg, das damals zu Deutschland gehörte, der erste Match zwischen den Elsässern und dem FCB statt – und gleichzeitig auch die erste wirklich deftige Lektion für die Basler. 8:0 wurden sie geschlagen. Hatten sie zuvor im Strassburger Restaurant Kempf beim «Frühtrunk», von dem der damalige Chronist fast ausführlicher berichtete als vom Spiel selbst, zu tüchtig zugelangt? Nein – man habe zu wenig gut zusammengespielt, befand vielmehr der damalige Berichterstatter, bei dem noch Weiteres zu lesen war: «*Anfangs konnten wir uns, da noch frisch, ziemlich gut halten; als wir aber ermüdet waren, machten die Strassburger ein Goal ums andere, so dass das Resultat war: 0:8, trotzdem wir uns stets die grösste Mühe gaben.*» Man habe aber aus diesem Spiel, fuhr der Chronist schliesslich fort, vor allem eines gelernt: Die erste Bedingung im Fussball heisse Zusammenspielen.

Noch ehe aber der FC Basel diese ersten Spiele hatte austragen können, war von den eifrigen «Vätern» des Vereins noch vieles an Administrativem zu erledigen gewesen – auch wenn dieser Bereich in den damaligen Urzeiten des Fussballs selbstverständlich noch nicht einmal den kleinsten Bruchteil des heutigen Managements im Profi-Fussball beanspruchte. Immerhin aber gab es schon damals Vorstandssitzungen, und an einer solchen beschloss die Leitung des Clubs, man habe fortan vor allem der Propaganda für den Fussball und den FC Basel viel Beachtung zu geben. Dazu wurden zum einen Inserate in der damaligen «Nationalzeitung» aufgegeben, in denen schlicht für die Tätigkeit des FCB geworben wurde, zum andern aber gab es schon zur Gründungszeit die Vorläufer der heutigen Sportjournalisten. Sie hatten «von Zeit zu Zeit» die Basler «Tagesblätter» mit Artikeln zum Verein und zum Fussball im Allgemeinen zu bedienen – mit sogenannten «Einges.», also mit «eingesandten» Artikeln, die dannzumal von den Redaktionen noch unbesehen übernommen wurden ...

Ebenfalls suchte man mit Werbung neue Passivmitglieder, man vertiefte die Kenntnisse der Fussballregeln, von Regeln, die erst einmal aus dem Englischen ins Deutsche hatten übersetzt werden müssen.

Und selbstverständlich brauchte der junge Verein auch Statuten, um Ordnung ins Clubleben zu bekommen, um verbindlicher zu werden. Am 8. Dezember 1893 wurden die ersten FCB-Statuten genehmigt, am 24. Januar des folgenden Jahres bereits in den Druck gegeben. Speditiv waren sie, die Gründerväter, auch wenn sie es sich gerade in Bezug auf die Statuten noch erfrischend einfach hatten machen können. So hiess es in den ersten Satzungen unter dem Stichwort «Zweck» ergreifend schlicht: «*Der am 15. November 1893 gegründete Footballclub Basel bezweckt, den Footballsport (Association und Rugby) zu betreiben und ausserdem seine Mitglieder zu gemütlichen Zusammenkünften zu vereinigen.*»

Hundert Jahre später ging einer wie der argentinische Starfussballer Diego Armando Maradona selten ohne einen privaten Betreuerstab von oft über zehn Aufpassern, Kofferträgern und Beratern auf Reisen – damals aber hatten letztlich drei Funktionäre genügt, um den Betrieb eines ganzen Fussballvereins aufrechtzuerhalten: Ein Präsident, ein Vizepräsident und ein Kassier, der gleichzeitig auch noch den Sekretär oder den Aktuar zu spielen hatte. Und diese drei «Posten» ergaben den Vorstand, der sich einmal monatlich zu treffen hatte – auch um, wie in den Statuten zwingend vorgeschrieben, für den gemütlichen Teil im Vereinsleben zu sorgen.

In der Tat war der gesellschaftliche Aspekt lange Zeit ebenso wichtig wie der eigentliche Fussballsport, ja, solange man beim FCB Amateur war, solange hatte der «gemütliche Teil» des Vereinslebens auch bei den Aktiven einen beträchtlich nahrhaften Boden. So war der Club am 31. Oktober des Jahres 1894 noch kein ganzes Jahr alt, als an einer Vorstandssitzung die Durchführung eines «gemütlichen Bierabends» beschlossen wurde. Um dem ganzen Vorhaben einen doch etwas seriöseren Eindruck zu verleihen – «Bierabend» beim Football-Club mochte wohl schon anno dazumal ein bisschen eigenartig getönt haben –, entschied man sich, die besagte Fete in der Form eines Stiftungsfestes zu gestalten, auf dass auch gleich noch etwas Bares in den Verein fliessen möge. Eingeladen wurden sämtliche Vereinsmitglieder sowie einige andere Basler Persönlichkeiten, die dem Fussballsport wohlgesinnt waren. Eine dieser Persönlichkeiten war Lehrer Adolf Glatz, der damals dem Realschülerturnverein Basel und damit dem ersten FCB-Gegner vom 10. Dezember 1893 als Präsident vorstand. Basels Schuljugend nannte Adolf Glatz liebevoll «Papa Glatz», der als Turnlehrer recht populär war – und der viel, viel später massgeblichen Anteil daran hatte, dass der Fussball Mitte letzten Jahrhunderts endlich auch im Schulsport verankert wurde.

Papa Glatz war vor der Jahrhundertwende nur einer von vielen rund um den FC Basel, die Sport und geselliges Beisammensein problemlos unter einen Hut brachten, ja, in der Folge lösten sich Reisen, «Neujahrskneipen» in jedem Januar mit weiteren frohen Abenden ab. Vor allem an den damals berühmten «Neujahrskneipen» soll es oft ordentlich hoch hergegangen sein – auch dank der schon

Die FCB-Mannschaft im Jahr 6 (1899) der Vereinsgeschichte. Hinten, von links: Pfeiffer, Thalmann II, Hug, Fürstenberger, Schorpp, Schneider II, Zutt, Thalmann I. – Vorne, von links: Schneider I, Schiess, Billeter

in jener Zeit sehr beliebten Basler Schnitzelbänkler.

Ein Stammlokal hatte sich der FCB selbstverständlich ebenfalls schon in den frühesten Jahren ausgesucht – und es war dies nicht etwa das Gründungszimmer in der Schuhmachernzunft, sondern bis 1901 das Hotel Jura am Centralbahnplatz. Danach siedelte der Verein in die Safranzunft über, dorthin also, wo er bis kurz vor Beginn des Zweiten Weltkrieges heimisch war und wo er auch enge Bande mit der Studentenverbindung «Alemannia» knüpfte. Diese Verbindung hatte weitere ungezählte fröhliche Abende zur Folge – und damit zumindest indirekt wohl auch die eine oder andere Niederlage tags darauf auf dem Rasen.

Zu diesem geselligen Teil des jungen Vereins gehörten sehr bald auch die Reisen, die vor allem im Winter zum Schlitteln in den Schnee führten. Wer sich damals allerdings auf die Skier wagte, der riskierte schlicht den Vorwurf (oder das Vorurteil), ein Spinner mit Hang zu grösster Extravaganz zu sein – nur das dürfte ja die Fussballer nicht sonderlich gestört haben, denn auch sie galten in jenen Zeiten in der breiten Gesellschaft noch keineswegs als «normal».

Zu einer Chronik mit einem Blick zurück ins vorletzte Jahrhundert gehört gewiss auch ein Seitenblick auf ein Thema, das den Fussball in seiner heutigen Form ganz krass beherrscht, das aber selbstverständlich – wenn auch in unvergleichlich geringerem Ausmass – bereits zu den Zeiten der FCB-Gründung präsent gewesen war: das Geld, die Finanzen, kurz, das Stichwort «FCB-Finanzen» und damit ein Thema, das diesen Verein bis zum heutigen Tag immer wieder beschäftigt hat, ob der nun, wie etwa in den stolzen, guten Jahren der Benthaus-Ära Millionär gewesen war, ob er, wie in den Achtziger- und frühen Neunzigerjahren, mehrfach beinahe den Konkurs hatte anmelden müssen, oder ob er, wie nach der Jahrtausendwende, langsam in

Richtung eines Jahresbudgets von 20 Millionen Franken steuerte.

In der Tat ist es keineswegs selbstverständlich, dass der FCB 1993 sein Hundertjahr-Jubiläum hatte begehen können, denn namentlich in den letzten Jahren vor diesem stolzen Fest war er mehrfach in seiner materiellen Existenz bedroht gewesen, ehe mit der sportlichen Rückkehr in die NLA und unter der Führung der Präsidenten Peter Epting und René C. Jäggi auch finanziell wieder stabilere Zeiten anbrachen.

Doch schon 100 Jahre zuvor war beim FCB das eine oder andere Mal passiert, was den heutigen Berufsfussball tagtäglich in sturster und unausrottbarer Hartnäckigkeit begleitet – die Tatsache nämlich, dass oft, nein, fast immer mehr ausgegeben als eingenommen wird. Ein weit über 100 Jahre altes Beispiel für diese Behauptung gefällig? Bitteschön: Im September 1897 bestritt der FC Basel auf dem Landhof einen Match gegen den FC Biel, der aufgrund eines Benutzervertrages mit den damaligen Landhof-Besitzern, mit dem «Verein Basler Rennbahn» (VBR), die folgende Abrechnung hinterliess:

Einnahmen	Fr. 41.50
minus Abgabe an den VBR (30 Prozent)	12.45
minus Polizei-Gebühr (fünf Beamte)	25.–
minus Polizei-Bewilligung	20.–
minus Plakate (inklusive Aufkleben)	23.–
minus Inserate	7.–
minus Bewirtung der Bieler	10.90
Total Minusbetrag	Fr. 98.35
Total Verlust aus Spiel FCB–Biel	Fr. 56.85

Es war also schon für die damals Verantwortlichen recht schnell ausgerechnet, dass sie sich derartige Spiele nicht oft leisten durften, doch zu ihrem Glück riss auch nicht jeder Match ein Loch dieses Ausmasses in die Vereinskasse. Im Gegenteil: Eines der ersten Derbys gegen die Old Boys Basel, jenes vom 31. Oktober 1897 zum Beispiel, trug dem FCB nicht nur einen 1:0-Sieg ein, sondern bei Brutto-Einnahmen von Fr. 105.– und Gesamtausgaben von Fr. 92.– auch einen kleinen Überschuss von Fr. 13.–.

Noch drei Jahre vor diesem Stadtrivalenspiel, bei dem immerhin rund einhundert Franken umgesetzt wurden, hatte das Gesamtbudget des FCB (1894) bescheidene Fr. 244.50 betragen – und dabei erst noch ein Defizit von Fr. 8.85 eingefahren ...

Zum Vergleich: Rund 50 Jahre später, also kurz vor dem «goldenen» FCB-Jubiläum, betrug der Umsatz des Vereins bereits über 100 000 Franken, doch bei Einnahmen von knapp 114 000 Franken und Ausgaben von nicht ganz 105 000 Franken schaute damals wenigstens ein Überschuss von gut 9000 Franken heraus, der aus einem 1942 noch verschuldeten FCB im Juli 1943 einen FCB mit einem Reinvermögen von genau Fr. 5108.95 gemacht hatte.

Diese in alten Protokollen ausgegrabenen Zahlen verführen zu weiteren Spielereien, die auf den ersten Blick Erstaunliches zustande bringen – zumindest für jene, die die ständige Inflation im Fussball beklagen und im gleichen Atemzug den «guten alten Zeiten» nachtrauern. Denn 1943 (Umsatz Fr. 113 000.–), nach den ersten 50 Jahren also, war der FCB-Umsatz 461-mal grösser als 1894 (Fr. 244.50). In den zweiten 50 Jahren aber vervielfachte sich der FCB-Umsatz von 1943 (Fr. 113 000.–) bis 2000 (13 Mio. Fr.) «nur» noch um das 115-fache, wobei selbstverständlich auch dem Verfasser bewusst ist, wie

Diese Herrschaften spielten am 2. Dezember 1894 gegen den FC Mulhouse

relativ derartige Vergleiche sind, wie stark die hinken, kurzum, wie illegitim sie in dieser Form eigentlich sind.

War der FCB am 18. Juni 1894 bereits der erste Schweizer Fussballclub gewesen, der eine Auslandsreise unternommen hatte, zum besagten Spiel nach Strassburg (0:8), so war er mehr als vier Jahre später wiederum der erste Verein hierzulande, der ein internationales Auswahlspiel organisierte. Schon im Juni 1897 hatte die zwei Jahre zuvor gegründete «Schweizerische Football-Association» (SFA), die Vorgängerin des heutigen Fussballverbandes (SFV), an einer Delegiertenversammlung in Basel beschlossen, ein Spiel gegen Süddeutschland austragen zu lassen. Erst anderthalb Jahre danach aber, am 4. Dezember 1898, war es wirklich so weit. Eine Schweizer Auswahl, der allerdings auch noch einige Engländer und Deutsche angehörten, trat auf dem Landhof gegen die Auswahl Süddeutschland an und gewann 3:1 – dies in der Besetzung Hofer (FCB); Muschamp (Geneva United), Suter (Grasshoppers); Blijdenstein (Grasshoppers), Butler (Anglo-American-Club Zürich), Forgan (Anglo-American-Club); Landolt (FC Zürich), Ywens (Geneva United), Collison (Anglo-American-Club), Vogel (Grasshoppers), Mädler (FC Zürich). Einziger Spieler des FC Basel, der berücksichtigt wurde, war also Torhüter Paul Hofer – und verdient hat der Organisator FCB an diesem «Länderspiel» keinen Batzen. Immerhin hatte Roland Geldner, der erste Präsident der Clubgeschichte, als FCB-Vertreter im Schweizerischen Gesamtverband erwirken können, dass sämtliche FCB-Mitglieder Gratis-Einlass zu diesem Spiel gegen Süddeutschland genossen. Die Einnahmen aber gingen samt und sonders an den Verband, der in der Folge noch drei weitere Begegnungen gegen Süddeutschland organisierte, die für die Schweizer dann aber durchwegs verloren gingen – und zwar 1899 in Zürich (0:3), 1900 in Strassburg (0:2) und 1901 erneut auf dem Basler Landhof (4:7). In diesem Spiel auf dem Landhof tat vom FCB Ernst Thalmann mit, wurde aber auf dem Flügel «zu wenig angespielt», wie der damalige Chronist monierte. Bis dann allerdings das erste offizielle Schweizer Länderspiel Tatsache wurde, gingen nochmals vier Jahre ins Land: Am 12. Februar 1905 trat die Schweiz im noch heute existierenden «Parc des Princes» zu Paris gegen Frankreich an und verlor 0:1. Die «Basler Ehren» in diesem ersten Schweizer Länderspiel überhaupt retteten die beiden Verteidiger Bollinger und Mory von den Old Boys. Spieler vom FC Basel wurden nämlich nicht für das Aufgebot berücksichtigt, obschon es sich damals für die frisch gebackenen Nationalspieler bereits lohnte, Internationaler zu sein: Jeder der Nationalspieler, der an jenem Februartag 1905 in Paris dabei war, erhielt neben den effektiven Bahnkosten noch Fr. 12.60 an die übrigen Spesen vergütet. Die Spieler nahmen das Geld und freuten sich – bis auf den bedauernswerten Stürmer Eduard Garonne. Er, Captain beim Grasshopper-Club Zürich, der in diesem Jahr 1905 bereits den vierten Schweizer Meistertitel feiern durfte, musste diesen Betrag an den Verband zurückerstatten. GC, so hiess es in einer lakonischen Mitteilung aus Zürich an die Adresse des Verbandes, gestatte es seinen Spielern nicht, weitere Gelder nebst den effektiven Spesen einzunehmen ...

In den ersten Jahren nach der Gründung des FC Basel gab es noch keine organisierte Fussballmeisterschaft, sodass sich die noch recht wenigen Clubs der Schweiz – zu denen gehörte seit dem Herbst 1894 auch des FC Basel «ewiger» Stadtrivale Old Boys – mit selbst organisierten Spielen zu Einsatzmöglichkeiten verhalfen. Der FC Basel war dabei sehr aktiv, ja, nach seinem ersten offiziellen Spiel, das er noch im Gründungsjahr 1893 gegen den Realschülerturnverein von «Papa Glatz» ausgetragen hatte, war er im Jahr 1894 immerhin neunmal im Einsatz – darunter zweimal gegen ausländische Konkurrenz (beim 0:8 im Rahmen der ersten Reise nach Strassburg und beim 5:0-Heimsieg gegen den FC Mülhausen aus dem benachbarten Elsass). Ebenso spektakulär und prestigeträchtig waren in diesem Jahr 1894 aber die beiden Partien gegen die Grasshoppers, gegen die es zwei deutliche FCB-Niederlagen absetzte: Ein 0:4 in Zürich und ein 0:3 daheim in Basel.

Ins Jahr 1894 fiel schliesslich der Wegzug von Jean Grieder, dem ersten FCB-Aktuar, nach Neuchâtel. Er wurde durch Ferdinand Isler ersetzt – und Isler seinerseits erhielt 1898 als erster die Ehrenmitgliedschaft beim FC Basel. Zum Defizit von Fr. 8.85, mit dem der FCB das Jahr 1894 und damit das erste ganze Kalenderjahr in seiner Clubgeschichte abschloss, trugen gewiss auch die beiden Tore bei, die der Verein angeschafft hatte.

Ins Jahr 1895 fiel die Gründungsversammlung der «Schweizerischen Football-Association». Ein Vertreter des FC Basel hatte allerdings nicht über den Hauenstein reisen mögen – man liess sich in Olten durch den Grasshopper-Funktionär E. A. Westermann vertreten. Dieses Forfait sollte sich jedoch als ziemlich untypisch für den späteren FCB erweisen – denn der Basler Club stellte in all seinen Jahrzehnten immer wieder wichtige und verdiente Funktionäre in höheren Chargen.

Bemerkenswert im Jahr 1895 war schliesslich die Eröffnung eines Tenniscourts durch den FCB auf dem Spitalgut St. Margarethen, womit die erste Untersektion gegründet war. Vom innovativen Denken der damaligen FCB-Oberen zeugte auch die Schaffung der ersten Junioren-Abteilung im September 1895, und schliesslich hat es in diesem Jahr nicht nur das erste Derby gegen die neu gegründeten Old Boys (6:0 für den FCB) gegeben, sondern im dritten Anlauf mit 2:1 auch den ersten Sieg über die Grasshoppers, zu dem neben den «Eigenen» auch zwei der ersten FCB-Ausländer Wesentliches beigetragen haben sollen, glaubt man dem Berichterstatter der in Stuttgart erschienenen ersten deutschsprachigen Fachzeitung namens «Fussball». Da stand nämlich geschrieben, dass die «Forwardreihe» des FC Basel ausser dem einstigen «Center» namens Geldner alles ganz neue Spieler umfasst habe: *«Da waren zum Beispiel die in ganz Süddeutschland bekannten Gebrüder Schricker von Strassburg – zwei ausgezeichnete Fussballer, denen Basel viel zu verdanken hat.»* 1895 also tauchte in den Annalen des FCB erstmals der Name Schricker auf – jenes Dr. Ivo Schricker, der später zum Generalsekretär der Fifa ernannt wurde.

1896 war ein sehr ruhiges Jahr, sieht man von gleich zwei Präsidentenwechseln ab: Roland Geldner, der Mann der ersten Stunde, trat nach drei Jahren zurück, vorübergehend sprang mit Emanuel Schiess jener Funktionär in die Lücke, der 1901 bis 1902 nochmals den Vorsitz übernehmen sollte, ehe (bis 1899) Charlie Volderauer das Präsidentenamt übernahm.

Unter Volderauers «Regierung» erreichte der FC Basel 1897 erstmals die stolze Zahl von 100 Mitgliedern (37 Aktive, 63 Passive), an der ersten organisierten Schweizer Fussballmeisterschaft, der Saison 1897/98, aber nahm er noch nicht teil. Meister vor neun Konkurrenten wurden die Grasshoppers, die dem FC Basel in diesem Jahr so nebenbei in einem weiteren Freundschaftsspiel mit 7:0 auch gleich noch eine weitere sportliche «Ohrfeige» verpasst hatten.

Den FCB hinderte dies aber in seinen Expansionsgelüsten nicht: Im Herbst 1897 gründete er eine zweite Mannschaft.

Weit ereignisreicher verlief das Jahr 1898: FCB-Mitglied John Tollmann, einem der Vereinsgründer, war es vorbehalten, dem ersten Schweizer Meisterschaftsfinal als Schiedsrichter vorzustehen. GC bezwang den FC La Villa Longchamp aus Lausanne 6:1.

Im Juli dieses Jahres wagte der Verkehrsverein Aarau einen für damalige Verhältnisse geradezu unglaublich progressiven Schritt. Er lud den FC Basel zu einer Zeit, in der Fussball noch sehr umstritten und in vielen Kreisen geradezu geächtet war, zu einem Propagandaspiel gegen den FC Bern nach Aarau ein. 4:1 gewannen die Basler vor immerhin 1500 Zuschauern – und bedankten sich damit für den vornehmen Empfang, der ihnen in Aarau bereitet wurde: Eine geräumige Militärbaracke habe man ihnen als Umkleidekabine zur Verfügung gestellt, freute sich in einem Bericht der damalige Aktuar Ferdinand Isler. Dazu habe es für jeden Spieler Seife und Handtuch sowie Wasch- und Trinkwasser gegeben – und das seien dann doch Bedingungen gewesen, wie «wir sie noch nirgendwo angetroffen haben», wie sich Isler freute.

Die Reise des FCB nach Aarau war nicht seine einzige Teilnahme an einem grösseren Sportanlass in diesem Jahr. Vielmehr fand am 2. Oktober dieses Jahres auf dem Landhof ein Sportfest mit Leichtathletik und Fussball statt, organisiert vom Verein Basler Rennbahn (VBR) zum Saisonschluss der Radrennen. Im Rahmen dieses «Herbstmeetings», wie man heute sagen würde, bezwang der FC Basel die Mannschaft Stade Genevois Genf völlig überraschend mit 2:0. Dabei staunten sogar die favorisierten Genfer, die von einem gewissen François-Jean Dégérine begleitet waren. Und dieser Dégérine galt wenig später als der erste Schweizer Nationaltrainer und als einer der ersten Schweizer Sportjournalisten – eine Ämterkumulation, die heute unvorstellbar wäre, damals aber als geradezu ideal beurteilt wurde.

Noch fast markanter als der Fussballmatch zwischen den Baslern und Genfern, der vor der höchsten bis dahin in der Schweiz bei einem Fussballspiel erreichten Zuschauerzahl ausgetragen wurde, waren aber die Leichtathletik-Teilnehmer an diesem Fest. So wurde der 100-m-Lauf von einem gewissen E. Mory gewonnen – und der war so ganz nebenbei auch noch Verteidiger bei den Fussballern der Old Boys und in jener Schweizer Nationalmannschaft, die sieben Jahre später, 1905, in Paris gegen Frankreich ihr erstes offizielles Länderspiel austrug. Und Gewinner der «englischen Meile» schliesslich wurde ebenfalls ein Fussballer – ein gewisser Hans Gamper vom FC Zürich. Dieser Hans Gamper wiederum erlangte später weitere und grössere Berühmtheit: Als Juan Gamper gründete er den FC Barcelona – und damit einen der heute renommiertesten Fussballclubs der Welt.

Zehn Mannschaften hatten sich an der allerersten organisierten Meisterschaft in der Geschichte des Schweizer Fussballs beteiligt. Diese erste Saison 1897/98 war jedoch nicht vom Verband, wie es eigentlich normal gewesen wäre, sondern von der Genfer Zeitung «Suisse sportive» und dem Schweizer Sportpionier François-Jean Dégérine initiiert worden. Der Verband hatte nämlich vorerst einmal beschlossen, «*von einem schweizerischen Championnat abzusehen, bis sich sämtliche Clubs verpflichten können, die betreffenden Matches regelmässig gegeneinander auszufechten*».

Doch genau dazu waren viele Vereine noch nicht bereit, auch weil die Westschweizer Clubs mit Vorliebe an Werktagen, die Deutschschweizer Vereine aber vorzugsweise am Sonntag spielen wollten. Dazu war in jenen Zeiten die Reiserei noch weit beschwerlicher als heute – und verhältnismässig teurer, so dass gerademal zehn Clubs übrig blieben, die nach dem Reglement des «English Cup» den ersten Landesmeister erkoren. Acht der zehn Mannschaften kamen aus der Westschweiz, nur deren zwei aus der deutschen Schweiz, nämlich der Zürcher Grasshopper-Club und der FC Zürich. Noch nicht dabei war damit der FC Basel, der sich allerdings mit seinem Fernbleiben in guter Gesellschaft befand, denn als 1898 diese erste Meisterschaft beendet wurde, gab es in der Schweiz gemäss Aufzeichnungen des Baslers Ferdinand Isler bereits die folgenden 56 Fussballclubs:

FC Aigle	gegründet 1898
FC Basel	1893
FC Britannia Basel	1896
FC Excelsior Basel	1896
FC Old Boys Basel	1894
FC Viktoria Basel	1894
FC Bern	1894
FC Black Fellows Bern	1898
FC Biel	1896
FC Floria Biel	1898
FC Burgdorf	1898
Carouge Athletic Club	1897
FC Champel Genf	1898
FC Cressier	1895
FC Fluntern Zürich	1895
FC Kantonsschule Frauenfeld	1896
Vereinigte FC St.Gallen	1898
FC Rosenberg St.Gallen	1890
FC Genf	1897
La Châtelaine Genf	?
Château de Lancy Genf	?
FC Olympia Genf	1898
FC Stade Genf	1897
FC Stellula Genf	1897
Union Athlétique Genf	1898
FC Lausanne	1880
Closelet School Lausanne	1891
FC Collège Cantonal Lausanne	1893
Ecole Industrie Lausanne	?
FC Helvetia Lausanne	1898
FC Mont-Riant Lausanne (vermutlich Montriond)	1896
Société Fédérale de Gymnastique Bourgeois Lausanne	1898
La Villa Ouchy Lausanne	1886
La Villa Longchamp Ouchy	?
FC Liestal	1895
FC Montreux	1897
FC Neuchâtel	1895
FC Payerne	?
Château Prangins	?
FC Schönberg Rorschach	?
FC Gymnasium Schaffhausen	1896
FC Kantonsschule Trogen	1897
Maison Sillig La Tour-de-Peilz	?
Maison Neuve Vevey	1897
FC Yverdon	1892
FC du Nord Yverdon	1898
FC la Villette Yverdon	?
FC Winterthur	1896
FC Gymnasium Winterthur	1896
FC Zürich	1896
Anglo-American-Club Zürich	1893
FC Concordia Zürich	1897
FC Excelsior Zürich	1893
FC Fortuna Zürich	1896
Grasshopper-Club Zürich	1886
FC Teutonia Zürich	1898

Der FC Pforzheim war 1904 Gegner des FCB

Hinter einigen Gründungsjahren auf dieser Liste sind allerdings gewisse Fragezeichen angebracht – vor allem hinter den Gründungsjahren von La Châtelaine Genf (angeblich 1869) und von Château de Lancy Genf (angeblich 1843). Denn als ältester Fussballclub nicht nur der Schweiz, sondern gar des europäischen Festlandes, gilt der 1879 gegründete FC St. Gallen – und der fehlt auf Islers Liste genauso wie der 1890 gegründete Servette FC Genf, wie die Berner Young Boys (1898), der FC Baden (1897), der FC La Chaux-de-Fonds (1894) oder Urania Genève Sports (1896). Gerade das Fehlen dieser (und möglicherweise noch anderer vor 1898 gegründeter Vereine) auf Islers Liste unterstreicht, wie wenig organisiert, wie zufällig damals noch Fussball gespielt wurde. Die fragwürdigen Angaben zu den Gründungsjahren der Genfer Clubs La Châtelaine (1869) und Château de Lancy (1843) beziehen sich möglicherweise auf die Gründungsjahre dieser Vereine, die aber zur Zeit ihrer Entstehung noch keineswegs Fussballclubs gewesen sein dürften, sondern allenfalls Sportvereine oder gar Vereine irgendwelcher gesellschaftlicher Natur.

Sei dem, wie es wolle: Die erste Saison 1897/98 wurde wie gesagt von nur zehn Clubs bestritten, und die wiederum wurden in drei regionale Gruppen eingeteilt. Die drei Gruppensieger, die Grasshoppers, La Villa Longchamp Lausanne und La Châtelaine Genève hiessen, trugen im Frühjahr 1898 eine einfache Finalrunde um die Meisterschaft und um einen von einer Champagner-Firma aus dem französischen Reims gestifteten Silberpokal aus, der schliesslich von den Grasshoppers gewonnen wurde. Als offiziell wird heute dieser erste Titel von GC allerdings nicht mehr anerkannt.

Vielmehr gilt die Meisterschaft der Saison 1898/99 als erste offizielle, zumal dieses Championnat jetzt unter der Ägide des Verbandes und in immerhin bereits zwei Klassen ausgetragen wurde. In der so genannten Serie A mit neun Mannschaften in drei regionalen Gruppen tat jetzt auch der FC Basel mit, in der Serie B waren zwölf weitere Teams in drei Gruppen beschäftigt.

In der Serie A, in der es um den nationalen Titel ging, wurden wiederum drei Gruppensieger gesucht, die anschliessend eine Finalrunde bestreiten sollten. Dabei füllten die zwei Basler Clubs gerademal eine der drei Gruppen aus: Der FC Basel und die Old Boys bildeten die Gruppe Zentralschweiz und hatten dementsprechend den «Gruppensieger» unter sich auszumachen.

Ein erstes dieser Ausscheidungsspiele endete 1:1 unentschieden, wobei Aktuar Ernst Thalmann im Protokoll zu diesem ersten «ernsthaften» Derby einerseits die gute Verteidigung der Old Boys bestaunte, andererseits aber auch deren «groben Stil» beklagte, zumal «wirklich auch einer unserer Forwards kampfunfähig wurde und zwei andere unserer Spieler ihren Platz nicht wie gewohnt ausfüllen konnten». Dieser harten Gangart im ersten Qualifikationsmatch zum Trotz sassen danach beide Mannschaften noch bis tief in die Nacht hinein im Stammlokal der Old Boys beisammen und becherten, was das Zeug hergab. Noch im Dezember des Jahres 1898 folgte das Wiederholungsspiel – und erneut endete es mit 2:2 unentschieden. Allein, die Old Boys hatten aus irgendeinem (heute nicht mehr eruierbaren) Grund Protest eingelegt und Recht bekommen. Nachträglich wurden sie zum 2:1-Sieger und damit zum Gewinner der Gruppe Zentralschweiz ausgerufen.

Auch die Finalrunde im Frühjahr 1899 verlief nicht ohne Nebengeräusche, nicht ohne Urteile am Grünen Tisch. Qualifiziert für diese Entscheidungsrunde hatten sich neben den Old Boys der Anglo-American-Club aus Zürich in der Ostschweizer Gruppe und der Lausanne Football & Cricket-Club in der Westschweiz.

Als ersten Match hatte das Los die Partie Old Boys gegen Lausanne ermittelt, der Verband hatte als Austragungsdatum den 5. März 1899 festgesetzt.

Unglücklicherweise aber war dieser Tag ein Sonntag – und deshalb weigerten sich die Lausanner, an diesem Datum zu spielen. Ihre Begründung: Die Mannschaft sei aus lauter Engländern zusammengesetzt. In der Tat war der Sonntag in England bis vor wenigen Jahren sakrosankt – und bis vor wenigen Jahren fanden auf der britischen Insel an einem Sonntag grundsätzlich keine Sportanlässe statt.

Vor weit über 90 Jahren also hatten die Waadtländer mit ihren englischen Fussballern guten Grund, das vom Verband angesetzte Datum anzufechten, allein, die Lausanner fanden bei Verbandspräsident Kehrli kein Gehör. Sie wurden nach langem Hin und Her als Forfait-Verlierer aus der Finalrunde eliminiert, womit sich die Old Boys letztlich durch zwei Entscheide am Grünen Tisch bis in das eigentliche Entscheidungsspiel um den Schweizer Meistertitel 1899 vorgekämpft hatten.

In diesem Final vom 12. März 1899 in Zürich hatten die Basler dann gegen den Anglo-American-Club allerdings nicht die geringste Chance. Die Anglo-Amerikaner gewannen 7:0. Damit war ein Club erster offizieller Schweizer Fussballmeister geworden, der wenig später (1900) mangels Nachwuchses aus den Geschichtsbüchern verschwand – und zwar, im Gegensatz zu einem FC Basel, für immer. Jener, der FCB, startete zwar nicht sonderlich erfolgreich zu seiner nunmehr über hundert Jahre alten Meisterschaftskarriere, fehlte aber in der Folge nur noch in einer einzigen Saison – jener von 1899/1900.

Von 1900 bis 1945: Zwei Weltkriege

Der FCB vor einem Propagandaspiel 1898 in Aarau gegen den FC Bern ...

Keiner war kompetenter, die Zeit des FC Basel nach der Wende zum 20. Jahrhundert bis zum Ersten Weltkrieg (und später noch weit darüber hinaus bis gegen Ende des letzten Jahrhunderts hin) anschaulicher und farbiger zu schildern, als Jules Düblin. Er war während mehr als einem halben Jahrhundert einer der ganz grossen (und grossartigen) Förderer des FC Basel, zwischen 1946 und 1959 gar als Präsident, und noch heute spürt man die Liebe dieses Mannes zu seinem FCB, wenn man seine Zeilen im Jubiläumsbuch zum 50-jährigen Bestehen des Clubs im Jahre 1943 liest:

«*Die Jahre von der Jahrhundertwende bis zum ersten Weltkrieg umschliessen zweifellos die schönste und fruchtbarste Zeit in der bisherigen Geschichte des FC Basel und zwar nicht nur in sportlichem, sondern in des Begriffes weitestem Sinn verstanden. Es ist die Zeit, die wir die Ära Thalmann nennen dürfen. Der kleine Atom, wie der Spitzname Thalmanns lautete, ausgestattet mit hohen Gaben des Geistes, mit einer unbändigen Vitalität und einem Mutterwitz, gab damals sowohl dem sportlichen als auch dem gesellschaftlichen Leben des Clubs sein ganz besonderes und persönliches Gepräge. Thalmann war eine ausgesprochene Führerpersönlichkeit von überragendem Format, was sich auch in spätern Jahren, bei seiner parlamentarischen Tätigkeit im Ständerat, als Präsident der Kommission für die Revision des Obligationenrechts, in hohem Masse offenbarte. Seine sehr glücklichen Charaktereigenschaften und hohen Fähigkeiten stempelten ihn aber auch zu einem glänzenden Debatter und äusserst beliebten Gesellschafter. Was war das doch für eine glückliche Zeit, in der tüchtigen Menschen alle Wege offen standen, wo das Leben im Ganzen keine grossen Probleme aufwarf und das kulturelle Geschehen so hohe Wellen warf, dass es ab und zu überbordete und dann selbst jene Gestade umspülte, die leicht an die Grenze der Lächerlichkeit stiessen. Es war die Zeit, als ein Christian Morgenstern, als Rächer an gewissen Modekrankheiten im künstlerischen Leben auftrat, und da wäre Thalmann nicht der Atom gewesen, wenn er sich nicht unmittelbar zu dem glänzenden Satiriker Morgenstern, diesem im Grunde jedoch überaus feinsinnigen lyrischen Dichter, bekannt hätte. Keiner konnte die berühmten Galgenlieder in einer so vollendeten Form wiedergeben, dass es das Zwerchfell der Hörer angriff und erschütterte, wie Atom.*

... und im gleichen Jahr auf den Brettern der Radrennbahn im Landhof

Es war das eine Zeit, wo es im FC Basel zum guten Ton gehörte, diese Art der Versdichtung in immer neuen Formen abzuwandeln, und stundenlang konnte man an den gemeinsamen Zusammenkünften diesen – fast klingt es paradox – einfältig-geistreichen Witzeleien mit höchstem Genuss beiwohnen ...»

Düblins Lobeshymne auf die damalige (FCB-)Zeit war damit noch keineswegs zu Ende, sondern füllte weitere Seiten, allein, neben den vielen geselligen Zusammenkünften wurde natürlich auch noch Fussball gespielt, und zwar in zunehmend organisierterem Rahmen. Auch wenn die nationalen Meisterschaften vor dem Ersten Weltkrieg noch oft genug etwas improvisiert wirkten, kristallisierte sich doch langsam eine gewisse Struktur heraus. Zwischen 10 (in der Saison 1900/01) und 23 (1913/14) Mannschaften beteiligten sich in jener Ära an den Meisterschaften, und stets war der Modus ein ähnlicher: Die Vereine wurden in zwei oder drei Gruppen eingeteilt, stets nach geographischen Kriterien, und fast wie heute spielten die Teams jeweils zweimal «jeder gegen jeden». Die Gruppensieger waren danach für den Final (bei zwei Gruppensiegern) oder gar für eine kleine Finalrunde (bei mehr als zwei Gruppensiegern) qualifiziert. Die Schweizer Meister jener ersten Saisons des Jahrhunderts kamen bis auf zwei Ausnahmen, als Servette Genf (1907) und Montriond Lausanne (1913 den Titel holten, aus der Deutschschweiz: Die Grasshoppers (1901, 1905), der FC Zürich (1902), gleich viermal die Berner Young Boys (1903, 1909, 1910, 1911) sowie einige – nach heutigem Verständnis – eher provinziellere Clubs wie der FC St. Gallen (1904), der FC Winterthur (1906, 1908) oder der FC Aarau (1912, 1914) kamen damals zu Titelehren, nicht aber ein Basler Verein, ob der nun FC Fortuna (gegründet ca. 1899), Old Boys (gegründet 1894), FC Nordstern (gegründet 1901) oder aber FC Basel hiess.

Ja, Basels Fussballanhänger mussten sich mehr als ein halbes Jahrhundert lang mit Geduld wappnen, ehe 1953 der erste nationale Titel an den FCB und damit in die Region Basel ging. An der nationalen Spitze aber hatte der FCB schon zu Beginn des Jahrhunderts mitgespielt – fehlender Titel hin oder her. Am 9. September 1900 begann für ihn der «richtige» Meisterschaftsbetrieb, denn die zwei Spiele gegen die Old Boys aus der Saison 1898/99 dürfen wohl nur mit grösstmöglicher Toleranz als «Saison» bezeichnet werden, derweil die Meisterschaft 1900/01 immerhin schon zehn Spiele bescherte. Er wurde allerdings in seiner Ostschweizer Gruppe von sechs Teams nur Fünfter, wobei die FCB-internen Chroniken von nur einem Sieg in den zehn Partien berichteten, derweil die (offiziellere) Rangliste aus «Das Goldene Buch des Schweizer Fussballs» aus dem Jahre 1953 von zwei FCB-Siegen aus jener Saison zeugt. Welche der zwei Quellen in diesem Fall die «richtige» ist, ist nicht mehr auszumachen, denn in den damaligen Tageszeitungen wurde der Fussballsport praktisch totgeschwiegen – sieht man von den spärlichen Artikeln zu Versammlungen oder dergleichen («eingesandt») ab. Spielberichte im heutigen Sinn waren damals noch völlig unbekannt – sofern in den Gazetten überhaupt von Sport die Rede war, betraf dies mehrheitlich das Turnen, das Schiessen oder auch das Boxen und Radfahren.

Halten wir uns deshalb an das, was aus jener Meisterschaft 1900/01 mit Sicherheit noch überliefert ist – an den stolzen 4:0-Sieg über die Old Boys, den Pfeiffer und Thalmann mit je zwei Toren sichergestellt hatten.

Ernst Thalmann war zu diesem Zeitpunkt Student, Stürmer des FCB und mehrfach der Schweizer Auswahl sowie – seit der Generalversammlung vom 18. Januar 1900 – nach Roland Geldner, Emanuel Schiess und Charlie Volderauer der vierte FCB-Präsident. Der spätere Ständerat, der mit Unterbrüchen dem FCB bis 1915 vorstand, gehörte damals zu den besten Spielern im Land, doch in der Meisterschaft vermochte der FCB in seiner regionalen Gruppe sechs Saisons lang nie die wirklich erste Rolle zu spielen – obschon der Verein mit 111 Mitgliedern bereits 1901 hinter GC (114 Mitglieder) zum zweitgrössten des Landes gewachsen war, obschon er beispielsweise in der Saison 1904/05 mit Torhüter Hofer, mit Schorpp, Hug, Strauss, Pfeiffer, Thalmann und «Mille» Hasler gleich sieben Schweizer Nationalspieler der ersten Stunden in seinen Reihen wusste und obschon er schliesslich bei den immer beliebter werdenden Auslandsreisen auch mehrfach ehrenvoll abschnitt. An der Weihnachtsreise 1904 etwa gab es nach einer 3:7-Niederlage gegen den 1. FC Pforzheim immerhin ein 4:4 beim Karlsruher SC. Und 1906 zog sich der FCB bei gleich zwei Italien-Reisen vorzüglich aus der Affäre: Gegen den FC Genua gab es am 31. Dezember 1905 einen 5:1-Sieg und tags darauf, am Neujahr 1906, ein 5:4. Nur fünf Monate später zog es das Team erneut in den Süden, diesmal zum FC Milan, der mit 5:2 und 5:1 gemeistert wurde.

Diese Auslandsfahrten sowie zahlreiche andere Begegnungen beweisen, dass damals Freundschaftsspiele noch mindestens so viel Gewicht hatten wie Meisterschaftspartien und dass sie vor allem noch viel zahlreicher auf dem Programm standen. In der Saison 1905/06 etwa trug die erste Mannschaft 23 Partien aus, doch nur sechs von ihnen zählten zur Meister-

schaft, und wiederum nur deren zwei konnten gewonnen werden – beide Male mit 2:1 gegen die Old Boys ...
Weit erfolgreicher gestaltete der FCB die folgende Saison, die Meisterschaft 1906/07, die er nach geradezu extrem spannendem Verlauf erstmals mit dem Gruppensieg und so mit dem Titel eines Zentralschweizer Meisters abschloss. Nach jeweils acht Partien in dieser Fünfergruppe lagen der FC Basel, die Old Boys und die Berner Young Boys gemeinsam mit je 10 Punkten an der Spitze. Den Bernern wurden dann nachträglich zwei Punkte aus einem Protestspiel gegen den FC Aarau abgezogen, so dass die beiden Basler Clubs einmal mehr stechen mussten, diesmal um den Sieg in dieser Zentralschweizer Gruppe und um die Teilnahmeberechtigung an den Finalspielen gegen die zwei anderen Gruppensieger. Das erste Entscheidungsspiel gegen OB, das – so der Chronist in der Zeitung «Football» – «auf keiner nennenswerten Stufe» stand und das wegen eines Unwetters vorübergehend unterbrochen werden musste, endete 1:1. Ein 1:1 gab es auch im Wiederholungsspiel, obschon man es um insgesamt 35 Minuten verlängerte. Damit wurde ein dritter Match fällig – und den endlich sicherte sich der FCB mit einem 4:1-Erfolg zu seinen Gunsten. Diese elf Spieler holten damit den ersten Titel in der Vereinsgeschichte – auch wenns noch kein gesamtschweizerischer war: Fingerlin im Tor, Ramseyer und Hug in der Verteidigung, Goldschmidt, Strauss und Bourgeois im Aufbau, um bei der heutigen Terminologie zu bleiben, und das Quintett Thalmann, Hasler, Gossweiler, Pfeiffer und Senn im Sturm.
Mit dem Erreichen der Finals hatte der FCB dann allerdings für diese Meisterschaft offenbar genug getan, denn die zwei eigentlichen Finals

Walter Bensemann (links) war Sportjournalist und Captain der Karlsruher Kickers, ehe er 1894 zum FCB stiess

endeten für ihn enttäuschend: Am 28. April 1907 setzte es für «*die etwas beleibten und älteren*» (Zitat aus der Chronik) Basler gegen die behenden und flinken Genfer vom FC Servette eine 1:5-Niederlage ab, wobei Ernst Thalmann das Basler Ehrentor erst beim Stande von 0:5 gelang. Noch hatte der FCB nach dieser Schmach eine zweite kleine Chance, allein, auch der andere Final, erneut in Bern, endete mit einer 2:3-Niederlage gegen die Zürcher Young Fellows, obschon Hasler mit seinem 1:0 und ein Penalty Gossweilers den Baslern zweimal eine Führung ermöglicht hatten. Meister wurde schliesslich Servette. Die Genfer gewannen am 12. Mai 1907 in Bern gegen die Young Fellows 1:0 nach Verlängerung. Schiedsrichter dieser Partie, die erstmals einem Westschweizer Team den Meistertitel brachte, war mit dem Old-Boys-Mann Zoller ein Basler.
Für den FCB hatten sich die Erfolge dennoch ausbezahlt, wiewohl es zum ganz grossen Triumph nicht gereicht hatte: Er schloss die Saison mit einem Überschuss von 1300 Franken ab,

nachdem allein die drei Qualifikationspartien gegen die Old Boys insgesamt 1400 Franken – je 700 Franken für beide Parteien – eingebracht hatten.
In den folgenden sieben Saisons bis zum Ausbruch des Ersten Weltkrieges zeichnete sich der FCB durch eine gewisse Konstanz an «Mittelfeldplätzen» aus: Nie mehr wurde er Erster, nie Letzter, ob er nun in der Ostgruppe oder, wie ab 1909 stets, in der Zentralschweizer Gruppe eingeteilt war. Ein 2. Rang in der Saison 1913/14 war nach dem Regionaltitel von 1907 das beste, ein 6. Platz 1909 das schlechteste Ergebnis. Dominierend in dieser Zeit waren die Young Boys mit ihren vier Schweizer Meistertiteln.
In die Zeit vor dem Krieg fielen auch die vier offiziellen Länderspiele, die auf dem Basler Landhof ausgetragen wurden. Begonnen wurde diese kleine Serie mit dem historischen Länderspiel gegen Deutschland, dem ersten offiziellen Match gegen den «grossen Nachbarn», und der endete am 5. April des Jahres 1908 vor 3000

Eine Mannschaftsaufname des FCB von 1904

Zuschauern mit einem famosen 5:3-Sieg der Schweizer, für die die beiden Basler Hug und Pfeiffer nicht nur mitspielten, sondern auch trafen: Verteidiger Hug bezwang den deutschen Torhüter Baumgarten einmal, und Stürmer Dr. Siegfried Pfeiffer, zu dieser Zeit «so nebenbei» als Thalmanns Nachfolger auch noch FCB-Präsident, machte in seinem einzigen Länderspiel gar zwei Treffer. Die beiden anderen Schweizer Tore schoss der Berner Kämpfer von den Young Boys. Und für Hug, der danach als bester Spieler auf dem Platz gefeiert wurde, war es eines der letzten Spiele auf heimischem Basler Boden gewesen. Er schloss sich in der kommenden Saison dem FC Genua aus Italien an. Weniger gut erging es den Schweizern ein Jahr später im zweiten Basler Länderspiel, in dem vom FCB nur Captain Emil Hasler als «Halbrechter» mittat: England spielte mit den Schweizern Katz und Maus und hatte mit Torhüter Ochsner vom FC La Chaux-de-Fonds kein Mitleid. 9:0 gewannen die Briten – höher hat bis heute keine Schweizer Nationalmannschaft mehr ein Spiel verloren. Niederlagen gab es schliesslich auch 1910 auf dem Landhof beim 2:3 gegen Deutschland und 1913 beim 1:2 gegen Belgien. In diesen beiden letzten Basler Länderspielen vor dem Krieg fehlten Spieler des FC Basel, der in der Zwischenzeit auf über 200 (1908), dann auf 300 (1913) Mitglieder angewachsen war, dem seit 1907 eine Tennis-Sektion angehörte und der seit 1908 eine richtige stolze Tribüne auf dem Landhof-Areal besass.

Noch vor dem Krieg wagte der FCB im Übrigen eine weitere Pionierleistung, indem er – nach mehreren Freundschaftsspielen gegen englische Clubs – erstmals einen Trainer verpflichtete. Im Sommer 1913 stiess der Engländer Percy Humphreys zum FCB – und hatte gleich auf Anhieb eine «schwierige» Aufgabe zu erledigen: Er musste nämlich den längst zur Tradition gewordenen FCB-Marsch auf den Feldberg im Schwarzwald mittun. Dabei sei er arg ins Schwitzen geraten, überlieferten die Chronisten. Er sei aber danach mit dem sehr guten deutschen Bier und einem 4:2-Sieg des FCB im traditionellen Match um den Feldberg-Wanderpokal gegen den FC Freiburg/Breisgau schadlos gehalten worden.

Mit dem Besuch des englischen Teams von Preston North End, das gegen den FCB 11:0 gewann, und einem 3:1-Sieg des erstmals in der Serie A erschienenen FC Nordstern über den FCB endeten die ersten 20 Vereinsjahre des Basler Stadtclubs – 20 Jahre, in denen einigen kleinen Rückschlägen zum Trotz stets vorwärts geblickt und gehandelt wurde, ehe 1914 der Ausbruch des Ersten Weltkrieges das Wachstum aller bremste. Und zu «allen» gehörten halt auch der Fussball und der FC Basel.

Der Zürcher Fritz Klippstein hatte 1925 eine sogenannte Festschrift zum 30-jährigen Bestehen des Schweizerischen Fussball- und Athletikverbandes veröffentlicht und darin naturgemäss den Kriegsjahren von 1914 bis 1918 einen grossen Platz eingeräumt. Seine Worte zeichneten auf, wie logischerweise auch die Entwicklung des Fussballs gebremst wurde:

«*Es (die Kriegsjahre; die Red.) waren kuriose Zeiten für den schweizerischen Fussballsport. Zuerst hörte man vom Verbande überhaupt nichts mehr: seine Behörden und Mitglieder schienen so vollständig von der Bildfläche verschwunden zu sein, als ob sie der Erdboden verschluckt hätte. Natürlich: die ersten Mobilisationsmonate, die Handel und Wandel ins Stocken gebracht hatten, konnten auch am Fussballsport und seinen Exponenten nicht spurlos vorübergehen. Die Mitgliederbestände der Vereine schmolzen zusammen wie der Schnee an der Märzensonne; davon, dass der Verband in den ersten Monaten der Mobilisationszeit den Spielbetrieb wie in früheren Jahren hätte organisieren können, war selbstverständlich nie die Rede, und das war das Schlimmste, diese lähmende Untätigkeit in Zeiten, wo auf den Fussballfeldern Hochbetrieb zu herrschen pflegte; das trug zur Steigerung der Depression erheblich bei. Einsichtigen Leuten im Verbande dämmerte aber bald die Erkenntnis, dass etwas getan werden müsse, um die Fussballbewegung über den toten Punkt wieder hinauszuheben. Man versuchte, einen einigermassen regelmässigen Spielbetrieb in Schwung zu bringen. Nie vorher und wahrscheinlich auch nie nachher fühlte man die Vorteile des Meisterschaftssystems so klar heraus, wie gerade in dieser kritischen Zeit, und man sehnte sich nach den Cupmatches, die den Vereinen fortlaufende Einnahmen und regelmässigen Spielbetrieb sicherten. Wie die Dinge aber nun einmal lagen, war an die Durchführung einer normalen Meisterschaftssaison am Anfang nicht zu denken: die Spieler standen abwechslungsweise lange Monate hindurch an der Grenze, und da es mit der Urlaubsgewährung zuerst seine Schwierigkeiten hatte, konnte keine einzige Mannschaft darauf rechnen, auch nur während kurzer Zeit in voller Stärke anzutreten. So behalf man sich zunächst mit Interimsmeisterschaften, die immerhin den dringendsten Bedürfnissen nach einer Belebung des Spielbetriebes gerecht zu werden vermochten. Allmählich nahm dann die Verbandstätigkeit wieder normalere Formen an; aber gerade in dem Augenblick, da man über den Berg hinaus zu sein wähnte, stellten sich weitere unverhoffte Schwierigkeiten ein, die die Entwicklung aufs Neue bremsten. Zuerst wurde die Platzkrise akut. Ein Club nach dem anderen wurde heimatlos; die Sportplätze wurden serienweise umgepflügt und in Pflanzplätze umgewandelt. Der Sportbetrieb fiel der fixen Idee zum Opfer, dass es der Schweiz gelingen könnte, sich in der Lebensmittelversorgung vom Ausland wenigstens teilweise unabhängig zu machen. Ja, es waren kuriose Zeiten, nicht nur für den Fussballsport ...*»

Klippsteins Zeilen waren gewiss sehr subjektiv, waren die Klagen eines Mannes, der die Ereignisse des damaligen Krieges vorwiegend aus der gewiss nebensächlichen Optik des Fussballsportlers betrachtete und schilderte – und dennoch ist es wohl

Das Basler Derby von 1912: 2:2 zwischen dem FCB und den Old Boys

nicht uninteressant, die damaligen erzwungenen Konzessionen des Fussballsportes an den Krieg anhand einiger Beispiele aufzuzeigen. Erstaunlicherweise nämlich wuchs der Schweizer Verband quantitativ selbst in den Kriegsjahren, von 15 256 Mitgliedern 1915 auf 17 615 Mitglieder im Jahr 1916. Doch damals waren von den 8500 aktiven Fussballern der Vereine nicht weniger als 5800 militärpflichtig, so dass schnell ausgerechnet ist, wie oft die Mannschaften krass geschwächt ihre Spiele zu bestreiten hatten. Immerhin aber konnte überhaupt gespielt werden, auch wenn die «Sportplatzkalamitäten» (Klippstein) immer ausgeprägtere Dimensionen annahmen und gegen Kriegsende ihrem Höhepunkt entgegensteuerten. Im Frühling 1917 – das jedenfalls hatten Erhebungen der Militärbehörden ergeben – im Frühjahr 1917 also hatten die Schweizer Fussballvereine insgesamt rund 923 500 m² Land in Pacht. Davon stellten die Clubs zehn Prozent freiwillig zur Kartoffelbepflanzung zur Verfügung, auf rund 500 000 weiteren Quadratmetern aber wurden regelmässig Gras und Heu geerntet. Ein Jahr später, Anfang 1918, waren bereits 420 000 m² aller Schweizer Fussballplätze mit Kartoffeln oder Getreide bepflanzt, und weitere 430 000 m² wurden vom Frühjahr bis in den Herbst von der Landwirtschaft zum Heuen beansprucht, so dass den Fussballern nicht einmal mehr ein Zehntel ihres ursprünglichen Platzangebotes zum Fussballspielen übrig blieb. Zwar wurde im März 1918 von den Behörden dann doch noch verfügt, dass wenigstens in den grösseren Städten (Basel, Zürich, Bern, Biel, St. Gallen und Winterthur) zumindest ein Sportplatz dem eigentlichen Zweck überlassen werden müsse, doch das hinderte zum Beispiel die Stadt Biel nicht daran, den einzigen Sportplatz auf eigenem Gebiet für die Bepflanzung zu nutzen.

Selbstverständlich beeinträchtigte der Krieg auch das Vereinsleben des FC Basel – zumindest vordergründig. Trainer Humphreys etwa musste man wieder heim nach England ziehen lassen, und fast die gesamte erste Mannschaft des FCB wurde eingezogen, sei es, wie in den allermeisten Fällen, in die Schweizer Armee, sei es, wie im Fall von Josy Goldschmidt, zum deutschen Heer.

Dennoch hielt Präsident Thalmann, der in der Saison 1914/15 zum fünften – und nun endgültig zum letzten Mal – dem Verein vorgestanden war, seinen Club beisammen. Ja, im Gegensatz zu acht anderen der 23 Serie-A-Vereine nahm der FCB sehr wohl an der interimistischen Meisterschaft der ersten Kriegssaison (1914/15) teil. Meister wurde Brühl St. Gallen, der FCB war in der (für einmal zweigeteilten) Zentralschweizer Gruppe nur Dritter von vier Mannschaften geworden. Trotz Krieg hatte zudem Christian Albicker einem Aufgebot zum Länderspiel Italien–Schweiz vom 31. Januar in Turin, das die Italiener 3:1 gewannen, Folge geleistet.

1915 wurde Franz Rinderer Präsident. Er sprang ein, weil Thalmanns Nachfolger Philipp Leichner das Amt nach nur zwei Monaten wieder abgegeben hatte, und Rinderer blieb der eigentliche Kriegspräsident des FCB, ehe er den Vorsitz im Jubiläumsjahr 1918 (25 Jahre FCB) an August Rossa weiterreichte. Später, Mitte der Zwanzigerjahre und dann nochmals zwischen 1931 und 1936, sollte Rinderer während Jahren Präsident sein.

Sportlich enttäuschte der FCB in dieser Saison 1915/16 ganz krass. Er wurde unter acht Mannschaften der Zentralschweizer Gruppe gerade mal Siebter – einzig Stadtrivale Nordstern schnitt noch schlechter ab. Die Basler Ehre retteten in dieser Meisterschaft die Old Boys, die sich für die Finalrunde qualifizierten, gegen den FC Veltheim-Winterthur in Zürich ein 0:0 erreichten, dann aber mit 1:5 am nachmaligen Meister Cantonal Neuchâtel, dem Vorgänger des Xamax FC, scheiterten.

Für den FCB blieb in diesem Jahr der kleine Trost, die erstmals ausgeschriebene Basler Meisterschaft gewonnen zu haben. Zudem kann die Gründung der Junioren-Abteilung durch Ernst Kaltenbach als weiterer markanter Meilenstein in der Vereinsgeschichte zählen. Dass gerade Dr. Kaltenbach die Nachwuchsabteilung ins Leben rief, war kein Zufall – er gehörte damals zu den ganz grossen Persönlichkeiten im FCB, und zwar auf dem Spielfeld als wichtige Teamstütze, als Internationaler in 13 Länderspielen (was für damalige Verhältnisse eine respektable Anzahl war) oder als Helfer an allen anderen Fronten im Verein.

Mit zwei 2. Rängen, beide Mal recht knapp hinter den Young Boys, beendete der FCB dann die zwei letzten Kriegssaisons ordentlich bis gut, mehr in Erinnerung haften blieb aber eine Spanienreise zum Jahreswechsel 1916/17, die immerhin in ein Krieg führendes Land ging. In vier Partien gegen spanische Spitzenclubs gab es nur eine Niederlage – ein 1:3 gegen den vom Schweizer Hans «Juan» Gamper gegründeten FC Barcelona, der in der Revanche dann mit 3:1 bezwungen wurde. Dazu kamen ein 1:1 und ein 4:3 gegen den FC Tarassa und – in Barcelona auf neutralem Terrain – ein 2:1-Sieg gegen den FC La Chaux-de-Fonds.

Auf Funktionärsebene tat Präsident Franz Rinderer einen weiteren Schritt: Er wurde 1917 zum Zentralpräsidenten des Schweizerischen Fussballverbandes gewählt. Zusammen mit seinem Basler Kollegen Adolf Ramseyer, der zum Kassier ernannt wurde, sanierte Rinderer die maroden Finanzen im nationalen Verband und liess sich schliesslich auch noch ins Schweizerische Olympische Komitee wählen. Und Rinderer gehörte schliesslich auch noch zu jenen, die im FC Basel eine Leichtathletik-Sektion gründeten.

So «überstand» der FCB den Ersten Weltkrieg zwar nicht ohne Turbulenzen und ohne Schwierigkeiten, letztlich aber unbeschadet und innerlich gefestigt. Ja, der FC Basel hatte kurz nach dem Kriegsende die Courage, als erstes ausländisches Team einen Match gegen eine deutsche Mannschaft zu bestreiten: Vor 2500 Zuschauern trat er in Freiburg gegen den FC Freiburg an. Zwar verlor der FCB mit 1:2 das Spiel, doch mit seiner Geste, gegen die nach den Kriegswirren nicht gerade überaus geschätzten Deutschen anzutreten, hatte er dafür sehr viele Sympathien gewonnen.

1918 ging der Krieg zu Ende, doch zur Ruhe kam Europa deswegen nicht. Im Gegenteil – der wirtschaftliche Zusammenbruch mit der ungeheuren Inflation prägte den Kontinent, erschütterte auch die Schweiz. Aus einer zeitlichen Distanz von mehr als 80 Jahren ist es nicht mehr ein-

Eines von sieben englischen Toren bei einem Länderspiel der Schweiz von 1909 in Basel ...

fach, die Einflüsse der Wirtschaftskrise auf den Sport im Allgemeinen und auf den Fussball im Speziellen zu beurteilen. Jules Düblin, in den Zwanzigerjahren Spieler, nach dem Zweiten Weltkrieg Präsident und danach bis hinein in die Neunzigerjahre fast ein Jahrhundert lang dauernder kompetenter Beobachter des FC Basel, dieser Jules Düblin also zeichnete in seiner Chronik zum 50-jährigen Jubiläum des FCB (1943) ein ganz düsteres Bild zur Epoche nach dem Ersten Weltkrieg. Diese Inflation, diese Aufblähung, so meinte damals Düblin, habe sich auch auf den Sport ausgewirkt. *«Die Träger der sportlichen Ideale wurden in den Hintergrund geschoben ... das Sport-Bonzentum schaltete sich ein und fing an, aus leerem Geltungstrieb und Machthunger die sportlichen Ideale zu unterminieren»*, klagte er und fuhr fort: *«Es kam die Zeit, wo man Sport nur noch als Geschäft betrachtete.»* Die sportlichen Ideale würden immer mehr zugedeckt von den Schneewettern des sportlichen Materialismus und Kommerzialismus.

Düblin ging danach gar noch weiter. Er geisselte die, die man aus heutiger Sicht vielmehr als Pioniere feiert, schalt sie des Grössenwahns: *«Im Fussballsport»*, so schrieb jedenfalls Düblin, *«hat sich diese Aufblähung so vollzogen, dass die führenden und grossen Vereine glaubten, imposante Sportstadien erstellen zu müssen, zu deren Finanzierung und Unterhalt man ohne das reichlich zahlende Publikum nicht auskommen konnte. Aber dieses Publikum war, entspre-*

... und ein Gruppenbild nach einem Spiel FCB–Newcastle (1:7) von 1910

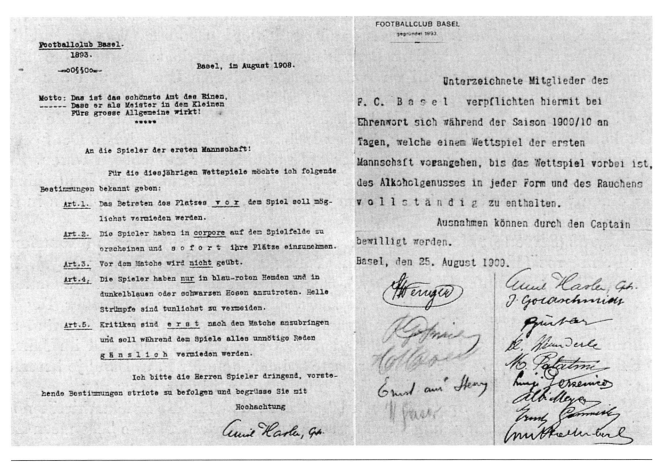

Eine kurios anmutende Weisung des FCB an seine Spieler aus dem Jahr 1908

Sensation, auf immerwährende Höchstleistungen eingestellt, so dass die Vereine, dieser Einstellung Rechnung tragend, ausländische Profis engagierten und so die Körperkultur zum Gladiatorensport und zur reinen Schaustellung erniedrigten. Der Zusammenbruch manches alten und verdienten Fussballvereins war die Folge davon.»

In der Folge allerdings lobte Düblin den FC Basel als Ausnahme, der auch in diesen Zwanzigerjahren eine Vereinsführung besessen habe, die auf gewagte Experimente verzichtet habe. Mag sein, dass das stimmte, auch wenn gerade in dieser Zeit die Verpflichtungen von ausländischen Spielern und Trainern auch beim FCB bald einmal zum Alltag gehörten.

Vor der Saison 1919/20 etwa zahlte sich der rege Spielbetrieb zwischen dem FC Basel und grossen Mannschaften wie Rapid Wien, FTC Budapest oder MTK Budapest zumindest «personell» aus: Unter dem vorübergehenden, nur ein Jahr dauernden Präsidium von Bernhard Klingelfuss baute man nicht nur die Landhof-Tribüne aus, sondern verpflichtete in Österreich auch gleich drei Ausländer: die Brüder Gustav und Karl Putzendopler von Rapid Wien sowie den damals als «Fussballkönig» bezeichneten Schaffer vom MTK Budapest. Derweil die Putzendoplers dem FCB bis in die Dreissigerjahre hinein treu blieben, derweil Gustav Putzendopler später für kurze Zeit gar das Traineramt anvertraut werden sollte, verliess Schaffer den FCB nach einem Jahr bereits wieder. Er hatte sich den Ruf eines Wandervogels angeeignet, hatte sich in Basel nicht richtig akklimatisieren können und war deshalb weitergezogen – zum FC Wacker München. Diese kleine Episode mit dem Spieler namens Schaffer ist wohl auch deshalb nicht ganz uninteressant, weil sie beweist, dass schon damals im Fussball nicht alles Gold war, was glänzte – und dass die, die heutzutage stets nur von den «guten alten Zeiten» schwärmen, vielleicht auch ein klein bisschen an Gedächtnisschwund leiden. Dazu passt durchaus auch ein Blick auf das FCB-Kader von 1930, das kaum mehr internationaler hätte sein können: Es spielten damals für den Verein neben den Schweizern Bielser, Nikles, Schaub, Meier und Hufschmid der Pole Wionowsky, die Deutschen H. Enderlin und A. Enderlin, der Franzose Jaeck, der Norweger Juve, der Österreicher

Gustav Putzendopler und der Siamese Fisher, der sich ausserdem einen Namen als Tennismeister geschaffen hatte.

Trotz der verschiedenen Ausländer, die man also beim FCB in den Zwanzigerjahren verpflichtet und zumindest auch «verköstigt» hatte, war dies eine Ära der Stagnation: Elf Saisons wurden nach dem Krieg ausgetragen, in denen sich der FCB stets mit einer Klassierung zwischen den Rängen 2 und 7 hatte bescheiden müssen, ehe er die Meisterschaft 1929/30 zum zweiten Mal in der bisherigen Vereinsgeschichte als Erster beendet hatte.

In der Saison 1919/20 zum Beispiel hatte der FCB mehr durch die Resultate seiner Leichtathletik-Abteilung auf sich aufmerksam gemacht als durch die Fussballer: Die FCB-Athleten hatten in Bern mit dem Gewinn der Vereinsmeisterschaft ihren letzten grossen Erfolg überhaupt errungen, ehe sie bis zum heutigen Tag immer mehr in die Bedeutungslosigkeit verschwanden.

Oder ein Jahr später: Da waren die Fussballer, jetzt wieder unter dem Präsidium von Franz Rinderer, mit echten Meisterhoffnungen in die Saison gestartet – am Schluss aber mussten sie froh sein, dank eines entscheidenden Sieges über den FC Luzern nicht erstmals in der Clubgeschichte abgestiegen zu sein.

Die folgenden Saisons bis 1929 verliefen danach zwar durchwegs besser, doch zu mehr als Ehrenplätzen reichte es dem FCB nie, obschon dem 1922 engagierten deutschen Trainer Max Breunig gute Arbeit attestiert wurde.

Doch «aufregender» als die Meisterschaften waren die nach wie vor überdurchschnittlich häufigen Wechsel auf dem Präsidentensessel, die nicht gerade von viel innerer Ruhe zeugten. In den 30 ersten Jahren seines Bestehens hatte der FCB auf jeden Fall 20 Präsidenten «verbraucht», allein in den Jahren zwischen 1920 und 1930 gab es zehn verschiedene Vorsitzende – oder aber Präsidenten, die kamen und gingen und wieder kamen (wie zur Jahrhundertwende Schiess, wie danach bis 1915 Thalmann oder wie danach Karl Ibach, Franz Rinderer oder Carl Burkhardt). Immerhin schadeten diese Wechsel im finanziellen Bereich vorerst nicht, denn trotz vieler Investitionen schloss der FCB beispielsweise die Saison 1923/24 mit einem Überschuss von 3000 Franken ab, sodass man einen Teil dieses Gewinnes in die erstmalige Herausgabe, in die Gründung einer Clubzeitung, investieren konnte.

Resultatmässig oft beinahe erfolgreicher als die nationalen Meisterschaften verliefen für den FCB auch in dieser Ära die regelmässigen Auslandsreisen oder die im eigenen Stadion durchgeführten internationalen Spiele, die sowohl auswärts wie zu Hause durchaus als Vorboten des heutigen Europacups bezeichnet werden können. Die wichtigsten dieser internationalen Vergleiche nannte man damals Städtespiele – und im Rahmen dieser Partien traf der FCB regelmässig auf grosse Clubs wie auf den FC Nürnberg (0:2 und 0:1), der sich mit dem damaligen Old-Boys-Internationalen Gustav Bark verstärkt hatte, wie den FC Berlin oder auf die norddeutschen Clubs Viktoria Hamburg (2:2), Holstein Kiel (1:1) und Hannover 96 (0:4). Dazu kamen Reisen nach Italien (1922) und nach Berlin zum Jubiläumsturnier des «Verbands Brandenburgischer Ballspielvereine», an dem eine Basler Stadtauswahl mit 13 Spielern des FCB, der Old Boys und des FC Nordstern teilnahm und dabei auf die Auswahlteams von Berlin und Den Haag traf.

Denkwürdig war schliesslich am 7. Juni 1925 der Besuch einer der damals berühmtesten Mannschaften Südamerikas und der Welt: Uruguays Serienmeister Nacional Montevideo trat auf dem Landhof an. Diese Mannschaft war praktisch identisch mit jener Auswahl, die ein Jahr zuvor an den Olympischen Spielen in Paris mit einem 3:0-Sieg über die Schweiz die Goldmedaille gewonnen hatte. In Basel blieb sie gegen eine Basler Städteauswahl im (mit weit über 10 000 Zuschauern) gerammelt vollen Landhof ihrem exzellenten Ruf nichts schuldig. 5:2 gewannen die Südamerikaner dieses Fest, das mit einer für damalige Verhältnisse grossen Sensation begonnen hatte: Der Matchball wurde aus einem über dem Stadion

FCB gegen Karlsruhe 1903 auf dem Landhof, der damals sichtbar noch ausserhalb der eigentlichen Stadtgrenzen lag

kreisenden Kleinflugzeug abgeworfen.
In der Meisterschaft aber dominierten wie gesagt andere Teams, ja, zum Verdruss des FCB musste man in diesen Jahren sogar am Ort den Vortritt einem lokalen Rivalen überlassen: Gleich dreimal (1924, 1927, 1928) qualifizierte sich damals der FC Nordstern als jeweiliger Zentralschweizer Meister für die Finals um nationale Titelehren. Zum ganz grossen Erfolg hatte es den Nordsternen zwar auch nicht gereicht, musste man sich doch jeweils dem FCZ (1924) sowie zweimal den Grasshoppers (1927 und 1928) beugen, doch mit ihren guten Ergebnissen hatte vorübergehend der FC Nordstern die Führung in der Stadt übernommen, sodass 1928 an der bescheidenen Feier zum 35-jährigen Jubiläum eher der bissige Basler Spott als die wirklich grosse Festfreude dominiert hatte. Eine Schnitzelbank, die ein gewisser Fritz Böhringer an diesem Vereinsabend vorgetragen hatte, umschrieb jedenfalls die damals herrschende Stimmung gesunder Selbstironie treffend:

«*Fimfedrissig Johr so schtoht in dr Feschtschrift gschriebe*
Sig dr FC Basel treu de Traditione bliibe
Drum haltet au jetzt wieder treu zur Parole
Und lehn die ANDERE Clubs d'Meisterschaft hole.»

Doch kaum war dieser «Bangg» gemeisselt gewesen, wurde er Lügen gestraft, denn die Saison 1929/30 ging anders aus als viele ihrer Vorgängerinnen: Erstmals seit 1907, zum ersten Mal seit fast 25 Jahren also, beendete der FCB seine Gruppenspiele wieder einmal als Sieger, wurde er in dieser Reihenfolge vor den Young Boys, dem FC Grenchen, dem FC Aarau, dem FC Bern, den Old Boys, dem FC Nordstern, dem FC Concordia Basel und dem FC Solothurn Zentralschweizer Meister. Der 1927 verpflichtete Trainer Julius Kertesz vom MTK Budapest hatte seinen FCB ans lange angestrebte Ziel geführt, ein Ziel, das allerdings nur ein Zwischenziel gewesen war. Denn endlich sollte jetzt auch der erste Schweizer Meistertitel her, allein, dazu reichte es in den Finalspielen des Frühsommers von 1930 noch immer nicht.

Diese Finalrunde hatte es in sich – nicht in erster Linie wegen der Spannung oder wegen allfällig besonders guter Fussballspiele, sondern vielmehr wegen des Austragungsmodus: Ein Antrag des FC Blue Stars Zürich war angenommen worden, wonach diesmal sechs Teams, also die Gruppenersten und Gruppenzweiten, teilnehmen durften, dabei aber nach einem kaum mehr nachvollziehbar komplizierten Modus den Titel unter sich ausmachten. Ehe er jedenfalls als Meister festgestanden war, hatte der FC Servette nicht etwa fünf Spiele, also eines gegen jeden der sechs Finalisten, austragen müssen, sondern nur deren vier. Ebenfalls viermal antreten musste der FC Basel, der zuerst in Lugano gegen den FC Lugano 1:4 verlor, danach am 18. Mai 1930 vor 4300 Zuschauern zu Hause gegen Biel 1:0 gewann, eine Woche später in Zürich gegen GC 0:1 verlor und schliesslich am 1. Juni zu Hause gegen den neuen Meister Servette mit 0:3 verlor. Dennoch: Ein Jahrzehnt der Stagnation war mit der Finalqualifikation doch noch einigermassen versöhnlich zu Ende gegangen.

Die dreissiger Jahre waren auch im Schweizer Fussball durch etwelche Unruhe gekennzeichnet: Die Verbandsoberen taten einen für damalige Verhältnisse nachgerade sensationellen Schritt – einen Schritt, den sie allerdings wenig später offenbar wieder bitter bereuten und abschafften. Sie bewilligten den Berufsfussball. Damalige Beobachter der Schweizer Fussballszene beklagten jenen Entscheid als unreif, ja als verheerend, doch als die zuständigen Funktionäre

Die gemischte Basler Stadtmannschaft vor einem Städtespiel in Berlin im April 1921 (3:3)

am 18. und 19. Juli des Jahres 1931 an ihrer Delegiertenversammlung im Hotel National zu Bern Ja zum Profifussball auch in der Schweiz gesagt hatten, hatten sie offenbar weniger ein grössenwahnsinniges Projekt vor Augen, als vielmehr den Wunsch, ehrlicher zu werden, zu legalisieren, was seit Jahren, ja Jahrzehnten inoffiziell der Fall gewesen war: dass die besten Spieler «unter dem Tisch» recht ordentlich bezahlt wurden nämlich. England zum Beispiel hatte den Berufsfussball bereits 1885 legalisiert, Italien hatte nach der Jahrhundertwende nachgezogen, jetzt wollten die Schweizer unter der Federführung ihres Zentralpräsidenten Otto Eicher nicht mehr hintenanstehen, nachdem während Jahren für eine Lockerung der Amateurbestimmungen gekämpft worden war.

Die Zeitung «Football Suisse» zum Beispiel hatte schon 1907 ausgemacht, dass etlichen Spielern materielle Vergünstigungen ermöglicht würden, danach hatte der Verband zum Teil recht harte Massnahmen gegen finanzielle Auswüchse beschlossen, ehe zu Beginn der Dreissigerjahre offiziell eine Liberalisierung des bisher gültigen Amateurstatutes beschlossen wurde: Mit 412 zu 48 Stimmen erlaubten die Delegierten am besagten Juli-Wochenende von 1931 in Bern mit der Schaffung dreier verschiedener Spieler-Kategorien (Amateure, Nicht-Amateure, Berufsspieler) den Profifussball in der Schweiz.

Diesen vermeintlichen Schritt nach vorne brachte das «Goldene Buch des Schweizer Fussballs» aus dem Jahre 1953 mit mehr als 20-jähriger Distanz in einen direkten Zusammenhang mit der Wirtschaftskrise, die in den Zwanziger- und Dreissigerjahren Europa fast lahmgelegt hatte: *«1929 brach die schwere Wirtschaftskrise über die Welt herein. Eine Massenarbeitslosigkeit führte zu schweren Erschütterungen in wirtschaftlicher und sozialer Beziehung. Ohne Zweifel hat diese Arbeitslosigkeit die Krisis im Schweizer Fussball zu Beginn der dreissiger Jahre so akut werden lassen. Selbst tüchtige Menschen hatten Mühe, in Beruf und Arbeit unterzukommen oder darin ein hinreichendes Auskommen zu finden. Gute junge Fussballer glaubten die Rettung im Berufsfussball zu finden. Gefördert wurde diese Entwicklung durch die relativ grosse Zahl ausländischer Spieler, die ebenfalls als Folge der Weltwirtschaftskrise in der Schweiz im Fussball ihr Auskommen suchten und dabei mehr verdienten als viele erstklassige schweizerische Spieler, die berufstätig waren. Das Resultat dieses Zustandes war eine völlige finanzielle und teilweise auch spielerische Pleite; selbst die grössten Clubs blieben von ihr nicht verschont.»*

FCB-Spieler Fahr (Mitte, weisser Pullover) gegen zwei Spieler des FC Bern im Jahr 1920

Das «Goldene Buch» bezeichnete den Schritt Profitum im Weiteren als «Katastrophe». Nie in der Verbandsgeschichte habe eine Delegiertenversammlung einen verhängnisvolleren Beschluss gefasst: «*Was im italienischen Fussball tragbar war, brachte unseren Fussball an den Rand des Abgrundes.*»

Das mussten jene, die 1931 den Schritt zum Berufsfussball beschlossen hatten, schon sehr schnell ebenfalls erkannt haben. Schon im Januar 1932 nämlich standen diese vernichtend tönenden Zeilen im Fussballverbands-Organ geschrieben: «... *viele Clubs engagierten auf Tod und Leben Spieler, zahlten, was verlangt wurde, berappten die unglaublichsten Transfersummen, die in den meisten Fällen in keinem Verhältnis zum Können der Spieler standen etc. und erreichten spielerisch doch nichts. Der neue Zustand wuchs diesen Leuten ganz einfach über den Kopf, ganz einfach deshalb, weil eben zu viele ‹Geschäftsleute› den Ton angaben und noch angeben, die vom Fussballsport keinen blassen Dunst haben ...*»

Diese Worte, die sehr wohl von heute sein könnten, so brandaktuell wie sie klingen, wurden aber wie gesagt vor rund 70 Jahren verfasst, damals, als sich gemäss den Aussagen von FCB-

Ruedi Kappenberger, hier im Jahr 1943 gegen Servette, war einer der grossen Basler Spieler jener Zeit

Präsident Franz Rinderer «*die meisten Clubs stark verschuldeten. Dabei handelt es sich um Summen von 50 000 Franken, 100 000 Franken, ja bis zu 300 000 Franken*».

Dass sich die Schweizer Fussballclubs ausgerechnet in einer wirtschaftlich derart maroden Zeit in diesem grossen Ausmass verschuldeten, kann im Nachhinein in der Tat nur als «verrückte» Flucht nach vorne bezeichnet werden, eine Flucht, die die gleichen Funktionäre allerdings schon ein Jahr später an einer ausserordentlichen Konferenz im Bürgerhaus in Bern wieder zu korrigieren versuchten: Jetzt wurde der Gründung eines Amateur-Unterverbandes mit 131:20 Stimmen das Wort geredet, derweil die Schaffung einer Profi-Liga mit 146:0 in Bausch und Bogen verdammt wurde ...

Man wollte also zurückkrebsen, wollte keinen reinen Berufssport, doch zur Vernunft kehrte man in den Clubs dennoch nicht zurück. Die Entwicklung war vorerst nicht mehr zu bremsen, was erneut als Parallele zum heutigen Fussball beurteilt werden kann. Franz Rinderer, der FCB-Präsident und Präsident des Schweizer Verbandes, musste 1936 – also fünf Jahre nach dem unseligen Berner «Profi-Beschluss» – ernüchtert feststellen, dass in der Nationalliga – so nämlich hiess die Schweizer Meisterschaft der obersten Liga inzwischen – dass also in der Nationalliga selbst nach den ersten Erfahrungen keine Vernunft Einkehr gehalten habe: «*Trotz der ernsten Ermahnungen vor fünf Jahren glaubten die meisten Clubs mit Volldampf ins Berufsspielertum hineinfahren zu müssen, ohne zu überlegen, wo die Grenzen der optimalen Leistungsfähigkeit liegen. Planlos wurde gewirtschaftet, und erst wenn es zu spät war, stellte sich die Besinnung ein. Die schweizerische Nationalliga gleicht heute förmlich einem Fruchtfeld, das von einem Heuschreckenschwarm heimgesucht wurde.*»

Ob und in welchem Ausmass der FC Basel damals diese «Unvernunft» mitgemacht hatte, ist heute nicht mehr leicht nachzuvollziehen. Gewiss aber wäre es falsch, wäre es wohl aus zu rosaroter Vereinsbrille betrachtet, würde man jetzt in diesem Buch ausgerechnet den FCB als Ausnahme feiern. Zwar ist nicht mehr herauszufinden, welche Saläre und Handgelder er damals in welcher Höhe aus welchen Pfründen bezahlt hatte, doch dass er damals kein blütenreiner Amateurverein gewesen sein dürfte, kann allein schon an der regelmässigen Verpflichtung ausländischer Profis abgelesen werden. In der Tat hatte der FCB seit der Verpflichtung des Budapester «Wandervogels» Schaffer im Jahre 1920, die ein ziemlicher Reinfall gewesen war, immer wieder Ausländer in grösserer Anzahl zugezogen, bis der Verband 1931 die Anzahl von Ausländern auf drei pro Mannschaft limitierte. Zudem gründete der FCB 1934 seinen ersten Supporter-Club, einen Verein im Verein gewissermassen – und dessen Mitglieder hatten eigentlich keine andere Aufgabe, als den FCB finanziell zu unterstützen – mit mindestens 100 Franken jährlich.

Im sportlichen Bereich touchierte der FCB in diesem Jahrzehnt mit dem

Erstliga-Meister und Cupfinalist 1942

erstmaligen Cupsieg (1933) und dem erstmaligen Abstieg (1939) sämtliche Bandbreiten der Emotionen.

Man begann die Saison 1930/31 – mit einem Trainerwechsel: Weil Julius Kertesz, ein gutes Jahr zuvor mit dem Gewinn der Zentralschweizer Meisterschaft noch gefeiert, nun mit den Spielern plötzlich nicht mehr zu Rande kam und sich erhebliche Klüfte im zwischenmenschlichen Bereich auftaten, trennte sich die Vereinsleitung von ihm und ernannte den inzwischen zum Schweizer Bürger gewordenen ehemaligen Spieler Gustav Putzendopler zum Trainer.

Wieder einmal hatten die Funktionäre vor dieser Meisterschaft einen neuen Modus ausgetüftelt – und der trug dem FC Basel als Zentralgruppen-Zweiter hinter den Young Boys aus Bern noch die Teilnahme an der Finalrunde mit diesmal sechs Mannschaften ein. Diesen 2. Rang eroberte sich der FCB allerdings erst in einem Stechen gegen den punktgleichen FC Nordstern, der auf der neutralen Schützenmatte 2:1 bezwungen wurde. In den Finals hatte der FCB dann allerdings mit dem Kampf um den Titel nichts zu tun, denn bereits in seiner ersten von drei Partien gab er beim 2:2 im Heimspiel gegen Urania Genf einen wichtigen Punkt ab. Danach folgten zwei deutliche Niederlagen, ein 1:4 vor 6000 Zuschauern zu Hause gegen die Grasshoppers und ein 1:3 auswärts gegen den FC La Chaux-de-Fonds, so dass auch ein abschliessender 3:2-Sieg der Basler bei den Zürcher Blue Stars nichts mehr daran änderte: Zu einem nationalen Titel hatte es dem FCB auch diesmal, trotz guter Saison nicht gereicht. Die Spieler Nikles (Tor), Enderlin (II), Ardizzoia, Hufschmid, Bielser, Galler, Schaub, Wionowsky, Kielholz, Schlecht und Jaeck hatten diesen Erfolg unter Trainer Putzendopler erreicht – Meister aber wurden nach insgesamt 12 Finals einmal mehr die Zürcher Grasshoppers, bei denen inzwischen so berühmte Spieler wie Torhüter Pasche, wie die Abegglen-Brüder Xam und Trello oder wie Minelli das sportliche Sagen hatten. Es war dies im Jahre 1931 bereits der achte Titel des heutigen Rekordmeisters GC, derweil der FCB zu der Zeit noch immer mehr als 20 Jahre von der ersten Schweizer Meisterschaft (1953) entfernt war.

Dafür reichte es den Baslern zwei Jahre später – nach einer Saison 1931/32, in der der Liga-Erhalt nur ganz knapp erreicht wurde – im Cup zum ersten grossen Triumph: Die Saison 1932/33 wurde am 9. April 1933 mit dem Cupsieg beendet. 4:3 gewann der FCB vor 14 000 Zuschauern auf dem Zürcher Hardturm gegen die Grasshoppers und damit den ersten grossen nationalen Pokal. Wie die späteren Cupsiege ist auch dieser Erfolg Gegenstand eines eigenen Kapitels in diesem Buch.

Doch zu dieser Saison 1932/33 gehörte nicht nur dieser grösste FCB-Triumph, den er sich ausgerechnet zu seinem 40. Geburtstag beschert hatte, sondern auch eine weitere kuriose Erfindung der damaligen Modus-Macher, denen es offenbar nicht kompliziert genug gehen konnte: Die 16 Teams der «Nationalliga», die vor ihrer zweiten Saison unter dieser Bezeichnung stand, wurden vor-

Cupfinal 1933: FCB-Goalie Imhof wird von Trello Abegglen (GC) überwunden

erst einmal in zwei Achtergruppen unterteilt. Am Ende qualifizierten sich die beiden Gruppensieger (die Grasshoppers in der Gruppe 1 und die Young Boys in der Gruppe 2) für die Finalrunde. Dazu kam der Sieger eines Entscheidungsspiels zwischen den beiden Gruppenzweiten – und das war mit 4:3 gegen den FC Basel der FC Servette Genf. Vierter Teilnehmer an der Finalrunde war der FC

Ein Schneematch 1945 zwischen dem FCB und YB ...

Bern als Erstliga-Meister. Damit hatten die Funktionäre von anno dazumal also in der Tat einen Modus kreiert, bei dem am Ende auch der Meister der zweithöchsten Spielklasse, in diesem Fall der FC Bern, um den nationalen Meistertitel mitspielen durfte.

Allein – das war des Grotesken noch nicht genug, denn der normalen Meisterschaft, die letztlich mit dem Titelgewinn von Servette endete, folgte das erste und einzige Mal in der Geschichte des Schweizer Fussballs ein Anhängsel, das man stolz die «challenge national» nannte, das aber vor allem der Vermehrung des Spielbetriebes und damit auch der Einnahmen diente. In diesem Zusatzwettbewerb hatten die Mannschaften der vorherigen Meisterschaftsgruppe 1 jetzt gegen die Teams der Gruppe 2 – und umgekehrt – anzutreten, und zwar diesmal nur noch in einer einfachen Runde ohne Rückspiele. Acht zusätzliche Partien hatten damit die Mannschaften zu bestreiten, der FCB gewann davon noch deren drei und klassierte sich in diesem lächerlichen Wettbewerb auf dem 5. Platz, wobei seine Partie gegen die Blue Stars wegen Geringfügigkeit gar nicht mehr erst ausgetragen wurde, genau so wie in der anderen Gruppe der Match zwischen dem FC Zürich und dem FC La Chaux-de-Fonds. Sieger dieser «challenge», die nach dem ersten Final auch gleich wieder verschwand, wurden mit 2:1 über GC die Young Boys.

Ganz abgesehen davon, dass diese «challenge» ohne jede Tradition so wenig Überlebenschance haben konnte wie später in den Siebzigerjahren der sogenannte «Liga-Cup», brauchte es fortan diesen Zusatzwettbewerb auch nicht mehr, denn von der Saison 1933/34 an wurde die höchste Schweizer Liga eingleisig und damit das, was sie bis auf den heutigen Tag geblieben ist: eine Spielklasse, in der endlich, endlich die besten Teams des ganzen Landes (und nicht nur einer Region) vereint waren.

Noch hiess diese Liga nur Nationalliga, denn elf Saisons lang – bis 1944 – gab es noch keine Nationalliga B und damit auch keine Nationalliga A. Zweithöchste Spielklasse unter der Nationalliga war die 1. Liga.

In der ersten Saison (1933/34) mit der eingleisigen Nationalliga kam der FC Basel auf einen Rekord von 46 Spielen (davon 12 Freundschaftsspiele) in einem Jahr, die einzig Stürmer Otto Haftel samt und sonders bestritt. Haftel war 1932 aus Österreich zusammen mit seinen Landsleuten Borecky und Wessely zum FCB gestossen und vorübergehend als Nachfolger von Gustav Putzendopler zum Trainer ernannt worden, ehe 1933 als wiederum neuer Trainer Karl Kurz aus Wien verpflichtet wurde. Kurz führte danach den FCB auch zum erwähnten Cupsieg von 1933, ehe er mitten in der darauf folgenden Meisterschaft nach kurzer Krankheit im 35. Lebensjahr verstarb. Für ihn übernahm mit Josef Haist vorübergehend wieder ein österreicherischer Trainer die erste Mannschaft, die schliesslich nach 30 Meisterschaftsspielen hinter Servette, GC, Lugano und dem FC Bern auf

... und eine Parade von FCB-Goalie Müller im Cupfinal 1944 gegen Lausanne

den ordentlich guten 5. Rang (unter 16 Teams) kam. Karl Kurz war im übrigen nicht der einzige verdiente FCB-Mann, von dem der Verein in jenen Jahren Abschied nehmen musste: Innert weniger Jahre waren in jugendlichem Alter die verdienten ehemaligen Spieler Hugo von Dorp, Emil Hasler und Christian Albicker gestorben.

1934/35 wurde die eingleisige Liga auf 14 Mannschaften reduziert. Ein paar Monate lang trainierte nun ein gewisser Richard Dombi den FCB, ehe dieser Trainer ein Angebot aus Holland annahm und durch den Lausanner Alvin Riemke ersetzt wurde. Riemke war damit der sechste Trainer innert vier Jahren – aber bei weitem noch nicht der letzte in diesem Jahrzehnt, denn auf ihn sollten bis 1939 mit Heinz Körner, Spielertrainer Fernand Jaccard, Walter Dietrich und schliesslich Max Galler noch vier weitere Trainer folgen. Derweil beim FCB in diesem Jahrzehnt auf dem Präsidentensessel dank der Ausdauer von Franz Rinderer (1931 bis 1936) sowie von Emil Junker (1936 bis 1939) eine gewisse Stabilität einkehrte, beklagte der FCB damit einen enormen Trainerverschleiss, der möglicherweise in einem direkten kausalen Zusammenhang mit einem einsetzenden sportlichen Krebsgang zu tun hatte. Den 5. Rängen der Saisons 1933/34 und 1934/35 folgten nämlich die Plätze 10 und 11, die nur ganz knapp für den Ligaerhalt reichten. Ja, 1937 benötigte der FCB gegen den punktgleichen FC La Chaux-de-Fonds gar zwei Entscheidungsspiele (1:1 nach Verlängerung, 1:0 im Wiederholungsmatch), um sich vorerst noch in der Nationalliga halten zu können.

Ein Jahr später, 1937/38, glaubte man sich mit dem neuen Spielertrainer Jaccard und vier weiteren neuen Spielern gar über dem Berg, wurde doch hinter dem FC Lugano, der damit als erster Tessiner Club einen Meistertitel errang, sowie hinter GC und YB der 4. Rang erkämpft.

Allein, im Nachhinein musste von einem trügerischen Zwischenhoch die Rede sein, denn ein weiteres Jahr später war es vorbei mit der Basler Erstklassigkeit: In 22 Spielen erlitt der jetzt enorm schwache FCB bei jeweils fünf Siegen und Unentschieden nicht weniger als zwölf Niederlagen, was ihm den letzten Rang «bescherte». Damit war der erstmalige Abstieg in die 1. Liga nicht mehr zu vermeiden gewesen, ja, mit dem FCB verschwand 1939 jene Mannschaft, die bis dahin sämtliche Meisterschaften seit der Gründung des nationalen Verbandes in der obersten Liga bestritten hatte.

Hatte der Ausbruch des Ersten Weltkrieges im Jahr 1914 die Entwicklung des damals noch sehr jungen Fussballsportes in der Schweiz noch arg gebremst, so beeinträchtigte der zweite Krieg das Sportgeschehen in der Schweiz weniger: General Henri Guisan, einst selbst Präsident eines Fussballclubs (Stade Lausanne) und Mitglied des Internationalen Olympischen Komitees, war in der Schweizer Armee ein dem Sport offenbar wohl gesinnter Befehlshaber, so dass in allen Kriegsjahren sehr wohl eine Fussballmeisterschaft ausgetragen werden konnte.

Einzig die erste «Kriegssaison» wirkte improvisiert, weil der Ausbruch des Krieges im Spätsommer 1939 zeitlich fast genau mit dem geplanten Meisterschaftsstart zusammenfiel. Die Verbandsbehörden verschoben den Fussballstart deshalb um einige Wochen und riefen danach eine sogenannte «Mobilisations-Meisterschaft» aus, die in der Nationalliga von Servette gewonnen wurde. Es gab aber in dieser Meisterschaft keinen Absteiger und somit auch keinen Aufsteiger in die Nationalliga, womit der Erstliga-Titel des ein Jahr zuvor abgestiegenen FCB unter Trainer Walter Diethelm ohne den Wiederaufstieg bleiben musste. Zwar wurden in dieser 1. Liga Finalspiele mit den vier anderen Gruppensiegern ausgetragen, die der FCB gegen Vevey, Fribourg, Brühl St. Gallen und Bellinzona auch als Finalrunden-Erster abschloss, doch einen Aufstieg gab es durch Verbandsbeschluss eben nicht. Und auch auf Verbandsebene bezahlte der FCB für das Darben in der 1. Liga: Nationalliga-Präsident Franz Rinderer hatte sein Amt nach dem Abstieg seines Clubs, des FCB, naturgemäss abgeben müssen. Nachfolger Rinderers wurde der Bieler Robert Zumbühl.

Die Saison 1940/41, die in der Nationalliga mit dem zweiten Meistertitel für den FC Lugano – und damit auch für den Basler Stürmer Ruedi Kappenberger, der sich den Tessinern angeschlossen hatte – zu Ende ging, brachte dem FCB erneut den Titel in der 1. Liga, erneut aber keinen Aufstieg. Diesmal wäre die Promotion vom Spielreglement her gesehen zwar möglich gewesen, diesmal aber scheiterten die jetzt von Spielertrainer Eugen Rupf geführten Basler sportlich. Im ersten Aufstiegsspiel gab es zu Hause gegen den FC Zürich, der schon damals ein «chronischer» Rivale des FCB war, ein 1:1, danach bei Cantonal Neuchâtel eine 1:2-Niederlage. Weil im dritten Finalspiel der FCZ gegen Cantonal 6:1 siegte, stiegen die Zürcher und die Neuenburger auf, derweil die Basler eine dritte Meisterschaft in der 1. Liga durchlaufen mussten.

Diese dritte Kriegssaison hatte es in sich, und zwar auf Verbandsebene wie für den FCB.

Auf «Regierungsebene» gab es nämlich einige Wechsel und einige Beschlüsse von Tragweite. Otto Eicher trat als Zentralpräsident des Verbandes nach zwölf Jahren zurück. Er wurde durch Robert Zumbühl, den bisherigen Nationalliga-Präsidenten, ersetzt. In den Vorstand wurde zudem der damals sehr populäre Allschwiler Radio-Reporter Hans Sutter gewählt. Sutter war für den gesamtschweizerischen Junioren-Bereich zuständig. Und der neue Vorstand wurde mit zwei nicht unwesentlichen Beschlüssen auch gleich aktiv: Er hob das Profi-Statut für den Schweizer Fussball auf, womit man die 13 Jahre zuvor gerufenen Geister wieder los haben wollte, sie aber wohl nur «offiziell» auch los bekam. Zudem beschloss er die Einführung einer Reserven-Meisterschaft in der Nationalliga – und schliesslich geht in jene Zeit auch die Gründung der Schweizerischen Sport-Toto-Gesellschaft und damit des Toto als wichtige Geldquelle für den Sport zurück.

Meister der Nationalliga wurden wieder einmal die Grasshoppers, die die Saison 1941/42 mit dem Double beendeten, genauso wie die folgende Saison 1942/43. Und auf internationaler Ebene stand das denkwürdige Wiener Länderspiel im Mittelpunkt, das die Schweiz gegen Grossdeutschland dank zweier Tore des jetzt wieder für den FCB spielenden Linksaussen Ruedi Kappenberger 2:1 gewann. Es wurde dieses Ergebnis gegen das faschistische Deutschland hierzulande sehr schnell und sehr gerne in den politischen Zusammenhang genommen und entsprechend gefeiert. Kappenberger, der insgesamt sechs Länderspiele bestritt, hatte in dieser Saison 1941/42 auch grossen Anteil, dass dem FCB nach drei Jahren der Wiederaufstieg in die Nationalliga gelang. In der Erstliga-Meisterschaft hatte es für die Basler in der Ostgruppe in 22 Spielen nur eine Niederlage abgesetzt. Die Zürcher Blue Stars als Zweite wurden mit fünf Punkten Differenz distanziert, Bellinzona auf dem 3. Rang bereits mit 14 Punkten Vorsprung. Zum Aufstieg zurück in die Nationalliga aber benötigte der FCB unter Spielertrainer Rupf noch die notwendigen Ergebnisse aus den Promotionsspielen gegen den FC Bern, die mit 0:0 und 2:1 denn auch erreicht wurden.

Der Aufstieg allein war des Erfolges aber noch nicht genug, denn in diesem letzten Jahr als Erstligist erreichte der FCB auch noch den Cupfinal. Zehn Partien hatte er überstehen müssen, ehe er den Pokal nach einem 0:0 im ersten Endspiel und einer 2:3-Niederlage im Wiederholungsmatch den Grasshoppers überlassen musste. Und das war die Basler Mannschaft, die im Jahre 1942 Erstliga-Meister, Cupfinalist und Aufsteiger in die Nationalliga war: Cinguetti im Tor, Grauer und Elsässer in der Abwehr, Hufschmid, Vonthron und Favre im Aufbau sowie Losa, Trainer Rupf, Grieder, Suter und Nationalspieler Kappenberger im Sturm.

Die Jubiläumssaison 1942/43 durfte der nunmehr 50-jährige FCB also wieder dort bestreiten, wo er auch hingehörte – in der Nationalliga. Allein, sportlich wars für ihn kein gutes Jahr, denn der Liga-Erhalt konnte nur ganz knapp – als Zweitletzter vor dem FC Nordstern – erreicht werden. Immerhin stand der FCB jetzt finanziell wieder gesund da, wies gar ein kleines Vermögen von rund 5000 Franken aus – und die Jubiläumsfeier im Basler Stadtcasino durfte er als erstklassiger Verein feiern. Mit Josy Ebinger, Willy Glaser, Fritz Schäublin, Ferdinand Isler und Emanuel Schiess konnten noch fünf der insgesamt 13 Gründungsmitglieder an der Feier dabei sein und sich für ihr nunmehr 50-jähriges Werk rühmen lassen.

Es stand nun nach den Jubiläumsfeiern die Saison 1943/44 bevor, und die endete für den FCB mit dem 9. Rang, der erneuten Qualifikation für den Cupfinal, der gegen Lausanne 0:3 verloren ging, sowie mit dem Gewinn des Fairnesspreises. Sieger der Nationalliga-Meisterschaft wurde ebenfalls Lausanne – es war die letzte Saison in dieser Form, denn von der Meisterschaft 1944/45 an gab es erstmals eine Nationalliga A und eine Nationalliga B – und zumindest diese Grobeinteilung der zwei höchsten Spielklassen hat bis zum heutigen Tag ihre Gültigkeit, auch wenn der Austragungsmodus der Meisterschaft seit damals noch ungezählte Male wechselte. Dem FCB brachte diese Saison 1944/45 allerdings kein Glück. Unter Trainer Willy Wolf und dem neuen Präsidenten Emil Junker konnte er den Abstieg in die Nationalliga B – zusammen mit dem FC St. Gallen – nicht vermeiden. Eine verheerende Auswärtsschwäche verschuldete die erneute Relegation, die aber in Basel mit Gelassenheit akzeptiert wurde. Man hatte andere Sorgen, wie man den Worten von Clubredaktor Jules Düblin aus dem damaligen Jubiläumsbuch entnehmen kann: «*In dieser schicksalsschweren Zeit – in Japan fielen die ersten Atombomben, viele deutsche Städte waren durch die alliierten Bombenteppiche in Trümmerhaufen verwandelt, die nationalsozialistische Kriegsfurie lag in den letzten Zügen, die freie Welt begann wieder aufzuatmen – da war das Los des FC Basel keineswegs erschütternd.*»

Von 1946 bis 1953: Der erste Meistertitel

Müller, Grauer, Bopp, Wirz, Ebner, Maurer, Stöcklin, Oberer, Bader, Suter, Bertsch, Imhof, Hufschmid, Wenk und Spadini sowie Trainer Max Barras: Dieses Kader des FC Basel schaffte gleich in der ersten Saison nach dem Abstieg (und der ersten nach dem Krieg) den Wiederaufstieg zurück in jene Nationalliga A, der der Verein in der Folge bis 1988 ohne Unterbruch angehören sollte.

Es war dies die Jubiläumssaison des Schweizerischen Fussball- und Athletik-Verbandes (SFAV), der 1945 50-jährig wurde und dieses goldene Jubiläum mit einem Repräsentativspiel gegen England feierte. 37 000 Zuschauer – so viele wie zuvor noch nie bei einem Fussballmatch in der Schweiz – beklatschten im Berner Wankdorf einen 3:1-Sieg der Schweizer, die bereits damals vom berühmten Karl Rappan betreut wurden.

Danach war – zumindest aus lokaler Basler Sicht – die Reihe in der Tat am FCB, der in seiner NLB-Saison 1945/46 in 26 Spielen bei nur zwei Niederlagen und fünf Unentschieden nicht weniger als 43 Punkte gewann und bei einem Torverhältnis von 87:21 pro Match im Durchschnitt beinahe dreieinhalb Treffer erzielte. Das langte selbstverständlich zu einem komfortablen Vorsprung auf Mitaufsteiger Urania Genf sowie für eine intakte Moral, als es galt, die NLA-Saison 1946/47 in Angriff zu nehmen. Und siehe da: Der Neuling, der Aufsteiger, fand sich auch in der obersten Liga auf Anhieb wieder zurecht. Sein neuer Trainer, der Wiener Anton Schall, der einst Spieler im sogenannten österreichischen «Wunderteam» gewesen war, führte den FCB hinter dem neuen Meister FC Biel sowie hinter Lausanne und Lugano auf den 4. Rang und – am 7. April 1947 vor 28 000 Zuschauern im Berner Wankdorf – zum 3:0-Cupsieg über den FC Lausanne.

Im Anschluss an diese für den FCB sehr wohl geglückte Meisterschaft tat sich auch auf verbandspolitischer Ebene wieder einiges. Zum Ersten wurde der Basler Ernst Thommen, der «Vater» des Sport-Toto, als Nachfolger des Neuenburgers Jean Krebs zum Zentralpräsidenten des SFAV gewählt, zum Zweiten erhielt der neue FCB-Präsident Jules Düblin vor allem dank seiner «schriftstellerischen» Tätigkeit für den SFAV und den FCB (mehrere Chroniken, die auch für diesen Band wichtige Quellen waren) die Ehrenmitgliedschaft im Zentralverband. Und zum Dritten beschloss der Verband wichtige Neuerungen im nach wie vor unruhigen Transferwesen. So wurden mit sofortiger Wirkung sämtliche finanziellen Leistungen bei Spielertransfers untersagt, und zwar auch «von Verein zu Verein». Zudem hatte eine neue Transferkommission die Möglichkeit, Spieler, die von einem Nationalliga-Club zum anderen wechseln wollten, mit Sperren bis zu 24 Monaten zu belegen.

In diesem Zusammenhang sei für einmal der lokal gefärbte Hinweis erlaubt, dass sich der FCB in der damaligen Zeit dank des Einflusses von Clubpräsident Jules Düblin auf dem Transfermarkt grösster Zurückhaltung befleissigte und vorzugsweise eigene Junioren ins Kader einbaute. Ganz in diesem Sinn tauchten bereits in den Jahren 1947 (Hans) und 1948 (Seppe) die beiden jugendlichen Hügi-Brüder im Kader des FCB auf – jene Hügis, die fortan bis in die Sechzigerjahre hinein oft mit dem FCB in einem Atemzug genannt wurden. Und ganz in diesem Sinn liess man damals beispielsweise mit Ernst Grauer (zu GC) und Traugott Oberer (zu Cantonal) zwei wichtige bisherige Teamstützen ohne jegliche Formalitäten oder Forderungen zur Konkurrenz ziehen. Das zeichnete den FCB damals aus, das allerdings war selbstverständlich nicht die Politik des FCB während hundert Jahren, sondern auch bei

Erster FCB-Meistertitel 1953 mit (stehend von links) Bielser, Maurer, Bannwart, Schley, Weber, Mogoy, Thalmann, Redolfi sowie (sitzend) Bopp, Hans Hügi, Müller, Trainer Bader und Seppe Hügi

ihm «nur» eine Ära der Ausnahme. Hatte der FCB seine erste NLA-Saison nach dem Krieg mit dem 4. Rang und dem Cupsieg wie gesagt vorzüglich beendet, so musste er die kommende Meisterschaft 1947/48 mit einem schweren Schlag beginnen: Am allerersten Trainingstag zur neuen Saison starb Erfolgstrainer Toni Schall auf dem Landhof an einem Herzversagen. Für ihn übernahm der ehemalige Spieler Ernst

FCB-Captain Grauer bekommt 1947 den Cup-Pokal überreicht

Hufschmid, bis dahin hervorragender Juniorentrainer beim FCB, das Amt des Trainers. In der Vorrunde allerdings musste die Mannschaft arg unten durch, errang sie doch in diesen 13 Partien nur 8 Zähler. Im Frühjahr aber fing sie sich einigermassen auf und sicherte sich den Ligaerhalt mit dem 10. Rang. Ostern wurde in diesem Jahr 1948 mit einer Reise nach Budapest überbrückt – einer Reise, die so kurz nach dem Krieg tiefen Eindruck hinterliess und bei der die Spiele gegen Ferencvaros Budapest (2:3-Niederlage) und gegen Ujpest Dosza Budapest (1:5-Niederlage) eher zweitrangig waren. Eine Auslandsreise prägte auch die kommende Meisterschaft, in der der FCB hinter Lugano mit immerhin sieben Punkten Rückstand Vizemeister wurde: Die Mannschaft gehörte zusammen mit den Städteteams von Zürich und St. Gallen zu den drei Fussballer-Gruppen, die als erste weltweit den internationalen Sportkontakt mit Deutschland wieder aufnahmen. Bereits 1919 nach dem Ersten Weltkrieg hatte der FCB mit dem Spiel gegen den FC Freiburg diese politischen (und menschlichen) Barrieren als erster wieder eingerissen, und jetzt 30 Jahre später, gehörte der FCB – zusammen mit Zürchern und St. Gallern – erneut zu den Bereitern auf dem Weg zu einer Entspannung, zu einer Versöhnung. Derweil die Stadtauswahl Zürichs in Stuttgart und jene St. Gallens in München antraten, wurde der FC Basel vom Karlsruher SC begrüsst und – jetzt folgen Düblins Beobachtungen – *«von 28 000 Zuschauern beim Erscheinen auf dem Spielfeld bejubelt und später mit einer langanhaltenden Dankeskundgebung verabschiedet».* Der Vollständigkeit halber sei noch das Ergebnis dieses historischen Spiels nachgeliefert: 1:0 gewann Karlsruhe, der FCB aber hätte, so urteilten damals die Chronisten, ein Unentschieden verdient gehabt. Dieser Terminologie sollte man im weiteren Verlauf der Zeit bis zum heutigen Tag noch oft begegnen, wenn von einem deutsch-schweizerischen Sportvergleich die Rede war...

Auf die Saison 1949/50 hin musste der FCB wegen Umbaus des Landhof-Stadions ein erstes Mal auf die Schützenmatte ausweichen – das zweijährige Gastspiel von 1999 bis 2000 war also keine Premiere.

Man genoss schon damals bei Stadtrivale OB Gastrecht, man war mit der Einführung von Meisterschaftsspielen am Samstagabend für eine weitere Neuerung im Schweizer Fussball besorgt, für die man vor allem auch von kirchlichen Kreisen gelobt wurde, und man wiederholte unter Trainer Hufschmid, der die Mannschaft noch bis 1952 betreuen sollte, den im Vorjahr errungenen 2. Rang, diesmal mit nur noch zwei Punkten Rückstand auf Meister Servette.

In der Folge gab es zum Abschluss des Jahrzehnts noch zweifache Ehre für den FCB.

Er wurde erstens von Eintracht Frankfurt als Gegner für das Jubiläumsspiel nach Deutschland eingeladen. Die Eintracht, der einst der ehemalige FCB-Spieler und Trainer Walter Dietrich angehört hatte und mit der er 1938 Meister geworden war, feierte den 50. Geburtstag.

Zweitens wurde FCB-Captain René Bader, in jenen Jahren die Spielerpersönlichkeit des FCB schlechthin, in die Nationalmannschaft berufen, die an der Weltmeisterschaft von 1950 in Brasilien teilnehmen durfte. Dabei gehörte Bader jener Elf an, die am 28. Juni 1950 in Sao Paolo gegen Brasilien jenes zur Legende gewordene 2:2 errang, das noch heute zu den grossen Erfolgen der Schweizer Nationalmannschaft zählt und das aus exakt diesem Grund nochmals mit allen Namen in Erinnerung gerufen werden soll. Voilà – sie spielten das 2:2 gegen Brasilien: Stuber (Lausanne), Neury (Locarno), Bocquet (Lausanne), Lusenti (Bellinzona), Eggimann (Servette), Quinche (Bern), Tamini (Servette), Bickel (GC), Friedländer (Lausanne), Bader (FC Basel), Fatton (Servette). Fatton erzielte beide Tore.

Dafür traf Bader vier Tage später in Porto Alegre – beim 2:1-Sieg über Mexiko hatte er das erste Tor erzielt, der Chaux-de-Fonnier Kiki Antenen danach das zweite.

Eine sichere Intervention von FCB-Goalie Müller im Cupfinal 1947 gegen Lausanne

Mag diese WM auch der Höhepunkt in René Baders Karriere gewesen sein – einziger Erfolg des Basler Stürmers aber war «Brasilien 1950» nicht. Vor allem mit dem FCB sollte er in den folgenden Fünfzigerjahren noch weitere grosse Momente erleben.

Würde man die sportliche Bilanz des FC Basel in den Fünfzigerjahren graphisch aufzeichnen, man hätte es einfach: So wie ein Kind einen Berg zu zeichnen pflegt, so sähe das FCB-Bild aus – zuerst eine Linie steil aufwärts, ehe es vom Gipfel fast ebenso steil wieder runter ginge. Der Gipfel, der erklommen wurde, entsprach dabei dem ersten Meistertitel in der Vereinsgeschichte, der 1953 errungen wurde, die Talsohle dann den vielen folgenden Saisons bis 1960, in denen oft genug um nichts Geringeres als um den Ligaerhalt gekämpft werden musste. Ziemlich genau 30 Jahre später sollte der FCB nochmals ein Jahrzehnt mit derartigen Leistungsunterschieden erleben: Die Achtzigerjahre begannen für ihn mit dem achten und bis heute letzten Meistertitel (1980) sehr gut – und endeten danach doch in der Nationalliga B, in die der FCB 1988 abgestiegen war.

Blenden wir aber nochmals zurück zum Beginn der Fünfzigerjahre, in denen sich der FCB ganz offensichtlich in einer argen Zwickmühle befand. Einerseits strebte er sehr, sehr nachhaltig dem ersten Meistertitel nach, anderseits aber wurde er von einem Vorstand «regiert», der auf dem schon damals blühenden Transfermarkt zurückhaltend bleiben wollte. Ja, Vereinspräsident Düblin gehörte zu den vehementen Verfechtern eines «sauberen» Fussballs, was in seiner Terminologie einem Fussball mit möglichst wenig finanziellen Aufwendungen für Spieler und Trainer gleichkam. Man lese Düblins Worte aus jener Zeit nach:

«*Mit tiefer Besorgnis blickte man in dieser Zeit* (ca. 1950; die Red.) *auf die Machenschaften vieler Vereine, mit verwerflichen Methoden die sportlichen Gesetze und die sich selbst gegebenen Reglemente bei Spielerübertritten zu umgehen. Die Clubs der Westschweiz und des Tessins beantragten die Einführung des bezahlten Freigabebriefes, was dem extremen Spielerhandel und dem Professionalismus Tür und Tor geöffnet hätte. Unser Club wehrte sich an der Generalversammlung der Nationalliga mit Vehemenz gegen diese Tendenz, und wir hatten damit, wenigstens vorläufig, Erfolg.*»

Nur – weder Düblin persönlich noch der FCB als einer der grossen und federführenden Vereine im Land konnten sich auf die Dauer gegen die Strömungen der Zeit richten, und tatsächlich wurde der Club bereits fünf Jahre später, 1955, zu einem eigentlichen Umdenken gezwungen, wie jetzt eine Textpassage aus der Vereinschronik beweist:

«*Die vergangene Saison* (1954/55; die Red.) *hatte mit aller Klarheit gezeigt, dass der Club ohne Zuzug neuer Kräfte für die nächste Zukunft nicht mehr würde auskommen können. Viele überlieferte Anschauungen und clubpolitische Grundsätze mussten daher einer Revision unterzogen werden. Die Clubleitung beschloss daher in Nachachtung des ihr von der Generalversammlung erteilten Auftrages, mit allen verantwortbaren Mitteln die Zugehörigkeit zur Nationalliga A zu erhalten, einstimmig für den Transfer der Spieler Sylvan Thüler (Solothurn), Jürgen Sanmann (Concordia Hamburg), Gotti Stäuble (Lausanne, im Austausch mit Hans Weber) mit aller Entschiedenheit besorgt zu sein. Es bedurfte langer und schwieriger Verhandlungen und erheblicher finanzieller Zugeständnisse, um diese Übertritte vollziehen zu können. Leider war es dann in der Folge nicht möglich, die entsprechenden Transfergelder à fonds perdu beizubringen, so dass sich die Clubleitung gezwungen sah, diese Mittel durch Überbrückungskredite bereitzustellen.*»

Diese Beschlüsse des Clubs aus dem Jahre 1955, also nur fünf Jahre nach der vehementen Absage an den Kommerz im Fussball, beweist, dass auch der FCB allem guten Willen seines damaligen Vorstandes zum Trotz in die sich drehende Geldspirale mithineingerissen wurde, allein, um sportlich überleben zu können. Finanzielle Probleme im Fussball sind also, wie schon an anderen Stellen dieses Buches mehrfach angetönt, keineswegs eine «Erfindung» der heutigen Tage – nur ist heutzutage der Profifussball längst offizialisiert, derweil in den Fünfzigerjahren zwar eine Transferkommission Überwachungsfunktionen hätte einnehmen müssen, aber damals noch weitgehend illegalen Zahlungen unter der Hand tatenlos zusah, bis man Ende der Fünfzigerjahre und Anfang der Sechzigerjahre auch auf Verbandsebene auf die Zeichen der Zeit reagierte und nun mit liberaleren Reglementen das Halbprofitum zumindest tolerierte. Nur: Bis heute haben es die Fussballfunktionäre nicht geschafft, dem Beruf des Fussballers rechtsgültige Anerkennung zu verschaffen. In der offiziellen Schweizer Rechtssprache gibt es den Beruf Fussballer selbst heutzutage, Anfang des neuen Jahrtausends, noch immer nicht, obschon auch im Schweizer Fussball das Vollprofitum längst, spätestens seit den Siebzigerjahren, alltäglich und zumindest in der Nationalliga A schon längst eine Überlebensbedingung ist.

1950 aber, beim Eintritt in ein neues Jahrzehnt, focht man beim FCB noch einen fast heroisch anmutenden Kampf gegen die an sich nicht mehr aufzuhaltende Kommerzialisierung des Fussballsportes aus.

Die Saison 1950/51 endete für den FC Basel sportlich auf dem 4. Rang und finanziell trotzdem in einem Defizit von über 60 000 Franken, das man dann in den folgenden Jahren allerdings nochmals ausgleichen konnte. Im Cup schrieb der FCB in dieser Saison eine sehr ruhmlose Geschichte: Die 1:2-Heimniederlage gegen den FC Locarno endete mit den ersten Publikumsausschreitungen auf Basler Fussballboden. Man schrieb damals, wie gesagt, das Jahr 1951...

Meister in dieser Saison wurde Lausanne, und Aufsteiger in die Nationalliga A war keine geringere Mannschaft als jene des damaligen (und heutigen) Rekordmeisters Grasshoppers, der 1949 zum einzigen Mal in seiner Geschichte abstieg und danach zwei Saisons in der Nationalliga B verbringen musste.

GC feierte danach allerdings eine triumphale Rückkehr in die Nationalliga A, denn gleich die erste Saison (1951/52) nach ihrem Wiederaufstieg beendeten die Zürcher mit dem Gewinn des Double. Sie hatten sich nach dem Aufstieg mit den Gebrüdern Hüssy von Meister Lausanne verstärkt, sonst aber im Wesentlichen mit der NLB-Mannschaft des Vorjahres gleich auf Anhieb Titel und Cup gewonnen. Damit ist auch bereits gesagt, dass der FCB sein Ziel ein neues Mal verpasst hatte, auch wenn er als Vierter im Schlussklassement erneut in der oberen Tabellenhälfte anzutreffen war. Dafür verschwand vorübergehend der FC Nordstern aus der Nationalliga: Der zweite Basler Club stieg damals zusammen mit dem FC Mendrisio in die 1. Liga ab.

Wichtiger als der 4. Rang war in dieser Saison für den FC Basel nach zwei ersten Gastjahren auf der Schützenmatte die Wiedereröffnung des renovierten Landhof-Stadions, das mit einem Aufwand von einer Viertelmillion Franken durch die damals neu gegründete (und noch heute bestehende) Landhof Immobilien AG zu neuem Glanz gebracht worden war. Sehr viel Prominenz, darunter Jules Rimet, der damalige Präsident des Weltfussballverbandes FIFA, und Josy Ebinger, einer der letzten noch lebenden Gründer des FCB, waren an der Eröffnungsfeier zugegen – und da ging es naturgemäss sportlich zu und her. Der FC Vienna Wien gewann ein internationales Turnier, an dem sich neben dem FCB auch noch Frankreichs Spitzenclub Sochaux und die Grasshoppers beteiligt hatten.

Und dann, nach der folgenden Saison 1952/53, war es endlich so weit: Exakt zu seinem 60. Geburtstag bescherte sich der FC Basel den lang angestrebten ersten Meistertitel. In 26 Spielen erlitt er bei 17 Siegen und 8 Unentschieden nur gerade eine einzige Niederlage (in Chiasso) und holte mit dieser glänzenden Bilanz 42 Punkte – vier mehr als die Young Boys und bereits zehn mehr als die drittklassierten Titelverteidiger vom Grasshopper-Club Zürich.

Um nachvollziehen zu können, welche Emotionen dieser erste Titel des FC Basel freigelegt hatte, ist es gewiss ratsam, das Wort einem zu leihen, der damals als Beobachter selbst dabei gewesen war – dem Chronisten des Jubiläumsbuches «75 Jahre FCB», der den FCB wortgewaltig feierte, wie aus dem folgenden Ausschnitt zu entnehmen ist:

«Als am 9. Juni 1953 der Schiedsrichter das hartumkämpfte, spannungsgeladene Meisterschaftsspiel Basel–Servette abpfiff, da brauste ein Jubel ohnegleichen über den traditionsreichen, ehrwürdigen Landhof hinweg. Bei 13 000 Zuschauern löste sich die schier unerträgliche Spannung, die während zweimal fünfundvierzig Minuten über diesem schweren Kampfe lag. Der FC Basel hatte 1:0 gewonnen und war zum ersten Male in seiner 60jährigen Geschichte Schweizer Fussballmeister geworden. Nie zuvor flatterte die rotblaue Fahne fröhlicher und stolzer am Fahnenmast, und nie schien die Sonne heller und war der Himmel blauer als an diesem unvergesslichen herrlichen Sommernachmittag, nach diesem grossartigen sportlichen, auf Biegen und Brechen ausgetragenen und mit letztem Einsatz geführten Kampf um das höchste Ziel.

Noch einmal wollen wir den schweren Weg verfolgen, den unser Club in dieser Saison bis zur Erreichung des höchsten Titels, den der schweizerische Fussballsport zu vergeben hat, gegangen ist. Getreu dem Wahlspruch ‹Wer rückwärts sieht, gibt sich verloren, wer lebt und leben will, muss vorwärts sehen» wurde die schwierige Vorbereitung der neuen Saison in Angriff genommen ...»

In der Folge zeichnete der Chronist, der auch in diesem Fall vermutlich der damalige Clubpräsident Jules Düblin persönlich gewesen sein dürfte, den Weg des FCB zur Meisterschaft nach – in ähnlich blumigen Worten, aber auch voller ehrlicher Bewunderung.

Ein Teil dieser Bewunderung galt Spieler René Bader, der kurzfristig das Traineramt von Ernst Hufschmid übernommen hatte und der von Konditionstrainer Willy Dürr unterstützt wurde. Weshalb Willy Hufschmid damals, vor der ersten Meistersaison, nach mehr als fünf Jahren abgelöst wurde, ist heute nicht mehr ganz nachvollziehbar – sicher ist nur, dass Hufschmid dem FCB auch in der Zukunft die Treue hielt und noch während Jahren ein geschätzter und erfolgreicher Juniorentrainer war.

«Meistertrainer» aber war mit René Bader ein Spieler, der, zusammen mit Dürr, auf die Teamkollegen offensichtlich einen hervorragenden Einfluss hatte. Dabei hatte ausgerechnet Bader Pech. Er fiel mit einer Bänderverletzung, erlitten im Länderspiel vom 22. März 1953 in Amsterdam gegen Holland, das die Schweizer dank Toren von Mauron und Seppe Hügi 2:1 gewannen, für die entscheidende Meisterschaftsphase aus, zumindest als Spieler.

Den entscheidenden Schritt zur Meisterschaft tat der FCB im Frühjahr 1953 mit einem 5:4-Auswärtssieg bei Titelverteidiger Grasshoppers, was der Chronist so festhielt:

«... im Rückspiel gegen die Grasshoppers in Zürich, wo unsere Mannschaft, die Sternstunde des FC Basel erahnend, in einem, alle Schönheiten des Fussballspiels darbietenden, bis zum Schlusspfiff heiss umkämpften und doch mit grösster Fairness ausgetragenen Ringen, mit 5:4 wohlverdienter Sieger blieb.» Es sei ein auf «selten hohem Niveau» ausgetragener Fussballkampf gewesen, hiess es weiter, doch am Ziel war damit der FCB noch nicht – er benötigte noch den bereits erwähnten 1:0-Sieg über Servette, ehe die Basler Mannschaft von Nationalliga-Präsident Fred Greiner den Meisterpokal überreicht bekam und am Abend – nach einem von den Pfeifern und Trommlern der VKB begleiteten Marsch durchs Kleinbasel – in der Mustermesse eine improvisierte Meisterfeier inszenieren durfte, an dem sich die folgenden Schweizer Meister nochmals hochleben liessen: Spielertrainer René Bader, die Torhüter Werner Schley und Walter Müller sowie die weiteren Feldspieler Walter Bannwart, Walter Bielser, Werner Bopp, Hansruedi Fitze, Captain Hans Hügi, Josef «Seppe» Hügi, Kurt Maurer, Georges Mogoy, Peter Redolfi, Kurt Thalmann und Hans Weber.

Finanziell zahlte sich im Übrigen dieser erste Titel nicht gerade in unermesslichem Ausmass aus, musste sich der FCB doch trotz seiner Erfolge mit einem Reinertrag von knapp 22 000 Franken bescheiden – ein Indiz, dass der Titel den Verein einiges an (mittlerweile erlaubten) Prämien gekostet hatte, auch wenn seitens des Vereins ausdrücklich betont wurde, dass «*in der Neuzeit wohl noch nie ein Club eine Meisterschaft mit gleich niedrigen Zuwendungen an die Spieler erreicht hat, wie das in dieser Saison beim FC Basel der Fall war*».

Seppe Hügi erzielt auf dem Weg zum Meistertitel 1953 das letzte FCB-Tor zum 5:1 gegen den FC Zürich

Zu Ende ging diese sehr erfolgreiche Saison mit zwei weiteren grossen Spielen auf Basler Boden: Zuerst bezwang der FC Basel den brasilianischen Spitzenclub Juventus Sao Paolo mit 4:3, danach war der altehrwürdige Rankhof des FC Nordstern Schauplatz eines Länderspiels gegen Dänemark, das die Schweiz mit den Baslern Maurer, Bader und Seppe Hügi trotz eines Hügi-Tores 1:4 verlor.

Von 1954 bis 1965: Zurück zum Durchschnitt

Die Cupsieger-Mannschaft von 1947 ...

So sehr man dem FCB diesen ersten Titel im ganzen Land gönnte, so wenig «gut» tat dem Verein aber, wie es sich danach herausstellte, dieser erste Erfolg, denn es folgten nun – zumindest auf Meisterschaftsebene – bis 1960 sieben ziemlich magere Jahre. Nur einmal, in der Saison 1956/57, reichte es mit dem 4. Rang nochmals zu einem Platz im vordersten Tabellenteil, die übrigen Meisterschaften endeten mit ernüchternden Ergebnissen – mit den Rängen 8, 9, 7, 9, 6 und 10. Dominierend waren in dieser Phase zwischen Basels Titelgewinn und dem Jahr 1960 vorerst der FC La Chaux-de-Fonds, der mit seinen berühmten Spielern wie Kernen, Morand, Antenen und Mauron zweimal in Folge Meister wurde, danach die Berner Young Boys, die zwischen 1957 und 1960 gleich vier Titel in Serie holten und damit die aussergewöhnliche Ära mit (Spieler-)Trainer Albert Sing krönten.

Dem hatte der FCB nichts Gleichwertiges mehr entgegenzusetzen, obschon etwa 1955 das bereits beschriebene Umdenken in der Transferpolitik erfolgte, obschon man mit Bela Sarosi aus Ungarn (für Bader) auf die Saison 1955/56 hin und mit dem Österreicher Rudi Strittich (für Sarosi) auf die Saison 1957/58 hin neue Trainer verpflichtete, und obschon man schliesslich auch mal gezwungen war, einen Fremdkredit aufzunehmen.

Das war zum Beispiel 1956 der Fall gewesen, als die Stadt Basel dem Verein ein Darlehen von 30 000 Franken zu 2 Prozent Zins gewährte.

Eine leichte (sportliche) Besserung hatte es in diesen Jahren nach dem Titel nur einmal gegeben, in der Saison 1956/57, als eine rege Transfertätigkeit das Kader des FCB etwas auffrischte. Jürgen Sanmann (zurück nach Hamburg), Ruedi Rickenbacher (zu La Chaux-de-Fonds), Torhüter Werner Schley (zurück zum FC Zürich) und Bruno Michaud (für zwei Jahre zu Lausanne-Sports) verliessen den Verein; an ihrer Stelle hatte Trainer Sarosi mit Torhüter Kurt Stettler, Ruedi Burger und Rückkehrer Hans

... und die Meisterzeremonie mit Captain Hans Hügi 1953

Weber (von Lausanne) drei neue Teamstützen einzubauen. Auf dem 4. Rang, jedoch bereits mit elf Punkten Rückstand auf die Young Boys, ging diese Saison für den FCB jedoch ordentlich zu Ende, doch schon 1957/58 begann das Elend erneut. Der neue Trainer Strittich musste mit einem schier unglaublichen Verletzungspech fertig werden. Im Verlaufe der Saison fielen nämlich mit Burger, Seppe Hügi, Hans Hügi, Magyar, Suter, Oberer, Thüler und Stäuble gleich acht kaum ersetzbare Kaderspieler für jeweils längere Zeit aus, so dass nur gerade Bopp, Redolfi und Weber, letzterer wie Burger und Thüler Internationaler, alle 26 Saisonspiele (9. Rang) bestreiten konnten.

Die folgende Saison begann dann noch schlechter, obschon man trotz des letztjährigen Defizites von 11 000 Franken den luxemburgischen Profi Antoine «Spitz» Kohn vom Karlsruher SC hatte verpflichten können. Nach einem miesen Saisonstart und einem peinlichen Cup-Out beim Erstligisten FC Moutier (0:2-Niederlage), kam es in der Geschichte des FCB zur ersten wirklichen Trainer-Entlassung mitten in einer Saison: Nach einem 5:0-Beschluss des Vorstandes, dem noch immer Jules Düblin als Präsident das Gepräge verlieh, musste Trainer Strittich vorzeitig gehen. Man griff für den weiteren Saisonverlauf erneut auf René Bader zurück, der die Mannschaft als umsichtiger Coach immerhin noch vom 13. auf den 6. Schlussrang führte. Ähnliche Trainerentlassungen blieben auch in der Folge beim FCB eher Ausnahmen, gab es sie bis Ende des Jahrtausends Jahre danach nur noch sechsmal: 1984, als Ernst August Künnecke gehen musste und interimistisch durch Assistent Emil «Mille» Müller ersetzt wurde, im Spätherbst 1989, jetzt bereits in der Nationalliga B, als Urs Siegenthaler entlassen und durch Rückkehrer Künnecke ersetzt wurde, der dann seinerzeit während der NLA-Aufstiegsrunde 1992 interimistisch durch das Duo Odermatt/Rahmen abgelöst wurde. Es folgten hernach, freilich im nun schnellen Rhythmus, noch die Entlassungen der Trainer Didi Andrey, Jörg Berger und Guy Mathez.

Auf die letzte Meisterschaft der fünfziger Jahre stiess mit Jenö Vincze erneut ein ungarischer Trainer zum FC Basel. Er hatte gleich bei seinem Amtsantritt von den Abgängen der Teamstützen Kohn, Burger, Stäuble, Turin und Kehrli Kenntnis zu nehmen, sodass der schwache 10. Schlussrang nicht mehr sonderlich verwundern durfte.

Zu diesen Fünfzigerjahren gehörten aber nicht nur die nationalen Auftritte des FCB, sondern zunehmend auch die internationalen Spiele. Da gab es zum 60. Geburtstag eine grosse Nordlandreise nach Norddeutschland, Norwegen und Dänemark, in der sich 1954 Spielertrainer Bader und Bopp arg verletzten; da gab es im gleichen Jahr auf dem Landhof ein denkwürdiges Spiel gegen WM-Teilnehmer Brasilien, das die Südamerikaner 5:2 gewannen; und da gab es vor allem den Messestädte-Cup und damit den Vorläufer des heutigen Europacups.

Die Idee zu diesem Wettbewerb hatte einmal mehr Ernst Thommen, die grosse Persönlichkeit des damaligen Fussballs. Das Ziel war, den Clubs noch mehr internationale Einsätze zu gewähren, dabei aber gleichzeitig die vielen Freundschaftsspiele durch «ernsthaftere» Partien zu ersetzen. Gewiss spielten dabei auch die Finanzen eine Rolle: Man versprach sich

FCB-Präsident Jules Düblin (Mitte) im Gespräch mit dem berühmten deutschen Weltmeister Fritz Walter (links)

mehr Einnahmen. 1954 begann dieser Wettbewerb noch – der FCB verlor dabei gegen Zagreb 3:6 und 0:8. Auf weitere Einsätze des FCB wird im eigenen Kapitel zum Thema «Europacup» eingegangen (Seiten 81 bis 91). Zum Jahrzehnt der Fünfzigerjahre gehörte selbstverständlich auch die Weltmeisterschaft von 1954 in der Schweiz, für die in Basel eigens das Stadion St. Jakob gebaut wurde. Dabei fanden in jenem Monat Juni die Gruppenspiele England–Belgien (4:4), Uruguay–Schottland (7:0) und Ungarn–Deutschland (8:3), das Entscheidungsspiel Schweiz–Italien (4:1) sowie der Halbfinal Deutschland–Österreich (6:1) in Basel statt. Für die Schweizer Mannschaft, die sich immerhin für den legendären Viertelfinal von Lausanne gegen Österreich (5:7-Niederlage) qualifiziert hatte, stand mit Auszeichnung der Basler Seppe Hügi in den beiden Spielen gegen Italien im Einsatz: Beim 2:1-Sieg von Lausanne im «normalen» Gruppenspiel erzielte er einen Treffer, beim 4:1-Erfolg der Schweizer im Basler Entscheidungsspiel um den Einzug in die Viertelfinals traf Seppe gar zweimal. Drei Tore von Hügi II, wie Seppe im Unterschied zu seinem Bruder Hans (Hügi I) genannt wurde, im Viertelfinal gegen die Österreicher reichten dann allerdings nicht aus – die legendäre Hanappi-Mannschaft, der unter anderen auch der später als Trainer berühmt gewordene Ernst Happel angehörte, gewann letztlich das Hitzespiel von Lausanne 7:5.

Weltmeister wurde an diesem von Ernst Thommen, dem inzwischen auch in der Fifa massgeblichen Funktionär, organisierten fünften WM-Turnier die Mannschaft Deutschlands: Die noch heute oft zitierten «Helden von Bern» waren geboren – und all jenen Lesern, die jetzt an dieser Stelle ihr Gedächtnis prüfen wollen, sei mit Sepp Herbergers Aufstellung von jenem 3:2-Finalsieg der Deutschen über Ungarn nochmals auf die Sprünge geholfen: Turek; Posipal, Liebrich, Kohlmeyer, Eckel, Mai, Rahn, Morlock, Othmar Walter, Fritz Walter, Schäfer. Torschützen waren Morlock und zweimal Rahn.

Der Rückblick auf die Fünfzigerjahre des FCB geht mit dem Hinweis auf jene verdienten Vereinsmitglieder zu Ende, die in dieser Zeit starben. Es waren dies mit Emil Abderhalden (1951), Fritz Schäublin (1951), Josy Ebinger (1955) und Max Geldner (1959) die vier letzten Gründungsmitglieder des FC Basel gewesen.

In die Sechzigerjahre ging der FC Basel mit einem neuen Präsidenten: Jules Düblin war in das Komitee der Nationalliga gewählt worden und musste deshalb auf Vereinsebene – durch Ernst Weber – ersetzt werden.

Der Spielerpass des damaligen FCB-Torhüters Kurt Stettler

Keiner in der 100-jährigen Geschichte des FC Basel war ohne Unterbruch so lange im Amt gewesen wie Düblin: 1946, gleich nach dem Krieg, war er als Nachfolger von Emil Junker gewählt worden, 13 Jahre später nun folgte er dem Ruf des nationalen Verbands, blieb aber mit dem FC Basel noch mehr als drei weitere Jahrzehnte lang eng verbunden.

An der Generalversammlung der Nationalliga vom 19. und 20. August 1960 in Thun hatte dann der neue Präsident Weber Kenntnis zu nehmen, wie die in den Jahren zuvor eingeleiteten Änderungen der Nationalliga-Reglemente definitiv beschlossen wurden, wie der Weg zum Halbprofitum von den nationalen Funktionären endgültig (und endlich) freigegeben wurde, nachdem während Jahren, ja Jahrzehnten, «dunkel» und verboten Zahlungen an Spieler geleistet worden waren. Zudem wurden die Transfers zwischen den Saisons wesentlich erleichtert und eine zweite Transferperiode im Herbst eingeführt.

Diese Beschlüsse verteuerten selbstverständlich den Fussballbetrieb weiter, sodass gerade dem FC Basel, der nach eigenem Beschluss «in Sachen Halbprofitum einen Weg der Mitte» gewählt habe, die Einführung des sogenannten Alpencups recht kam. In diesem Zusatzwettbewerb zwischen den Saisons holte sich der FCB durchaus einen gewissen Ruhm.

Auf die Saison 1960/61 hin verlor der FCB mit Frigerio, Ludwig und Bopp drei Stammspieler, die Trainer Vincze allerdings durch Siedl vom FC Bayern München, Danani vom FC Moutier und Stocker vom FC Concordia Basel ersetzt bekam. Siedl wurde von der Nationalliga in dieser Saison für geraume Zeit gesperrt, weil «die Berufsausübung» dieses Spielers «nicht befriedigend» habe nachgewiesen werden können. Mit anderen Worten: Der Münchner in den Reihen des

FCB wurde gesperrt, weil er offenbar Vollprofi war! Die Meisterschaft ging – nach einigen Enttäuschungen in den Fünfzigerjahren – mit einem 5. Rang dennoch recht ordentlich zu Ende. Mit zehn Punkten Vorsprung hochüberlegener Meister wurde der FC Servette, der damit die vier Jahre dauernde Vorherrschaft der Young Boys beendete.

Im Mittelpunkt der Saison war – zumindest aus Basler Sicht – nicht ein Meisterschaftsspiel gestanden, sondern das Länderspiel Schweiz gegen Frankreich vom 12. Oktober 1960 im Stadion St. Jakob. 6:2 gewann die Schweiz jenen Match, und dies durch lauter Basler Tore. Hans Weber traf nach der Franzosen-Führung aus mehr als 25 Metern zum 1:1, ehe der grosse Auftritt des Seppe Hügi erfolgte: Die restlichen fünf Goals gingen durchwegs auf sein Konto. Kein anderer Nationalspieler der Schweiz hatte zuvor und danach (bis auf den heutigen Tag) diesen Rekord Hügis auch nur annähernd gefährden können.

Zu Ende ging die Saison schliesslich mit einem Gastspiel des brasilianischen FC Santos, der im Joggeli den FCB dank der Künste von Weltstar Pelé am 1. Juni 1961 gleich mit 8:2 meisterte.

Mit der folgenden Saison 1961/62 begann beim FCB eine erste kleine «Ära», die «Ära Sobotka». Nach jahrelangem erfolgreichem Arbeiten beim FC La Chaux-de-Fonds konnte der FC Basel Georges Sobotka als neuen Trainer verpflichten, und weil ihm, dem Nachfolger Vinczes (und dem Vorgänger von Helmut Benthaus), der Ruf vorauseilte, besonders mit dem Nachwuchs gut arbeiten zu können, gab ihm der Vorstand neue Spieler vorwiegend aus der Region ins Kader: Markus Pfirter vom FC Concordia, Otto Ludwig, der von den Old Boys zurückkehrte, Heinz Blumer vom FC Reinach und Torhüter Hansruedi Günthardt vom SC Kleinhüningen waren die jungen Spieler, die die wegziehenden Danani, Gygax, Jaeck oder Bourgnon zu ersetzen hatten, und die beim FCB denn auch ihren Weg gingen. Siebter wurde der FCB in diesem ersten von fünf Sobotka-Jahren, Meister wurde erneut Servette. Für zwei Spieler des FCB war allerdings die Saison mit dem letzten Meisterschaftsspiel noch nicht zu Ende: Hans Weber durfte an der sechsten WM-Endrunde in Chile alle drei Schweizer Spiele mittun, konnte aber die drei Niederlagen gegen Chile (1:3), gegen Deutschland (1:2) und gegen Italien (0:3) nicht verhindern. Als Ersatztorhüter war schliesslich der tüchtige Basler Goalie Kurt Stettler mit dabei, zum Einsatz aber kam er als Nummer 2 hinter dem überragenden Charles Elsener, der damals das GC-Tor hütete, nicht.

Im zweiten Jahr vermochte Sobotka den FCB zwar optisch auf einen besseren, den 6. Rang, zu führen, doch im Kampf um den Titel spielten die

... und im Training

Basler auch in dieser Saison 1962/63 mit. Vielmehr wurde der FC Zürich Meister – zum ersten Mal wieder seit 1924! Dafür tauchten in dieser Saison Namen beim FCB auf, die wenige Jahre später ganz eng mit grossen Erfolgen des Vereins verknüpft waren. Zum einen ist da Lucien Schmidlin zu nennen, der Präsident wurde und der drei Jahre später mit der Verpflichtung von Helmut Benthaus den grössten Glücksgriff in der ganzen Vereinsgeschichte tun sollte, dann ist zum zweiten die Rede auf Harry Thommen zu führen. Er, der 1966 Nachfolger Schmidlins als Präsident werden sollte, und dem das Fussballerblut dank seines berühmten Vaters Ernst Thommen quasi in die Wiege gelegt wurde, trat in diesem Jahr 1962 zum ersten Mal in Erscheinung. Drittens wurde Trainer Sobotka mit dem populären Innenstadtwirt Kurt Walter vor dieser Saison 1962/63 ein neuer Coach zur Seite

... Georges Sobotka an der Seite von Coach Kurt «Channe» Walter während eines Spiels

«Elefantöse» Verstärkung für FCB-Captain Hans Weber und YB-Stürmer Geni Meier im Jahr 1960

gestellt, und viertens kam ein junger Mann vom FC Concordia zum FC Basel, der in den folgenden anderthalb Jahrzehnten zum grössten und berühmtesten FCB-Fussballer aller Zeiten aufsteigen sollte: Karl Odermatt. Und all diese Neuen hatten gleich nach dem ersten Jahr Anlass zu feiern: Für die nicht sonderlich gut geglückte Saison hielt sich der FCB zu seinem 70. Geburtstag mit dem dritten Cupsieg nach 1933 und 1947 schadlos. Im Berner Endspiel, in dem sich unter anderen auch die beiden Schweizer WM-Torhüter Stettler (FCB) und Elsener (GC) wieder trafen, bezwang der FCB die Grasshoppers durch Goals von Blumer und dem kleinen Rechtsaussen Ludwig 2:0. Und das war die vom Duo Sobotka/Walter betreute Cupsieger-Mannschaft des FCB: Stettler; Vogt, Michaud, Stocker; Weber, Porlezza; Ludwig, Odermatt, Pfirter, Blumer, Gatti. Ersatzleute waren Goalie Günthardt sowie Jeker, Fritz und Kiefer. Krank war Verteidiger Füri.

Der Cupfinal war allerdings nicht der einzige grosse Auftritt des FCB in dieser Saison gewesen: Nicht weniger als 28 000 Zuschauer kamen nämlich im April 1963 zu einem Jubiläumsspiel (70 Jahre FCB) ins Stadion St. Jakob und erlebten einen 2:1-Sieg des FCB über den Hamburger SV.

In weniger guter Erinnerung dürften drei Basler Spieler das Länderspiel im «Joggeli» gegen England behalten, mit dem am 6. Juni die Saison 1962/63 endgültig beschlossen wurde: Torhüter Stettler in seinem zweiten und letzten Länderspiel, Hans Weber in seinem viertletzten Länderspiel vor seinem Tod und Karl Odermatt in seinem allerersten Länderspiel gehörten zu jenen Schweizern, die von den Engländern gleich mit 8:1 gedemütigt wurden.

Weniger erfolgreich waren die zwei letzten Saisons unter Sobotka, die für den FCB mit einem 7. Rang (1963/64) und einem 8. Rang (1964/65) zu Ende gingen. Und dennoch waren sie nicht ohne Bedeutung für die nächste Zukunft, stiessen doch namentlich 1963 mit Torhüter Laufenburger (Elsass), Helmut Hauser (Schopfheim), Werner Decker (Concordia) und Aldo Moscatelli weitere neue Spieler zum Verein, von denen vor allem dem torgefährlichen Helmut Hauser der grosse Durchbruch gelingen sollte.

Trauriges ereignete sich in der Saison 1964/65, in der Sobotka in seinem letzten Jahr beim FCB wegen vieler verletzter Spieler in 26 Spielen 27 Spieler hatte einsetzen müssen: Nach kurzer Krankheit starb am 10. Februar 1965 Hans Weber, der langjährige Internationale des FCB, der noch am 26. Dezember 1964, also nur sieben Wochen vor seinem Tod, für den FCB seinen letzten Match, den Cup-Viertelfinal gegen GC, bestritten hatte. Nicht ganz zwei Monate nach seinem Tod fand im Stadion St. Jakob ein Gedenkturnier für Hans Weber statt. Vor 18 000 Zuschauern spielte die Schweizer Nationalmannschaft gegen den FC Basel und frühere Meistermannschaften der Young Boys (1955 bis 1958) gegen die Meistermannschaft des FCB aus dem Jahre 1953 gegeneinander. Der Gesamterlös dieser Veranstaltung ging an eine Stiftung zugunsten der Ausbildung der zwei hinterbliebenen Kinder Webers.

Zwölf Reminiszenzen aus zwölf Jahrzehnten Basler Fussball

1899

Nicht etwa der FC Basel war Ende des 19. Jahrhunderts die Nummer 1 am Ort. Vielmehr waren damals die Old Boys die lokal führende Mannschaft. Bereits in der ersten offiziellen Meisterschaft, in der Saison 1898/99, brachten sie es in den Final, den sie freilich am 12. März 1899 in Zürich gegen den «Anglo-American-Club Zürich» (mit zehn Engländern im Team!) 0:7 verloren. Dennoch: OB darf sich damit rühmen, der erste Schweizer Vize-Meister gewesen zu sein, da die ein Jahr zuvor ausgetragene und von den Grasshoppers vor La Châtelaine Genf gewonnene erste Saison der Schweizer Fussballgeschichte nicht als offizielle Meisterschaft zählt.

1903

Im Alter von erst 25 Jahren wurde der 1882 geborene FCB-Spieler Ernst Hasler 1903 ins Zentralkomitee des Schweizerischen Fussballverbandes gewählt. Seine Funktionen, die er danach als Generalsekretär und Kassier ausübte, hinderten Hasler freilich nicht daran, dem Fussballsport weiterhin aktiv zu frönen – und zwar mit dem FCB und der Nationalmannschaft, mit der er zwischen 1908 und 1911 vier Länderspiele bestritt. Und stand er mal nicht im Nationalteam, so war Hasler noch in einer weiteren Funktion zu gebrauchen: 1908, beim Länderspiel Schweiz–Deutschland (5:3) auf dem Landhof, wirkte er als Linienrichter mit. Hasler starb 1932 im Alter von nur 51 Jahren.

1911

Der Final um den Meistertitel des Jahres 1911 fand am 11. Juni auf dem Basler Landhof zwischen den Berner Young Boys, und dem FC Zürich statt. Die Chronisten berichten dabei, dass viele Anhänger beider Mannschaften mit ihrem Auto nach Basel gekommen seien und dabei wegen der Geschwindigkeits-Begrenzung von 40 km/h ausserorts und von 18 km/h innerorts eine mühsame Reise auf sich genommen hätten. Jene, welche die Reise nach Basel nicht antreten konnten, nutzten anderweitig den zunehmenden technischen Fortschritt: Bis am Abend um 21.00 Uhr dieses 11. Juni 1911 seien im Ratskeller Bern exakt 115 telefonische Nachfragen nach dem Ergebnis eingetroffen. Dieses Resultat sei hiermit noch schriftlich nachgeliefert: YB gewann 1:0 und damit zum drittenmal in Folge den Titel. Der FC Basel, der diesen Final organisierte, hatte sich in jener Saison mit dem 3. Rang der Zentralschweizer Gruppe bescheiden müssen.

1923

Als sich am 28. August 1999 der FCB und der FC Zürich in der 10. Runde der Qualifikation der Saison 1999/2000 vor 11 700 Zuschauern im Ausweichstadion Schützenmatte 0:0 getrennt hatten, war das Spiel als «ausverkauft» und diese Zuschauerzahl hinterher allenthalben als Stadionrekord vermeldet worden. Das war nachweislich falsch: Am 3. Juni 1923 waren sich auf der Basler Schützenmatte die Schweiz und Deutschland in einem Länderspiel gegenüber gestanden. Das war in jener inflationären Zeit, als in Deutschland ein Kilo Butter 350 Millionen Mark kostete und in der es billiger war, die Geldscheine zu verheizen als damit ein Holzscheit zu kaufen. Deutschland gewann 2:1 – vor 17 000 Schützenmatte-Besuchern...

1933

Am 9. April 1933 gewann der FC Basel erstmals den Schweizer Cup – mit einem 4:3-Sieg gegen die Grasshoppers, auf deren Hardturm der Final stattfand. Einen aussagekräftigen Eindruck, wie vor 70 Jahren die Sportberichterstattung in den Zeitungen aussah, belegt ein Ausschnitt aus den «Basler Nachrichten» vom 10. April 1933. Der folgende Auszug aus dem Matchbericht, der, wie damals üblich, in streng chronologischem Aufbau verfasst war, setzt in der Schlussphase des Spiels ein. Der Basler Spieler Müller hatte soeben, in der 68. Minute, das 4:1 für den FCB erzielt. Der Final sollte also noch gut 20 Minuten dauern:

«... die Grasshoppers scheinen das Spiel nun verloren zu geben. Einzig Adam arbeitet unermüdlich. Richtig wird er auch schon gefoult. Er selber schlägt den Strafstoss, und Schneider verwandelt mit schönem Schuss zum zweiten Tor der Zürcher. Das Spiel nimmt durch diese aufregende Note an Nervosität zu. Doch Basels Leistung scheint mit der Grösse der Aufgabe zu wachsen. Besonders Hitrec wird scharf aus Korn genommen. Sozusagen kein Torschuss kann der Mann anbringen. Ein Strafstoss ausserhalb der 16-Meter-Linie, sonst eine Spezialität des Jugoslawen, saust hoch übers Goal. Fünf Minuten vor Schluss wird das Spiel nochmals höchst dramatisch, denn Enderlin macht ein leichtes Foul an Abegglen und der strenge Schiedsrichter zeigt

auf den Elfmeterpunkt. Gegen Trellos Schuss kann selbst Imhof wirklich nichts ausrichten. Die Basler spielen begreiflicherweise auf Resultathalten, was ihnen von den Anhängern der Zürcher ein grosses Pfeifkonzert einbringt. Doch sie lassen sich nicht aus der Fassung bringen und kommen sogar noch zu einigen wenigen Vorstössen. Beinahe hätte Haftl mit einem fünften Tor den Sieg weiter sichergestellt, doch kündet schon die Pfeife des Schiedsrichters das Ende des grossen, schönen Kampfes an.»

1942

Hätte der am 6. Oktober 1917 geborene Ruedi Kappenberger nicht sein Zahnarztstudium vorgezogen, hätte er es wohl auf mehr als seine sechs Länderspiele, die er 1941 und 1942 bestritt, gebracht. Eine dieser sechs Länderpartien trug dem FCB-Stürmer freilich grössten Ruhm ein: Zu dem am 1. Februar 1942 mitten im Zweiten Weltkrieg in Wien gegen Grossdeutschland errungenen Schweizer 2:1-Sensationssieg steuerte Kappenberger vor 35 000 Zuschauern in der Schlussviertelstunde beide Schweizer Tore bei. Besonders bemerkenswert an diesem Match waren neben dem völlig überraschenden Schweizer Erfolg zwei Dinge: Kappenberger war damals nur ein unterklassiger Spieler, denn in jener Saison spielte der FCB nur in der 1. Liga, was damals die zweithöchste Spielklasse war. Und Grossdeutschland trat mit nicht weniger als acht Österreichern an – einer der wenigen «richtigen» Deutschen im Team war kein geringerer als Fritz Walter, der zwölf Jahre später in Bern zum deutschen Weltmeisterteam gehören sollte.

1950

Die beiden trefferreichsten Länderspiele mit Schweizer Beteiligung fanden beide in den Fünfzigerjahren statt. In beiden Partien fielen jeweils zwölf Tore. Der erste dieser zwei Matches ging am 15. Oktober 1950 vor 23 000 Zuschauern im überfüllten Basler Rankhof über die Bühne, als Holland mit 7:5 bezwungen wurde – freilich nur mit bescheidener Basler Beteiligung. Der einzige FCB-Spieler, der mittun durfte, war Gotti Stäuble. Er wurde in der Schlussphase für den zweifachen Lausanner Torschütze Friedländer eingewechselt – es sollte der einzige Länderspieleinsatz des kleinen, blonden Basler Flügels bleiben. Das zweite 7:5 kam dann im WM-Viertelfinal vom 26. Juni 1954 in Lausanne zustande – diesmal gegen Österreich, diesmal zu Ungunsten der

Hans Weber, Nationalspieler der Sechzigerjahre

Schweizer, für die der Basler Seppe Hügi drei Tore erzielte. 3:0 führten die Schweizer nach 20 Minuten, dann erlitt der Lausanner Verteidiger Bocquet in der brütenden Hitze einen Sonnenstich – das war der Anfang der Wende in diesem vielleicht legendärsten Schweizer Länderspiel überhaupt.

1963

Den 5. Juni 1963 wird vor allem Basels Fussball-Legende Karl Odermatt nie vergessen: Im Joggeli debütierte er als 20-jähriger im Nationalteam – und verlor gegen England 1:8! Vom FCB ebenfalls dabei waren Goalie Stettler und Hans Weber.

1970

Erstmals wurde am 3. Mai 1970 ein Fussballspiel vom Schweizer Fernsehen in Farbe ausgestrahlt – ein Schweizer 2:1-Sieg gegen Frankreich, den im Basler Joggeli nur 24 500 live miterlebten, obschon sich in diesem Match mit Kunz, Ramseier, Odermatt, Balmer und Wenger fünf FCB-Spieler «farbig» zeigen durften. Die beiden Schweizer Tore schoss Rolf Blättler, der ein Jahr später von Lugano zum FCB wechselte.

1980

Eine eher düstere Anekdote: Im Jahr 1980 holte sich der FC Basel seinen letzten Titel des vergangenen Jahrtausends!

1995

In den Achtziger- und Neunzigerjahren wurden eine ganze Anzahl von Basler Spielern in die Nationalmannschaft berufen: Herr, Knup, Beat Sutter, Murat Yakin – mit dem «kleinen Schönheitsfehler» allerdings, dass sie alle nicht oder nicht mehr beim FCB spielten. Die ersten FCB-Spieler, die nach jahrelangem Fristen in der NLB wieder fürs Nationalteam aufgeboten wurden, waren Marco Walker und Dario Zuffi, die 1995 bei der Berner 1:2-Niederlage gegen die Türkei dabei waren.

2000

Was 107 Jahre zuvor mit einem Jahresbudget von exakt 244.50 Franken und einem Defizit von Fr. 8.85 begonnen hatte, steigerte sich bis zum Ende das Jahrtausends auf 15 Millionen Franken: So gross war für die Saison 2000/2001 das FCB-(Rekord-)Budget. Doch selbst diese Zahl ist irgendwie schnell wieder relativiert: Für eine Transfersumme von 32 Millionen Mark und damit für ziemlich genau das Doppelte des gesamten FCB-Jahres-Budget, holte der FC Bayer 04 Leverkusen im Dezember 2000 als zusätzliche Verstärkung noch schnell die zwei Verteidiger Lucio und Placente aus Südamerika. Doch selbst diese Summe war Alltag: Für den zweieinhalbfachen Transferbetrag, den Real Madrid im Sommer 2000 für den Portugiesen Luis Figo bezahlt hatte, hätte der gesamte Bau des neuen St. Jakob-Park von Basel finanziert werden können ...

Und wieder ein Cupsieg!

Seit 1975, seinem letzten Cupsieg, war der FCB im Cup oft «kopflos» ...

Der Schweizer Cup

Die andere FCB-Erfolgsgeschichte

An der Delegiertenversammlung des «Fussball-Comités» vom 27. und 28. Juni 1925 in Zürich beschlossen die Stimmberechtigten ohne Opposition die Einführung eines nationalen Cup-Wettbewerbes. Man hatte sich den englischen Cup zum Vorbild genommen und hatte damit auch einige erste Gehversuche von «Cup-Vorgängern» beendet.

Bereits 1909 wurde nämlich neben der damaligen Meisterschaft ein erstes Mal ein Cupwettbewerb ausgetragen. Er hiess «Anglo-Cup» und war mit diesem Namen vielleicht einer der ersten Schweizer Sportwettbewerbe, der sich die Bezeichnung des Sponsors zulegte. Gestiftet wurde nämlich der Pokal vom Sportmagazin «Anglo-American», das in Zürich erschien. Jeder Club der damaligen Serie A und B durfte mit einer Mannschaft teilnehmen, der jeweilige Final fand auf der Hardau in Zürich statt.

Dieses erste Endspiel um einen Schweizer Cup wurde am 26. Juni 1910 auf besagtem Zürcher Sportplatz ausgetragen. Spielbeginn war um 17 Uhr – einen Sieger aber fand man an diesem Abend nicht: Der Final zwischen den Young Boys und dem FC St. Gallen stand nach 90 Minuten 1:1, und als es auch nach zwei Stunden und 10 Minuten keinen weiteren Treffer mehr gegeben hatte, wurde die Partie abgebrochen. Das Wiederholungsspiel an gleicher Stätte wurde dann vor immerhin 1000 Zuschauern mit 7:0 für die Young Boys eine deutliche Sache. Die Berner, zuvor bereits zum dritten Mal Schweizer Meister geworden, waren damit der erste «Double-Gewinner» in der Geschichte des Schweizer Fussballs.

In jenen Jahren schrieb der FCB noch keine Cupgeschichte. Vielmehr widmete er sich dem Ausbau internationaler Kontakte. Doch 1913, rechtzeitig zum 20-jährigen Jubiläum, fasste der FCB auch im besagten «Anglo-Cup» erstmals richtig Fuss. Die Mannschaft von Percy Humphreys, dem ersten Trainer in der FCB-Geschichte, qualifizierte sich mit einem Torverhältnis von insgesamt 20:1 für das Endspiel, in dem die Basler in Zürich auf den B-klassigen FC Weissenbühl aus Bern trafen und standesgemäss 5:0 gewannen.

Der FCB war nach drei Erfolgen der Young Boys in Serie erst die zweite Mannschaft, die den Anglo-Cup gewann – und war gleichzeitig die letzte. Denn nach dem Finalsieg der Basler «starb» dieser Wettbewerb, vor allem auch des Krieges wegen, ehe 1921 die Firma «Och frères» aus Genf einen neuen Anlauf lancierte und einen Pokal spendete. Folgerichtig nannte man diesen zweiten Versuch, neben der Meisterschaft einen weiteren Wettbewerb zu etablieren, «Och-Cup», doch ein grosses Interesse fand aber auch dieser Wettbewerb nicht, weshalb er bereits 1923 wieder eingestellt wurde.

Viel kurioser aber war, dass die Saison 1922/23 ohne die Ermittlung eines Schweizer Meisters zu Ende ging. Die Gründe, die zu diesem eigenartigen Geschehen führten, würden beinahe ein separates Buch füllen. Ganz kurz zusammengefasst, war das vorgefallen: Die Mannschaften des FC Biel, des FC Bern und des FC Servette hatten im Verlauf der entscheidenden Meisterschafts-Phasen nicht spielberechtigte Spieler eingesetzt, weshalb jeweils – oft mit grosser Verspätung – auf dem Rasen erkämpfte Resultate am «Grünen Tisch» wieder umgekrempelt wurden. Die Finalrunde, in der es um den Titel gegangen wäre, wurde vom FC Bern, den Young Fellows und Servette bestritten, allein, wegen später vorgenommenen Resultatkorrekturen aus der Meisterschaft wäre nicht der FC Bern – dessen 4:0-Sieg über den FC Basel nachträglich in eine Niederlage umgewandelt wurde – für die Finals qualifiziert gewesen, sondern die Young Boys. Auf eine Wiederholung der Finals verzichtete man aber, so dass es letztlich 1923 keinen Meister gab.

Der «Och-Cup» war also zwischen 1920 und 1922 auch nur zwei Jahre alt geworden, aber bereits drei Jahre später, am besagten Juni-Wochenende des Jahres 1925, wurde dann die heutige Form des Cups lanciert. 75 Vereine beteiligten sich 1925/26 an diesem ersten «richtigen» Cupwettbewerb, der mit einigen unwesentlichen Änderungen bis zum heutigen Tag Gültigkeit hat. Stifter des Pokals war ein gewisser Aurèle Sandoz, weshalb der Cup häufig auch «Sandoz-Trophäe» genannt wurde.

Zu den ersten 75 Teilnehmern gehörte der FC Basel. Er bezwang in der ersten Runde, die den $1/32$-Finals gleichkam, den Zürcher Provinzclub FC Horgen 8:1, scheiterte dann aber in der zweiten Runde auf nicht eben alltägliche Weise am FC Aarau. 1:1 hatte dieser Sechzehntelfinal zwischen den beiden alten Rivalen nach Abpfiff gelautet – das Los musste entscheiden, und die Würfel fielen für die Aarauer.

Mehr als 15 Jahre später war dann das Glück bei einem ähnlichen Fall dem FCB hold: In der Saison 1941/42 trennten sich die Basler und der FC Lugano im Viertelfinal ebenfalls 1:1, diesmal galt das Los dem FCB, der sich hernach bis in den Final vorkämpfte, den er aber nach einem 0:0 und gegen die Grasshoppers 2:3 verlor.

Eine Aufnahme aus den Jahren des Anglo-Cups (1916) mit dem FCB und Gegner Montriond Lausanne

Fünfmal gewann der FC Basel seit der Gründung die Cuptrophäe bisher, und zwar in der Zeit zwischen 1933 und 1975. Zum letztenmal in einem Endspiel stand er 1982, als er dem FC Sion 0:1 unterlag.

Damit ist auch schon gesagt, dass der FCB in den zwei letzten Jahrzehnten des vergangenen Jahrhunderts nicht nur in der Meisterschaft keine entscheidende Rolle mehr gespielt, sondern auch im Cup nie mehr an alte Erfolge angeknüpft hat: Noch zweimal seit 1982 brachte es der FCB wenigstens in einen Halbfinal, zuletzt 1994, als er in seiner Aufstiegssaison unter Didi Andrey nach torlosen 120 Minuten mit 5:6 im Penaltyschiessen am B-Ligisten FC Schaffhausen scheiterte – durch einen von Samir Tabakovic verschossenen Elfmeter.

Seither langte es noch dreimal in die Viertelfinals, in denen man 1996 mit 1:2 nach Verlängerung an Xamax, in der Saison 1999/2000 mit 2:3 an Lausanne und in der Saison 2000/01 im Penaltyschiessen, abermals an Lausanne, scheiterte.

Diese mageren Cupjahre der letzten Zeit sind Grund genug, auf den folgenden Seiten nochmals auf die fünf Cupsiege sowie auf die letzte Teilnahme an einem Final zurückzuschauen.

Der erste Cupsieg: 1933

Bis der FCB im Schweizer Cup erstmals die zweite Runde überstehen sollte, vergingen nach der Gründung vier Saisons: Erst im fünften Anlauf, 1930, gelangte das Team über Dietikon (10:0) und Lugano (5:3) wenigstens in die Achtelfinals, scheiterte nun aber mit 4:5 am FC Locarno. Groteskerweise gab es nur ein Jahr später, jetzt in der ersten Runde, erneut eine 4:5-Niederlage, erneut gegen Locarno, ehe 1932 erstmals der Vorstoss in die Halbfinals glückte, in denen die Grasshoppers Endstation bedeuteten – und das mit 1:8 nicht zu knapp.

Doch dieser Vorstoss in die Halbfinals war jenem 1:8 gegen GC zum Trotz ein ordentlicher Vorgeschmack auf noch grössere Cuptaten, denn schon ein Jahr später, in der Saison 1932/33, war es so weit: Die erstmalige Finalqualifikation wurde geschafft – und die gleich auch noch mit dem ersten von bisher fünf Cupsiegen gekrönt.

Concordia Basel (4:2), die Zürcher Blue Stars (3:0), die AC Bellinzona (3:2), der FC Lugano (4:2) und Lausanne (5:3) waren auf dem Weg ins Endspiel bezwungen worden, ehe jener Tag kam, der für den Verein von grosser Bedeutung wurde, wie unschwer den Zeilen des Chronisten zu entnehmen ist: «... dann aber ist jenes grosse Ereignis zu erwähnen, das unseren Puls heute noch schneller gehen lässt, wenn wir daran zurückdenken, der unvergessliche Cupfinal vom 9. April 1933 in Zürich. Wir hatten uns bis in den Endkampf durchgespielt und einigten uns dann mit Grasshoppers, statt auf neutralem Terrain auf ihrem eigenen Platze zum Endspiel anzutreten. Die Hoppers mit ihrer Starmannschaft: Pasche; Minelli, Weiler; Rauch, Schneider, Baumgartner; Adam, Trello Abegglen, Hitrec, Xam Abegglen, Fauguel, der der F.C. Basel gegenüberstellte: Imhof; Enderlin, Bielser; Hummel, Borecky, Schaub; Müller, Hufschmid, Haftel, Wessely, Jaeck, waren hoch favorisiert. Aber die glorreiche Ungewissheit des Fussballs hat alle Prognosen über den Haufen geworfen und in einem hinreissenden, begeisternden, von Anfang bis zu Ende fesselnden, auf sehr hohem Niveau stehenden Kampf, siegten unsere tapferen Kameraden 4:3. Das war der grösste Erfolg, den der F.C. Basel in den 40 Jahren seines Bestehens zu verzeichnen hatte ...»

Das war er also, der erste grosse Erfolg des FC Basel in seiner bisherigen Geschichte, errungen notabene in einer Saison, in der er nicht weniger als 46 Partien austrug, was für die damalige Zeit eine enorm hohe Anzahl war.

Zu Ende ging dieses Fussballjahr für den FCB allerdings traurig: Trainer Karl Kurz starb nach kurzer Krankheit. Der Österreicher, der sechste Trainer des Vereins seit der Gründung, war nur 35 Jahre alt geworden.

Der erste FCB-Cupsieg der Geschichte: 1933 mit 4:3 gegen GC

Der zweite Cupsieg: 1947

Ein Jahr nach seinem 50-Jahr-Jubiläum stand der FCB zum drittenmal in einem Cupendspiel – zum zweitenmal nach seinem Sieg von 1933 und nach einer Niederlage von 1942 gegen GC mussten sich die Basler in Bern dem Schweizer Meister jenes Jahres beugen. Der hiess jetzt, im Jahr 1944, Lausanne-Sports, das sich im Endspiel vor 15 000 Zuschauern mit 3:0 gegen diese FCB-Mannschaft durchsetzte:
Müller; Grauer, Favre; Losa, Vonthron, Hufschmid: Bertsch, von Arx, Weisshaar, Ebner, Kappenberger.
Nach dem Krieg, in der Saison 1946/47, winkte dem FCB die Chance, sich an Lausanne zu revanchieren, denn erneut stiessen die Basler und die Waadtländer ins Endspiel vor. Black Stars Basel, La Chaux-de-Fonds, Nordstern, «Dauer-Gegner» Grasshoppers, der im Viertelfinal 2:1 bezwungen wurde, und schliesslich der in jenen Jahren sehr starke FC Grenchen waren für den FCB die Stationen auf dem Weg in seinen vierten Cupfinal und zu seinem zweiten Cupsieg.
Denn der FCB liess diesmal die Gelegenheit nicht mehr gleiten, einen zweiten wichtigen Pokal in seine Vitrinen zu holen, und jene Mannschaft, die in Bern, diesmal im Neufeld-Stadion vor immerhin 28 000 Zuschauern, den Cup gewann, war bereits mit Namen besetzt, die einigen älteren Semestern auch noch heute einigermassen geläufig sein dürften: Walter Müller spielte im Tor, Captain Ernst Grauer und Werner Bopp bildeten die Abwehr, im Mittelfeld spielten Ruedi Wirz, Hans Vonthron und Kurt Maurer. Und so wie es in jenen Zeiten der Brauch war, stürmten gleich fünf Angreifer, nämlich Paul Stöcklin, Traugott Oberer, René Bader, der ein paar Jahre später (1953) den FCB als Spielertrainer zum ersten Meistertitel in der Vereinsgeschichte führen sollte, sowie Männi Suter und Werner Wenk.
Grauer zu GC und Oberer zu Cantonal wechselten später den Verein, damals, so wurde zumindest behauptet, noch ohne Ablösesumme. Und weil der FCB unter dem Präsidium von Jules Düblin in jenen Jahren den als «Spielerhandel» gescholtenen Transferwirbel, der entgegen vielen Unkenrufe schon damals an der Tagesordnung war, nicht mitmachen wollte, konnten Erfolge wie der Cupsieg von 1947 nicht serienweise wiederholt werden. Zum ersten Titel aber reichte es 1953 dennoch, und der unterstrich, dass der FCB mit seiner Politik der «eigenen Kräfte» nicht auf dem falschen Dampfer hockte.
Auf jeden Fall unterbrach der FCB mit diesem Cupsieg von 1947 die bereits beträchtliche Siegesserie der Grasshoppers, die zwischen dem Gründungsjahr 1925 und 1946 nicht weniger als 14-Mal in einem Cupfinal standen und nicht weniger als elf gewannen – einmal, im Jahr 1937 gar mit dem vorsintflutlichen Finalergebnis von 10:0 gegen Lausanne-Sports ...

FCB-Fans begleiten den Verein zu einem Auswärtsmatch mit der Bahn

Die Cupsieger-Mannschaft von 1963

Der dritte Cupsieg: 1963

Bis der FCB im Cup wieder einmal an der Reihe war, gingen die Jahre ins Land. Tatsächlich hatte es den Baslern zwischen dem Sieg von 1947 gegen Lausanne und dem nächsten Cuperfolg, jenem von 1963 gerade noch ein einziges Mal wenigstens in einen Halbfinal gereicht: 1950 war das, und 0:1 gegen Lausanne lautete diesmal das Ergebnis.

Den Ruf, eine ausgesprochen starke Cupmannschaft zu sein, handelte sich der FCB also in jenen Jahren nicht ein, bis er 1963 wieder einmal ins Endspiel vorstiess – nach einer Durststrecke von immerhin 15 Saisons.

Black Stars mit 4:0, die Young Boys mit 2:0, der FC Burgdorf mit 7:1, der FC Chiasso mit 2:1 und Lausanne mit 1:0: Das waren die Gegner gewesen, die der FCB bis zum Halbfinal aus dem sportlichen Weg geräumt hatte, ehe er im Endspiel zu Bern auf die Grasshoppers traf und zum zweiten Mal nach 1933 einen Cupsieg über diesen renommierten Rivalen aus Zürich, über den Schweizer Rekordmeister, errang.

2:0 hiess diesmal das Ergebnis, dessen Zeuge 40 000 Zuschauer waren. Und dieser Final reihte sich bestens in die «Jubiläums-Siege» ein: 1933 hatte es einen Cupsieg zum 40. Vereinsgeburtstag gegeben, 1953 den ersten Meistertitel zum 60. Jahrestag, und nun, 1963, beschenkten Trainer Georges Sobotka und Coach Kurt Walter den Verein zum 70-Jahr-Jubiläum mit einem weiteren stolzen «Becher». Und noch etwas machte diesen Match, diese Krönung der Saison 1962/63, zu einem bedeutenden Ereignis: Es war dies die erste Meisterschaft, die der damals 20-jährige Karl Odermatt mit dem FCB bestritt. Als grosses Talent war er vom «kleinen» Stadtrivalen FC Concordia, von diesem immer wieder bewährten Spieler-Lieferanten, zum FCB gekommen, und gleich im ersten Jahr hatte er seine enormen Fähigkeiten angedeutet. Der erwähnte Cupsieg zeugte davon, Odermatts erste Berufung ins Schweizer Nationalteam, die auf den 5. Juni 1963 fiel, ebenfalls, auch wenn dieses erste Länderspiel für Karli und seine Clubkollegen tüchtig in die Hosen ging. Im Basler Stadion gab es eine 1:8-Niederlage gegen England.

Dennoch: Für den FCB und damit auch für Odermatt war es ein grosses Jahr gewesen – dank des Erfolges im Cupfinal, den Blumer und Ludwig mit ihren Toren gegen den damals berühmten Schweizer Nationaltorhüter Charles Elsener mit ihren Goals sichergestellt hatten.

Und das war die Cupsieger-Mannschaft von 1963: Stettler; Vogt, Michaud, Stocker; Weber, Porlezza; Ludwig, Odermatt, Pfirter, Blumer, Gatti.

Ersatzspieler waren Torhüter Günthardt, der in den späteren Jahren mehrfach die erfolgreichen FCB-Reserven schulte und betreute, sowie Jeker, Fritz und Kiefer.

Der nächste Cupsieg wurde vier Jahre später erkämpft: 1967.

Das war bereits in den Anfangsjahren der «Ära Benthaus», war auch das einzige «Double», das der FCB in seiner bisherigen Geschichte gewonnen hat, war die Saison mit dem legendär gewordenen 2:1-Halbfinalsieg, der vor über 50 000 Zuschauern gegen den FC Lugano errungen wurde.

Der Skandalcupfinal von 1967 mit dem Lausanner-Sitzstreik, ausgelöst durch einen Penalty-Entscheid von Schiedsrichter Karl Göppel (links Hauser, rechts Lausanne-Grobéty und Schnyder)

Der vierte Cupsieg: 1967

Das Cupendspiel dieses Jahres 1967, zwei Jahre nach Benthaus' Amtsantritt in Basel über die Bühne gegangen, wurde zu einem fussballhistorischen Ereignis. Es war dies der einzige Final, der mit zwei Resultaten aus einem einzigen Match in den Statistiken geführt wird – mit dem 2:1, das der FC Basel an jenem Pfingstmontag, den 15. Mai 1967, in Bern gegen Lausanne sportlich erkämpfte, und mit dem 3:0-Forfaitsieg, ebenfalls zugunsten der Basler, den die Fussballbehörden nachträglich aussprachen – als Folge des «Sitzstreikes» der Lausanner nach einem Penaltyentscheid von Schiedsrichter Göppel kurz vor dem Spielende.

«Die Jahre sind zwar vergangen, doch die Situation, um die es ging, habe ich noch immer ganz klar vor Augen, zudem besitze ich noch die Fernsehaufnahmen. Also, es war ganz kurz vor Schluss des Spiels, vielleicht anderthalb oder zwei Minuten vor dem Ende, da kam eine Flanke hinein, ich meine, in den Strafraum hinein, der Huuser (Helmut Hauser; die Red.) steigt mit dem Kopf nach dem Ball und wird von hinten in den Rücken gestossen. Für mich war es Penalty, ganz klar, und ich bin bis auf den heutigen Tag dieser Meinung geblieben, auch wenn bis auf den ‹Sport› und die ‹Züri-Ziitig› jede Zeitung geschrieben hat, dass man zu diesem späten Zeitpunkt eines Matches doch keinen Penalty mehr pfeifen kann.»

Das sind die Worte von Karl Göppel, aufgezeichnet für dieses Buch anlässlich eines Telefongespräches. Karl Göppel, Buchdrucker aus Zürich, geboren 1924, war 1967 Schiedsrichter des Cupfinals zwischen dem FC Basel und Lausanne. 45 000 Zuschauer säumten den Rasen des Berner Wankdorf-Stadions an jenem regnerischen Pfingstmontag, der für den Schweizer Fussball im Allgemeinen und den FC Basel im Speziellen auch ein Trauer-

Benthaus und Pfirter mit dem Pokal 1967

tag war: Tags zuvor war Ernst B. Thommen, Präsident des Schweizerischen Fussballverbandes, Mitglied des Fussballkomitees und Mitglied des Fifa-Exekutivkomitees, Gründer des Sport-Toto-Wettbewerbes sowie Vater des damaligen FCB-Präsidenten Harry Thommen, an den Folgen eines schweren Autounfalles gestorben.

Im Final war der FCB bereits in der 11. Minute durch einen Treffer von Helmut Hauser 1:0 in Führung gegangen, und die Basler, die bereits nach zehn Minuten den verletzten Angreifer Frigerio durch Aldo Moscatelli hatten ersetzen müssen, dominierten so den Match in der Folge, bis die Waadtländer mit ihren Nationalspielern Schneider, Grobéty, Tacchella, Weibel, Dürr, Chapuisat, Hosp und Vuilleumier kurz nach der Pause durch Richard Dürr zum Ausgleich kamen. Hernach gehörte der Final eher Lausanne, auch wenn gute Möglichkeiten auf beiden Seiten verscherzt wurden.

In der 88. Minute geschah dann jene Szene, die in die Geschichte eingehen sollte: Göppels Penalty-Entscheid, den die Inspektoren des Schweizerischen Fussball-Verbandes in ihrem Jahresbericht reichlich schwammig als Folge eines «eindeutigen, aber unglücklichen» Fouls von Grobéty an Hauser beurteilten, löste die unrühmliche Protestaktion der Lausanner aus.

Die Spieler traten in einen «Sitzstreik», weigerten sich, die Partie nochmals aufzunehmen. Nach einigen Minuten pfiff Schiedsrichter Göppel die Partie beim Stande von 2:1 – Hauser hatte den Elfmeter der allgemeinen Erregung zum Trotz kühl verwandelt – ab.

Später wurde das 2:1 in ein 3:0-Forfait zugunsten der Basler umgewandelt und Lausanne mit einer Busse belegt, die Göppel mehr als 25 Jahre später noch immer als «enttäuschend gering» bezeichnen sollte. «*Auslöser*», so erinnerte sich Karl Göppel weiter, «*Auslöser des Sitzstreikes war kein Geringerer als Karl Rappan – und der steckte doch mit dem Verband unter einer Decke*».

Karl Rappan war in jenen Jahren nicht nur – zum wiederholten Male – Schweizer Nationaltrainer, sondern auch Sportlicher Direktor bei Lausanne-Sports gewesen. Er galt als hart, aber nicht eigentlich unsportlich, sodass diese durch ihn lancierte und von seinen Spielern bereitwillig ausgeführte Streikaktion erst recht seltsam anmutete.

Ende der Neunzigerjahre starb Rappan.

Und das war das FCB-Kader des Helmut Benthaus, das seinem Verein den vierten Cuperfolg und damit auch das bisher einzige Double sicherte:

Kunz (Laufenburger, Günthardt), Kiefer (Ramseier), Michaud, Mundschin, Pfirter (Stocker), Odermatt, Schnyder, Benthaus, Frigerio (Moscatelli), Hauser (Vetter), Wenger (Konrad).

Ein Detail am Rande: Wie es damals der Brauch und erlaubt war, stand mit Helmut Benthaus – neben den Grenzgängern wie Laufenburger oder Kiefer – ein einziger «richtiger» Ausländer im Kader. Zum Vergleich, welche Entwicklung der Fussball nach dem Bosman-Urteil auch in der Schweiz nahm, genügt ein Blick ins Jahr 1999: In dieser Finalrunde setzte der FC Basel 25 Spieler ein – von denen hatten Boumelaha, Calapes, Colina, Kreuzer, Potocianu, Sahin, Abedi, Fabinho, Henry, Pechoucek, Perez, Veiga, Frick, Mendi, Rytschkow und Varela, also nicht weniger als 16 Spieler, keinen Schweizer Pass.

Kunz und Hitzfeld beglückwünschen sich zum Cupsieg 1975 ...

Der fünfte Cupsieg: 1975

Vor seinem fünften Cupsieg hatte der FCB in den Jahren 1970, 1972 und 1973 drei Endspiele gegen den FC Zürich verloren – man dürfte deshalb im Umfeld des guten Helmut Benthaus nicht unglücklich gewesen sein, als 1975 der Finalgegner FC Winterthur hiess, denn der war Aussenseiter. Doch ohne Mühe errangen die Basler ihren Sieg am 31. März 1975 keineswegs. Vor 28 000 Zuschauern im Berner Schneeregen glückte dem FCB erst in der 47. Minute jenes 1:0, das in der ersten Halbzeit in vielen Situationen vom überragenden Winterthurer Torhüter Hans Küng noch verhindert worden war. Demarmels war der Torschütze, doch die Entscheidung war das noch nicht, denn Ernst «Aernschdli» Meyer gelang der Ausgleich. Eine Verlängerung schien in der 90. Minute verhindert worden zu sein, allein, Schiedsrichter Roland Racine versagte dem «Treffer» Balmers wegen Abseitsstellung die Anerkennung. Dank Goalie Küng und einer geballten Abwehrleistung hatte sich Willi Sommers Mannschaft in die Verlängerung gerettet, doch in der 116. Minute verwertete Balmer die Vorarbeit von Odermatt und Hitzfeld mit einer Direktabnahme zum 2:1. Nach acht Jahren kam so der Pokal wieder nach Basel – gewonnen von diesem Team: Kunz; Mundschin: Ramseier, Fischli, Stohler; Odermatt, Hasler, Demarmels; Balmer, Hitzfeld, Nielsen.

Und diese Winterthurer Elf, deren vorzüglicher Torhüter Hans Küng später – via Neuchâtel Xamax – beim FC Basel landen sollte, wars, die dem FCB bis zum heutigen Tag den letzten Cuperfolg ermöglichte:
Küng; Rüegg; Fischbach, Bollmann, Münch; Wanner, Grünig, Meili; Ernst Meyer, Künzli, Risi.

... für den mit einem grafisch modernen Plakat geworben wurde

Beat Sutter wurde im letzten FCB-Cupfinal des letzten Jahrtausends beim einzigen Tor für Sion entscheidend gefoult

Der letzte Cupfinal: 1982

1982 verlor der FCB seinen elften und bis heute letzten Cupfinal. Dabei hätte exakt dieser Match am 31. Mai 1982 ein würdiges Abschiedsgeschenk für Trainer Helmut Benthaus bringen sollen. 9:1 gegen Sursee, 1:0 gegen Bellinzona, 3:2 gegen Aarau, alle drei Partien auswärts, hernach 2:1 gegen Lausanne und 3:0 gegen die SR Delémont, die damals als Erstligist (!) bis in die Halbfinals vorgestossen war – das waren die Ergebnisse des FC Basel auf seinem Weg in diesen Final gewesen. Gegner war der FC Sion, der mit seinem fehleranfälligen Torhüter Pittier antrat.

Doch ausgerechnet am 31. Mai 1982 erwischte der Schullehrer im Tor des FC Sion einen denkbar guten Tag. Mit zahlreichen Paraden gab er eine Antwort auf anynome Telefonanrufe, Schmähbriefe und vereinsinterne Kritiken, kurzum, Pittier war eine der wenigen auffälligen Figuren dieses Finals vor 44 000 Zuschauern. Ein anderer Mann des Spieles war Sions Vorstopper Alain Balet, der die Aufgabe hatte, Basels Stürmertalent Beat Sutter, eine «Trouvaille» aus der Juniorenbewegung des FC Gelterkinden, zu kontrollieren. Und Balet erledigte nicht nur diese Aufgabe, sondern er machte in der 21. Minute den entscheidenden Kopfballtreffer zugunsten des FC Sion.

Dass diesem Treffer ein Foul von Balet an Sutter vorangegangen war, störte zumindest im Wallis keinen, während man einem Spieler des FC Basel einen erfolgreicheren Abgang gewünscht hätte: Mit 34 Jahren bestritt Otto Demarmels an diesem Tag seinen letzten grossen Match für den FCB.

Die erfolgreichsten Schweizer Clubs

Club	Meistertitel	Cupsieg	Cupfinal	Titel	Punkte
1. Grasshoppers	25	18	11	43	122
2. Servette	17	6	12	23	75
3. Young Boys	11	6	5	17	50
4. FC Basel	8	5	6	13	40
5. FC Zürich	9	5	1	14	38
6. Lausanne	7	9	7	16	37
7. Sion	2	9	–	11	24
8. La Chaux-de-Fonds	3	6	1	9	22
9. Lugano	3	3	4	6	19
10. Aarau	3	1	2	4	13
11. St. Gallen	2	1	3	3	11
12. Xamax	2	–	3	2	9
13. Winterthur	2	–	2	2	8
14. Luzern	1	2	1	3	8
15. Bellinzona	1	–	2	1	5
16. Grenchen	–	1	3	1	5
17. Biel	1	–	1	1	4
Cantonal Neuchâtel	1	–	1	1	4
19. Anglo-American-Club	1	–	–	1	3
Brühl St. Gallen	1	–	–	1	3
Etoile La Chaux-de-Fonds	1	–	–	1	3
Montriond Lausanne	1	–	–	1	3
Veltheim Winterthur	1	–	–	1	3
24. Urania Genève	–	1	1	1	3
Young Fellows ZH	–	1	1	1	3
26. Nordstern Basel	–	–	2	–	2
Schaffhausen	–	–	2	–	2
28. Bern	–	–	1	–	1
Fribourg	–	–	1	–	1
Locarno	–	–	1	–	1
Thun	–	–	1	–	1

Zur Errechnung der Punktzahl gab es pro Meistertitel 3 Punkte, pro Cupsieg 2 Punkte und pro (verlorene) Cupfinal-Teilnahme 1 Punkt

Der wohl kompletteste FCB-Spieler aller Zeiten ... und einzig für die zwei Buchleser aus Grönland, die ihn allenfalls nicht erkennen, sei sein Name angefügt: Karli Odermatt

Die grossen FCB-Köpfe

Charlie Volderauer

Charlie Volderauer steht in dieser «Galerie» von sechzehn ausgewählten «FCB-Köpfen» stellvertretend für eine ganze Anzahl von Gründer-Vätern, die Ende des 19. Jahrhunderts in Basel im gesellschaftlich noch weitgehend geächteten Fussballsport Pionierarbeit geleistet haben. Nach Roland Geldner (1893 bis 1896) und

Charlie Volderauer

einem kurzen Intermezzo mit Emanuel Schiess (1896) war Volderauer zwischen 1896 und 1899 der dritte von bisher 43 FCB-Präsidenten – und unter seiner Führung erreichte der Verein 1897 erstmals die stolze Zahl von 100 Mitgliedern, dies nur vier Jahre nach der Gründung. Und unter Volderaurer wurde ebenfalls 1897 eine zweite Mannschaft gegründet, denn immerhin umfasste der Verein mit seinen 100 Mitgliedern bereits 37 Aktive. Unter ihm schliesslich nahm erstmals eine FCB-Mannschaft offiziell an einer Schweizer Meisterschaft teil: In der Saison 1898/99 belegte die Mannschaft mit Pfeiffer, Thalmann I, Thalmann II, Schneider I, Schneider II, Hug, Fürstenberger, Schorpp, Zutt, Schiess und Billeter den 2. Rang der Zentralgruppe.

Percy Humphreys

Der Pioniergeist der Gründer-Generation wurde in einem weiteren mutigen Schritt manifest: Noch vor dem Ersten Weltkrieg verpflichtete der FCB erstmals einen richtigen Trainer. Fündig geworden war man nach einigen Freundschaftsspielen gegen britische Vereine im Mutterland des Fussballs: 1913 lotste man den Engländer Percy Humphreys nach Basel. Und der holte gleich einen prestigeträchtigen Sieg: Im Anschluss an den im Verein zur Tradition gewordenen Fussmarsch auf den Feldberg bezwang der FCB

*Der erste FCB-Trainer:
Percey Humphreys*

den FC Freiburg/Breisgau mit 4:2. In der Meisterschaft 1913/14 führte der Trainer sein Team auf den 2. Rang der Zentralschweizer Gruppe, ehe der Ausbruch des Weltkrieges diesem ersten Basler Experiment mit einem ausländischen Trainer ein unfreiwilliges und abruptes Ende setzte. Es sollte danach fast zehn Jahre dauern, ehe der FCB wieder einen Trainer beschäftigte – den Deutschen Max Breunig.

Daniel Hug

Basler Fussballer waren von Beginn der Schweizer Länderspielgeschichte an beteiligt: Im ersten offiziellen Ländermatch, der Pariser Partie vom 12. Februar 1905, die gegen Frankreich 0:1 verloren ging, war es noch den beiden Old Boys-Spielern Bollinger und Mory vorbehalten gewesen, die Basler «Ehre» im Nationalteam zu vertreten. Die ersten FCB-Spieler aber, die ins Nationalteam berufen wurden, waren Emil Hasler und Daniel Hug. Gemeinsam bestritten die beiden am 8. März 1908 in Genf das zweite Schweizer Länderspiel gegen Frankreich, das mit einer 1:2-Nieder-

Dänny Hug

lage endete. Hug, der hier stellvertretend für diese beiden FCB-Debütanten abgebildet ist, kam im gleichen Jahr noch zu seiner zweiten und letzten «Kappe»: Auf dem Landhof bezwangen die Schweizer am 5. April 1908 im ersten von bisher 47 Direktvergleichen (Stand 31. Dezember 2000) Deutschland 5:3. Hug schoss einen der fünf Treffer – zwei Goals gar glückten einem anderen FCB-Spieler. Der hiess Dr. Siegfried Pfeiffer und war nicht nur ein tüchtiger Stürmer, sondern zu jener Zeit auch noch FCB-Präsident. Praxiskenntnisse grössten Ausmasses also hatte dieser Dr. Pfeiffer allen seinen präsidialen Nachfolgern voraus ... oder kann sich irgend jemand an Länderspiel-Tore eines gewissen René C. Jäggi erinnern ...?

Jules Düblin

Kein anderer Protagonist in fast 110 FCB-Jahren hat diesen Verein so lange und so nachhaltig geprägt: Fast während seines ganzen, mehr als 90 Jahre dauernden Lebens, das erst in den Neunzigerjahren erlosch, stellte Dr. Jules Düblin sein Freizeitengagement mit höchster Motivation in den Dienst des FC Basel – von den ersten Nachkriegsjahren bis 1959 auch als Präsident. In seine umsichtige und kluge Präsidialzeit, in der er sich lange und erfolgreich gegen die schon damals wütende Transferhektik wehrte, fiel 1953 der erste Meistertitel des FCB. Und Düblin war auch der erste und einzige zuverlässige Chronist des Vereins: Ihm, der 1943 ein wertvolles Buch zum 50-Jahr-Jubiläum verfasst hatte und der auch 25 Jahre später eine weitere Chronik in Buchform auf den Markt brachte, verdankt der Autor zahlreiche Informationen für den historischen Teil dieses Buches. Ohne die zahlreichen schriftlichen Hinterlassenschaften Düblins wäre eine umfassende Geschichtsschreibung über den FCB nie und nimmer möglich gewesen, zumal der Fussball in der Tagespresse bis fast zum Zweiten Weltkrieg hin nur ein Mauerblümchendasein fristete.

René Bader

War Jules Düblin der Präsident der ersten FCB-Meistersaison, so war es René Bader vorbehalten, sich erster Meistertrainer des FCB nennen zu dürfen.
Weshalb Bader 1952, noch als Spieler, überhaupt zum FCB-Trainer ernannt wurde, ist nicht mehr völlig klärbar. Fakt ist, dass der bisherige Trainer, Ernst Hufschmid, kurz vor Beginn der Saison 1952/53 – aus welchen Gründen auch immer – abgelöst und durch Aufbauer René Bader ersetzt wurde. Gegrollt hat Hufschmid dem Verein allerdings ganz offensichtlich nicht – auf jeden Fall blieb er ihm nach seinen sechs Jahren als Trainer der ersten Mannschaft weiterhin im Nachwuchsbereich erhalten.

René Bader

Jules Düblin

Hufschmids Nachfolger René Bader, ein bescheidener, zurückhaltender Mann, der Mitte der Neunzigerjahre starb, hatte sofort einen hevorragenden und glaubwürdigen Einfluss auf seine Teamkollegen. Unterstützt von Konditionstrainer Willy Dürr – so nannte man damals Assistenztrainer offenbar – fand er zu den Spielern um die Hügi-Brüder den richtigen Ton. Denn er wusste, was er als Trainer lehrte: Zwischen 1946 und 1953 hatte es Bader zu immerhin 22 Länderspielen gebracht. Unter anderem gehörte er 1950 jenem Schweizer Team an, das Brasilien in São Paulo ein bis heute legendär gebliebenes 2:2 abtrotzte – durch zwei Tore von Fatton übrigens.
Allerdings hatte Bader Pech, dass er ausgerechnet in der entscheidenden Schlussphase «seiner» Meistersaison

1952/53 wegen einer Bänderverletzung als Spieler fehlte – unter anderem auch beim letztlich meisterschaftsentscheidenden 5:4-Auswärtssieg gegen die Grasshoppers.

Bader blieb bis 1955 Trainer des FCB, ehe man mit dem Ungarn Bela Sarosi und danach mit dem Österreicher Rudi Strittich wieder einmal auf zwei ausländische Lösungen setzte. Noch einmal kam danach René Bader als Trainer zurück. In der Saison 1958/59 führte er den FCB auf den 6. Rang – ganz vorne spielten damals im Schweizer Fussball aber die Young Boys mit Trainer Albert Sing die erste Geige.

Max Lehmann

Zu den für dieses Buch – zugegebenermassen nach subjektiven Kriterien – ausgewählten «grossen» FCB-Köpfen gehört einer namens Max Lehmann.

Sein Name dürfte auch älteren Semestern nichts mehr sagen, er war auch für damalige Verhältnisse und für den damaligen Sprachgebrauch alles andere als ein Star. Nie holte er mit dem FC Basel einen Titel oder einen Cupsieg, und nur kurz war ohnehin sein sportliches Engagement in Rotblau.

Und dennoch – hinter dem Namen von Max Lehmann verbirgt sich eine ziemlich ungewöhnliche Geschichte. Lehmann, 1906 als waschechter Basler in Basel geboren, kam 1922 als 16-jähriger bereits in der ersten Mannschaft des FCB zum Einsatz und wurde damals auch zu einem der verschiedenen Städte-Auswahlspiele nach Berlin als linker Flügelstürmer aufgeboten. Allerdings war Lehmann eher ein «Centerhalf», der technisch gewandt und zweikampfstark war.

Nach nur einem Jahr beim FCB wechselte er zum Stadtrivalen FC Concordia, der damals einige Saisons lang

Max Lehmann

mit dem FCB und dem FC Nordstern in der höchsten Schweizer Liga mittat.

Bis 1928, also während sechs Saisons, wirkte Lehmann bei den «Congeli» mit – dann zwang ihn die Wirtschaftskrise und die grosse Arbeitslosigkeit in der Schweiz zum Auswandern.

Lehmann schloss sich erst für eine Saison – nun als Berufsfussballer – dem Club Français Paris (1928/29) an, danach spielte er während rund zehn Jahren beim FC Sochaux-Montbéliard, mit dem er es an der Seite seines Schweizer Landsmannes Trello Abegglen bis zu französischen Meisterehren brachte.

Da damals in Frankreichs Fussball nur drei Ausländer eingesetzt werden konnten, drängten ihn die Clubverantwortlichen des FC Sochaux, die französische Staatsbürgerschaft anzunehmen. Lehmann, fortan Maurice genannt, folgte diesem Wunsch und leistete nun – nach seiner Schweizer Dienstzeit – auch Militärdienst für die Franzosen.

Sportlich bedeutsamer aber war, dass dieser Basler Bebbi mit Sochaux so gut spielte, dass er gar für Frankreichs Nationalteam aufgeboten wurde: 1935 gegen Spanien und 1936 gegen Belgien kam er mit Frankreichs Auswahl zu offiziellen Länderspielen. Der Basler Lehmann war und ist damit bis auf den heutigen Tag der einzige Schweizer geblieben, der es «zuhause» nie ins Nationalteam gebracht hat, dafür dann aber für eine andere – notabene stärkere – Fussballnation Länderspiele bestreiten durfte.

Dass freilich der in Sochaux bestens integrierte Lehmann 1939 mit dem Kriegsausbruch Hals über Kopf zurück in seine Schweizer Heimat flüchtete, nahm man ihm in Frankreich dann ziemlich übel.

Mit seiner Rückkehr in die Schweiz verloren sich die fussballerischen Spuren dieses Doppelbürgers mit seiner ungewöhnlichen Karriere.

Josef «Seppe» Hügi

Wohl gegen 2500 Fussballer haben in den bald 110 Jahren der Vereinsgeschichte für die erste Mannschaft des FC Basel Spiele bestritten – als erster erreichte einer eine Beliebtheit, die bis dato unbekannt war und die ihn von allen anderen bisherigen FCB-Spielern abhob: Josef «Seppe» Hügi.

Wenn es denn im Fussball wirklich einen Unterschied zwischen damals und heute festzustellen gilt, taugt dazu neben veränderten Spielweisen und taktischem Wandel vor allem der Gebrauch und die inflationäre Nutzung des Begriffs «Star». Seitdem jeder halbwegs brauchbare und damit vermarktungsverdächtige NLB-Spieler zum «Star» befördert wird, reicht auch der Begriff nicht mehr aus, um das bloss Durchschnittliche vom Aussergewöhnlichen zu trennen.

Als Josef (Seppe) Hügi oder Hügi II ein «Star» war, gab es den Begriff als allgemein gebräuchliche Gattungsbe-

«s Goldfiessli»: Seppe Hügi in typischer Pose

zeichnung für Fussballer noch gar nicht: Star war in erster Linie eine Vogelart und höchstens Gary Cooper einer im englischen und übertragenen Sinne des Wortes. Aber wie auch immer, in der Geschichte des FCB nimmt Josef Hügi nicht nur eine mit statistischen Angaben zu belegende Sonderstellung ein, sondern er markiert auf seine Weise auch eine Umbruchsituation im schweizerischen Fussball generell. Seppe Hügi überstrahlte in den Fünziger- und Sechzigerjahren als Person während über zehn Jahren das wechselnde Geschick des FC Basel und war aus heutiger Sicht wohl so etwas wie der letzte Grosskicker oder Superfussballer, der noch für Ruhm, Ehre und Erfolg, Naturalien und Kleingeld spielte – ein Dinosaurier der fussballerischen Amateurbewegung, unmittelbar bevor sie endgültig von der Geld- und Defizitwirtschaft abgelöst wurde. Er war der erste über Jahre wirkende und unangefochtene «Star» des FC Basel und, neben Karli Odermatt, auch der erfolgreichste und populärste, der je im rotblauen Dress gespielt hat.

Josef Hügi, am 23. Januar 1930 in Riehen geboren und 1995 gestorben, den man liebevoll «Goldfiessli» nannte, war nicht wie Karli Odermatt der Spielgestalter und damit Motor im Mannschaftsgefüge; Seppe war Mittelstürmer der reinen, längst ausgestorbenen Art – er spielte sozusagen die Paraderolle in einem Spiel, das direkt auf ihn zugeschnitten schien.

Der Sturm war damals ein reines Angriffsinstrument mit schnellen Flügeln auf der linken und rechten Seite, je einem Stürmer auf der Halblinks- und Halbrechtsposition und im Zentrum dem Vollstrecker in der Königsrolle des Mittelstürmers, der nicht, wie es heute verlangt wird, gelegentlich in die «Spitze» ging, sondern «spitz» stand, aus Prinzip sozusagen. Seppe Hügi stand jeweils sehr «spitz». Jahrelang. Und mit grösstem Erfolg.

Auch im Fussball sind Legenden der Stoff, aus dem die Erinnerungen an die Helden der Vergangenheit gemacht sind. Es wird also kaum zu belegen sein, dass Seppe während seiner aktiven Zeit beim FCB tatsächlich nie in der eigenen Platzhälfte anzutreffen gewesen sei. Aber sein Revier war eindeutig die Verteidigungszone der Gegner. Da konnte er, wie kaum einer, zu einem seiner gefürchteten und bewunderten Dribblings und Sololäufe ansetzen. Wirklich schnell war er zwar nie, doch beherrschte er anderes: die geradezu perfekte Abdeckung des Balls mit dem eigenen Körper, die damit verbundenen Ballwechsel und Körpertäuschungen, den präzisen Schuss aus der Drehung oder aus vollem Lauf mit dem linken genauso wie mit dem rechten Fuss. Wer ihn mit einem Foul daran hinderte, war jeweils selbst schuld, weil seine Freistösse oft spielentscheidend wurden.

Ein Spiel des FCB ohne Hügi II war damals nur eine halbe Sache. Man muss das selbst miterlebt haben, um es zu glauben: Diese beinahe familiäre Atmosphäre eine halbe bis eine Dreiviertelstunde vor Spielbeginn auf dem heimeligen Landhof, wenn Seppe Hügi, meist mit Frau, Kindern und Trainingssack, vor der Tribüne auftauchte, wenn er sich kurze Zeit später hinter der gleichen Tribüne auf dem kleinen Rasendreieck einschoss und die Bälle an eine grün gestrichene Mauer knallte, wenn er nach Spielschluss im kleinen Tribünenrestaurant noch einen zu sich nahm und zu Fuss

Seppe Hügi – ein Techniker nicht nur auf dem Feld

wieder in die nahegelegene Peter-Rot-Strasse zurückkehrte, wo er, wie jeder wusste, nicht nur als Fussballer, sondern auch als Angestellter des fussballverrückten Malermeisters Fritz Klauser wohnte, der sich mit unvergleichlich unförmigem Hut und unvermeidlicher Toscani kein Spiel entgehen liess. Es waren wohl auch diese Alltagsnähe und Banalitäten, die dem Fussballheroen seine Volkstümlichkeit einbrachten.

Das alles hätte freilich nicht gereicht, um die eigentliche Seppe-Hörigkeit seiner Anhänger zu erklären. Seppe sorgte auch für Gesprächsstoff und Klatsch, weil er in seinen Glanzzeiten eben nicht braver Durchschnitt war. Er war auf und neben dem Sportplatz auch böser Bube und Schlitzohr, dem vieles zuzutrauen war, was sich damals andere Halbwüchsige selbst nie getraut hätten. Hat er nun tatsächlich einmal die Hosen auf dem Spielfeld heruntergelassen, um den Schiedsrichter oder das Publikum an Götz von Berlichingen zu erinnern, oder hat er nicht? Hügi-Geschichten eben, die zirkulierten und zu seinem Ruhm beitrugen und ihn von jenen unterschieden, die wie Geni Meier von den Young Boys auch einen harten Schuss hatten, aber über die es kaum etwas zu erzählen gab.

So lebt er denn in der Erinnerung fort: als Goalgetter und Seppe, der nie ein gewöhnliches Goal erzielte. Das war immer mehr: Kopftore im Flug erzielt, Direktabnahmen ohne Bodenberührung versenkt, Fallrückzieher, Sololäufe, Freistosshämmer und lauter Unhaltbare. Beispiel- und konkurrenzlos auf schweizerischen Fussballfeldern. Ausnahme- und Superklasse in einer Zeit, in der es noch kaum TV-Fussball und Seppe-Tore nur live zu sehen gab, das dafür auch auf internationaler Ebene. Zweimal gegen Italien und gegen Österreich an der Weltmeisterschaft in der Schweiz 1954 beispielsweise. Fünf Tore im unvergesslichen Spiel gegen Frankreich 1961 in Basel – eine Marke, die bis auf den heutigen Tag Schweizer Länderspielrekord

Seppe Hügi gegen den YB-Goalie

Im Hallentraining

geblieben ist. Und Tore für die Stadtmannschaft und gegen brasilianische Mannschaften auf dem Landhof, als es noch keinen Europacup und keine internationalen Club-Wettbewerbe der heutigen Bedeutung gab.

Was hätte aus einem Seppe Hügi im heutigen bezahlten Fussball alles werden können? Ein gewöhnlicher Profi-Fussballer wahrscheinlich. Ein vermögender Mann sicher. Aber wer Seppe Hügi kannte, weiss auch, wie wenig er mit solchen Überlegungen anzufangen wusste. Für ihn war Fussball eines in allererster Linie: Leidenschaft, pure Leidenschaft.

(Nach einem Text von Hans-Peter Platz)

Seppe Hügi bei einem Penalty ...

.... und im Zweikampf

Karl Odermatt

Als 1962 Seppe Hügi von der Fussballbühne abtrat, kam Karl Odermatt. Das mag Zufall gewesen sein – kein Zufall aber ist, dass die erfolgreichste Zeit des FC Basel die Zeit des Karl Odermatt war, des berühmtesten und besten FCB-Spielers der Geschichte.

Wer aber war oder ist der beste und bekannteste Schweizer Fussballer aller Zeiten?

Ist es Severino Minelli, dieser Fullback alter Grasshopper-Schule, dieser ehemalige Rekordnationalspieler, der bis in den Zweiten Weltkrieg hinein die Stürmer das Fürchten lehrte? Oder «Legende» Seppe Hügi, von dem auf den vorangegangen Seiten die Rede war?

Oder Jakob Kuhn, dieser Mittelfeldspieler, der vor knapp 30 bis 40 Jahren zu den elegantesten Figuren auf den Schweizer Fussballplätzen gehörte? Wie wärs mit Heinz Herrmann, dem Schweizer Rekordinternationalen? Oder mit Stéphane Chapuisat, der Anfang der Neunzigerjahre als Erster den Schweizer Fussballern den Weg in die Bundesliga geöffnet hat und sich als Dortmunder Stürmer zum erfolgreichsten ausländischen Torschützen des deutschen Fussballs machte? Oder Ciriaco Sforza, der ungemein talentierte, aber kühle Patron, der den 1. FC Kaiserslautern zum Titel führte und danach für 10 Millionen Franken als Abwehrchef zu den Bayern geholt wurde?

Doch machen wir einen Szenenwechsel, einen Zeitsprung zurück in die Stadt Basel vor rund 40 Jahren.

Wohl spielte der FCB in jener Zeit nicht gerade eine Nebenrolle im Schweizer Fussball, doch die grossen Erfolge, die wurden damals trotz eines Seppe Hügi in Bern bei den Young Boys, hernach in Genf bei Servette, gefeiert.

Im Sommer 1962 aber gelang dem FC Basel ein Transfer, der in dieser Stadt nicht nur auf sportlicher Ebene einiges verändern sollte.

Karl Odermatt, dieser schmale und schmächtige Jüngling, stiess vom FC Concordia zu den Rotblauen – und der sollte in den Jahren danach dem Fussball im Allgemeinen und dem FCB im Speziellen in Gross- und im Kleinbasel, am Stammtisch und bei «Tout Bâle» zu gewaltigem Ansehen verhelfen.

Schon damals hatte Karl Odermatt seinen Preis. Concordia, der Verein, der am 13. Juni 2001 vor 12 000 Zuschauern im St. Jakob-Park gegen Serrières den Aufstieg in die NLB schaffte, wurde um 40 000 Franken reicher, und zudem hatten gleich fünf Spieler mit Odermatt im Abtausch vom FCB zu den «Congeli» zu wechseln.

Seppe Hügi und Karl Odermatt lösten sich beim FC Basel 1962 nahtlos ab. Zusammen haben sie nur einmal gespielt, in der Basler Stadtauswahl. Bei jenem 1:1 gegen Roter Stern Belgrad hiess der Torschütze Odermatt, und zwar auf Pass von Hügi ...

Wer denn nun der bessere, der grössere Fussballer war, darüber flachsten die beiden selbst immer wieder. «Ich zog den Seppe immer damit auf, dass er nie, nicht ein einziges Mal im Cupfinal stand, ich aber dieses Glück neunmal hatte. Das ist doch sagenhaft – oder nicht?»

Beim FCB verschaffte sich die neue Nummer 8 sofort Respekt. Im ersten

Karli Odermatt: Der Beste? Der Berühmteste? Der Grösste?

Meisterschaftsspiel gegen Lugano schoss er beim 3:0-Sieg zwei Tore. Unter Trainer Sobotka spielten sich die Basler im Cup bis in den Final vor, den sie gegen die Grasshoppers auch prompt mit 2:0 gewannen.
Es war der Beginn einer aussergewöhnlichen Laufbahn, die Karl Odermatt in alle Ecken dieser Erde führte. 50 Länderspiele, so viele wie kein anderer Basler vor und nach ihm, durfte er zwischen 1963 und 1973 absolvieren. Dreimal verliess er mit dem FCB das Wankdorfstadion in Bern als Cupsieger, und fünf der acht Meistertitel verdanken die Basler nicht zuletzt «ihrem» Karli.
Doch diese Erfolge sind es längst nicht allein, die Karl Odermatt zu dem gemacht haben, was er heute noch immer ist – der populärste Basler Sportler schlechthin.
Karl Odermatt war nie ein Star, ein unnahbarer Fussballkünstler von einem anderen Stern. So abgedroschen es klingen mag, so exakt trifft es bei ihm ins Schwarze: Karl Odermatt ist bis heute ein Mann des Volkes geblieben. Seine Unkompliziertheit und Schlitzohrigkeit, sein Ehrgeiz und Humor, aber auch seine Fehler und Schwächen haben den begnadeten Fussballer Karl Odermatt zum Idol werden lassen.
Und Odermatt, auch das ein Zeichen seiner starken Persönlichkeit, bekleidete übrigens auf all seinen Stationen das Captain-Amt, ob dies nun bei Concordia, dem FCB, in der Nationalmannschaft oder bei den Young Boys war.
Das Stichwort «Young Boys» darf allerdings an dieser Stelle aus einem anderen Grund nicht fehlen.
1975 ging ein Aufschrei durch die Stadt, als sich wie ein Lauffeuer das Gerücht verbreitete, der 33-jährige Karl Odermatt werde zu den Young Boys wechseln. In der Tat wurde aus dem «Karli» in jenem Sommer ein «Käru». An Entrüstung und Unverständnis fehlte es nicht in Basel. *«Ich habe gemerkt, dass Helmut Benthaus nicht mehr fest mit mir rechnet. Zudem sollte mir der Lohn um die Hälfte gekürzt werden. Da habe ich mich verraten gefühlt. Der Wechsel nach Bern hat mir weh getan, und doch hat er sich sowohl für meine persönliche Entwicklung als auch finanziell gelohnt. Bei den Young Boys habe ich erstmals so richtig Geld verdient.»*
Zweimal immerhin erreichte Odermatt mit YB noch den Cupfinal, ehe er bei den Bernern während kurzer Zeit das Amt eines Sportchefs versah. «Doch mein Drang, nach Basel

zurückzukehren, wurde immer grösser.»

Herzogenbuchsee, Birsfelden, Concordia, Nordstern, Olten und Baudepartement waren die nächsten Stationen auf dem kurvenreichen Weg des Trainers Karl Odermatt, der nie ein Hehl daraus machte, «am liebsten den FC Basel übernehmen zu wollen.»

Eine kurze Zeit lang wurde ihm dieser Wunsch erfüllt, als er 1992 zusammen mit Bruno Rahmen interimistisch für den entlassenen Künnecke einsprang.

Ein wirklicher Einstieg ins Profi-Geschäft als Trainer war das freilich nicht, doch immerhin stellte Odermatt «seinem» FCB fortan seine Fähigkeiten und seine anhaltende Popularität im Marketingbereich zur Verfügung.

Seine offene, geradlinige, humorvolle und direkte Art kommt ihm auch in dieser neuen Aufgabe zugute, einmal ganz abgesehen davon, dass er mit seinem fussballerisch glänzenden Auge und seinem Fachwissen auch

Odermatt in einem Länderspiel mit Teamkollege René Hasler (hinten) ...

... und mit einer anderen Schweizer Sportgrösse – mit Autorennfahrer Joe Siffert

denen helfen kann, die wirklich die «Macht» im Verein übernahmen: *«Es gibt für mich keinen kompetenteren Gesprächspartner, wenn es darum geht, Talente zu sichten und zu werten, als Odermatt.»*

Der, der das Anfang 2001 sagte, war kein Geringerer als der von Zürich gekommene, sehr erfahrene Manager Erich Vogel. Und wenn dieser Mann mal Komplimente verteilt, will das etwas heissen, womit ...

... zwar die Frage nach dem besten Schweizer Fussballer aller Zeiten noch immer nicht definitiv beantwortet ist. Vielleicht aber – wenn auch aus etwas subjektiver Basler Optik – die Frage nach dem Populärsten aller Zeiten ...?!

(Nach einem Text von Andreas Schluchter)

Helmut Benthaus

Auch wenn an anderen Stellen dieses Buches von ihm ausführlich die Rede ist, so wäre eine Liste grosser und berühmter FCB-Köpfe ohne Helmut Benthaus schlicht unvorstellbar. Deshalb sei es auch an dieser Stelle nochmals deutlich unterstrichen: Mit seinen enormen Erfolgen, seiner 17-jährigen Ära zwischen 1965 und 1982 sowie mit seiner – freilich weniger geglückten – Rückkehr für die Saisons 1985/86 und 1986/87, mit seinen sieben Meistertiteln und seinen zwei Cuperfolgen, war er der Protagonist der erfolgreichsten FCB-Phase schlechthin. Ja, es ist nicht einmal vermessen zu behaupten, dass Benthaus der eigentliche Begründer der so häufig zitierten Begeisterungsfähigkeit der Basler für ihren Fussballclub ist. Denn vor der Zeit des Helmut Benthaus war Basel eine Schweizer Fussballstadt wie jede andere – und nach seiner Zeit eigentlich auch wieder, wenn man vielleicht einmal davon absieht, dass man sich nirgendwo sonst so fest und ausdauernd und emotionsgeladen nach einer Wiederkehr der guten alten Erfolge sehnt wie in Basel. Und wer Helmut Benthaus kennt, weiss, dass auch er zu jenen gehören würde, die sich über einen neuen Meistertitel ganz gehörig freuen würden, dass auch Benthaus der Meinung ist, es wäre endlich an der Zeit, wenn es in Basel einen neuen «Benthaus» gäbe ...

Eine Odermatt/Benthaus-Aufnahme ohne Seltenheitswert ...

Teofilo Cubillas

1973, achtzig Jahre nach seiner Gründung, holte sich der FCB erstmals einen grossen internationalen Star: Den Peruaner Teofilo Cubillas, der zuvor an der WM 1970 einer der auffälligen Spieler gewesen war und der nun – mit Hilfe des Basler Kaufmannes Ruedi Reisdorf – den Sprung nach Europa wagte.

Cubillas, ein ungemein offener, charmanter Spieler, setzte sich freilich in Basel nicht durch. Er, der in seiner Heimat als Halbgott gefeiert wurde, war es trotz tadellosem Einsatz nicht gewohnt, bereits im Mittelfeld attackiert zu werden und dazu noch defensive Arbeit zu leisten. Er war nur ein Jahr in Basel, reiste danach weiter zum FC Porto in wärmere und vor allem «lateinischere» Gefilde – und trotzdem: Sein Name bleibt in Basels Fussball unvergessen – vor allem deshalb, weil einer kam, der als grosser Star angekündigt war und sich dann «nur» als Mensch präsentierte. Und weil er als eines der ersten prominenten Beispiele im sich international zunehmend öffnenden Fussball erlebte, dass sich noch so grosse Spieler nicht einfach so von einer Kultur in die andere verpflanzen lassen.

Teofilo Cubillas

Ottmar Hitzfeld

Kein anderer Fussballer, der beim FC Basel gross geworden ist, hat eine derart imponierende internationale Karriere gemacht wie Ottmar Hitzfeld.

Im ersten Haus gleich rechts nach dem Grenzübergang von Riehen nach Lörrach/Stetten aufgewachsen, klopfte der junge Hitzfeld 1971 beim

FCB aus eigenen Stücken an und bat, mittrainieren zu können. Trainer Benthaus willigte ein, erkannte auf Anhieb das riesige Erfolgspotenzial des jungen Stürmers und gab ihm einen Vertrag. Spektakulärer hätte wenig später der Einstand des Grenzgängers nicht ausfallen können. Schon im ersten Meisterschaftsspiel, beim 2:0-Auswärtssieg gegen Servette, erzielte Hitzfeld beide Basler Tore – nicht von den ebenfalls neu verpflichteten René Hasler und Rolf Blättler war hinterher in erster Linie die Rede, sondern vom unverbrauchten, frischen Newcomer aus der nächsten Basler Nachbarschaft.

Und Hitzfelds starkes Debut war bei weitem kein leeres Versprechen. Mit noch nicht einmal 20 Jahren setzte Hitzfeld, den Benthaus eigentlich ganz sachte als Nachfolger des ins Alter gekommenen bisherigen Goalgetters Helmut Hauser hatte aufbauen wollen, in der Folge weitere Marksteine zu einer grossen Karriere: In seiner ersten NLA-Saison mit dem FCB schoss er in 24 Partien 16 Tore – gleich viele wie der damals unbestritten beste Schweizer Stürmer, Fritz Künzli, und nur eines weniger als die beiden Torschützenkönige jener Saison 1971/72, Winterthurs Dimmeler und der Servette-Deutsche Dörfel.

Ein Jahr später war Hitzfeld mit nun 18 Toren alleiniger Torschützenkönig – und mit dem FCB in seiner noch sehr jungen Laufbahn bereits zum zweitenmal in Folge Meister. In seinem dritten Jahr schliesslich brachte es Hitzfeld gar auf 19 Meisterschaftstore – ein weiterer Beweis seiner Fähigkeiten, auch wenn es diesmal im Torschützenklassement hinter Jeandupeux und Walter Müller «nur» zu Platz 3 reichte.

Da wunderte es keinen, dass Hitzfeld in der Schweiz nicht mehr zu halten war: Er akzeptierte ein Angebot des VfB Stuttgart, wurde auch dort Mei-

Ottmar Hitzfeld

ster und regelmässiger Spieler der deutschen Olympiaauswahl, ehe es ihn wieder in seine zweite Heimat zurückzog – in die Schweiz. Und hier in der Schweiz setzte Hitzfeld zu seiner zweiten Laufbahn an – jener des Trainers. Diese Karriere, so sachte sie der intelligente Lörracher auch aufbaute, verlief noch schillernder. Über den SC Zug, den er in die Nationalliga A führte, und den FC Aarau, mit dem er 1985 den Cup gewann, landete er bei der besten Schweizer Adresse: Mit den Grasshoppers holte Hitzfeld zweimal in Folge den Meistertitel, ehe sein Können abermals in Deutschland auffiel.

Aus Borussia Dortmund, einem Verein, der vor Hitzfelds Ära Trainer um Trainer verbraucht und häufig weit eher gegen den Abstieg als um Titellorbeeren gespielt hatte, machte Hitzfeld einen attraktiven Spitzenclub mit dem höchsten Besucherschnitt der Liga; ja, jetzt begnügte sich Hitzfeld nicht mehr allein mit Meistertiteln.

Vielmehr griff er 1997 nach der höchsten Auszeichnung im europäischen Klubfussball: Er brachte Borussia Dortmund mit dem Schweizer Stürmerstar Stéphane Chapuisat zum Sieg in der Champions League: 3:1 bezwangen die Westfalen in München Titelverteidiger Juventus Turin. Auf diesem Höhepunkt gönnte sich Hitzfeld, inzwischen ob des ständigen Stresses gesundheitlich angeschlagen, eine einjährige Auszeit als Sportdirektor der Borussen, ehe ihn der Ehrgeiz abermals packte: Er lehnte ein Angebot von Real Madrid ab und heuerte beim FC Bayern an, den er 1999 in den Champions League-Final führte, richtig, in jenes denkwürdige Endspiel von Barcelona, das die Bayern in den beiden Schlussminuten durch zwei Gegentreffer gegen Manchester United noch 1:2 verloren.

Hitzfeld verlor darob freilich weder die Fassung noch den Mut, sondern stabilisierte den als extrem schwierig zu führen geltenden Münchner «FC Hollywood» weiter – mit dem Ergebnis, dass die Bayern auch im Jahr 2000 den nationalen Titel und im Mai 2001 gegen den FC Valencia endlich auch die Champions League gewannen.

Aus einem Lörracher Jungen, der einst seine ersten Spuren beim FCB hinterlassen hatte, wurde eine der ganz, ganz grossen Trainerfiguren des Weltfussballs – und mag dies auch ein wenig pathetisch tönen: Das beste an dieser Geschichte ist das: Nie verleugnete Hitzfeld seine Vergangenheit, nie legte er seine Bescheidenheit ab, weshalb nie ganz ausgeschlossen werden muss, dass sich Hitzfelds beruflicher Kreis dereinst wieder dort schliessen wird, wo er seinerzeit begonnen hatte: in Basels Fussball.

Die Marti-Doktoren

Während Jahrzehnten lag die medizinische Betreuung der FCB-Spieler in den Händen einer Ärzte-Familie: Zuerst oblag sie Dr. Max Marti, ehe sich zunehmend der Muttenzer Allgemein-Praktiker Dr. Walter Marti und – mit den Jahren – auch dessen Sohn Dr. Felix Marti um das körperliche Wohl der Fussballprofis kümmerten. Vor allem Vater und Sohn Marti aus

Walter Marti

Muttenz setzten sich mit ihrer medizinischen Kompetenz auf ungemein engagierte Art für den FCB ein, zumal mit zunehmender Professionalisierung des Fussballsports die ärztliche Betreuung immer wichtiger wurde. Ja, nicht selten entschied einer der beiden Marti-Doktoren aus medizinischer Sicht über die Aufstellung des Trainers mit. Und unbemerkt von Fans und Medien dürfte wohl der eine oder andere FCB-Match in den letzten Jahrzehnten durch einen Torschützen sicher gestellt worden sein, der von einem der beiden Doktoren gerade noch rechtzeitig zum Anpfiff wieder fit gebracht wurde.

Es gab keinen FCB-Match, kein Trainingslager, ja kaum ein Freundschaftsspiel ohne den ärztlichen Beistand aus dem Hause Marti – wen wunderts da, dass die beiden Medizi-

Felix Marti

ner auch emotional stets mit der Mannschaft mitlebten, dann aber oft als einzige kühlen Kopf bewahrten, wenns auf dem Feld mal wieder härter als erlaubt zu und her ging. Kurzum – es muss einer nicht zwingend ein guter Stürmer, ein tüchtiger Goalie sein, um zu den grossen «FCB-Köpfen» von elf Jahrzehnten gezählt werden zu dürfen...

Werner Müller

Während sich die Marti-Doktoren in erster Linie während der Spiele um die Profis kümmerten, war und ist der Basler Chirurgie-Professor Werner Müller vor allem dann gefragt, wenn ein Fussballer im wahrsten Sinn des Wortes «unters Messer» musste. Im Bruderholz-Spital gleiste er im Verlauf der Jahrzehnte unzählige Karrieren von FCB-Spielern (und etlicher ande-

Werner Müller

rer Spitzensportler aus der ganzen Welt) dank seiner Chirurgie-Kunst wieder in gute Bahnen, selbst wenn schwere oder schwerste Sportverletzungen vorlagen.

Und wie bei den Martis trat Anfang der Neunzigerjahre auch Werner Müllers Sohn Dominik Müller in die medizinischen Fussstapfen des Vaters. Daneben war Dominik Müller 1993 eine der treibenden Kräfte bei der Organisation der Feierlichkeiten zum 100-Jahre-Jubiläum des FCB. Bedauerlicherweise starb Dominik Müller wenig später viel zu jung.

Gisela «Gigi» Oeri

Gisela «Gigi» Oeri

Exakt zur Jahrtausendwende durfte sich der FC Basel als erster Schweizer Profiklub rühmen, eine Frau in den Vorstand gewählt zu haben: Präsident René C. Jäggi brachte mit Gisela «Gigi» Oeri ein Mitglied aus den grossen Basler Chemie-Konzernen (Roche) in die Vereinsregierung. Und Gigi Oeri, zu ihrer Jugendzeit in Stuttgart selbst aktive Fussballerin, brachte auf Anhieb weit mehr als nur den einen oder anderen willkommenen finanziellen Zustupf ein, sondern sie kümmerte sich sofort sehr aktiv vor allem auch um die Nachwuchsbewegung mit soviel Engagement und Kompetenz, dass sich viele im Umfeld bald einmal vorstellen konnten, dass der FCB dereinst vielleicht gar der erste Profi-Verein der Schweiz mit einer Präsidentin sein könnte.

Gustav Nussbaumer

Was mit seiner aussergewöhnlichen Vereinstreue über mehr als zwei Jahrzehnte Massimo Ceccaroni auf dem Rasen selbst ist, ist hinter den Kulissen Gustav «Guschti» Nussbaumer: Der Kulturingenieur aus Allschwil hält dem FCB in den verschiedensten Funktionen seit Jahr und Tag die Kulissen. Er war Junioren-Obmann,

Gustav Nussbaumer

später, in den extrem schwierigen NLB-Jahren, als das Geld kaum für die Luft im Ball ausreichte, übernahm er mit viel Fantasie und Beziehungen und kaum Barem das Amt des Transferchefs. Und später stand der bescheidene, zurückhaltende und stets freundliche Nussbaumer allen Trainern, die seit Ohlhauser (1982) kamen und gingen, auch als Coach zur Seite. Gustav Nussbaumer ist keiner der grossen Schlagzeilen – seine unermüdlichen Dienste für den FCB hinter den Kulissen waren und sind freilich von unschätzbarem Wert.

Maurizio Gaudino verabschiedet sich von den Leserinnen und Lesern dieses Buches

Die Zahlen, Daten und Fakten

Statistik aus 108 Jahren FC Basel

Klassierungen des FC Basel in der Meisterschaft seit 1897

Saison	Rang	Liga/Gruppe	Meister
1897/98	–	–	Grasshoppers ZH
1898/99	2.	Zentralschweiz	Anglo-A-Club ZH
1899/00	–	–	Grasshoppers ZH
1900/01	5.	Ostschweiz	Grasshoppers ZH
1901/02	2.	Zentralschweiz	FC Zürich
1902/03	3.	Zentralschweiz	Young Boys Bern
1903/04	3.	Zentralschweiz	FC St. Gallen
1904/05	4.	Zentralschweiz	Grasshoppers ZH
1905/06	3.	Zentralschweiz	Winterthur
1906/07	1.	Zentralschweiz	Servette Genf
1907/08	3.	Ostschweiz	Winterthur
1908/09	6.	Ostschweiz	Young Boys Bern
1909/10	5.	Zentralschweiz	Young Boys Bern
1910/11	3.	Zentralschweiz	Young Boys Bern
1911/12	5.	Zentralschweiz	FC Aarau
1912/13	4.	Zentralschweiz	Montriond LS
1913/14	2.	Zentralschweiz	FC Aarau
1914/15	3.	Zentralschweiz	Brühl St. Gallen
1915/16	7.	Zentralschweiz	Cantonal NE
1916/17	2.	Zentralschweiz	Veltheim-W'thur
1917/18	2.	Zentralschweiz	Servette Genf
1918/19	5.	Zentralschweiz	Etoile La ChdFds
1919/20	2.	Zentralschweiz	Young Boys Bern
1920/21	7.	Zentralschweiz	Grasshoppers ZH
1921/22	3.	Zentralschweiz	Servette Genf
1922/23	3.	Zentralschweiz	Kein Titel
1923/24	3.	Zentralschweiz	FC Zürich
1924/25	4.	Zentralschweiz	Servette Genf
1925/26	2.	Zentralschweiz	Servette Genf
1926/27	4.	Zentralschweiz	Grasshoppers ZH
1927/28	3.	Zentralschweiz	Grasshoppers ZH
1928/29	2.	Zentralschweiz	Young Boys Bern
1929/30	1.	Zentralschweiz	Servette Genf
1930/31	2.	Zentralschweiz	Grasshoppers ZH
1931/32	7.	Nationalliga-Gruppe II	Lausanne-Sports
1932/33	2.	Nationalliga-Gruppe I	Servette Genf
	5.	Challenge National-Gruppe I	Young Boys Bern
1933/34	5.	Nationalliga	Servette Genf
1934/35	5.	Nationalliga	Lausanne-Sports
1935/36	10.	Nationalliga	Lausanne-Sports
1936/37	11.	Nationalliga	Grasshoppers ZH
1937/38	4.	Nationalliga	FC Lugano
1938/39	12.	Nationalliga (Abstieg)	Grasshoppers ZH
1939/40	1.	1. Liga (kein Aufstieg)	Servette Genf
1940/41	1.	1. Liga (kein Aufstieg)	FC Lugano
1941/42	1.	1. Liga (Aufstieg)	Grasshoppers ZH
1942/43	13.	Nationalliga	Grasshoppers ZH
1943/44	9.	Nationalliga	Lausanne-Sports
1944/45	13.	Nationalliga (Abstieg)	Grasshoppers ZH
1945/46	1.	Nationalliga B (Aufstieg)	Servette Genf
1946/47	4.	Nationalliga A	FC Biel
1947/48	10.	Nationalliga A	AC Bellinzona
1948/49	2.	Nationalliga A	FC Lugano
1949/50	2.	Nationalliga A	Servette Genf
1950/51	4.	Nationalliga A	Lausanne-Sports
1951/52	4.	Nationalliga A	Grasshoppers ZH
1952/53	1.	Nationalliga A	FC BASEL
1953/54	8.	Nationalliga A	La Chaux-de-Fonds
1954/55	9.	Nationalliga A	La Chaux-de-Fonds
1955/56	7.	Nationalliga A	Grasshoppers ZH
1956/57	4.	Nationalliga A	Young Boys Bern
1957/58	9.	Nationalliga A	Young Boys Bern
1958/59	6.	Nationalliga A	Young Boys Bern
1959/60	10.	Nationalliga A	Young Boys Bern
1960/61	5.	Nationalliga A	Servette Genf
1961/62	7.	Nationalliga A	Servette Genf
1962/63	6.	Nationalliga A	FC Zürich
1963/64	7.	Nationalliga A	La Chaux-de-Fonds
1964/65	8.	Nationalliga A	Lausanne-Sports
1965/66	6.	Nationalliga A	FC Zürich
1966/67	1.	Nationalliga A	FC BASEL
1967/68	5.	Nationalliga A	FC Zürich
1968/69	1.	Nationalliga A	FC BASEL
1969/70	1.	Nationalliga A	FC BASEL
1970/71	2.	Nationalliga A	Grasshoppers ZH
1971/72	1.	Nationalliga A	FC BASEL
1972/73	1.	Nationalliga A	FC BASEL
1973/74	5.	Nationalliga A	FC Zürich
1974/75	4.	Nationalliga A	FC Zürich
1975/76	3.	Nationalliga A	FC Zürich
1976/77	2.	Nationalliga A, Vorrunde	FC BASEL
	1.	Nationalliga A, Finalrunde	
1977/78	4.	Nationalliga A, Vorrunde	Grasshoppers ZH
	3.	Nationalliga A, Finalrunde	
1978/79	6.	Nationalliga A, Vorrunde	Servette Genf
	6.	Nationalliga A, Finalrunde	
1979/80	2.	Nationalliga A, Vorrunde	FC BASEL
	1.	Nationalliga A, Finalrunde	
1980/81	6.	Nationalliga A	FC Zürich
1981/82	8.	Nationalliga A	Grasshoppers ZH
1982/83	11.	Nationalliga A	Grasshoppers ZH
1983/84	9.	Nationalliga A	Grasshoppers ZH
1984/85	8.	Nationalliga A	Servette Genf
1985/86	10.	Nationalliga A	Young Boys Bern
1986/87	12.	Nationalliga A	Neuchâtel Xamax
1987/88	11.	Nationalliga A, Vorrunde	Neuchâtel Xamax
	5.	Auf-/Abstiegsrunde (Abstieg)	
1988/89	1.	Nationalliga B, Vorrunde	FC Luzern
	4.	Auf-/Abstiegsrunde	
1989/90	5.	Nationalliga B, Vorrunde	Grasshoppers ZH
	3.	Auf-/Abstiegsrunde	
1990/91	4.	Nationalliga B, Vorrunde	Grasshoppers ZH
	4.	Auf-/Abstiegsrunde	
1991/92	1.	Nationalliga B, Vorrunde	FC Sion
	4.	Auf-/Abstiegsrunde	
1992/93	2.	Nationalliga B, Vorrunde	FC Aarau
	4.	Auf-/Abstiegsrunde	
1993/94	2.	Nationalliga B, Vorrunde	Servette Genf
	1.	Auf-/Abstiegsrunde (Aufstieg)	
1994/95	7.	Nationalliga A, Vorrunde	Grasshoppers ZH
	7.	Nationalliga A, Finalrunde	
1995/96	5.	Nationalliga A, Vorrunde	Grasshoppers ZH
	6.	Nationalliga A, Finalrunde	
1996/97	8.	Nationalliga A, Vorrunde	FC Sion
	8.	Nationalliga A, Finalrunde	
1997/98	11.	Nationalliga A, Vorrunde	Grasshoppers ZH
	3.	Auf-/Abstiegsrunde	
1998/99	6.	Nationalliga A, Vorrunde	Servette Genf
	5.	Nationalliga A, Finalrunde	
1999/00	2.	Nationalliga A, Vorrunde	FC St. Gallen
	3.	Nationalliga A, Finalrunde	
2000/01	5.	Nationalliga A, Vorrunde	Grasshoppers
	4.	Nationalliga A, Finalrunde	

Ranglisten der Schweizer Fussballmeisterschaft der höchsten Liga seit 1897

Saison 1897/98

10 Mannschaften in 3 Gruppen (ohne FC Basel)

Gruppe a:
    Grasshoppers–FC Zürich 7:2
Gruppe b:
    La Villa Longchamp Lausanne–FC Yverdon 1:0
    Lausanne FC&CC–Maisonneuve Vevey 4:0
    Lausanne FC&CC–La Villa Ouchy 5:2
    La Villa Longchamp Lausanne–Lausanne FC&CC 1:0
Gruppe c:
    FC Château de Lancy Genève–Racing Club de Genève 4:0
    La Châtelaine Genève–FC Château de Lancy Genève 9:2

Regionalsieger
    Gruppe a: Grasshoppers
    Gruppe b: La Villa Longchamp Lausanne
    Gruppe c: La Châtelaine Genève

Finalspiele
In Zürich: Grasshoppers–La Villa Longchamp, Lausanne 6:1
In Lausanne: Grasshoppers–La Châtelaine Genève 2:0
Meister: Grasshoppers

Saison 1898/99

9 Mannschaften in 3 Gruppen

Ostschweiz:
    Anglo American Club Zürich–Grasshoppers 3:3 und 2:1
    Anglo American Club Zürich–FC Zürich 5:0
Zentralschweiz:
    Old Boys–FC Basel 1:1 und 2:1
Westschweiz:
    FC Yverdon–Xamax 2:0
    Lausanne FC&CC–Geneva United 4:0
    Lausanne FC&CC–FC Yverdon 6:2

Regionalsieger
Ostschweiz:
    Anglo American Club Zürich
Zentralschweiz:
    Old Boys
Westschweiz:
    Lausanne FC&CC

Finalspiele
In Bern: Old Boys–Lausanne FC&CC forfait für Old Boys
In Zürich: Anglo American Club Zürich–Old Boys 7:0
Meister: Anglo American Club Zürich

Saison 1899/1900

7 Mannschaften in 2 Gruppen (ohne FC Basel)

Ostschweiz	Sp	S	U	N	T	P
1. Grasshoppers	8	4	1	3	16:10	9
2. FC Zürich	8	4	1	3	16:10	9
3. Anglo American Club Zürich	8	3	0	5	9:21	6
4. Old Boys	8	2	1	5	12:19	5
5. St. Gallen	8	2	0	6	9:19	4

Westschweiz						
1. FC Bern	2	2	0	0	5:2	4
2. Xamax	2	0	0	2	2:5	0

Final in Aarau: Grasshoppers–FC Bern 2:0
Meister: Grasshoppers

Saison 1900/1901

10 Mannschaften in 2 Gruppen der Serie A

Ostschweiz						
1. Grasshoppers	10	9	0	1	55:13	18
2. FC Zürich	10	8	1	1	42:12	17
3. Fire Flies Zürich	10	4	2	4	16:20	10
4. Old Boys	10	3	1	6	10:35	7
5. FC Basel	10	2	2	6	21:35	6
6. Fortuna Zürich	10	1	0	9	6:33	2

Westschweiz						
1. FC Bern	6	5	0	1	16:12	10
2. La Chaux-de-Fonds	6	3	0	3	13:10	6
3. Servette	6	2	0	4	10:11	4
4. Xamax	6	2	0	4	7:13	4

Final in Aarau: Grasshoppers–FC Bern 2:0 (annulliert)
Wiederholung des Finals in Aarau: Grasshoppers–FC Bern 2:0
Meister: Grasshoppers

Saison 1901/1902

14 Mannschaften in 3 Gruppen der Serie A

Ostschweiz						
1. FC Zürich	8	8	0	0	65:9	16
2. Grasshoppers	8	6	0	2	46:15	12
3. St. Gallen	8	3	0	5	23:36	6
4. Fire Flies Zürich	8	3	0	5	15:49	6
5. Blue Stars St. Gallen	8	0	0	8	8:48	0

Zentralschweiz						
1. Young Boys	7	5	1	1	26:8	11
2. FC Basel	7	5	0	2	15:7	10
3. Old Boys	7	4	1	2	27:6	9
4. Fortuna Basel	7	1	0	6	12:31	2
5. Excelsior Basel	4	0	0	4	1:29	0

Westschweiz						
1. FC Bern	6	4	0	2	14:7	8
2. Servette	6	3	0	3	9:11	6
3. La Chaux-de-Fonds	6	2	1	3	8:6	5
4. Xamax	6	2	1	3	9:16	5

Finalspiele
In Aarau: FC Zürich–Young Boys 2:0
In Bern: FC Bern–Young Boys 2:2
In Aarau: FC Zürich–FC Bern 7:1
Meister: FC Zürich

Saison 1902/1903

15 Mannschaften in 3 Gruppen der Serie A

Ostschweiz
1. FC Zürich	10	8	1	1	37:9	17
2. St. Gallen	9	6	2	1	22:6	14
3. Grasshoppers	9	5	0	4	26:19	10
4. Blue Stars St. Gallen	9	3	1	5	24:25	7
5. Winterthur	6	1	0	5	7:14	2
6. International Zürich	9	1	0	8	9:52	2

Zentralschweiz
1. Young Boys	7	6	0	1	29:5	12
2. Old Boys	7	5	1	1	16:7	11
3. FC Basel	8	3	0	5	13:20	6
4. FC Bern	7	1	1	5	10:21	3
5. Fortuna Basel	5	1	0	4	3:18	2

Westschweiz
1. Neuchâtel	6	4	2	0	17:8	10
2. La Chaux-de-Fonds	6	2	1	3	14:12	5
3. Montriond Lausanne	6	2	1	3	8:12	5
4. Servette	6	2	0	4	9:16	4

Finalspiele
In Zürich: Young Boys–FC Zürich 3:1
In Biel: Young Boys–Neuchâtel 5:0
Meister: Young Boys

Saison 1903/1904

15 Mannschaften in 3 Gruppen der Serie A

Ostschweiz
1. St. Gallen	8	7	0	1	28:6	14
2. Grasshoppers	8	6	0	2	25:15	12
3. FC Zürich	8	4	0	4	19:10	8
4. Blue Stars St. Gallen	8	2	0	6	18:28	4
5. American-Wanderers Zürich	8	1	0	7	2:33	2

Zentralschweiz
1. Old Boys	10	8	1	1	41:11	17 *
2. Young Boys	10	8	1	1	37:14	17 *
3. FC Basel	10	5	2	3	28:25	12
4. FC Bern	10	3	3	4	19:20	9
5. Floria Biel	10	2	1	7	11:38	5
6. Fortuna Basel	10	0	0	10	4:32	0 **

*Entscheidungsspiel Old Boys–Young Boys 3:2
** = 6 Forfait-Niederlagen

Westschweiz
1. Servette	6	5	1	0	12:0	11
2. Montriond Lausanne	6	2	2	2	20:9	6
3. Neuchâtel	6	2	0	4	6:23	4
4. La Chaux-de-Fonds	6	1	1	4	9:15	3

Finalspiele
In Bern: St. Gallen–Servette 1:1
In Zürich: St. Gallen–Old Boys 1:0
In Bern: Old Boys–Servette 2:0
Meister: St. Gallen

Saison 1904/1905

16 Mannschaften in 3 Gruppen der Serie A

Ostschweiz
1. Grasshoppers	10	9	0	1	44:11	18
2. St. Gallen	10	7	1	2	25:14	15
3. FC Zürich	10	7	0	3	27:11	14
4. Kickers Zürich	10	3	1	6	21:24	7
5. Blue Stars St. Gallen	10	2	1	7	10:35	5
6. American-Wanderers Zürich	10	0	1	9	4:36	1

Zentralschweiz
1. Young Boys	8	6	1	1	35:11	13 *
2. Old Boys	8	6	1	1	27:5	13 *
3. FC Bern	8	4	2	2	14:12	10
4. FC Basel	8	2	0	6	19:20	4
5. Weissenbühl Bern	8	0	0	8	5:52	0 *

Entscheidungsspiel: Young Boys–Old Boys 2:1

Westschweiz
1. La Chaux-de-Fonds	8	7	0	1	24:10	14 *
2. Montriond Lausanne	8	7	0	1	31:6	14 *
3. Servette	8	2	2	4	10:17	6
4. Neuchâtel	8	2	0	6	12:18	4
5. Genève	8	0	2	6	4:30	2 *

Entscheidungsspiel
La Chaux-de-Fonds–Montriond Lausanne 2:1

Finalspiele
In Bern: Young Boys–La Chaux-de-Fonds 2:2
In Bern: Grasshoppers–La Chaux-de-Fonds 2:1
In Zürich: Grasshoppers–Young Boys 2:1
Meister: Grasshoppers

Saison 1905/1906

15 Mannschaften in 4 Gruppen der Serie A

Ostschweiz I
1. FC Zürich	6	4	2	0	15:4	10 *
2. Grasshoppers	6	2	1	3	10:12	5
3. Young Fellows	6	2	1	3	10:15	5
4. Kickers Zürich	6	1	2	3	11:15	4

Ostschweiz II
1. Winterthur	4	3	1	0	15:6	7 *
2. St. Gallen	4	2	1	1	12:9	5
3. Blue Stars St. Gallen	4	0	0	4	1:13	0 *

Ausscheidungsspiel Ostschweiz:
Winterthur–FC Zürich 5:0

Zentralschweiz
1. Young Boys	6	3	3	0	20:12	9
2. FC Bern	6	3	1	2	13:12	7
3. FC Basel	6	2	0	4	11:17	4
4. Old Boys	6	1	2	3	8:11	4

Westschweiz
1. Servette	6	4	2	0	17:5	10
2. Montriond Lausanne	6	3	2	1	16:7	8
3. La Chaux-de-Fonds	6	3	0	3	15:9	6
4. Genève	6	0	0	6	5:32	0

Finalspiele
In Bern: Winterthur–Servette 4:2
In Lausanne: Servette–Young Boys 4:1
In Zürich: Winterthur–Young Boys 5:2
Meister: Winterthur

Saison 1906/1907

16 Mannschaften in 3 Gruppen

Ostschweiz
1. Young Fellows	10	8	0	2	38:27	16 *
2. Winterthur	10	7	2	1	41:9	16 *
3. Grasshoppers	10	5	3	2	32:14	13
4. St. Gallen	9	3	2	4	19:18	8
5. FC Zürich	9	1	1	7	14:46	3
6. Blue Stars St. Gallen	10	1	0	9	19:49	2

*Entscheidungsspiel Young Fellows–Winterthur 3:1

Zentralschweiz
1. FC Basel	8	5	0	3	30:20	10 *
2. Old Boys	8	5	0	3	20:18	10 *
3. Young Boys	8	4	0	4	21:17	8
4. FC Bern	8	4	0	4	16:21	8
5. Aarau	8	2	0	6	14:25	4

*Entscheidungsspiele FC Basel–Old Boys 1:1, 1:1, 4:1

Westschweiz
1. Servette	8	4	4	0	22:11	12
2. Cantonal	8	5	1	2	16:8	11
3. La Chaux-de-Fonds	8	4	2	2	18:11	10
4. Montriond Lausanne	8	2	1	5	16:23	5
5. Genève	8	0	2	6	12:31	2

Finalspiele
In Bern: Servette–FC Basel 5:1
In Bern: Young Fellows–FC Basel 3:2
In Bern: Servette–Young Fellows 1:0 n. V.
Meister: Servette

Saison 1907/1908

15 Mannschaften in 2 Gruppen

Ostschweiz
1. Winterthur	14	10	2	2	47:22	22
2. Old Boys	14	7	2	5	33:29	16
3. FC Basel	14	6	2	6	40:39	14
4. Grasshoppers	14	6	1	7	38:40	13
5. FC Zürich	14	6	1	7	36:39	13
6. Young Fellows	14	5	3	6	31:46	13
7. St. Gallen	14	4	3	7	32:38	11
8. Aarau	14	5	0	9	39:43	10

Westschweiz
1. Young Boys	12	10	0	2	40:17	20
2. Servette	12	9	0	3	37:16	18
3. Montriond Lausanne 1	2	6	0	6	30:25	12
4. Cantonal	12	5	1	6	30:27	11
5. La Chaux-de-Fonds	12	3	2	7	27:40	8
6. FC Bern	12	3	2	7	12:30	8
7. FC Biel	12	3	1	8	27:48	7

Finalspiel in Basel: Winterthur–Young Boys 4:1
Meister: Winterthur

Saison 1908/1909

15 Mannschaften in 2 Gruppen

Ostschweiz
1. Winterthur	14	11	3	0	59:17	25
2. St. Gallen	14	8	2	4	53:35	18
3. Old Boys	14	8	2	4	51:44	18
4. Aarau	14	7	2	5	48:46	16
5. Young Fellows	14	5	2	7	46:48	12
6. FC Basel	14	4	3	7	39:57	11
7. FC Zürich	14	4	0	10	38:55	8
8. Grasshoppers	14	2	0	12	23:55	4

Westschweiz
1. Young Boys	12	12	0	0	51:12	24
2. La Chaux-de-Fonds	12	8	0	4	35:16	16
3. Cantonal	12	7	0	5	35:22	14
4. Servette	12	6	1	5	35:36	13
5. FC Biel	12	5	0	7	25:28	10
6. Montriond Lausanne	12	2	0	10	16:45	4
7. FC Bern	12	1	1	10	13:51	3

Finalspiel
In Basel: Young Boys–Winterthur 1:0
Meister: Young Boys

Saison 1909/1910

19 Mannschaften in 3 Gruppen

Ostschweiz
1. Aarau	11	9	2	0	40:7	20
2. Winterthur	11	7	2	2	26:14	16
3. FC Zürich	11	6	2	3	32:23	14
4. St. Gallen	11	5	0	6	18:21	10
5. Young Fellows	11	4	0	7	30:30	8
6. Baden	11	2	0	9	18:43	4
7. Grasshoppers*	6	0	0	6	2:28	0

*spielten nur die erste Runde

Zentralschweiz
1. Young Boys	10	6	1	3	38:18	13
2. Old Boys	10	4	3	3	26:23	11
3. FC Bern	10	4	3	3	22:20	11
4. FC Biel	10	4	2	4	27:23	10
5. FC Basel	10	4	2	4	24:24	10
6. Luzern	10	2	1	7	15:44	5

Westschweiz
1. Servette	10	8	1	1	45:12	17
2. Stella Fribourg	10	3	3	4	36:35	9
3. La Chaux-de-Fonds	10	3	3	4	30:34	9
4. Etoile La Chaux-de-Fonds	10	3	3	4	29:39	9
5. Montriond Lausanne	10	3	3	4	20:33	9
6. Cantonal	10	3	1	6	23:30	7

Finalspiele
In Bern: Servette–Aarau 3:1
In Lausanne: Young Boys–Aarau 3:1
In Lausanne: Young Boys–Servette 2:1
Meister: Young Boys

Saison 1910/1911

21 Mannschaften in 3 Gruppen

Ostschweiz
1. FC Zürich	12	9	3	0	49:22	21*
2. Winterthur	12	9	3	0	41:8	21*
3. St. Gallen	12	7	0	5	46:22	14
4. Brühl SG	12	5	2	6	31:30	12
5. Young Fellows	12	5	0	7	25:35	10
6. Baden	12	2	0	10	10:39	4
7. Luzern	12	1	0	11	6:52	2

*Entscheidungsspiel FC Zürich–Winterthur 1:0

Zentralschweiz
1. Young Boys	12	10	2	0	45:10	22
2. Aarau	12	10	0	2	52:16	20
3. FC Basel	12	5	1	6	32:36	11
4. FC Biel	12	4	3	5	28:39	11
5. FC Bern	12	4	1	7	22:29	9
6. Old Boys	12	2	3	7	27:42	7
7. Stella Fribourg	12	2	0	10	17:51	4

Westschweiz
1. Servette	12	8	3	1	58:18	19*
2. Cantonal	12	8	3	1	54:26	19*
3. Montriond LS	12	5	4	3	34:35	13
5. Etoile La Chaux-de-Fonds	12	5	1	6	30:33	11
6. Montreux–Narcisse	12	2	0	10	23:53	4
7. Genève	12	1	2	9	19:57	4

*Entscheidungsspiel Servette–Cantonal 11:1

Finalspiele
In Bern: FC Zürich–Servette 2:0
In Lausanne: Young Boys–Servette 4:1
In Basel: Young Boys–FC Zürich 1:0
Meister: Young Boys

Saison 1911/1912

23 Mannschaften in 3 Gruppen

Ostschweiz
1. Aarau	14	10	2	2	41:18	22*
2. Brühl SG	14	10	2	2	56:28	22*
3. St. Gallen	14	8	3	3	38:18	19
4. FC Zürich	14	9	0	5	39:29	18
5. Young Fellows	14	7	0	7	40:30	14
6. Winterthur	14	5	1	8	32:28	11
7. Baden	14	2	1	11	19:59	5
8. Luzern	14	0	1	13	16:71	1

*Entscheidungsspiel Aarau–Brühl SG 2:0

Zentralschweiz
1. Etoile La Chaux-de-Fonds	14	12	0	2	38:19	24
2. Old Boys	14	11	1	2	45:19	23
3. La Chaux-de-Fonds	14	9	0	5	53:29	18
4. Young Boys	14	6	0	8	31:25	12
5. FC Basel	14	5	2	7	30:34	12
6. Nordstern	14	4	2	8	21:36	10
7. FC Bern	14	4	2	8	21:38	10
8. FC Biel	14	1	1	12	19:58	3

Westschweiz
1. Servette	12	10	2	0	49:11	22
2. Cantonal	12	8	2	2	34:13	18
3. Genève	12	6	3	3	25:18	15
4. Montriond Lausanne	12	5	2	5	23:18	12
5. Montreux–Narcisse	12	2	3	7	22:36	7
6. Stella Fribourg	12	3	1	8	17:36	7
7. Concordia Yverdon	12	1	1	10	15:53	3

Finalspiele
In Lausanne: Etoile La Chaux-de-Fonds–Servette 3:1
In Bern: Aarau–Servette 5:1
In Basel: Aarau–Etoile La Chaux-de-Fonds 3:1
Meister: Aarau

Saison 1912/1913

23 Mannschaften in 3 Gruppen

Ostschweiz
1. Aarau	14	12	1	1	50:18	25
2. St. Gallen	14	8	3	3	67:21	19
3. FC Zürich	14	8	2	4	45:24	18
4. Brühl SG	14	7	3	4	42:35	17
5. Winterthur	14	4	2	8	34:28	10
6. Young Fellows	14	4	2	8	22:45	10
7. Baden	14	3	2	9	17:49	8
8. Luzern	14	2	1	11	13:70	5

Zentralschweiz
1. Old Boys	14	9	2	3	43:29	20
2. Young Boys	14	9	1	4	41:25	19
3. Etoile La Chaux-de-Fonds	14	8	1	5	33:25	17
4. FC Basel	14	7	2	5	46:30	16
5. FC Bern	14	6	2	6	43:38	14
6. Nordstern	14	5	2	7	35:46	12
7. La Chaux-de-Fonds	14	3	3	8	38:50	9
8. FC Biel	14	2	1	11	29:65	5

Westschweiz
1. Montriond Lausanne	12	7	4	1	34:12	18
2. Servette	12	7	2	3	25:18	16
3. Stella Fribourg	12	7	1	4	30:21	15
4. Cantonal	12	5	2	5	31:23	12
5. Concordia Yverdon	12	4	3	5	26:27	11
6. Montreux-Narcisse	12	3	1	8	13:32	7
7. Genève	12	2	1	9	13:39	5

Finalspiele
In Bern: Aarau–Montriond Lausanne 5:4 (gutgeheissener Protest)
In Basel: Old Boys–Aarau 2:1
In Bern: Montriond Lausanne–Aarau 2:1 (Wiederholungsspiel)
In La Chaux-de-Fonds: Montriond Lausanne–Old Boys 1:0
Meister: Montriond Lausanne

Saison 1913/1914

23 Mannschaften in 3 Gruppen

Ostschweiz
1. Aarau	14	11	2	1	55:14	24
2. St. Gallen	14	8	3	3	30:22	19
3. Winterthur	14	5	5	4	36:26	15
4. FC Zürich	14	7	1	6	32:31	15
5. Blue Stars Zürich	14	5	3	6	31:37	13
6. Brühl SG	14	4	5	5	27:35	13
7. Young Fellows	14	3	2	9	25:36	8
8. Baden	14	1	3	10	21:56	5

Zentralschweiz
1. Young Boys	14	10	2	2	46:21	22
2. FC Basel	14	9	1	4	63:33	19
3. FC Bern	14	7	1	6	34:34	15
4. FC Biel	14	5	2	7	33:34	12
5. Nordstern	14	5	1	8	29:34	11
6. La Chaux-de-Fonds	14	3	2	9	26:57	8
7. Old Boys	14	2	2	10	21:47	6

Westschweiz
1. Cantonal	12	11	1	0	52:15	23
2. Montriond Lausanne	12	8	2	2	51:15	18
3. Servette	12	8	0	4	54:25	16
4. Stella Fribourg	12	6	1	5	30:30	13
5. Genève	12	4	0	8	20:42	8
6. Montreux	12	3	0	9	24:44	6
7. Concordia Yverdon	12	0	0	12	8:68	0

Finalspiele
In Basel: Aarau–Cantonal 1:1
In Lausanne: Young Boys–Cantonal 4:3
In Zürich: Aarau–Young Boys 2:1
Meister: Aarau

Saison 1914/1915

16 Mannschaften in 4 Gruppen (3 Regionen)

Ostschweiz
1. Brühl SG	6	4	1	1	11:4	9*
2. St. Gallen	6	4	1	1	25:2	9*
3. Winterthur–Veltheim	6	3	0	3	16:10	6
4. Grasshoppers	6	0	0	6	7:43	0

*Entscheidungsspiel Brühl SG–St. Gallen 2:1

Zentralschweiz
I. Gruppe
1. Aarau	6	5	0	1	18:7	10
2. Old Boys	6	4	0	2	15:16	8
3. FC Basel	6	2	1	3	15:14	5
4. Nordstern	6	0	1	5	8:19	1

II. Gruppe
1. Young Boys	6	5	1	0	20:3	11
2. Etoile La Chaux-de-Fonds	6	3	1	2	18:9	7
3. FC Bern	6	2	2	2	11:10	6
4. FC Biel	6	0	0	6	5:32	0

Westschweiz
1. Servette	6	5	0	1	29:10	10
2. Montriond Lausanne	6	4	0	2	23:11	8
3. Cantonal	6	2	0	4	16:23	4
4. Concordia Yverdon	6	1	0	5	11:35	2

Finalspiele
In Lausanne: Servette–Young Boys 3:2
In Zürich: Aarau–Brühl SG 2:1 (Protest)
In Zürich: Brühl SG–Aarau 8:1 (Wiederholung)
In Bern: Brühl SG–Servette 3:0
Meister: Brühl SG

Saison 1915/1916

21 Mannschaften in 3 Gruppen

Ostschweiz
1. Winterthur–Veltheim	12	10	2	0	46:25	22
2. St. Gallen	12	7	2	3	44:27	16
3. FC Zürich	12	7	1	4	28:25	15
4. Aarau	12	5	1	6	26:32	11
5. Young Fellows	12	4	1	7	33:47	9
6. Brühl SG	12	2	2	8	27:33	6
7. Blue Stars Zürich	12	2	1	9	25:40	5

Zentralschweiz
1. Old Boys	14	9	3	2	47:31	21
2. FC Bern	14	9	2	3	41:23	20
3. Etoile La Chaux-de-Fonds	14	7	2	5	46:27	16
4. Young Boys	14	6	3	5	33:26	15
5. FC Biel	14	6	2	6	29:26	14
6. La Chaux-de-Fonds	14	6	1	7	23:32	13
7. FC Basel	14	4	1	9	30:39	9
8. Nordstern	14	2	0	12	16:61	4

Westschweiz
1. Cantonal	10	8	1	1	41:21	17
2. Servette	10	6	2	2	34:17	14
3. Montriond Lausanne	10	7	0	3	31:21	14
4. Stella Fribourg	10	3	1	6	26:32	7
5. Montreux	10	1	2	7	21:37	4
6. Genève	10	1	2	7	13:38	4

Finalspiele
In Bern: Cantonal–Winterthur-Veltheim 5:3
In Zürich: Old Boys–Winterthur-Veltheim 0:0
In La Chaux-de-Fonds: Cantonal–Old Boys 5:1
Meister: Cantonal

Saison 1916/1917

23 Mannschaften in 3 Gruppen

Ostschweiz
1. Winterthur-Veltheim	14	12	1	1	57:22	25
2. Blue Stars Zürich	14	9	1	4	38:23	19
3. St. Gallen	14	9	1	4	49:32	19
4. FC Zürich	14	7	2	5	40:31	16
5. Brühl SG	14	7	1	6	24:30	15
6. Young Fellows	14	4	2	8	27:31	10
7. Baden	14	2	1	11	18:47	5
8. Grasshoppers	14	1	1	12	16:53	3

Zentralschweiz
1. Young Boys	12	8	2	2	31:15	18
2. FC Basel	12	5	5	2	31:20	15
3. Aarau	12	5	3	4	23:21	13
4. FC Biel	12	6	0	6	37:45	12
5. Old Boys	12	5	1	6	19:20	11
6. FC Bern	12	3	4	5	23:27	10
7. Nordstern	12	2	1	9	22:38	5

Westschweiz
1. La Chaux-de-Fonds	14	12	1	1	43:24	25
2. Montriond Lausanne	14	11	1	2	49:22	23
3. Servette	14	6	5	3	40:23	17
4. Etoile La Chaux-de-Fonds	14	5	1	8	39:37	11
5. Cantonal	14	4	3	7	42:44	11
6. Genève	14	3	4	7	23:38	10
7. Stella Fribourg	14	3	3	8	26:47	9
8. Montreux	14	2	2	10	28:55	6

Finalspiele
In Basel: Winterthur-Veltheim–Young Boys 2:0
In Zürich: La Chaux-de-Fonds–Young Boys 1:1
In Bern: Winterthur-Veltheim–La Chaux-de-Fonds 3:2
Meister: Winterthur-Veltheim

Saison 1917/1918

24 Mannschaften in 3 Gruppen

Ostschweiz
1. St. Gallen	14	10	2	2	37:21	22
2. FC Zürich	14	9	2	3	37:27	20
3. Brühl SG	14	8	2	4	35:22	18
4. Neumünster Zürich	14	5	2	7	31:26	12
5. Winterthur-Veltheim	14	6	0	8	30:32	12
6. Grasshoppers	14	5	1	8	24:35	11
7. Blue Stars Zürich	14	4	1	9	24:34	9
8. Young Fellows	14	4	0	10	22:43	8

Zentralschweiz
1. Young Boys	12	8	3	1	52:18	19
2. FC Basel	12	7	3	2	31:19	17
3. Aarau	12	7	2	3	24:16	16
4. FC Bern	12	4	4	4	21:26	12
5. FC Biel	12	5	0	7	24:35	10
6. Nordstern	12	3	2	7	18:26	8
7. Old Boys	12	2	0	10	20:50	4
8. Baden	0	0	0	0	0:0	0

Westschweiz
1. Servette	14	12	1	1	74:21	25
2. Etoile La Chaux-de-Fonds	14	9	3	2	46:20	21
3. La Chaux-de-Fonds	14	9	3	2	46:26	21
4. Cantonal	14	6	1	7	35:43	13
5. Montriond Lausanne	14	5	3	6	28:36	13
6. Genève	14	3	5	6	32:44	11
7. Fribourg	14	3	1	10	19:45	7
8. Montreux	14	0	1	13	10:51	1

Finalspiele
In Lausanne: Servette–Young Boys 4:2
In Bern: Young Boys–St. Gallen 2:1
In Zürich: Servette–St. Gallen 4:0
Meister: Servette

Saison 1918/1919

24 Mannschaften in 3 Gruppen

Ostschweiz
1. Winterthur-Veltheim	14	12	1	1	62:17	25
2. FC Zürich	14	8	3	3	39:29	19
3. Grasshoppers	14	6	2	6	26:27	14
4. Brühl SG	14	5	2	7	22:23	12
5. Neumünster Zürich	12	5	0	7	18:25	10
6. Blue Stars Zürich	14	4	2	8	23:35	10
7. St. Gallen	10	2	3	5	13:24	7
8. Young Fellows	12	2	3	7	14:37	7

Zentralschweiz
1. Etoile La Chaux-de-Fonds	14	11	2	1	42:9	24
2. Old Boys	14	8	3	3	31:18	19
3. Nordstern	14	8	3	3	23:15	19
4. La Chaux-de-Fonds	14	8	3	3	32:23	19
5. FC Basel	14	5	3	6	27:26	13
6. Aarau	14	5	1	8	13:24	11
7. Luzern	14	2	3	9	18:27	7
8. FC Biel	14	0	0	14	2:46	0

Westschweiz
1. Servette	14	10	3	1	51:16	23
2. Young Boys	10	6	2	2	15:7	14
3. Genève	12	5	1	6	28:35	11
4. Montriond Lausanne	12	4	3	5	19:16	11
5. Cantonal	12	4	2	6	22:29	10
6. FC Bern	10	3	3	4	13:18	9
7. Fribourg	8	2	0	6	17:25	4
8. Montreux	6	1	0	5	6:25	2

Finalspiele
In Bern: Servette–Winterthur-Veltheim 0:0
In Lausanne: Etoile La Chaux-de-Fonds–Servette 3:2
In Basel: Etoile La Chaux-de-Fonds–Winterthur-Veltheim 2:1
Meister: Etoile La Chaux-de-Fonds

Saison 1919/1920

24 Mannschaften in 3 Gruppen

Ostschweiz
1. Grasshoppers	14	10	2	2	33:13	22*
2. FC Zürich	14	9	4	1	37:13	22*
3. St. Gallen	14	7	2	5	28:21	16
4. Winterthur-Veltheim	14	6	2	6	29:24	14
5. Brühl SG	14	5	2	7	22:31	12
6. Neumünster Zürich	14	5	2	7	22:34	12
7. Young Fellows	14	2	4	8	19:40	8
8. Blue Stars Zürich	14	0	6	8	22:36	6

*Entscheidungsspiel Grasshoppers–FC Zürich 2:1

Zentralschweiz
1. Young Boys	14	12	2	0	41:13	26
2. FC Basel	14	7	4	3	32:20	18
3. Aarau	14	6	4	4	24:14	16
4. Nordstern	14	7	2	5	21:18	16
5. Old Boys	14	5	2	7	19:30	12
6. Luzern	14	4	3	7	18:28	11
7. FC Bern	14	4	1	9	19:30	9
8. FC Biel	14	1	2	11	15:36	4

Westschweiz
1. Servette	14	11	0	3	42:24	22
2. Etoile La Chaux-de-Fonds	14	8	4	2	51:22	20
3. La Chaux-de-Fonds	14	5	3	6	31:29	13
4. Cantonal	14	4	5	5	28:35	13
5. Genève	14	3	6	5	20:31	12
6. Fribourg	14	4	4	6	18:28	12
7. Montreux	14	2	6	6	15:24	10
8. Montriond LS	14	3	4	7	21:33	10

Finalspiele
In Lausanne: Young Boys–Servette 4:0
In Bern: Servette–Grasshoppers 2:1
In La Chaux-de-Fonds: Young Boys–Grasshoppers 0:0
Meister: Young Boys

Saison 1920/1921

24 Mannschaften in 3 Gruppen

Ostschweiz
1. Grasshoppers	14	10	2	2	32:16	22
2. Winterthur-Veltheim	14	8	2	4	35:25	18
3. FC Zürich	14	8	1	5	31:24	17
4. Blue Stars Zürich	14	7	2	5	23:27	16
5. St. Gallen	14	6	2	6	37:21	12
7. Young Fellows	14	4	1	9	23:41	9
8. Brühl SG	14	1	2	11	17:35	4

Zentralschweiz
1. Young Boys	15	9	4	2	30:15	22
2. Old Boys	15	9	2	4	32:22	20
3. FC Biel	14	7	5	2	26:12	19
4. Nordstern	14	6	4	4	23:17	16
5. FC Bern	14	5	3	6	26:30	13
6. Aarau	14	3	2	9	20:29	8
8. Luzern	15	2	2	11	17:42	6

Westschweiz
1. Servette	14	9	3	2	31:11	21
2. Cantonal	14	8	2	4	29:16	18
3. La Chaux-de-Fonds	14	7	3	4	26:18	17
4. Etoile La Chaux-de-Fonds	14	7	3	4	20:17	12
6. Lausanne	14	2	7	5	21:30	11
7. Genève	14	3	5	6	14:21	11
8. Montreux	14	2	1	11	16:39	5

Finalspiele
In Bern: Grasshoppers–Servette 5:0
In Lausanne: Young Boys–Servette 3:1
In Zürich: Grasshoppers–Young Boys 3:1
Meister: Grasshoppers

Saison 1921/1922

24 Mannschaften in 3 Gruppen

Ostschweiz
1. Blue Stars Zürich	14	10	1	3	27:11	21
2. Grasshoppers	14	9	2	3	37:20	20
3. FC Zürich	14	6	2	6	26:23	14
4. St. Gallen	14	5	4	5	26:24	14
5. Young Fellows	14	4	4	6	19:25	12
6. Brühl SG	14	5	1	8	19:34	11
7. Winterthur-Veltheim	14	3	4	7	16:25	10*
8. Neumünster Zürich	14	3	4	7	15:23	10*

*Entscheidungsspiel Winterthur-Veltheim–Neumünster Zürich 1:0

Zentralschweiz
1. Luzern	14	8	4	2	26:19	20
2. FC Biel	14	6	4	4	24:23	16
3. FC Basel	14	6	3	5	20:21	15
4. Young Boys	14	5	4	5	25:17	14
5. Nordstern	14	6	2	6	18:22	14
6. FC Bern	14	5	2	7	22:21	12
7. Aarau	14	3	6	5	14:17	12
8. Old Boys	14	2	5	7	14:23	9

Westschweiz
1. Servette	14	8	6	0	28:10	22
2. La Chaux-de-Fonds	14	8	1	5	29:22	17
3. Lausanne	14	7	2	5	24:16	16
4. Montreux	14	6	2	6	23:28	14
5. Cantonal	14	5	3	6	36:26	13
6. Etoile La Chaux-de-Fonds	14	5	3	6	23:20	13
7. Genève	14	1	7	6	19:37	9
8. Fribourg	14	3	2	9	13:36	8

Finalspiele
In Bern: Servette–Blue Stars Zürich 1:0
In Zürich: Luzern–Blue Stars Zürich 2:1
In Basel: Servette–Luzern 2:0
Meister: Servette

Saison 1922/1923

24 Mannschaften in 3 Gruppen

Ostschweiz
1. Young Fellows	14	10	3	1	40:12	23
2. FC Zürich	14	8	2	4	27:24	18
3. Winterthur-Veltheim	14	7	3	4	28:20	17
4. Brühl SG	14	6	3	5	24:26	15
5. Blue Stars Zürich	14	5	3	6	38:32	13
6. Grasshoppers	14	6	1	7	22:26	13
7. St. Gallen	14	3	1	10	23:33	7
8. Lugano	14	2	2	10	17:46	6

Zentralschweiz
1. Young Boys	14	10	2	2	36:10	22
2. FC Bern	14	10	0	4	31:16	20
3. FC Basel	14	7	3	4	20:18	17
4. Old Boys	14	5	6	3	24:18	16
5. Nordstern	14	5	4	5	18:18	14
6. Aarau	14	3	2	9	14:24	8
7. Luzern	14	3	2	9	12:35	8
8. FC Biel	14	3	1	10	11:27	7

Westschweiz
1. Servette	14	11	2	1	41:4	24
2. Lausanne	14	8	4	2	28:15	20
3. Etoile La Chaux-de-Fonds	14	7	3	4	25:18	17
4. La Chaux-de-Fonds	14	7	2	5	21:14	16
5. Cantonal	14	5	1	8	11:35	11
6. Urania Genf	14	3	4	7	15:20	10
7. Montreux	14	3	2	9	11:30	8
8. Fribourg	14	2	2	10	14:30	6

Finalspiele
In Zürich: FC Bern–Young Fellows 1:0
In Bern: Young Fellows–Servette 2:1
In Lausanne: FC Bern–Servette 1:1
Meister: Kein Meistertitel, da im Nachhinein das Meisterschaftsspiel FC Basel–FC Bern (0:4) in 3:0 forfait für den FC Basel gewertet wurde. Damit verlor der FC Bern den Regionentitel an die Young Boys. Die Finalspiele wurden nicht wiederholt, womit kein Titel vergeben wurde.

Saison 1923/1924

27 Mannschaften in 3 Gruppen

Ostschweiz
1. FC Zürich	16	13	0	3	52:12	26 *
2. Young Fellows	16	12	2	2	44:23	26 *
3. Grasshoppers	16	8	3	5	30:34	19
4. St. Gallen	16	8	2	6	37:20	18
5. Brühl SG	16	6	2	8	24:31	14
6. Winterthur	16	5	2	9	18:22	12
7. Winterthur-Veltheim	16	6	0	10	33:51	12
8. Lugano	16	4	2	10	21:35	10
9. Blue Stars Zürich	16	3	1	12	19:50	7

*Entscheidungsspiele FC Zürich–Young Fellows 1:1 und 1:0

Zentralschweiz
1. Nordstern	16	11	4	1	34:10	26
2. Young Boys	16	10	5	1	28:9	25
3. FC Basel	16	8	2	6	16:15	18
4. Old Boys	16	6	5	5	29:26	17
5. FC Bern	16	4	6	6	25:31	14
6. Aarau	16	4	4	8	14:20	12
7. Concordia Basel	16	4	3	9	19:31	11
8. Luzern	16	4	3	9	13:30	11
9. FC Biel	16	3	4	9	13:19	10

Westschweiz
1. Servette	16	14	2	0	42:9	30
2. La Chaux-de-Fonds	16	11	0	5	42:18	22
3. Etoile La Chaux-de-Fonds	16	9	4	3	34:16	22
4. Lausanne	16	6	4	6	24:28	16
5. Urania Genf	16	6	3	7	22:25	15
6. Cantonal	16	7	0	9	22:26	14
7. Etoile Carouge	16	6	1	9	16:38	13
8. Fribourg	16	2	2	12	14:36	6 *
9. Montreux	16	1	4	10	17:37	6 *

*Entscheidungsspiel Fribourg–Montreux 4:1

Finalspiele
In Genf: Nordstern–Servette 1:0
In Zürich: FC Zürich–Servette 1:0
In Basel: FC Zürich–Nordstern 3:1
Meister: FC Zürich

Saison 1924/1925

27 Mannschaften in 3 Gruppen

Ostschweiz
1. Young Fellows	16	13	1	2	56:28	27
2. St. Gallen	16	11	1	4	28:20	23
3. Grasshoppers	16	9	1	6	40:38	19
4. FC Zürich	16	9	0	7	50:33	18
5. Winterthur-Veltheim	16	7	1	8	27:29	15
6. Blue Stars Zürich	16	7	0	9	38:43	14
7. Winterthur	16	4	3	9	32:45	11
8. Lugano	16	4	2	10	30:44	10
9. Brühl SG	16	2	3	11	22:43	7

Zentralschweiz
1. FC Bern	16	9	5	2	25:10	23
2. Aarau	16	8	4	4	25:17	20
3. Old Boys	16	7	5	4	33:23	19
4. FC Basel	16	7	5	4	15:13	19
5. Young Boys	16	7	3	6	26:18	17
6. Nordstern	16	5	4	7	17:13	14
7. Grenchen	16	4	4	8	17:23	12
8. Concordia Basel	16	4	4	8	15:25	12
9. Luzern	16	2	4	10	12:43	8

Westschweiz
1. Servette	16	12	3	1	38:12	27
2. Lausanne	16	10	3	3	31:19	23
3. Etoile Carouge	16	9	4	3	37:14	22
4. Etoile La Chaux-de-Fonds	16	7	3	6	20:18	17
5. Fribourg	16	6	4	6	21:26	16
6. La Chaux-de-Fonds	16	3	7	6	15:21	13
7. Cantonal	16	4	4	8	21:31	12
8. Urania Genf	16	2	3	11	16:32	7
9. Montreux	16	2	3	11	16:42	7

Finalspiele
In Zürich: Young Fellows–Servette 0:0
In Bern: FC Bern–Young Fellows 4:2
In Genf: Servette–FC Bern 1:0
Meister: Servette

Saison 1925/1926

27 Mannschaften in 3 Gruppen

Ostschweiz
1. Grasshoppers	16	13	1	2	63:20	27
2. Young Fellows	16	12	0	4	55:24	24
3. Blue Stars Zürich	16	8	2	6	44:28	18
4. FC Zürich	16	7	3	6	35:30	17
5. Lugano	16	7	2	7	37:29	16
6. Brühl SG	16	7	1	8	27:41	15
7. Winterthur	16	5	4	7	32:44	14
8. St. Gallen	16	2	4	10	17:52	8
9. Winterthur-Veltheim	16	2	1	13	12:54	5

Zentralschweiz
1. Young Boys	16	14	1	1	46:10	29
2. FC Basel	16	7	6	3	26:14	20
3. FC Bern	16	9	2	5	28:16	20
4. Nordstern	16	8	2	6	34:31	18
5. Solothurn	16	7	1	8	30:31	15
6. Aarau	16	6	3	7	29:36	15
7. Old Boys	16	5	2	9	24:31	12
8. Concordia Basel	16	3	2	11	15:49	8
9. Grenchen	16	3	1	12	27:41	7

Westschweiz
1. Servette	16	11	1	4	51:21	23
2. Etoile La Chaux-de-Fonds	16	8	6	2	33:18	22
3. La Chaux-de-Fonds	16	7	3	6	24:38	17
4. Etoile Carouge	16	6	4	6	29:19	16
5. Urania Genf	16	6	2	8	22:25	14
6. Cantonal	16	6	2	8	24:30	14
7. FC Biel	16	5	3	8	25:20	13
8. Lausanne	16	6	1	9	29:41	13
9. Fribourg	16	5	2	9	17:42	12

Finalspiele
In Bern: Young Boys–Grasshoppers 3:5
In Genf: Servette–Young Boys 5:2
In Zürich: Grasshoppers–Servette 2:2
In Bern: Servette–Grasshoppers 3:2
Meister: Servette

Saison 1926/1927

27 Mannschaften in 3 Gruppen

Ostschweiz
1. Grasshoppers	16	14	1	1	93:14	29
2. Young Fellows	16	13	0	3	54:24	26
3. Lugano	16	11	2	3	49:22	24
4. FC Zürich	16	6	2	8	27:41	14
5. St. Gallen	16	4	4	8	24:48	12
6. Brühl SG	16	2	8	6	23:37	12
7. Winterthur	16	4	3	9	23:41	11
8. Blue Stars Zürich	16	3	4	9	33:57	10
9. Winterthur-Veltheim	16	3	0	13	21:63	6

Zentralschweiz
1. Nordstern	16	10	5	1	39:17	25
2. Young Boys	16	10	5	1	30:10	25
3. Grenchen	16	8	4	4	34:22	20
4. FC Basel	16	8	3	5	29:26	19
5. FC Bern	16	7	4	5	38:24	18
6. Old Boys	16	4	4	8	23:33	12
7. Solothurn	16	2	7	7	23:35	11
8. Concordia Basel	16	4	1	11	17:37	9
9. Aarau	16	2	1	13	11:40	5

Westschweiz
1. FC Biel	16	11	1	4	32:18	23
2. Servette	16	9	4	3	44:17	22
3. Lausanne	16	10	2	4	36:21	22
4. Etoile-Carouge Genève	16	8	3	5	34:22	19
5. Urania Genf	16	5	5	6	24:28	15
6. Cantonal	16	4	5	7	23:32	13
7. Etoile La Chaux-de-Fonds	16	4	3	9	29:38	11
8. La Chaux-de-Fonds	16	3	5	8	22:45	11
9. Fribourg	16	2	4	10	20:43	8

Finalspiele
In Biel: FC Biel–Grasshoppers 0:1
In Basel: Nordstern–FC Biel 4:0
In Zürich: Grasshoppers–Nordstern 2:0
Meister: Grasshoppers

Saison 1927/1928

27 Mannschaften in 3 Gruppen

Ostschweiz
1. Grasshoppers	16	13	2	1	57:22	28
2. Young Fellows	16	11	2	3	40:20	24
3. Lugano	16	8	3	5	47:36	19
4. Blue Stars Zürich	16	6	4	6	40:43	16
5. FC Zürich	16	6	3	7	43:42	15
6. Chiasso	16	4	4	8	29:41	12
7. St. Gallen	16	3	4	9	27:38	10 *
8. Brühl SG	16	3	4	9	26:47	10 *
9. Winterthur	16	5	0	11	26:46	10 *

*Entscheidungsspiele St. Gallen–Winterthur 3:0 und Brühl SG–Winterthur 2:1

Zentralschweiz
1. Nordstern	16	10	3	3	40:11	23
2. Young Boys	16	9	4	3	34:10	22
3. FC Basel	16	10	1	5	27:21	21
4. Aarau	16	8	4	4	27:19	20
5. FC Bern	16	7	3	6	32:22	17
6. Grenchen	16	5	3	8	20:33	13
7. Concordia Basel	16	5	1	10	26:38	11
8. Old Boys	16	4	2	10	15:40	10
9. Solothurn	16	2	3	11	16:43	7

Westschweiz
1. Etoile-Carouge Genève	16	13	1	2	41:15	27
2. Servette	16	10	0	6	52:26	20
3. FC Biel	16	8	4	4	31:22	20
4. Etoile La Chaux-de-Fonds	16	6	5	5	30:28	17
5. Lausanne	16	5	3	8	32:36	13
6. La Chaux-de-Fonds	16	5	3	8	19:32	13
7. Urania Genf	16	5	2	9	19:33	12
8. Fribourg	16	5	2	9	22:36	12
9. Cantonal	16	3	4	9	14:32	10

Finalspiele
In Basel: Nordstern–Etoile-Carouge Genève 2:1
In Genf: Etoile Carouge–Grasshoppers 1:4
In Zürich: Grasshoppers–Nordstern 2:1
Meister: Grasshoppers

Saison 1928/1929

27 Mannschaften in 3 Gruppen

Ostschweiz
1. Grasshoppers	16	14	1	1	66:24	29
2. Lugano	16	10	2	4	46:26	22
3. Blue Stars Zürich	16	10	1	5	33:37	21
4. Chiasso	16	7	3	6	29:30	17
5. Brühl SG	16	6	2	8	32:32	14
6. FC Zürich	16	6	2	8	34:38	14
7. Young Fellows	16	5	4	7	30:39	14
8. St. Gallen	16	2	3	11	22:52	7
9. Winterthur	16	3	0	13	27:41	6

Zentralschweiz
1. Young Boys	16	8	5	3	34:22	21
2. FC Basel	16	8	4	4	48:32	20
3. Nordstern	16	8	2	6	46:32	18
4. FC Bern	16	8	2	6	29:29	18
5. Concordia Basel	16	8	1	7	33:30	17
6. Grenchen	16	6	2	8	20:24	14
7. Old Boys	16	5	3	8	29:32	13
8. Solothurn	16	5	2	9	34:49	12
9. Aarau	16	4	3	9	26:49	11

Westschweiz
1. Urania Genf	16	13	0	3	50:18	26
2. FC Biel	16	10	3	3	53:26	23
3. Etoile La Chaux-de-Fonds	16	10	3	3	50:27	23
4. Servette	16	7	2	7	43:37	16
5. Cantonal	16	6	3	7	23:36	15
5. Etoile-Carouge Genève	16	5	4	7	33:45	14
7. Lausanne	16	5	1	10	46:47	11
8. La Chaux-de-Fonds	16	4	3	9	21:36	11
9. Fribourg	16	2	1	13	25:72	5

Finalspiele
In Genf: Urania Genf–Young Boys 0:0
In Zürich: Grasshoppers–Urania Genf 3:0
In Bern: Young Boys–Grasshoppers 2:0
Meister: Young Boys

Saison 1929/1930

Letzte Saison der sogenannten Serie A
27 Mannschaften in 3 Gruppen

Ostschweiz
1. Grasshoppers	16	13	3	0	55:13	29
2. Lugano	16	10	3	3	48:25	23
3. FC Zürich	16	9	3	4	48:33	21
4. Young Fellows	16	8	2	6	43:39	18
5. Brühl SG	16	8	0	8	29:35	16
6. Blue Stars Zürich	16	4	3	9	27:37	11
7. Winterthur	16	4	2	10	20:35	10
8. Chiasso	16	4	1	11	24:52	9
9. St. Gallen	16	2	3	11	25:50	7

Zentralschweiz
1. FC Basel	16	10	4	2	46:20	24
2. Young Boys	16	10	2	4	51:18	22
3. Grenchen	16	9	3	4	24:19	21
4. Aarau	16	5	5	6	28:27	15
5. FC Bern	16	5	5	6	24:30	15
6. Old Boys	16	5	4	7	22:21	12
8. Concordia Basel	16	3	5	8	18:29	11
9. Solothurn	16	4	2	10	21:56	10

Westschweiz
1. FC Biel	16	12	2	2	42:19	26
2. Servette	16	11	0	5	55:21	22
3. Urania Genf	16	9	3	4	35:17	21
4. Etoile-Carouge Genève	16	6	4	6	35:37	16
5. La Chaux-de-Fonds	16	6	1	9	39:37	13
6. Lausanne	16	6	2	8	24:27	14
7. Etoile La Chaux-de-Fonds	16	6	2	8	25:47	14
8. Fribourg	16	3	3	10	37:51	9
9. Cantonal	16	2	5	9	18:54	9

Finalspiele
FC Biel–Grasshoppers 3:3, Lugano–FC Basel 4:1, Servette–Young Boys 4:2, FC Basel–FC Biel 1:0, Young Boys–Lugano 2:1 Servette–Grasshoppers 1:0, Lugano–Servette 1:3, Grasshoppers–FC Basel 1:0, Young Boys–FC Biel 0:1
Meister: Servette

Saison 1930/1931

Einzige Saison der sogenannten 1. Liga
33 Mannschaften in 3 Gruppen

Ostschweiz
1. Grasshoppers	18	15	1	2	73:26	31
2. Blue Stars Zürich	18	12	1	5	53:30	25
3. Lugano	18	11	1	6	57:20	23
4. Young Fellows	18	8	3	7	35:34	19
5. St. Gallen	18	7	1	10	35:47	15
7. Brühl SG	18	5	3	10	34:48	13
8. Locarno	10	6	0	4	24:22	12
9. Winterthur	18	3	4	11	21:64	10
10. Chiasso	18	4	1	13	30:55	9
11. Wohlen	10	1	1	8	11:43	3

Zentralschweiz
1. Young Boys	18	12	2	4	44:21	26
2. FC Basel	18	11	2	5	48:28	24 *
3. Nordstern	18	11	2	5	49:23	24 *
4. Old Boys	18	9	3	6	36:35	21
5. Aarau	18	9	2	7	38:37	20
6. FC Bern	18	6	3	8	34:34	15
7. Concordia Basel	18	5	3	10	25:46	13
8. Solothurn	18	4	5	9	26:40	13
9. Luzern	10	4	3	3	16:14	11
10. Grenchen	18	5	1	12	39:59	11
11. Black Stars	10	1	2	7	12:30	4

Westschweiz
1. Urania Genf	18	12	4	2	62:17	28
2. La Chaux-de-Fonds	18	12	3	3	58:19	27
3. FC Biel	18	12	1	5	57:25	25
4. Etoile Carouge	18	10	3	5	49:30	23
5. Servette	18	9	2	7	49:32	20
6. Etoile La Chaux-de-Fonds	18	7	3	8	35:48	17
7. Lausanne	18	6	1	11	25:42	13
8. Cantonal	18	4	4	10	24:43	12
9. Fribourg	18	2	5	11	22:66	9
10. Racing-Club Lausanne	10	2	2	6	19:42	6
11. Monthey	10	1	0	9	10:46	2

Finalspiele
Blue Stars Zürich–La Chaux-de-Fonds 2:0, Young Boys–Urania Genf 1:3, Grasshoppers–Young Boys 3:0, Urania Genf–Blue Stars Zürich 3:2, Grasshoppers–La Chaux-de-Fonds 5:1, Young Boys–Blue Stars Zürich 3:3, FC Basel–Urania Genf 2:2, FC Basel–Grasshoppers 1:4, La Chaux-de-Fonds–Young Boys 6:0, La Chaux-de-Fonds–FC Basel 3:1, Blue Stars Zürich–FC Basel 2:3, Urania Genf–Grasshoppers 0:0
Meister: Grasshoppers

Saison 1931/1932

Erste von zwei Saisons der sogenannten Nationalliga
18 Mannschaften in 2 Gruppen

I. Gruppe
1. Grasshoppers	16	12	2	2	54:12	26
2. FC Biel	16	8	4	4	26:23	20
3. Young Boys	16	7	5	4	29:22	19
4. Etoile-Carouge Genève	16	4	7	5	32:30	15
5. Aarau	16	6	3	7	21:32	15
6. Blue Stars Zürich	16	6	2	8	26:23	14
7. Servette	16	5	2	9	18:33	12*
8. Etoile La Chaux-de-Fonds	16	5	2	9	21:41	12*
9. Old Boys	16	3	5	8	20:31	11

*Entscheidungsspiel für die Ermittlung des zweiten absteigenden Clubs dieser Gruppe:
Servette–Etoile Carouge 5:1

II. Gruppe
1. FC Zürich	16	13	0	3	44:17	26
2. Urania Genf	16	9	1	6	34:24	19
3. Young Fellows	16	8	2	6	44:36	18
4. Lugano	16	7	3	6	31:21	17
5. Nordstern	16	7	2	7	28:35	16
6. La Chaux-de-Fonds	16	7	1	8	35:34	15
7. FC Basel	16	7	1	8	35:47	15
8. FC Bern	16	4	3	9	28:43	11
9. St. Gallen	16	2	3	11	33:55	7

Finalspiele mit den Gruppensiegern Grasshoppers und FC Zürich sowie mit Urania Genf (Sieger der beiden Gruppen-Zweiten) und mit 1. Liga-Meister Lausanne: Grasshoppers–Urania Genf 3:1, Lausanne–Grasshoppers 1:1, FC Zürich–Urania Genf 3:2, Urania Genf–Lausanne 1:1, Grasshoppers–FC Zürich 0:1, Lausanne–FC Zürich 4:2
Entscheidungsspiel in Bern: Lausanne–FC Zürich 5:2
Meister: Lausanne

Saison 1932/1933

Zweite von zwei Saisons der sogenannten Nationalliga mit anschliessender Challenge National
16 Mannschaften in 2 Gruppen

Nationalliga
I. Gruppe
1. Grasshoppers	14	10	3	1	56:24	23
2. FC Basel	14	7	4	3	42:29	18
3. Lugano	14	6	4	4	18:16	16
4. La Chaux-de-Fonds	14	7	1	6	19:15	15
5. Young Fellows	14	5	2	7	27:27	12
6. Urania Genf	14	5	2	7	32:35	12
7. FC Biel	14	6	0	8	29:44	12
8. Etoile Carouge	14	1	2	11	15:48	4

II. Gruppe
1. Young Boys	14	10	3	1	40:17	23*
2. Servette	14	10	3	1	46:15	23*
3. Lausanne	14	8	4	2	33:17	20
4. Concordia Basel	14	6	3	5	30:22	15
5. FC Zürich	14	4	5	5	30:26	13
6. Blue Stars Zürich	14	3	2	9	20:33	8
7. Nordstern	14	3	2	9	27:49	8
8. Aarau	14	0	2	12	12:59	2

*Entscheidungsspiel Young Boys–Servette 2:1 (1:0)

Challenge National
I. Gruppe (Spiele gegen II. Gruppe)
1. Grasshoppers	8	7	0	1	41:6	14
2. Urania Genf	8	6	1	1	37:11	13
3. Lugano	8	6	1	1	21:12	13
4. FC Biel	8	5	1	2	16:8	11
5. FC Basel	8*	3	2	2	21:14	8
6. Young Fellows	8	4	0	4	18:15	8
7. La Chaux-de-Fonds	8*	2	3	2	24:18	7
8. Etoile Carouge	8	0	5	3	11:14	5

II. Gruppe (Spiele gegen I. Gruppe)
1. Young Boys	8	5	3	0	23:12	13
2. Servette	8	4	2	2	14:10	10
3. Lausanne	8	2	2	4	16:30	6
4. Nordstern	8	2	1	5	18:31	5
5. Concordia Basel	8	1	2	5	5:20	4
6. FC Zürich	8*	1	1	5	7:22	3
7. Blue Stars Zürich	8*	1	1	5	7:20	3
8. Aarau	8	0	1	7	8:44	1

*Die Spiele Blue Stars Zürich–FC Basel und FC Zürich–La Chaux-de-Fonds wurden nicht ausgetragen (0 Tore und 0 Punkte).

Finalspiele mit Grasshoppers (Meister Nationalliga I. Gruppe), Young Boys (Meister Nationalliga II. Gruppe), Servette (als 4:3-Sieger gegen den FC Basel im Entscheidungsspiel der beiden Gruppen-Zweiten) und mit Erstliga-Meister FC Bern: FC Bern–Grasshoppers 2:3, Servette–Young Boys 1:0, Young Boys–FC Bern 3:0, Grasshoppers–Servette 1:1, Servette–FC Bern 7:0, Grasshoppers–Young Boys 4:2
Entscheidungsspiel in Bern: Servette–Grasshoppers 3:2
Meister: Servette
Final der Challenge National: Young Boys–Grasshoppers 2:1

Saison 1933/1934

Erste Saison der eingleisigen Nationalliga
16 Mannschaften in 1 Gruppe
1. Servette	30	24	1	5	100:29	49
2. Grasshoppers	30	20	6	4	100:39	46
3. Lugano	30	17	4	9	69:47	38
4. FC Bern	30	16	6	8	81:63	38
5. FC Basel	30	15	6	9	89:64	36
6. Lausanne	30	15	5	10	89:67	35
7. FC Biel	30	13	5	12	57:66	31
8. Young Boys	30	13	4	13	73:65	30
10. Concordia Basel	30	11	5	14	64:71	27
11. Locarno	30	11	5	14	57:66	27
12. Young Fellows	30	11	3	16	54:74	25
13. La Chaux-de-Fonds	30	10	3	17	46:78	23
14. Urania Genf	30	8	6	16	57:58	22
15. Blue Stars Zürich	30	3	5	22	37:100	11
16. FC Zürich	30	4	2	24	27:96	10

Meister: Servette

Saison 1934/1935

Nationalliga, 14 Mannschaften

1. Lausanne	26	17	7	2	69:28	41
2. Servette	26	17	6	3	56:28	40
3. Lugano	26	14	7	5	59:31	35
4. Grasshoppers	26	12	8	6	49:33	32
5. FC Basel	26	12	4	10	61:50	28
6. FC Bern	26	10	7	9	62:43	27
7. FC Biel	26	11	5	10	48:41	27
8. Young Fellows	26	12	3	11	48:59	27
9. Locarno	26	10	6	10	45:42	26
10. La Chaux-de-Fonds	26	10	3	13	47:48	23
11. Nordstern	26	8	5	13	48:49	21
12. Young Boys	26	6	5	15	46:72	17
13. Concordia Basel	26	5	4	17	36:79	14
14. Etoile-Carouge GE	26	2	2	22	14:85	6

Meister: Lausanne

Saison 1935/1936

Nationalliga, 14 Mannschaften

1. Lausanne	26	17	7	2	75:23	41
2. Young Fellows	26	16	6	4	62:34	38
3. Grasshoppers	26	15	6	5	64:25	36
4. FC Bern	26	15	4	7	71:49	34
5. FC Biel	26	12	4	10	60:46	28
6. Young Boys	26	10	6	10	38:40	26
7. Servette	26	8	8	10	37:46	24
8. Lugano	26	7	9	10	38:47	23
9. St. Gallen	26	9	5	12	36:52	23
10. FC Basel	26	8	4	14	51:57	20
11. Nordstern	26	8	4	14	41:60	20
12. La Chaux-de-Fonds	26	6	6	14	45:69	18
13. Locarno	26	7	3	16	35:62	17
14. Aarau	26	5	6	15	47:90	16

Meister: Lausanne

Saison 1936/1937

Nationalliga, 13 Mannschaften

1. Grasshoppers	24	15	6	3	68:32	36
2. Young Boys	24	12	5	7	61:36	29
3. Young Fellows	24	12	4	8	57:53	28
4. Luzern	24	11	6	7	44:45	28
5. FC Biel	24	11	5	8	45:37	27
6. Lugano	24	11	4	9	57:54	26
7. Servette	24	11	3	10	55:47	25
8. Lausanne	24	10	3	11	56:40	23
9. FC Bern	24	8	6	10	42:44	22
10. Nordstern	24	7	7	10	42:50	21
11. FC Basel	24	8	4	12	30:42	20*
12. La Chaux-de-Fonds	24	9	2	13	54:61	20*
13. St. Gallen	24	2	3	19	32:102	7

*Abstiegs-Entscheidungsspiel: FC Basel–La Chaux-de-Fonds 1:1 nach Verlängerung; 1:0 im Wiederholungsspiel.

Meister: Grasshoppers

Saison 1937/1938

Nationalliga, 12 Mannschaften

1. Lugano	22	12	6	4	46:28	30
2. Grasshoppers	22	13	3	6	50:26	29
3. Young Boys	22	11	6	5	39:29	28
4. FC Basel	22	12	3	7	48:31	27
5. Nordstern	22	11	4	7	32:29	26
6. Lausanne	22	10	5	7	46:39	25
7. Servette	22	9	7	6	39:34	25
8. Young Fellows	22	9	6	7	46:32	24
9. FC Biel	22	6	4	12	23:36	16
10. Grenchen	22	4	7	11	31:51	15
11. Luzern	22	5	3	14	37:55	13
12. FC Bern	22	0	6	16	18:65	6

Meister: Lugano

Saison 1938/1939

Nationalliga, 12 Mannschaften

1. Grasshoppers	22	12	7	3	34:20	31
2. Grenchen	22	10	7	5	38:30	27
3. Lugano	22	11	5	6	29:23	27
4. Servette	22	11	4	7	43:28	26
5. Nordstern	22	8	7	7	29:24	23
6. Lausanne	22	8	6	8	34:28	22
7. La Chaux-de-Fonds	22	9	4	9	29:41	22
8. Luzern	22	7	5	10	41:45	19
9. Young Fellows	22	6	6	10	29:31	18
10. Young Boys	22	4	9	9	22:35	17
11. FC Biel	22	4	9	9	22:39	17
12. FC Basel	22	5	5	12	29:35	15

Meister: Grasshoppers
Absteiger in die 1. Liga: FC Basel

Saison 1939/1940

Nationalliga, 12 Mannschaften (ohne FC Basel)

1. Servette	22	19	3	0	64:14	41
2. Grenchen	22	11	6	5	45:24	28
3. Grasshoppers	22	10	6	6	45:30	26
4. Lausanne	22	10	5	7	40:26	25
5. Young Boys	22	11	3	8	37:27	25
6. Lugano	22	12	1	9	46:38	25
7. La Chaux-de-Fonds	22	10	2	10	41:35	22
8. Luzern	22	9	2	11	39:43	20
9. Nordstern	22	7	3	12	30:40	17
10. St. Gallen	22	5	3	14	27:63	13
11. Young Fellows	22	4	4	14	30:53	12
12. FC Biel	22	3	4	15	19:70	10

Meister: Servette
Absteiger: keiner

1. Liga (zweithöchste Liga, ohne Auf- und Absteiger)
Sieger der fünf Gruppen wurden: Vevey, Fribourg, FC Basel, Brühl SG, Bellinzona

1. Liga, Gruppe 3, 5 Mannschaften

1. Basel	11	8	2	1	32:15	18
2. Aarau	11	6	1	4	33:25	13
3. Concordia BS	11	4	1	6	23:28	9
4. Birsfelden	11	4	0	7	13:27	8
5. Solothurn	11	3	0	8	20:27	6

Die Finalspiele um den Erstliga-Titel (ohne Aufstiegsrecht): Fribourg–Vevey 2:1, Brühl SG–FC Basel 2:2, Vevey–Fribourg forfait für Fribourg, Bellinzona–Brühl SG 1:3, FC Basel–Bellinzona 4:1, FC Basel–Brühl SG 2:0, Fribourg–FC Basel 4:0, FC Basel–Fribourg 4:2, FC Basel–Fribourg (in Bern) 2:1
Der FC Basel ist Erstliga-Meister 1940

Saison 1940/1941

Nationalliga, 12 Mannschaften (ohne FC Basel)

1. Lugano	22	17	3	2	57:16	37
2. Young Boys	22	15	5	2	50:9	35
3. Servette	22	15	3	4	55:27	33
4. Grasshoppers	22	13	3	6	46:31	39
5. Lausanne	22	11	2	9	34:17	24
6. Grenchen	22	8	8	6	36:28	24
7. Nordstern	22	6	4	12	30:57	16
8. Young Fellows	22	5	5	12	27:36	15
9. Luzern	22	5	4	13	26:52	14
10. FC Biel	22	5	4	13	23:48	14
11. La Chaux-de-Fonds	22	5	2	15	35:54	12
12. St. Gallen	22	5	1	16	26:70	11

Meister: Lugano
Absteiger: keiner

Rangliste 1. Liga
Zentralschweiz

1. FC Basel	14	11	2	1	44:19	24
2. Aarau	14	11	1	2	37:10	23
3. FC Bern	14	8	3	3	34:24	19
4. Solothurn	14	5	2	7	35:30	12
5. Birsfelden	14	4	3	7	17:27	9
7. Fribourg	14	3	1	10	20:35	7
8. FC Biel/Bözingen	14	2	3	9	18:43	7

Die Finalspiele um den Aufstieg in die Nationalliga:
FC Basel–FC, Zürich1:1, Cantonal–FC Basel 2:1, FC Zürich–Cantonal 6:1
FC Zürich und Cantonal steigen auf, der FC Basel bleibt in der 1. Liga

Saison 1941/1942

Nationalliga, 14 Mannschaften (ohne FC Basel)

1. Grasshoppers	26	14	8	4	63:23	36*
2. Grenchen	26	16	4	6	56:23	36*
3. Servette	26	16	3	7	75:41	35
4. Lugano	26	12	8	6	55:36	32
5. FC Zürich	26	13	5	8	67:63	31
6. Young Fellows	26	11	7	8	37:36	25
8. St. Gallen	26	10	4	12	40:62	24
9. Young Boys	26	7	9	10	38:41	23
10. Cantonal	26	9	3	14	52:60	21
11. Nordstern	26	7	7	12	30:48	21
12. Luzern	26	5	8	13	26:54	18
13. FC Biel	26	7	3	16	39:76	17
14. La Chaux-de-Fonds	26	6	4	16	30:50	6

*Entscheidungsspiele:
Grasshoppers–Grenchen 0:0 (nach Verlängerung) und 1:1 (nach Verlängerung). Grasshoppers wurde der Titel auf Grund des besseren Torverhältnisses zugesprochen.
Meister: Grasshoppers

Rangliste 1. Liga
Ostgruppe

1. FC Basel	22	18	3	1	77:15	39
2. Blue Stars Zürich	22	15	4	3	50:25	34
3. Bellinzona	22	10	5	7	47:40	25
4. Brühl SG	22	9	6	7	40:37	24
5. Birsfelden	22	10	4	8	34:33	24
6. Zug	22	9	6	7	38:37	24
7. Locarno	22	9	1	12	52:45	19
8. Chiasso	22	8	3	11	41:45	19
9. Aarau	22	7	5	10	34:45	19
10. Concordia Basel	22	4	8	10	28:45	16
11. Schaffhausen	22	3	6	13	29:64	2
12. Juventus Zürich	22	4	1	17	34:73	9

Die Finalspiele um den Aufstieg in die Nationalliga:
FC Bern–FC Basel 0:0, FC Basel–FC Bern 3:1
Der FC Basel steigt in die Nationalliga auf.

Saison 1942/1943

Nationalliga, 14 Mannschaften

1. Grasshoppers	26	19	6	1	91:22	44
2. Lugano	26	15	5	6	67:33	35
3. Lausanne	26	15	4	7	45:36	34
4. Young Boys	26	12	7	7	46:33	31
5. Cantonal	26	13	2	11	50:45	28
6. Servette	26	12	3	11	59:44	27
7. Grenchen	26	11	5	10	47:39	27
8. St. Gallen	26	12	2	12	43:53	26
9. FC Biel	26	8	4	14	33:45	20
10. Young Fellows	26	6	8	12	26:43	20
11. FC Zürich	26	9	2	15	38:71	20
12. Luzern	26	6	6	14	31:45	18
13. FC Basel	26	7	4	15	29:57	18
14. Nordstern	26	5	6	15	25:64	16

Meister: Grasshoppers

Saison 1943/1944

Nationalliga, 14 Mannschaften
Letzte von elf Saisons der eingleisigen Nationalliga vor der Einführung der Nationalliga A und B, die – mit gewissen Modusänderungen – bis zum heutigen Tag Gültigkeit hat.

1. Lausanne	26	17	4	5	48:25	38
2. Servette	26	12	8	6	39:25	32
3. Lugano	26	12	6	8	47:32	30
4. Grasshoppers	26	13	3	10	54:32	29
5. FC Biel	26	12	5	9	42:30	29
6. Young Boys	26	9	11	6	38:32	29
7. Cantonal	26	10	8	8	38:27	28
8. Grenchen	26	12	4	10	45:41	28
9. FC Basel	26	9	8	9	42:38	26
10. La Chaux-de-Fonds	26	10	6	10	34:45	26
11. Young Fellows	26	9	3	14	46:51	21
12. St. Gallen	26	8	3	15	26:60	19
13. FC Zürich	26	6	5	15	37:54	17
14. Luzern	26	4	4	18	19:63	12

Meister: Lausanne

Saison 1944/1945

Erste Saison mit Nationalliga A und Nationalliga B
Nationalliga A, 14 Mannschaften

1. Grasshoppers	26	18	5	3	78:39	41
2. Lugano	26	15	4	7	55:36	34
3. Young Boys	26	13	8	5	37:30	34
4. Grenchen	26	13	7	6	37:29	33
5. Lausanne	26	15	2	9	58:39	32
6. Cantonal	26	10	9	7	36:29	29
7. Young Fellows	26	10	5	11	35:43	25
8. La Chaux-de-Fonds	26	8	7	11	42:50	23
9. Servette	26	8	5	13	43:47	21
10. Bellinzona	26	5	11	10	24:32	21
11. FC Zürich	26	6	8	12	45:57	20
12. FC Biel	26	5	10	11	39:56	20
13. FC Basel	26	6	7	13	43:58	19
14. St. Gallen	26	3	7	16	28:561	2

Meister: Grasshoppers
Absteiger in die Nationalliga B: FC Basel und St. Gallen

Saison 1945/1946

Nationalliga A, 14 Mannschaften
```
 1. Servette              26  16   4   6  55:33  36
 2. Lugano                26  12  11   3  40:27  35
 3. Lausanne              26  12   6   8  53:31  30
 4. Grasshoppers          26  10   9   7  56:44  29
 5. FC Biel               26  11   6   9  44:46  28
 6. Bellinzona            26  10   6  10  42:36  26
 7. Young Fellows         26  10   6  10  37:37  26
 8. Cantonal              26   9   7  10  32:53  25
 9. Locarno               26   8   9   9  39:44  25
10. FC Bern               26   9   7  10  36:44  25
11. Grenchen              26   8   7  11  34:34  23
12. Young Boys            26   8   6  12  42:49  22
13. La Chaux-de-Fonds     26   6   6  14  32:70  18
14. FC Zürich             26   5   6  15  31:43  16
```
Meister: Servette

Nationalliga B, 14 Mannschaften
```
 1. Basel                 26  19   5   2  87:21  43
 2. Urania Genf           26  17   5   4  53:30  39
 3. St. Gallen            26  16   3   7  58:32  35
 4. International Genf    26  12   6   8  41:37  30
 5. Aarau                 26  10   8   8  46:38  28
 6. Nordstern             26  12   4  10  54:55  28
 7. Fribourg              26  11   5  10  50:53  27
 8. Brühl SG              26   8   6  12  31:33  22
 9. Luzern                26   8   6  12  44:48  22
10. Schaffhausen          26   8   6  12  44:50  22
11. Helvetia Bern         26   8   4  14  26:57  20
12. Zug                   26   6   6  14  28:63  18*
13. Derendingen           26   6   6  14  38:53  18*
14. Etoile La Chaux-de-Fonds 26 2  8  16  27:57  12
```
*Entscheidungsspiel Zug–Derendingen 2:1
Aufsteiger in die Nationalliga A: FC Basel und Urania Genf

Saison 1946/1947

Nationalliga A, 14 Mannschaften
```
 1. FC Biel               26  14   8   4  60:32  36
 2. Lausanne              26  15   5   6  44:25  35
 3. Lugano                26  10  11   5  34:26  31
 4. FC Basel              26  12   5   9  60:45  29
 5. Servette              26  11   6   9  54:49  28
 6. Grasshoppers          26  12   3  11  61:42  27
 7. Grenchen              26  10   6  10  36:30  26
 8. Young Fellows         26   9   8   9  49:46  26
 9. Locarno               26  10   5  11  41:50  25
10. Bellinzona            26  10   3  13  49:51  23
11. FC Bern               26   8   5  13  31:48  21
12. Cantonal Neuchâtel    26   8   5  13  28:53  21
13. Young Boys            26   6   6  14  44:59  18
14. Urania Genf           26   7   4  15  33:68  18
```
Meister: FC Biel

Saison 1947/1948

Nationalliga A, 14 Mannschaften
```
 1. Bellinzona            26  15   8   3  58:28  38
 2. FC Basel              26  16   5   5  57:38  37
 3. Lausanne              26  16   2   8  59:32  34
 4. La Chaux-de-Fonds     26  12   4  10  73:54  28
 5. Servette              26  10   6  10  61:51  26
 6. Grenchen              26  10   6  10  53:58  26
 7. Locarno               26  10   5  11  43:45  25
 8. Grasshoppers          26   9   6  11  60:52  24
 9. FC Zürich             26  10   4  12  54:60  24
10. FC Basel              26   7  10   9  44:51  24
11. Lugano                26   9   6  11  34:44  24
12. Young Fellows         26   9   5  12  41:45  23
13. FC Bern               26   8   5  13  28:56  21
14. Cantonal              26   2   6  18  34:85  10
```
Meister: Bellinzona

Saison 1948/1949

Nationalliga A, 14 Mannschaften
```
 1. Lugano                26  18   4   4  41:18  40
 2. FC Basel              26  13   7   6  58:37  33
 3. La Chaux-de-Fonds     26  11   7   8  54:50  29
 4. Servette              26  10   7   9  59:43  27
 5. FC Zürich             26  10   7   9  65:59  27
 6. Bellinzona            26   9   9   8  31:33  27
 7. Locarno               26  10   7   9  32:40  27
 8. Lausanne              26  11   4  11  52:41  26
 9. FC Biel               26  10   5  11  39:38  25
10. Grenchen              26   6  11   9  39:42  23
11. Chiasso               26   8   6  12  35:55  22
12. Young Fellows         26   8   5  13  45:66  21
13. Grasshoppers          26   7   6  13  42:51  20
14. Urania Genf           26   4   9  13  32:51  17
```
Meister: Lugano

Saison 1949/1950

Nationalliga A, 14 Mannschaften
```
 1. Servette              26  16   3   7  37:41  35
 2. FC Basel              26  14   5   7  48:40  33
 3. Lausanne              26  12   8   6  57:35  32
 4. Chiasso               26  13   5   8  45:39  31
 5. La Chaux-de-Fonds     26  12   7   7  56:53  31
 6. FC Zürich             26  12   4  10  59:46  28
 7. Grenchen              26  10   7   9  43:44  27
 8. Bellinzona            26  11   4  11  43:44  26
 9. Lugano                26   9   6  11  47:45  24
10. Young Fellows         26  10   4  12  48:50  24
11. Locarno               26  10   4  12  40:47  24
12. FC Biel               26   8   6  12  45:42  22
13. St. Gallen            26   7   2  17  40:79  16
14. FC Bern               26   4   3  19  31:70  11
```
Meister: Servette

Saison 1950/1951

Nationalliga A, 14 Mannschaften
```
 1. Lausanne              26  14   6   6  58:31  34
 2. Chiasso               26  12   7   7  60:52  31
 3. La Chaux-de-Fonds     26  11   8   7  72:64  30
 4. FC Basel              26  12   4  10  62:51  28
 5. FC Zürich             26  13   2  11  65:62  28
 6. Servette              26  11   6   9  46:43  28
 7. Young Boys            26  11   5  10  53:55  27
 8. Lugano                26   9   8   9  33:42  26
 9. Bellinzona            26  10   5  11  36:45  25
10. Young Fellows         26   9   6  11  55:58  24
11. FC Biel               26   8   7  11  45:41  23
12. Locarno               26   8   6  12  40:43  22*
13. Grenchen              26   8   6  12  31:47  22*
14. Cantonal              26   4   8  14  41:63  16
```
*Entscheidungsspiel: Locarno–Grenchen 4:2 nach Verlängerung
Meister: Lausanne

Saison 1951/1952

Nationalliga A, 14 Mannschaften

1. Grasshoppers	26	16	6	4	79:38	38
2. FC Zürich	26	14	9	3	61:36	37
3. Chiasso	26	15	5	6	59:49	35
4. FC Basel	26	14	3	9	68:47	31
5. La Chaux-de-Fonds	26	11	8	7	62:45	30
6. Servette	26	11	6	9	57:45	28
7. Young Boys	26	10	7	9	61:52	27
8. Lausanne	26	8	9	9	39:43	25
9. Bellinzona	26	8	6	12	43:55	22
10. Locarno	26	8	6	12	41:66	22
11. Lugano	26	7	7	12	46:54	21
12. FC Bern	26	7	5	14	47:64	19
13. Young Fellows	26	5	5	16	36:71	15
14. FC Biel	26	4	6	16	37:71	14

Meister: Grasshoppers

Saison 1952/1953

Nationalliga A, 14 Mannschaften

1. FC Basel	26	17	8	1	72:38	42
2. Young Boys	26	16	6	4	61:39	38
3. Grasshoppers	26	14	4	8	73:39	32
4. Servette	26	12	8	6	61:38	32
5. Chiasso	26	9	8	9	38:52	26
6. Bellinzona	26	9	7	10	45:45	25
7. Lausanne	26	8	8	10	52:45	24
8. Fribourg	26	10	3	13	35:53	23
9. La Chaux-de-Fonds	26	8	7	11	53:61	23
10. FC Bern	26	6	10	10	40:53	22
11. FC Zürich	26	7	8	11	45:48	22
12. Grenchen	26	6	8	12	38:54	20 *
13. Lugano	26	5	10	11	38:53	20 *
14. Locarno	26	5	5	16	33:66	15

*Entscheidungsspiel Grenchen–Lugano 3:0 (2:0) am 21. Juni in Luzern
Meister: FC Basel (erster Meistertitel in der Vereinsgeschichte)

Saison 1953/1954

Nationalliga A, 14 Mannschaften

1. La Chaux-de-Fonds	26	20	2	4	78:36	42
2. Grasshoppers	26	19	3	4	108:47	41
3. Lausanne	26	15	6	5	69:46	36
4. Young Boys	26	13	4	9	66:44	30
5. Servette	26	10	10	6	55:38	30
6. Bellinzona	26	10	5	11	40:40	25
7. Grenchen	26	10	4	12	53:58	24
8. FC Basel	26	11	2	13	55:62	24
9. Luzern	26	10	2	14	47:68	22
10. Chiasso	26	8	5	15	41:61	21
11. FC Zürich	26	8	4	14	45:64	20
12. Fribourg	26	8	2	16	37:53	18
13. FC Bern	26	8	1	17	40:75	17
14. FC Biel	26	5	2	19	36:78	12

Meister: La Chaux-de-Fonds

Saison 1954/1955

Nationalliga A, 14 Mannschaften

1. La Chaux-de-Fonds	26	19	4	3	99:46	42
2. Lausanne	26	16	6	4	75:35	38
3. Grasshoppers	26	14	5	7	80:43	33
4. FC Zürich	26	13	4	9	52:48	30
5. Young Boys	26	10	8	8	65:53	28
6. Servette	26	11	4	11	54:53	26
7. Bellinzona	26	8	10	8	28:29	26
8. Chiasso	26	10	5	11	48:58	25
9. FC Basel	26	10	4	12	47:52	24
10. Fribourg	26	9	3	14	40:61	21
11. Lugano	26	8	4	14	47:79	20
12. Grenchen	26	7	5	14	35:48	19
13. Thun	26	6	6	14	35:65	18
14. Luzern	26	6	2	18	38:73	14

Meister: La Chaux-de-Fonds

Saison 1955/1956

Nationalliga A, 14 Mannschaften

1. Grasshoppers	26	19	4	3	94:36	42
2. La Chaux-de-Fonds	26	14	6	6	65:46	34
3. Young Boys	26	12	8	6	60:41	32
4. Servette	26	12	6	8	53:51	30
5. Bellinzona	26	11	6	9	39:45	28
6. Chiasso	26	12	3	11	48:47	27
7. FC Basel	26	10	6	10	47:50	26
8. Lausanne	26	10	5	11	40:50	25
9. Lugano	26	7	9	10	38:46	23
10. Schaffhausen	26	7	8	11	30:44	22
11. Urania Genf	26	8	6	12	34:51	22
12. FC Zürich	26	8	5	13	55:53	21
13. Grenchen	26	7	4	15	39:55	18
14. Fribourg	26	5	4	17	32:59	14

Meister: Grasshoppers

Saison 1956/1957

Nationalliga A, 14 Mannschaften

1. Young Boys	26	21	3	2	76:22	45
2. Grasshoppers	26	19	3	4	82:30	41
3. La Chaux-de-Fonds	26	17	4	5	87:35	38
4. FC Basel	26	15	4	7	53:38	34
5. Urania Genf	26	12	6	8	38:34	30
6. Bellinzona	26	10	8	8	37:42	28
7. Lausanne	26	11	5	10	44:37	27
8. Servette	26	9	8	9	40:44	26
9. Chiasso	26	10	5	11	46:62	25
10. Lugano	26	6	5	15	39:51	17
11. Winterthur	26	6	4	16	43:67	16
12. Young Fellows	26	4	6	16	30:67	14 *
13. FC Zürich	26	5	4	17	34:61	14 *
14. Schaffhausen	26	1	7	18	26:85	9

*Entscheidungsspiel: Young Fellows–FC Zürich 2:1
Meister: Young Boys

Saison 1957/1958

Nationalliga A, 14 Mannschaften

1. Young Boys	26	20	3	3	76:37	43
2. Grasshoppers	26	16	3	7	81:47	35
3. Chiasso	26	15	5	6	56:43	35
4. La Chaux-de-Fonds	26	13	5	8	56:55	31
5. Grenchen	26	9	9	8	54:52	27
6. Lausanne	26	9	9	8	51:52	27
7. Young Fellows	26	10	5	11	57:55	25
8. Servette	26	10	4	12	50:47	24
9. FC Basel	26	9	6	11	59:53	24
10. Bellinzona	26	8	5	13	35:52	21
11. Lugano	26	7	6	13	36:47	20
12. Urania Genf	26	7	4	15	38:55	18
13. Winterthur	26	6	6	14	51:76	18
14. FC Biel	26	6	4	16	26:55	16

Meister: Young Boys
Abstiegs-Entscheidungsspiel: Urania–Winterthur 2:1

Saison 1958/1959

Nationalliga A, 14 Mannschaften

1. Young Boys	26	16	6	4	79:42	38
2. Grenchen	26	12	8	6	57:39	32
3. FC Zürich	26	14	2	10	55:45	30
4. Grasshoppers	26	12	6	8	63:54	30
5. Lausanne	26	11	7	8	40:41	29
6. FC Basel	26	11	5	10	54:48	27
7. La Chaux-de-Fonds	26	8	10	8	44:44	26
8. Luzern	26	8	10	8	40:45	26
9. Servette	26	10	4	12	70:58	24
10. Chiasso	26	10	4	12	48:61	24
11. Lugano	26	6	11	9	27:33	23
12. Bellinzona	26	8	6	12	38:57	22
13. Urania Genf	26	6	7	13	41:50	19
14. Young Fellows	26	5	4	17	33:72	14

Meister: Young Boys

Saison 1959/1960

Nationalliga A, 14 Mannschaften

1. Young Boys	26	20	2	4	86:44	42
2. FC Biel	26	14	8	4	61:38	36
3. La Chaux-de-Fonds	26	14	4	8	71:51	32
4. FC Zürich	26	13	5	8	64:44	31
5. Luzern	26	11	5	10	65:62	27
6. Winterthur	26	12	3	11	40:40	27
7. Servette	26	8	9	9	46:39	25
8. Grasshoppers	26	8	8	10	54:61	24
9. Chiasso	26	8	7	11	39:57	23
10. FC Basel	26	6	10	10	46:55	22
11. Grenchen	26	8	5	15	51:48	21
12. Lausanne	26	7	7	12	41:74	21
13. Lugano	26	6	6	14	34:52	18
14. Bellinzona	26	4	7	15	28:61	15

Meister: Young Boys

Saison 1960/1961

Nationalliga A, 14 Mannschaften

1. Servette	26	23	0	3	77:29	46
2. Young Boys	26	15	6	5	70:37	36
3. FC Zürich	26	15	5	6	74:43	35
4. Grenchen	26	13	6	7	68:49	32
5. FC Basel	26	13	2	11	42:36	28
6. Grasshoppers	26	10	6	10	60:53	26
7. La Chaux-de-Fonds	26	11	4	11	65:64	26
8. Luzern	26	9	6	11	37:45	24
9. Lausanne	26	9	5	12	57:58	23
10. FC Biel	26	8	7	11	43:47	23
11. Young Fellows	26	8	6	12	48:63	22
12. Fribourg	26	7	6	13	30:55	20
13. Winterthur	26	8	1	17	33:66	17
14. Chiasso	26	2	4	20	22:81	8

Meister: Servette

Saison 1961/1962

Nationalliga A, 14 Mannschaften

1. Servette	26	18	4	4	93:30	40
2. Lausanne	26	15	5	6	63:38	35
3. La Chaux-de-Fonds	26	16	2	8	72:45	34
4. Grasshoppers	26	12	7	7	61:52	31
5. Young Boys	26	13	3	10	61:51	29
6. Luzern	26	11	6	9	45:38	28
7. FC Basel	26	10	8	8	51:54	28
8. FC Biel	26	7	10	9	45:49	24
9. FC Zürich	26	8	6	12	53:57	22
10. Lugano	26	6	10	10	32:60	22
11. Grenchen	26	7	7	12	39:59	21
12. Young Fellows	26	7	6	13	53:63	20
13. Schaffhausen	26	6	7	13	40:65	19
14. Fribourg	26	2	7	17	33:80	11

Meister: Servette

Saison 1962/1963

Nationalliga A, 14 Mannschaften

1. FC Zürich	26	20	4	2	81:33	44
2. Lausanne	26	18	4	4	81:30	40
3. La Chaux-de-Fonds	26	12	8	6	55:44	32
4. Young Boys	26	13	5	8	62:49	31
5. Servette	26	11	4	10	54:39	26
6. FC Basel	26	10	6	10	59:51	26
7. Grasshoppers	26	9	7	10	57:51	25
8. FC Biel	26	9	6	11	38:44	24
9. Grenchen	26	8	7	11	40:49	23
10. Luzern	26	7	9	10	41:54	23
11. Chiasso	26	7	6	13	33:69	20
12. Sion	26	6	7	13	37:69	19
13. Young Fellows	26	7	3	16	34:58	17
14. Lugano	26	4	6	16	21:53	14

Meister: FC Zürich

Saison 1963/1964

Nationalliga A, 14 Mannschaften

1. La Chaux-de-Fonds	26	17	5	4	68:36	39
2. FC Zürich	26	18	2	6	84:37	38
3. Grenchen	26	17	4	5	57:35	38
4. Servette	26	18	0	8	74:33	36
5. Lausanne	26	13	4	9	61:52	30
6. Young Boys	26	11	5	10	56:54	27
7. FC Basel	26	10	6	10	42:48	26
8. Luzern	26	10	3	13	44:52	23
9. Chiasso	26	8	7	11	40:54	23
10. Sion	26	9	3	14	52:58	21
11. Grasshoppers	26	8	3	15	42:64	19
12. FC Biel	26	8	2	16	52:68	18
13. Schaffhausen	26	3	7	16	32:69	13
14. Cantonal	26	4	5	17	38:82	13

Meister: La Chaux-de-Fonds

Saison 1964/1965

Nationalliga A, 14 Mannschaften

1. Lausanne	26	15	6	5	61:32	36
2. Young Boys	26	14	4	8	59:43	32
3. Servette	26	14	3	9	59:30	31
4. Grasshoppers	26	11	7	8	54:47	29
5. Lugano	26	9	11	6	29:30	29
6. La Chaux-de-Fonds	26	12	3	9	52:39	27
7. Luzern	26	9	9	8	33:38	27
8. FC Basel	26	11	5	10	44:54	27
9. Sion	26	10	5	11	42:34	25
10. FC Zürich	26	8	7	11	41:38	23
11. Grenchen	26	6	9	11	35:43	21
12. FC Biel	26	8	5	15	35:56	21
13. Bellinzona	26	5	9	12	21:42	19
14. Chiasso	26	6	5	15	22:61	17

Meister: Lausanne

Saison 1965/1966

Nationalliga A, 14 Mannschaften

1. FC Zürich	26	18	6	2	73:25	42
2. Servette	26	14	7	5	57:45	35
3. Lausanne	26	12	8	6	72:46	32
4. La Chaux-de-Fonds	26	12	7	7	53:42	31
5. Young Boys	26	11	7	8	72:47	29
6. FC Basel	26	10	7	9	64:57	27
7. Grasshoppers	26	11	5	10	55:54	27
8. Sion	26	9	8	9	36:36	26
9. Lugano	26	6	10	10	27:37	22
10. FC Biel	26	6	10	10	38:56	22
11. Grenchen	26	8	6	12	42:65	22
12. Young Fellows	26	7	7	12	46:62	21
13. Luzern	26	4	10	12	36:56	18
14. Urania Genève	26	3	4	19	35:78	10

Meister: FC Zürich

Saison 1966/1967

Nationalliga A, 14 Mannschaften

1. FC Basel	26	16	8	2	61:20	40
2. FC Zürich	26	18	3	5	70:31	39
3. Lugano	26	17	5	4	51:29	39
4. Grasshoppers	26	14	4	8	60:31	32
5. Servette	26	10	6	10	49:35	26
6. Sion	26	10	6	10	48:38	26
7. Young Boys	26	10	6	10	45:50	26
8. Grenchen	26	10	4	12	43:49	24
9. Young Fellows	26	9	6	11	33:44	24
10. Lausanne	26	9	3	14	46:44	21
11. FC Biel	26	8	5	15	25:41	21
12. La Chaux-de-Fonds	26	8	4	14	34:47	20*
13. Winterthur	26	8	4	14	33:55	20*
14. Moutier	26	2	2	22	16:100	6

*Entscheidungsspiel: La Chaux-de-Fonds–Winterthur 3:1
Meister: FC Basel

Saison 1967/1968

Nationalliga A, 14 Mannschaften

1. FC Zürich	26	16	6	4	63:27	38*
2. Grasshoppers	26	17	4	5	54:23	38*
3. Lugano	26	17	4	5	53:30	38*
4. Lausanne	26	13	6	7	67:43	32
5. FC Basel	26	13	5	8	49:33	31
6. Luzern	26	12	4	10	51:58	28
7. FC Biel	26	10	5	11	43:45	25
8. Young Boys	26	9	7	10	37:43	25
9. Sion	26	7	10	9	31:41	24
10. La Chaux-de-Fonds	26	8	6	12	40:49	22
11. Servette	26	8	5	13	40:42	21
12. Bellinzona	26	8	5	13	26:40	21
13. Young Fellows	26	3	6	17	21:58	12
14. Grenchen	26	3	3	20	19:62	9

*Entscheidungsspiele: FC Zürich–Grasshoppers 2:0, Grasshoppers–Lugano 2:1, FC Zürich–Lugano 2:0
Meister: FC Zürich

Saison 1968/1969

Nationalliga A, 14 Mannschaften

1. FC Basel	26	13	10	3	48:28	36
2. Lausanne	26	15	5	6	70:43	35
3. FC Zürich	26	12	6	8	61:37	30
4. Young Boys	26	12	6	8	49:36	30
5. Lugano	26	11	7	8	37:26	29
6. Bellinzona	26	10	8	8	38:41	28
7. FC Biel	26	9	8	9	52:59	26
8. Servette	26	9	7	10	32:39	25
9. Grasshoppers	6	7	9	10	43:47	23
10. St. Gallen	26	6	11	9	29:37	23
11. Winterthur	26	5	12	9	28:43	22
12. La Chaux-de-Fonds	26	5	11	10	51:53	21
13. Sion	26	7	6	13	39:52	20
14. Luzern	26	6	4	16	35:71	16

Meister: FC Basel

Saison 1969/1970

Nationalliga A, 14 Mannschaften

1. FC Basel	26	15	7	4	59:23	37
2. Lausanne	26	12	12	2	54:36	36
3. FC Zürich	26	15	4	7	49:29	34
4. Grasshoppers	26	12	7	7	39:24	31
5. Young Boys	26	13	5	8	52:41	31
6. Lugano	26	10	10	6	43:37	30
7. Servette	26	10	9	7	53:37	29
8. Winterthur	26	11	5	10	50:41	27
9. La Chaux-de-Fonds	26	9	3	14	36:55	21
10. Bellinzona	26	6	8	12	26:43	20
11. Fribourg	26	7	5	14	27:37	19
12. FC Biel	26	7	5	14	28:55	19
13. Wettingen	26	6	3	17	33:62	15
14. St. Gallen	26	6	3	17	28:57	15

Meister: FC Basel

Saison 1970/1971

Nationalliga A, 14 Mannschaften

1. Grasshoppers	26	20	2	4	59:21	42*
2. FC Basel	26	18	6	2	67:26	42*
3. Lugano	26	11	9	6	50:34	31
4. Lausanne	26	12	6	8	51:43	30
5. FC Zürich	26	11	6	9	41:42	28
6. Winterthur	26	11	5	10	36:38	27
7. Servette	26	8	10	8	39:36	26
8. Young Boys	26	10	6	10	43:46	26
9. La Chaux-de-Fonds	26	9	6	11	46:47	24
10. FC Biel	26	6	9	11	32:43	21
11. Luzern	26	8	4	14	39:48	20
12. Sion	26	5	9	12	32:46	19*
13. Fribourg	26	6	7	13	35:63	19*
14. Bellinzona	26	1	7	18	24:61	9

*Entscheidungsspiel um den Titel: Grasshoppers–FC Basel 4:3
Meister: Grasshoppers
*Entscheidungsspiel gegen den Abstieg: Sion–Fribourg 1:0

Saison 1971/1972

Nationalliga A, 14 Mannschaften

1. FC Basel	26	18	7	1	66:28	43
2. FC Zürich	26	17	5	4	55:28	39
3. Grasshoppers	26	16	6	4	56:24	38
4. Lausanne	26	12	6	8	50:36	30
5. Young Boys	26	12	5	9	46:31	29
6. Winterthur	26	12	4	10	37:32	28
7. Sion	26	9	8	9	37:36	26
8. Servette	26	10	5	11	39:47	25
9. Lugano	26	8	7	11	33:39	23
10. Grenchen	26	6	11	9	27:40	23
11. La Chaux-de-Fonds	26	7	7	12	25:45	21
12. St. Gallen	26	4	7	15	27:46	15*
13. Luzern	26	6	3	17	24:49	15*
14. FC Biel	26	2	5	19	26:67	9

*Abstiegs-Entscheidungsspiel: St. Gallen–Luzern 4:1
Meister: FC Basel

Saison 1972/1973

Nationalliga A, 14 Mannschaften

1. FC Basel	26	17	5	4	57:30	39
2. Grasshoppers	26	14	7	5	54:32	35
3. Sion	26	13	7	6	35:30	33
4. Servette	26	14	3	9	41:23	31
5. Winterthur	26	12	6	8	40:29	30
6. Lausanne	26	11	6	9	46:27	28
7. FC Zürich	26	10	8	8	38:33	28
8. Lugano	26	9	9	8	31:30	27
9. Young Boys	26	9	5	12	39:40	23
10. La Chaux-de-Fonds	26	8	7	11	30:43	23
11. Chiasso	26	8	5	13	21:48	21
12. St. Gallen	26	7	5	14	31:49	19
13. Fribourg	26	4	7	15	24:43	15
14. Grenchen	26	4	4	18	23:53	12

Meister: FC Basel

Saison 1973/1974

Nationalliga A, 14 Mannschaften

1. FC Zürich	26	20	5	1	67:20	45
2. Grasshoppers	26	12	9	5	41:37	33
3. Servette	26	12	8	6	49:35	32
4. Winterthur	26	13	6	7	42:29	32
5. FC Basel	26	13	3	10	57:39	29
6. Young Boys	26	10	8	8	52:38	28
7. Xamax	26	10	6	10	38:38	26
8. Lausanne	26	9	8	9	45:48	26
9. St. Gallen	26	10	5	11	38:48	25
10. Sion	26	5	12	9	24:31	22
11. Chênois	26	7	7	12	30:48	21
12. Lugano	26	4	9	13	28:51	17
13. La Chaux-de-Fonds	26	3	10	13	28:51	16
14. Chiasso	26	2	7	17	18:54	11

Meister: FC Zürich

Saison 1974/1975

Nationalliga A, 14 Mannschaften

1. FC Zürich	26	19	1	6	63:19	39
2. Young Boys	26	12	9	5	59:32	33
3. Grasshoppers	26	13	7	6	50:45	33
4. FC Basel	26	12	7	7	49:33	31
5. Sion	26	12	7	7	45:30	31
6. Lausanne	26	10	9	7	40:35	29
7. Servette	26	10	7	9	43:25	27
8. Winterthur	26	9	8	9	36:31	26
9. Xamax	26	9	6	11	47:47	24
10. Lugano	26	8	6	12	34:40	22
11. Chênois	26	6	8	12	27:55	20
12. St. Gallen	26	6	8	12	42:72	20
13. Luzern	26	5	6	15	33:58	16
14. Vevey	26	3	7	16	31:67	13

Meister: FC Zürich

Saison 1975/1976

Nationalliga A, 14 Mannschaften

1. FC Zürich	26	19	6	1	69:26	44
2. Servette	26	16	7	3	50:14	39
3. FC Basel	26	13	8	5	59:38	34
4. Grasshoppers	26	14	4	8	54:37	32
5. Young Boys	26	11	9	6	41:27	31
6. Xamax	26	11	8	7	37:25	30
7. St. Gallen	26	8	11	7	41:39	27
8. Lausanne	26	10	6	10	35:39	26
9. Sion	26	6	9	11	40:54	21
10. Chênois	26	5	9	12	30:42	19
11. Winterthur	26	8	2	16	34:65	18
12. Lugano	26	5	6	15	19:37	16
13. La Chaux-de-Fonds	26	5	4	17	27:61	14
14. FC Biel	26	5	3	18	26:58	13

Meister: FC Zürich

Saison 1976/1977

Nationalliga A, 12 Mannschaften mit Final- und Abstiegsrunde

Vorrunde

1. Servette	22	14	7	1	68:27	35
2. FC Basel	22	14	5	3	54:30	33
3. FC Zürich	22	12	7	3	49:18	31
4. Xamax	22	10	7	5	37:27	27
5. Young Boys	22	8	9	5	37:34	25
6. Grasshoppers	22	7	8	7	41:28	22
7. Lausanne	22	8	6	8	39:31	22
8. Chênois	22	6	8	8	29:39	20
9. Sion	22	4	10	8	19:32	18
10. St. Gallen	22	5	6	11	26:40	16
11. Bellinzona	22	3	2	17	19:73	8
12. Winterthur	22	1	5	16	19:58	7

Finalrunde

1. FC Basel	10	5	2	3	19:16	29 *
2. Servette	10	5	1	4	16:14	29 *
3. FC Zürich	10	5	1	4	24:18	27
4. Grasshoppers	10	5	2	3	15:10	23
5. Xamax	10	3	1	6	14:18	21
6. Young Boys	10	3	1	6	12:24	20

*Entscheidungsspiel FC Basel–Servette 2:1
Meister: FC Basel

Abstiegsrunde

1. Lausanne	10	7	3	0	28
2. Chênois	10	5	4	1	24
3. Sion	10	5	0	5	19
4. St. Gallen	10	3	2	5	16
5. Winterthur	10	3	3	4	13
6. Bellinzona	10	0	2	8	6

Saison 1977/1978

Nationalliga A, 12 Mannschaften mit Final- und Abstiegsrunde

Vorrunde

1. Grasshoppers	22	15	4	3	60:27	34
2. Servette	22	14	5	3	44:20	33
3. Lausanne	22	13	4	5	47:21	30
4. FC Basel	22	12	4	6	53:34	28
5. FC Zürich	22	11	6	5	38:27	28
6. Sion	22	6	9	7	29:33	21
7. Young Boys	22	7	5	10	27:45	19
8. Chênois	22	8	2	12	27:35	18
9. Xamax	22	7	3	12	29:40	17
10. St. Gallen	22	5	7	10	27:38	17
11. Etoile-Carouge	22	5	3	14	22:40	13
12. Young Fellows	22	1	2	19	12:55	4

Finalrunde

1. Grasshoppers	10	4	4	2	17:12	29
2. Servette	10	3	5	2	10:10	28
3. FC Basel	10	5	3	2	21:14	27
4. Lausanne	10	4	3	3	21:14	26
5. FC Zürich	10	5	2	3	15:15	26
6. Sion	10	0	1	9	8:27	12

Meister: Grasshoppers

Abstiegsrunde

1. Young Boys	10	4	5	1	23
2. Chênois	10	4	4	2	21
3. St. Gallen	10	3	6	1	21
4. Xamax	10	4	2	4	19
5. Etoile Carouge	10	4	3	3	18
6. Young Fellows	10	1	0	9	4

Saison 1978/1979

Nationalliga A, 12 Mannschaften mit Final- und Abstiegsrunde

Vorrunde

1. FC Zürich	22	13	6	3	51:19	32
2. Servette	22	12	6	4	56:23	30
3. Grasshoppers	22	9	9	4	35:24	27
4. Young Boys	22	11	4	7	39:34	26
5. St. Gallen	22	11	4	7	34:34	26
6. FC Basel	22	10	6	6	36:29	26
7. Xamax	22	8	8	6	42:33	24
8. Chênois	22	8	6	8	30:32	22
9. Lausanne	22	6	3	13	28:40	15
10. Chiasso	22	5	3	14	20:46	13
11. Nordstern	22	2	8	12	19:44	12
12. Sion	22	3	5	14	20:52	11

Finalrunde

1. Servette	10	10	0	0	23:5	35
2. FC Zürich	10	6	1	3	19:14	29
3. Grasshoppers	10	3	3	4	11:13	23
4. St. Gallen	10	2	3	5	8:10	20
5. Young Boys	10	1	4	5	5:17	19
6. FC Basel	19	2	1	7	17:24	18

Meister: Servette

Abstiegsrunde

1. Chênois	10	4	5	1	21:14	24
2. Sion	10	5	4	1	15:8	20
3. Chiasso	10	5	3	2	16:10	20
4. Lausanne	10	5	2	3	16:12	20
5. Xamax	10	2	1	7	11:19	17
6. Nordstern	10	1	1	8	8:24	9

Saison 1979/1980

Nationalliga A, 14 Mannschaften mit Finalrunde, ohne Abstiegsrunde

Vorrunde
1. Servette	26	16	7	3	61:25	39
2. FC Basel	26	15	7	4	67:27	37
3. Grasshoppers	26	14	8	4	61:21	36
4. Luzern	26	14	4	8	44:44	32
5. FC Zürich	26	13	5	8	56:42	31
6. Sion	26	11	9	6	47:37	31
7. St. Gallen	26	11	6	9	48:37	28
8. Chiasso	26	6	11	9	27:43	23
9. Lausanne	26	8	6	12	35:38	22
10. Young Boys	26	8	5	13	34:49	21
11. Chênois	26	4	12	10	32:45	20
12. Xamax	26	8	4	14	33:48	20
13. La Chaux-de-Fonds	26	5	7	14	24:57	17
14. Lugano	26	1	5	20	18:74	7

Finalrunde (nur um den Titel)
1. FC Basel	10	6	2	2	24:11	33
2. Grasshoppers	10	5	3	2	21:11	31
3. Servette	10	5	1	4	18:11	31
4. FC Zürich	10	5	1	4	17:15	27
5. Sion	10	4	2	4	22:20	26
6. Luzern	10	0	1	9	4:38	17

Meister: FC Basel

Saison 1980/1981

Nationalliga A, 14 Mannschaften
1. FC Zürich	26	18	4	4	57:28	40
2. Grasshoppers	26	11	12	3	45:24	34
3. Xamax	26	14	6	6	44:25	34
4. Young Boys	26	11	11	4	46:33	33
5. Lausanne	26	12	6	8	40:29	30
6. FC Basel	26	9	10	7	48:44	28
7. Servette	26	8	10	8	38:36	26
8. Sion	26	8	8	10	35:42	24
9. Luzern	26	6	10	10	39:46	22
10. St. Gallen	26	7	8	11	35:42	22
11. Nordstern	26	6	7	13	28:37	19
12. Bellinzona	26	7	5	14	25:46	19
13. Chiasso	26	5	8	13	28:46	18
14. Chênois	26	3	9	14	23:53	15

Meister: FC Zürich

Saison 1981/1982

Nationalliga A, 16 Mannschaften
1. Grasshoppers	30	21	7	2	72:24	49
2. Servette	30	20	6	4	76:32	46
3. FC Zürich	30	18	10	2	62:25	46
4. Xamax	30	18	9	3	67:30	45
5. Young Boys	30	15	9	6	52:40	39
6. Sion	30	12	7	11	51:46	31
7. Aarau	30	10	8	12	51:55	28
8. FC Basel	30	11	6	13	47:51	28
9. Luzern	30	10	7	13	54:59	27
10. St. Gallen	30	10	5	15	40:45	25
11. Vevey	30	6	11	13	44:57	23
12. Bellinzona	30	7	7	16	34:66	21
13. Lausanne	30	6	8	16	39:52	20
14. Bulle	30	5	9	16	29:58	19
15. Nordstern	30	6	5	19	29:69	17
16. Chiasso	30	4	8	18	25:63	16

Meister: Grasshoppers

Saison 1982/1983

Nationalliga A, 16 Mannschaften
1. Grasshoppers	30	24	1	5	86:29	49
2. Servette	30	22	4	4	65:24	48
3. St. Gallen	30	17	6	7	61:31	40
4. FC Zürich	30	17	4	9	55:39	38
5. Lausanne	30	15	7	8	51:28	37
6. Xamax	30	15	7	8	61:40	37
7. Sion	30	12	11	7	51:36	35
8. Luzern	30	14	3	13	57:56	31
9. Young Boys	30	11	8	11	35:42	30
10. Wettingen	30	8	9	13	40:47	25
11. FC Basel	30	10	5	15	47:56	25
12. Vevey	30	9	4	17	42:61	22
13. Bellinzona	30	8	5	17	36:74	21
14. Aarau	30	8	4	18	32:52	20
15. Bulle	30	4	4	22	27:87	12
16. Winterthur	30	2	6	22	30:74	10

Meister: Grasshoppers

Saison 1983/1984

Nationalliga A, 16 Mannschaften
1. Grasshoppers	30	19	6	5	59:32	44 *
2. Servette	30	19	6	5	67:31	44 *
3. Sion	30	18	7	5	74:39	43
4. Xamax	30	15	10	5	54:27	40
5. St. Gallen	30	16	8	6	57:41	40
6. Lausanne	30	13	8	9	49:37	34
7. La Chaux-de-Fonds	30	12	9	9	52:47	33
8. Wettingen	30	12	6	12	43:43	30
9. FC Basel	30	11	6	13	55:59	28
10. Aarau	30	9	9	12	50:42	27
11. Young Boys	30	8	9	13	39:40	25
12. FC Zürich	30	8	8	14	39:56	24
13. Vevey	30	9	6	15	43:65	24
14. Luzern	30	9	4	178	35:52	22
15. Bellinzona	30	4	4	22	30:79	12
16. Chiasso	30	4	2	24	26:82	10

*Entscheidungsspiel: Grasshoppers–Servette 1:0 nach Verlängerung
Meister: Grasshoppers

Saison 1984/1985

Nationalliga A, 16 Mannschaften
1. Servette	30	19	8	3	71:28	46
2. Aarau	30	16	10	4	62:43	42
3. Xamax	30	14	11	5	59:34	39
4. St. Gallen	30	13	11	6	66:32	37
5. Sion	30	14	8	8	56:49	36
6. Grasshoppers	30	11	10	9	53:47	32
7. FC Zürich	30	11	9	10	59:52	31
8. FC Basel	30	11	9	10	46:49	31
9. Young Boys	30	10	10	10	42:45	30
10. Lausanne	30	10	9	11	50:57	29
11. Wettingen	30	7	12	11	31:35	26
12. Luzern	30	9	8	13	33:53	26
13. Vevey	30	9	6	15	40:47	24
14. La Chaux-de-Fonds	30	6	12	12	41:54	24
15. SC Zug	30	4	6	20	27:71	14
16. Winterthur	30	4	5	21	32:72	13

Meister: Servette

Saison 1985/1986

Nationalliga A, 16 Mannschaften

1. Young Boys	30	18	8	4	72:28	44
2. Xamax	30	18	6	6	78:32	42
3. Luzern	30	16	9	5	56:39	41
4. FC Zürich	30	15	9	6	64:43	39
5. Grasshoppers	30	15	8	7	64:32	38
6. Lausanne	30	13	9	8	59:50	35
7. Aarau	30	14	6	10	62:47	34
8. Sion	30	14	5	11	54:39	33
9. Servette	30	14	3	13	49:50	31
10. FC Basel	30	10	10	10	44:40	30
11. St. Gallen	30	12	6	12	48:46	30
12. Wettingen	30	8	8	14	35:42	24
13. La Chaux-de-Fonds	30	3	12	15	24:61	18
14. Vevey	30	6	5	19	36:76	17
15. Grenchen	30	5	6	19	33:81	16
16. Baden	30	1	6	23	14:86	8

Meister: Young Boys

Saison 1986/1987

Nationalliga A, 16 Mannschaften

1. Xamax	30	21	6	3	75:27	48
2. Grasshoppers	30	19	5	6	60:36	43
3. Sion	30	17	8	5	76:38	42
4. Servette	30	16	4	10	65:44	36
5. Luzern	30	12	12	6	55:38	36
6. FC Zürich	30	12	12	6	52:44	36
7. St. Gallen	30	14	6	10	50:43	34
8. Lausanne	30	13	6	11	64:60	32
9. Bellinzona	30	10	11	9	42:39	31
10. Young Boys	30	10	8	12	47:45	28
11. Aarau	30	9	8	13	37:42	26
12. FC Basel	30	9	6	15	49:62	24
13. Vevey	30	6	8	16	31:72	20
14. Wettingen	30	6	7	17	31:48	19
15. Locarno	30	6	7	17	44:65	19
16. La Chaux-de-Fonds	30	1	4	25	22:97	6

Meister: Xamax

Saison 1987/1988

Nationalliga A, 12 Mannschaften mit Final- und Abstiegsrunde

Vorrunde

1. Xamax	22	13	5	4	53:28	31
2. Grasshoppers	22	12	6	4	30:16	30
3. Young Boys	22	7	12	3	37:28	26
4. Aarau	22	9	7	6	28:24	25
5. Servette	22	8	7	7	32:31	23
6. Luzern	22	7	9	6	30:29	23
7. St. Gallen	22	9	5	8	28:27	23
8. Lausanne	22	8	7	7	39:39	23
9. Sion	22	8	6	8	42:36	22
10. Bellinzona	22	3	8	11	25:38	14
11. FC Basel	22	4	5	13	27:55	13
12. FC Zürich	22	4	3	15	26:46	11

Finalrunde

1. Xamax	14	6	4	4	29:19	32
2. Servette	14	7	4	3	38:23	30
3. Aarau	14	6	5	3	24:17	30
4. Grasshoppers	14	6	3	5	23:21	30
5. Luzern	14	5	5	4	19:19	27
6. St. Gallen	14	4	3	7	16:25	23
7. Lausanne	14	3	5	6	18:30	23
8. Young Boys	14	4	1	9	18:31	22

Meister: Xamax

Auf-/Abstiegsrunde Gruppe A

1. Wettingen	14	11	0	3	32:16	22
2. Bellinzona	14	8	1	5	29:20	17
3. Schaffhausen	14	7	1	6	25:22	15
4. Malley	14	7	1	6	21:20	15
5. FC Basel	14	5	4	5	27:20	14
6. Bulle	14	7	0	7	28:25	14
7. Etoile-Carouge GE	14	4	1	9	14:33	9
8. Old Boys	14	2	2	10	11:31	6

Auf-/Abstiegsrunde Gruppe B

1. Lugano	14	13	0	1	47:15	26
2. Sion	14	11	1	2	49:14	23
3. Grenchen	14	7	1	6	27:24	15
4. Chênois	14	6	2	6	21:30	14
5. Chiasso	14	5	1	8	21:34	11
6. FC Zürich	14	4	1	9	24:34	9
7. Martigny	14	3	2	9	16:37	8
8. Locarno	14	1	4	9	16:33	6

Absteiger: FC Basel, FC Zürich
Aufsteiger: FC Lugano, Wettingen
In der Nationalliga A bleiben: Sion, Bellinzona

Saison 1988/1989

Nationalliga A, 12 Mannschaften mit Final- und Abstiegsrunde

Qualifikation
1. Luzern	22	10	8	4	27:25	28
2. Grasshoppers	22	10	7	5	41:29	27
3. Bellinzona	22	9	7	6	34:27	25
4. Sion	22	8	8	6	25:21	24
5. Wettingen	22	5	14	3	23:21	24
6. Young Boys	22	8	7	7	45:36	23
7. Xamax	22	7	9	6	39:33	23
8. Servette	22	8	6	8	39:34	22
9. Aarau	22	5	8	9	27:29	18
10. Lausanne	22	5	8	9	27:34	18
11. St. Gallen	22	5	6	11	29:44	16
12. Lugano	22	3	10	9	23:46	16

Finalrunde
1. Luzern	14	7	5	2	17:11	33
2. Grasshoppers	14	7	2	5	20:18	30
3. Sion	14	6	5	3	22:15	29
4. Wettingen	14	7	2	5	22:14	28
5. Young Boys	14	6	3	5	36:22	27
6. Xamax	14	4	3	7	23:26	23
7. Bellinzona	14	2	4	8	9:26	21
8. Servette	14	3	4	7	25:42	21

Meister: FC Luzern

Nationalliga B, Ostgruppe, 12 Mannschaften
1. FC Basel	22	14	4	4	48:23	32
2. Locarno	22	12	6	4	58:28	30
3. FC Zürich	22	11	8	3	62:32	30
4. Baden	22	10	4	8	44:29	24
5. Old Boys	22	10	4	8	37:29	24
6. Chiasso	22	8	8	6	35:33	24
7. Schaffhausen	22	9	6	7	32:36	24
8. Winterthur	22	8	6	8	39:36	22
9. Emmenbrücke	22	7	5	10	31:41	19
10. Chur	22	4	8	10	27:54	16
11. Zug	22	3	5	14	14:47	11
12. Glarus	22	2	4	16	19:58	8

Auf-/Abstiegsrunde Gruppe A
1. St. Gallen	14	10	3	1	30:13	23
2. Lausanne	14	9	4	1	42:8	22
3. FC Zürich	14	6	2	6	29:23	14
4. FC Basel	14	4	6	4	19:21	14
5. Chênois	14	4	4	6	22:29	12
6. Grenchen	14	3	4	7	17:26	10
7. Malley	14	2	6	6	15:29	10
8. Old Boys	14	3	1	10	13:38	7

Kein Aufsteiger in die Nationalliga A
St. Gallen, Lausanne, Aarau, Lugano bleiben in der Nationalliga A
Der FC Basel bleibt in der Nationalliga B

Saison 1989/1990

Nationalliga A, 12 Mannschaften mit Final- und Abstiegsrunde

Qualifikation
1. St. Gallen	22	9	10	3	40:24	28
2. Xamax	22	11	5	6	38:32	27
3. Grasshoppers	22	9	7	6	31:24	25
4. Luzern	22	9	6	7	39:29	24
5. Sion	22	9	5	8	29:31	23
6. Lugano	22	8	6	8	36:35	22
7. Lausanne	22	6	10	6	28:27	22
8. Young Boys	22	7	7	8	29:29	21
9. Servette	22	7	7	8	34:36	21
10. Wettingen	22	7	5	10	18:27	19
11. Aarau	22	5	7	10	20:30	17
12. Bellinzona	22	5	5	12	31:49	15

Finalrunde
1. Grasshoppers	14	9	0	5	28:15	31
2. Lausanne	14	7	6	1	23:9	31
3. Xamax	14	5	6	3	18:14	30
4. Luzern	14	6	4	4	20:22	28
5. St. Gallen	14	4	5	5	19:15	27
6. Lugano	14	4	4	6	11:23	23
7. Young Boys	14	2	6	6	11:20	21
8. Sion	14	1	5	8	10:22	19

Meister: Grasshoppers

Nationalliga B, Westgruppe, 12 Mannschaften
1. Fribourg	22	13	5	4	43:38	31
2. Bulle	22	12	6	4	46:23	30
3. Yverdon	22	10	8	4	39:21	28
4. Chênois	22	10	7	5	38:24	27
5. FC Basel	22	11	5	6	40:29	27
6. Grenchen	22	8	9	5	38:21	25
7. Etoile-Carouge GE	22	9	4	9	35:35	22
8. La Chaux-de-Fonds	22	8	3	11	41:37	19
9. Montreux	22	5	8	9	27:38	18
10. Old Boys	22	5	6	11	27:40	16
11. Malley	22	3	5	14	18:53	11
12. Martigny	22	1	8	13	26:59	10

Auf-/Abstiegsrunde, Gruppe 1
1. Servette	14	8	4	2	29:13	20
2. FC Zürich	14	8	4	2	30:17	20
3. FC Basel	14	6	5	3	27:17	17
4. Bellinzona	14	5	5	4	19:16	15
5. Yverdon	14	3	7	4	14:16	13
6. Fribourg	14	4	3	7	17:27	11
7. Chur	14	3	3	8	9:21	9
8. Schaffhausen	14	2	3	9	15:33	7

Absteiger: Bellinzona
Aufsteiger: FC Zürich
In der Nationalliga A bleiben: Servette, Aarau und Wettingen
Der FC Basel bleibt in der Nationalliga B

Saison 1990/91

Nationalliga A, 12 Mannschaften mit Final- und Abstiegsrunde

Qualifikation
1. Sion	22	10	10	2	31:20	30
2. Grasshoppers	22	9	9	4	29:17	27
3. Neuchâtel Xamax	22	8	10	4	25:15	26
4. Lausanne	22	9	8	5	39:30	26
5. Lugano	22	8	9	5	27:22	25
6. Servette	22	9	6	7	30:27	24
7. Young Boys	22	6	11	5	35:26	23
8. Luzern	22	8	7	7	30:28	23
9. St. Gallen	22	7	8	7	26:26	22
10. Aarau	22	3	9	10	19:30	15
11. Zürich	22	3	6	13	21:45	12
12. Wettingen	22	3	5	14	24:50	11

Finalrunde
1. Grasshoppers	14	7	5	2	27:15	33
2. Sion	14	3	8	3	14:15	29
3. Xamax	14	5	6	3	16:13	29
4. Lausanne	14	5	6	3	15:13	29
5. Lugano	14	5	4	5	16:15	27
6. Young Boys	14	3	6	5	21:26	24
7. Servette	14	1	9	4	16:24	23
8. Luzern	14	3	4	7	16:20	22

Meister: Grasshoppers

Nationalliga B, Ostgruppe, 12 Mannschaften
1. Locarno	22	13	6	3	44:23	32
2. Baden	22	13	5	4	41:19	31
3. Schaffhausen	22	12	4	6	45:29	28
4. Basel	22	9	8	5	40:30	26
5. SC Zug	22	8	10	4	29:22	26
6. Chiasso	22	10	5	7	43:26	25
7. Bellinzona	22	7	6	9	34:32	20
8. Winterthur	22	7	6	9	26:35	20
9. Chur	22	5	7	10	20:25	17
10. Glarus	22	4	6	12	23:58	14
11. Emmenbrücke	22	3	7	12	18:39	13
12. Kriens	22	4	4	14	22:47	2

Auf-/Abstiegsrunde, Gruppe 1
1. St. Gallen	14	10	2	2	33:11	22
2. Wettingen	14	9	2	3	25:15	20
3. Chiasso	14	6	4	4	19:21	16
4. Basel	14	4	4	6	18:17	12
5. Yverdon	14	5	2	7	21:22	12
6. Fribourg	14	4	3	7	18:25	11
7. Baden	14	4	3	7	19:26	11
8. Etoile Carouge	14	4	0	10	16:32	8

Aufsteiger/Absteiger: keine
St. Gallen, Wettingen, Zürich und Aarau bleiben in der NLA
Der FC Basel bleibt in der Nationalliga B

Saison 1991/92

Nationalliga A, 12 Mannschaften mit Final- und Abstiegsrunde

Qualifikation
1. Lausanne	22	10	10	2	42:17	30
2. Grasshoppers	22	12	5	5	39:24	29
3. FC Sion	22	9	10	3	34:20	28
4. Servette	22	10	7	5	37:28	27
5. Xamax	22	9	6	7	28:22	24
6. FC St. Gallen	22	8	6	8	27:32	22
7. Young Boys	22	8	5	9	30:30	21
8. FC Zürich	22	4	12	6	22:25	20
9. FC Luzern	22	5	10	7	21:26	20
10. FC Lugano	22	6	8	8	25:36	20
11. FC Aarau	22	3	8	11	21:39	14
12. FC Wettingen	22	1	7	14	18:45	9

Finalrunde
1. FC Sion	14	7	5	2	23:16	33
2. Xamax	14	7	5	2	27:16	31
3. Grasshoppers	14	6	3	5	18:14	30
4. Young Boys	14	7	3	4	24:16	28
5. Servette GE	14	4	5	5	23:22	27
6. Lausanne	14	2	4	8	11:22	23
7. FC Zürich	14	3	6	5	17:27	22
8. FC St. Gallen	14	3	3	8	18:28	20

Meister: FC Sion

Nationalliga B, Westgruppe, 12 Mannschaften
1. FC Basel	22	13	5	4	42:30	31
2. FC Grenchen	22	10	7	5	40:27	27
3. Yverdon-Sports	22	11	5	6	47:34	27
4. FC Bulle	22	9	8	5	45:29	26
5. ES Malley	22	11	4	7	36:30	26
6. La Chaux-de-Fonds	22	8	9	5	33:23	25
7. Old Boys	22	9	5	8	38:26	23
8. Urania Genève	22	9	5	8	37:33	23
9. FC Fribourg	22	8	4	10	35:37	20
10. Etoile Carouge	22	5	5	12	33:56	15
11. Châtel-St-Denis	22	5	4	13	22:45	14
12. SR Delémont	22	2	3	17	22:60	7

Auf-/Abstiegsrunde, Gruppe A
1. FC Lugano	14	8	6	0	25:8	22
2. FC Aarau	14	7	5	2	20:13	19
3. Yverdon	14	6	6	2	24:17	8
4. FC Basel	14	4	6	4	20:22	14
5. FC Baden	14	2	9	3	14:16	13
6. FC Locarno	14	3	4	7	19:19	10
7. ES Malley	14	3	4	7	18:30 1	0
8. AC Bellinzona	14	2	2	10	14:29	6

Aufsteiger: FC Bulle, FC Chiasso
Absteiger: Luzern, Wettingen
Lugano und Aarau bleiben in der NLA
Der FC Basel bleibt in der Nationalliga B

Saison 1992/93

Nationalliga A, 12 Mannschaften mit Final- und Abstiegsrunde

Qualifikation
```
 1. Young Boys      22  11   6   5  44:30  28
 2. Servette        22  10   7   5  32:18  27
 3. Sion            22   8  10   4  28:21  26
 4. Lausanne        22   7  10   5  28:21  24
 5. Aarau           22   9   6   7  30:34  24
 6. Zürich          22   8   7   7  21:22  23
 7. Xamax           22   6  10   6  30:26  22
 8. Lugano          22   7   8   7  29:28  22
 9. Grasshoppers    22   5  11   6  27:27  21
10. St. Gallen      22   4  10   8  21:28  18
11. Chiasso         22   5   6  11  15:26  16
12. Bulle           22   4   5  13  18:42  13
```

Finalrunde
```
1. Aarau            14   9   4   1  21:7   34
2. Young Boys       14   5   4   5  15:15  28
3. Servette         14   5   3   6  16:19  27
4. Lugano           14   7   2   5  21:14  27
5. Zürich           14   5   4   5  13:14  26
6. Sion             14   4   3   7  17:22  24
7. Xamax            14   4   5   5  16:16  24
8. Lausanne         14   3   3   8  11:23  21
```
Meister: FC Aarau

Nationalliga B, Westgruppe, 12 Mannschaften
```
 1. Yverdon         22  17   3   2  60:24  37
 2. Basel           22  16   4   2  54:10  36
 3. Etoile Carouge  22  14   0   8  48:32  28
 4. Chênois         22  12   2   8  37:39  26
 5. Grenchen        22  11   3   8  40:25  25
 6. Delémont        22   8   5   9  31:33  21
 7. Urania Genf     22   7   4  11  33:43  18
 8. Old Boys        22   5   7  10  27:39  17
 9. Fribourg        22   7   3  12  29:42  17
10. Bümpliz         22   5   5  12  26:52  15
11. Châtel-St-Denis 22   2   8  12  25:47  12
12. La Chaux-de-Fonds 22  4   4  14  25:49  12
```

Auf-/Abstiegsrunde, Gruppe 1
```
1. Grasshoppers     14  10   2   2  42:8   22
2. Luzern           14  10   2   2  30:6   22
3. Bulle            14   8   3   3  28:20  19
4. Basel            14   7   4   3  25:17  18
5. Delémont         14   4   2   8  14:28  10
6. Chênois          14   4   1   9   9:29   9
7. Locarno          14   3   1  10  16:31   7
8. Wil              14   1   3  10   7:32   5
```
Aufsteiger: Kriens, Yverdon, Luzern
Absteiger: St. Gallen, Chiasso, Bulle
Grasshoppers bleiben in der Nationalliga A
Der FC Basel bleibt in der Nationalliga B

Saison 1993/94

Nationalliga A, 12 Mannschaften mit Final- und Abstiegsrunde

Qualifikation
```
 1. Grasshoppers    22  12   7   3  37:15  31
 2. Sion            22  12   9   2  34:14  31
 3. Young Boys      22   9   7   6  37:25  25
 4. Servette        22   9   7   6  38:37  25
 5. Lausanne        22   9   6   7  28:27  24
 6. Lugano          22   7   8   7  23:27  22
 7. Luzern          22   8   5   9  26:32  21
 8. Aarau           22   8   5   9  24:31  21
 9. Zürich          22   6   8   8  25:22  20
10. Xamax           22   4   9   9  24:31  17
11. Yverdon         22   3   8  11  19:33  14
12. Kriens          22   3   7  11  17:38  13
```

Finalrunde
```
1. Servette         14   8   5   1  29:14  34
2. Grasshoppers     14   6   5   3  28:17  33
3. Sion             14   5   5   4  21:15  31
4. Aarau            14   7   4   3  23:16  29
5. Lugano           14   5   5   4  21:19  26
6. Young Boys       14   2   6   6  13:23  23
7. Lausanne         14   4   1   9  14:28  21
8. Luzern           14   2   3   9  15:31  18
```
Meister: Servette Genf

Nationalliga B, Westgruppe, 10 Mannschaften
```
 1. Etoile Carouge  18  11   5   2  33:13  27
 2. FC Basel        18  12   1   5  39:14  25
 3. Chênois         18   8   6   4  31:20  22
 4. Old Boys        18   6   8   4  27:31  20
 5. Monthey         18   6   6   6  25:23  18
 6. Bulle           18   7   3   8  28:24  17
 7. Grenchen        18   7   3   8  25:24  17
 8. Delémont        18   7   3   8  24:29  17
 9. Fribourg        18   6   1  11  21:28  13
10. Urania Genf     18   2   0  16  11:58   4
```

Auf-/Abstiegsrunde
```
1. FC Basel         14   7   6   1  22:7   20
2. Xamax            14   9   2   3  21:11  20
3. St. Gallen       14   8   4   2  18:14  20
4. Zürich           14   7   4   3  24:15  18
5. Kriens           14   4   4   6  21:20  12
6. Carouge          14   3   5   6  14:24  11
7. Schaffhausen     14   2   3   9  14:31   7
8. Yverdon          14   1   3  11   8:29   4
```
Aufsteiger: FC Basel und St. Gallen
Absteiger: Kriens und Yverdon
Xamax und der FC Zürich bleiben in der Nationalliga A

Saison 1994/95

Nationalliga A, 12 Mannschaften mit Final- und Abstiegsrunde

Vorrunde
1. Grasshoppers	22	13	5	4	36:21	31
2. Lugano	22	8	9	5	30:17	25
3. Aarau	22	8	9	5	34:22	25
4. Xamax	22	9	6	7	33:31	24
5. Lausanne	22	8	8	6	34:35	24
6. Sion	22	10	3	9	32:37	23
7. Basel	22	6	8	8	18:15	20
8. Luzern	22	7	9	6	22:31	20
9. Zürich	22	4	11	7	23:27	19
10. Servette	22	6	6	10	26:31	18
11. St. Gallen	22	4	10	8	20:28	8
12. Young Boys	22	6	5	11	24:37	17

Finalrunde
1. Grasshoppers	14	9	3	2	25:13	37
2. Lugano	14	6	5	3	25:17	30
3. Xamax	14	6	4	4	27:20	28
4. Aarau	14	5	4	5	17:16	27
5. Luzern	14	5	5	4	14:18	25
6. Sion	14	5	2	7	24:25	24
7. Basel	14	7	0	7	20:19	24
8. Lausanne	14	1	1	12	11:35	15

Meister: Grasshopper-Club Zürich

Auf-/Abstiegsrunde
1. Young Boys	14	7	3	4	22:14	17
2. St. Gallen	14	5	6	3	20:13	16
3. Zürich	14	5	6	3	19:16	16
4. Servette	14	5	6	3	15:13	16
5. Kriens	14	4	7	3	18:14	15
6. Yverdon	14	6	3	5	18:15	15
7. Winterthur	14	3	7	4	13:13	13
8. Solothurn	14	0	4	10	4:31	4

Aufsteiger: keine
Absteiger: keine; Young Boys, St. Gallen, Zürich und Servette bleiben in der Nationalliga A

Saison 1995/96

Nationalliga A, 12 Mannschaften mit Final- und Abstiegsrunde
Erste Saison, in der es für einen Sieg drei Punkte und für ein Unentschieden einen Punkt gab

Qualifikation
1. Grasshoppers	22	13	4	5	38:22	43
2. Sion	22	13	3	6	37:28	42
3. Xamax	22	12	5	5	40:24	41
4. Luzern	22	11	7	4	36:25	40
5. Basel	22	9	3	10	34:35	30
6. Servette	22	7	7	8	28:28	28
7. Aarau	22	7	6	9	36:27	27
8. St. Gallen	22	6	9	7	26:24	27
9. Lausanne	22	6	9	7	25:25	27
10. Lugano	22	5	6	11	21:42	21
11. Zürich	22	4	6	12	17:32	18
12. Young Boys	22	4	5	13	14:35	17

Finalrunde
1. Grasshoppers	14	8	6	0	26:7	52
2. Sion	14	8	2	4	20:14	47
3. Xamax	14	5	7	2	21:16	43
4. Aarau	14	7	4	3	23:18	39
5. Luzern	14	4	3	7	23:19	35
6. Basel	14	3	4	7	11:20	28
7. Servette	14	2	5	7	18:25	25
8. St. Gallen	14	2	3	9	11:34	23

Meister: Grasshoppers

Auf-/Abstiegsrunde
1. Young Boys	14	10	3	1	28:13	33
2. Zürich	14	8	4	2	21:13	28
3. Lausanne	14	7	6	1	24:10	27
4. Lugano	14	4	5	5	13:17	17
5. Yverdon	14	3	4	7	16:22	13
6. Delémont	14	3	4	7	17:26	13
7. Kriens	14	2	5	7	14:22	11
8. Etoile Carouge	14	1	5	8	9:20	8

Aufsteiger: keine
Absteiger: keine; Young Boys, Zürich, Lausanne und Lugano bleiben in der Nationalliga A

Saison 1996/97

Nationalliga A, 12 Mannschaften mit Final- und Abstiegsrunde

Qualifikation
1. Xamax	22	12	8	2	37:21	44
2. Grasshoppers	22	10	9	3	42:27	39
3. Sion	22	9	10	3	33:21	37
4. Aarau	22	9	8	5	21:14	35
5. Lausanne	22	9	7	6	35:32	34
6. St. Gallen	22	7	9	6	21:26	30
7. Zürich	22	6	9	7	24:24	27
8. Basel	22	5	10	7	32:33	25
9. Servette	22	5	9	8	24:25	24
10. Luzern	22	4	11	7	28:33	23
11. Lugano	22	2	9	11	14:32	15
12. Young Boys	22	3	3	16	17:39	12

Finalrunde
1. Sion	14	9	3	2	18:10	49
2. Xamax	14	6	6	2	22:14	46
3. Grasshoppers	14	7	4	3	37:18	45
4. Lausanne	14	8	2	4	20:16	43
5. Aarau	14	3	4	7	17:22	31
6. St. Gallen	14	3	4	7	13:26	28
7. Zürich	14	1	7	6	9:18	24
8. Basel	14	3	2	9	16:28	24

Meister: FC Sion

Auf-/Abstiegsrunde
1. Servette	14	7	4	3	18:10	25
2. Etoile Carouge	14	7	3	4	15:13	24
3. Luzern	14	6	5	3	16:12	23
4. Kriens	14	6	4	4	22:16	22
5. Young Boys	14	5	5	4	19:17	20
6. Solothurn	14	2	5	7	9:17	14
7. Lugano	14	2	5	7	11:17	11
8. Schaffhausen	14	3	2	5	13:21	11

Aufsteiger: Etoile Carouge und Kriens
Absteiger: Lugano und Young Boys
Servette und Luzern bleiben in der Nationalliga A

Saison 1997/98

Nationalliga A, 12 Mannschaften mit Final- und Abstiegsrunde

Qualifikation
1. Grasshoppers	22	14	4	4	59:23	46
2. Lausanne	22	12	6	4	45:27	42
3. Servette	22	11	6	5	45:33	39
4. Aarau	22	10	5	7	38:31	35
5. St. Gallen	22	7	9	6	38:34	30
6. Zürich	22	7	9	6	31:28	30
7. Sion	22	7	9	6	30:27	30
8. Luzern	22	7	8	7	26:28	29
9. Xamax	22	7	5	10	37:39	26
10. Kriens	22	5	7	10	23:41	22
11. Basel	22	5	4	13	28:46	19
12. Carouge	22	1	6	15	20:63	9

Finalrunde
1. Grasshoppers	14	8	6	0	39:16	57
2. Servette	14	8	2	4	18:15	41
3. Lausanne	14	5	7	2	17:17	40
4. Zürich	14	7	4	3	27:17	38
5. Sion	14	4	3	7	23:21	37
6. St. Gallen	14	3	4	7	12:17	32
7. Aarau	14	2	5	7	13:27	25
8. Luzern	14	2	3	9	10:29	23

Meister: Grasshoppers

Auf-/Abstiegsrunde
1. Xamax	14	7	5	2	35:22	26
2. Lugano	14	6	5	3	15:12	23
3. Basel	14	6	4	4	27:22	22
4. Young Boys	14	6	4	4	20:23	22
5. Solothurn	14	6	3	5	17:15	21
6. Kriens	14	4	4	6	19:25	16
7. Baden	14	3	3	8	15:23	12
8. Carouge	14	3	2	9	13:19	11

Aufsteiger: Lugano und Young Boys
Absteiger: Kriens und Etoile Carouge
Xamax und der FC Basel bleiben in der Nationalliga A

Saison 1998/99

Nationalliga A, 12 Mannschaften mit Final- und Abstiegsrunde

Qualifikation
1. Servette	22	12	8	2	59:23	44
2. Grasshoppers	22	11	5	6	45:27	38
3. Zürich	22	10	8	4	45:33	38
4. Lausanne	22	10	8	4	38:31	38
5. Xamax	22	7	11	4	38:34	32
6. Basel	22	8	4	10	31:28	28
7. Luzern	22	6	9	7	30:27	27
8. St. Gallen	22	7	6	9	26:28	27
9. Sion	22	5	8	9	22:36	23
10. Lugano	22	5	7	10	35:43	22
11. Young Boys	22	4	7	11	33:34	19
12. Aarau	22	3	7	12	28:41	16

Finalrunde
1. Servette	14	7	3	4	19:14	46
2. Grasshoppers	14	8	3	3	31:11	46
3. Lausanne	14	8	2	4	28:20	45
4. Zürich	14	7	2	5	24:15	42
5. Basel	14	5	4	5	18:19	33
6. Xamax	14	2	6	6	12:27	28
7. Luzern	14	4	2	8	13:27	28
8. St. Gallen	14	2	4	8	13:25	24

Meister: Servette Genf

Auf-/Abstiegsrunde
1. Lugano	14	9	2	3	19:10	29
2. Delémont	14	7	2	5	23:20	23
3. Yverdon	14	6	3	5	22:17	21
4. Aarau	14	6	2	6	24:24	20
5. Sion	14	6	1	7	16:17	19
6. Young Boys	14	5	2	7	25:31	17
7. Wil	14	5	1	8	26:30	16
8. Carouge	14	4	3	7	18:24	15

Aufsteiger: Delémont und Yverdon
Absteiger: Sion und Young Boys
Lugano und Aarau bleiben in der Nationalliga A

Saison 1999/2000

Nationalliga A, 12 Mannschaften mit Final- und Abstiegsrunde

Qualifikation

1. St. Gallen	22	13	6	3	42:25	45
2. Basel	22	9	10	3	31:21	37
3. Lausanne	22	9	9	4	35:25	36
4. Grasshoppers	22	9	7	6	40:25	34
5. Yverdon	22	7	9	6	28:25	30
6. Xamax	22	7	7	8	34:33	28
7. Luzern	22	8	4	10	28:29	28
8. Servette	22	8	4	10	32:36	28
9. Zürich	22	6	8	8	21:29	26
10. Aarau	22	7	5	10	30:42	26
11. Lugano	22	5	6	11	27:34	21
12. Delémont	22	4	5	13	24:48	17

Finalrunde

1. St. Gallen	14	9	4	1	33:14	54
2. Lausanne	14	8	2	4	22:13	44
3. Basel	14	5	6	3	16:16	40
4. Grasshoppers	14	5	5	4	30:26	37
5. Luzern	14	5	2	7	17:30	31
6. Servette	14	4	5	5	25:21	31
7. Xamax	14	4	3	7	25:29	29
8. Yverdon	14	2	1	11	16:35	22

Meister: FC St. Gallen

Auf-/Abstiegsrunde

1. Lugano	14	8	2	2	26:18	28
2. Sion	14	7	3	4	28:19	24
3. Zürich	14	7	3	4	17:12	24
4. Aarau	14	6	4	4	23:16	22
5. Bellinzona	14	4	8	2	21:14	20
6. Thun	14	4	4	6	17:18	16
7. Delémont	14	4	2	8	18:29	14
8. Baden	14	1	2	11	7:31	5

Aufsteiger: Sion
Absteiger: Delémont
Lugano, Zürich und Aarau bleiben in der Nationalliga A

Saison 2000/2001

Nationalliga A, 12 Mannschaften mit Final- und Abstiegsrunde

Qualifikation

1. Lugano	22	12	6	4	33:16	42
2. St. Gallen	22	11	7	4	43:18	40
3. Grasshoppers	22	11	3	8	46:25	36
4. Lausanne	22	11	2	9	37:34	35
5. FC Basel	22	10	4	8	42:36	34
6. Servette	22	9	6	7	34:26	33
7. Sion	22	9	5	8	27:31	32
8. FC Zürich	22	8	7	7	36:29	31
9. Aarau	22	6	6	10	31:43	24
10. Yverdon	22	5	6	11	27:43	21
11. Xamax	22	6	2	14	21:53	20
12. Luzern	22	5	4	13	27:50	19

Finalrunde

1. Grasshoppers	14	8	4	2	29:14	46
2. Lugano	14	5	5	4	24:19	41
3. St. Gallen	14	6	2	6	23:28	40
4. FC Basel	14	4	8	2	18:16	37
5. Servette	14	5	5	4	26:19	37
6. Lausanne	14	4	3	7	15:27	33
7. Sion	14	4	4	6	16:22	32
8. FC Zürich	14	3	3	8	12:18	28

Meister: Grasshoppers

Auf-/Abstiegsrunde

1. Xamax	14	7	6	1	24:16	27
2. Aarau	14	7	3	4	23:15	24
3. Luzern	14	7	3	4	24:18	24
4. Young Boys	14	7	3	4	17:14	24
5. Yverdon	14	4	7	3	23:20	19
6. Winterthur	14	5	2	7	18:21	17
7. Wil	14	2	5	7	17:22	11
8. Bellinzona	14	1	3	10	8:28	6

Aufsteiger: Young Boys
Absteiger: Yverdon
Xamax, Aarau und Luzern bleiben in der Nationalliga A

Die Bilanzen pro Saison des FC Basel

Saison	Spiele	Siege	Remis	Niederl.	Tore	Punkte	Liga
1897/98	–	–	–	–	–	–	–
1898/99	2	0	1	1	2:3	1	Serie A
1899/00	–	–	–	–	–	–	-
1900/01	10	2	2	6	21:35	6	Serie A
1901/02	7	5	0	2	15:7	10	Serie A
1902/03	8	3	0	5	13:20	6	Serie A
1903/04	10	5	2	3	28:25	12	Serie A
1904/05	8	2	0	6	19:20	4	Serie A
1905/06	6	2	0	4	11:17	4	Serie A
1906/07	8	5	0	3	30:20	10	Serie A
plus	3	1	2	0	6:3	4	Barrage
plus	2	0	0	2	3:8	0	Final
1907/08	14	6	2	6	40:39	14	Serie A
1908/09	14	4	3	7	39:57	11	Serie A
1909/10	10	4	2	4	24:24	10	Serie A
1910/11	12	5	1	6	32:36	11	Serie A
1911/12	14	5	2	7	30:34	12	Serie A
1912/13	14	7	2	5	46:30	16	Serie A
1913/14	14	9	1	4	63:33	19	Serie A
1914/15	6	2	1	3	15:14	5	Serie A
1915/16	14	4	1	9	30:39	9	Serie A
1916/17	12	5	5	2	31:20	15	Serie A
1917/18	12	7	3	2	31:19	17	Serie A
1918/19	14	5	3	6	27:26	13	Serie A
1919/20	14	7	4	3	32:20	18	Serie A
1920/21	15	3	2	10	20:29	8	Serie A
1921/22	14	6	3	5	20:21	15	Serie A
1922/23	14	7	3	4	20:18	17	Serie A
1923/24	16	8	2	6	16:15	18	Serie A
1924/25	16	7	5	4	15:13	19	Serie A
1925/26	16	7	6	3	29:26	19	Serie A
1927/28	16	10	1	5	27:21	21	Serie A
1928/29	16	8	4	4	48:32	20	Serie A
1929/30	16	10	4	2	46:20	24	Serie A
plus	3	1	0	2	2:5	2	Final
1930/31	18	11	2	5	38:28	24	Serie A
plus	1	1	0	0	2:1	2	Barra
plus	4	1	1	2	7:11	3	Final
1931/32	16	7	1	8	35:47	15	NL II
1932/33	14	7	4	3	42:29	18	NL I
plus	1	0	0	1	3:4	0	Barrage
plus	7	3	2	2	21:14	8	Challange
1933/34	30	15	6	9	89:64	36	NL
1934/35	26	12	4	10	61:50	28	NL
1935/36	26	8	4	14	51:57	20	NL
1936/37	24	8	4	12	30:42	20	NL
plus	2	1	1	0	2:1	3	Barrage
1937/38	22	12	3	7	48:31	27	NL
1938/39	22	5	5	12	29:35	15	NL
1939/40	11	8	2	1	32:15	18	1.
plus	6	4	1	1	14:10	9	Final
1940/41	14	11	2	1	44:19	24	1.
plus	2	0	1	1	2:3	1	Final
1941/42	22	18	3	1	77:15	39	1.
plus	2	1	1	0	3:1	3	Final
1942/43	26	7	4	15	29:57	18	NL
1943/44	26	9	8	9	42:38	26	NL
1944/45	26	6	7	13	43:58	19	NL
1945/46	26	19	5	2	87:21	43	NLB
1946/47	26	12	5	9	60:45	29	NLA
1947/48	26	7	10	9	44:51	24	NLA
1948/49	26	13	7	6	58:37	33	NLA
1949/50	26	14	5	7	48:40	33	NLA
1950/51	26	12	4	10	62:51	28	NLA
1951/52	26	14	3	9	68:47	31	NLA
1952/53	26	17	8	1	72:38	42	NLA
1953/54	26	11	2	13	55:62	24	NLA
1954/55	26	10	4	12	47:52	24	NLA
1955/56	26	10	6	10	47:50	26	NLA
1956/57	26	15	4	7	53:38	34	NLA
1957/58	26	9	6	11	59:53	24	NLA
1958/59	26	11	5	10	54:48	27	NLA
1959/60	26	6	10	10	46:55	22	NLA
1960/61	26	13	2	11	42:36	28	NLA
1961/62	26	10	8	8	51:54		NLA
1962/63	26	10	6	10	59:51	26	NLA
1963/64	26	10	6	10	42:48	26	NLA
1964/65	26	11	5	10	44:54	27	NLA
1965/66	26	10	7	9	64:57	27	NLA
1966/67	26	16	8	2	61:20	40	NLA
1967/68	26	13	5	8	49:33	31	NLA
1968/69	26	13	10	3	48:28	36	NLA
1969/70	26	15	7	4	59:23	37	NLA
1970/71	26	18	6	2	67:26	42	NLA
plus	1	0	0	1	3:4	0	Barrage
1971/72	26	18	7	1	66:28	43	NLA
1972/73	26	17	5	4	57:30	39	NLA
1973/74	26	13	3	10	57:39	29	NLA
1974/75	26	12	7	7	49:33	31	NLA
1975/76	26	13	8	5	59:38	34	NLA
1976/77	22	14	5	3	54:30	33	NLA
plus	10	5	2	3	19:16	12	Final
plus	1	1	0	0	2:1	2	Barrage
1977/78	22	12	4	6	53:34	28	NLA
plus	10	5	3	2	21:14	13	Final
1978/79	22	10	6	6	36:29	26	NLA
plus	10	2	1	7	17:24	5	Final
1979/80	26	15	7	4	67:27	37	NLA
plus	10	6	2	2	24:11	14	Final
1980/81	26	9	10	7	48:44	28	NLA
1981/82	30	11	6	13	47:51	28	NLA
1982/83	30	10	5	15	47:56	25	NLA
1983/84	30	11	6	13	55:59	28	NLA
1984/85	30	11	9	10	46:49	31	NLA
1985/86	30	10	10	10	44:40	30	NLA
1986/87	30	9	6	15	49:62	24	NLA

Saison	Spiele	Siege	Remis	Niederl.	Tore	Punkte	Liga
1987/88	22	4	5	13	27:55	13	NLA
plus	14	5	4	5	27:20	14	A/B
1988/89	22	14	4	4	48:23	32	NLB
plus	14	4	6	4	19:21	14	A/B
1989/90	22	11	5	6	40:29	27	NLB
plus	14	6	5	3	27:17	17	A/B
1990/91	22	9	8	5	40:30	26	NLB
plus	14	4	4	6	18:17	12	A/B
1991/92	22	13	5	4	42:30	31	NLB
plus	14	4	6	4	20:22	14	A/B
1992/93	22	16	4	2	54:10	36	NLB
plus	14	7	4	3	25:17	18	A/B
1993/94	18	12	1	5	39:14	25	NLB
plus	14	7	6	1	22:7	20	A/B
1994/95*	22	6	8	8	18:15	20	NLA
plus	14	7	0	7	20:19	14	Final
1995/96**	22	9	3	10	34:35	30	NLA
plus	14	3	4	7	11:20	13	Final
1996/97	22	5	10	7	32:33	25	NLA
plus	14	3	2	9	16:28	11	Final
1997/98	22	5	4	13	28:46	19	NLA
plus	14	6	4	4	27:22	22	A/B
1998/99	22	8	4	10	31:28	28	NLA
plus	14	5	4	5	18:19	19	Final
1999/00	22	9	10	3	31:21	37	NLA
plus	14	5	6	3	16:16	21	Final
2000/01	22	10	4	8	42:36	34	NLA
plus	14	4	8	2	18:16	20	Final

* Ab der Aufstiegs-Saison 1994/95 war auch der FCB erstmals in den Modus integriert, nach dem die Hälfte der Qualifikationspunkte mit in die jeweilige Finalrunde genommen wurden. In dieser Statistik sind allerdings nur die effektiv errungenen Punkte berücksichtigt. Die in die Finalrunden mitgenommenen halben Punkte fehlen hier demnach – im Gegensatz zu den Ranglisten auf den vorhergehenden Seiten.
** Erste Saison mit 3 Punkten pro Sieg

Die Bilanzen des FC Basel 1893–2001

Die Gesamtbilanz des FCB in 108 Jahren

Spiele: 2380
Siege: 1059
Remis: 540
Niederlagen: 781
Tore: 4757:3907
Punkte: 2730*

* Ab der Aufstiegs-Saison 1994/95 war auch der FCB erstmals in den Modus integriert, nach dem die Hälfte der Qualifikationspunkte mit in die jeweilige Finalrunde genommen wurden. In dieser Statistik sind allerdings nur die effektiv errungenen Punkte berücksichtigt. Die in die Finalrunden mitgenommenen halben Punkte fehlen hier demnach – im Gegensatz zu den Ranglisten auf den vorhergehenden Seiten. Würde man diese halbierten Punkte in die Statistik aufnehmen, hätte der FCB in den 108 Jahren 2747 Punkte gewonnen. Zu berücksichtigen ist ferner, dass ab der Saison 1995/96 für einen Sieg drei Punkte vergeben wurden.

Sämtliche Meisterschaftsresultate des FCB von 1943 bis 2001 in 58 Nationalliga-Saisons

Saison 1943/44
9. Rang Nationalliga

FCB–Biel	2:0
FCB–Cantonal	1:1
FCB–La Chaux-de-Fonds	1:1
FCB–Grasshoppers	2:1
FCB–Grenchen	2:3
FCB–Lausanne	2:1
FCB–Lugano	0:0
FCB–Luzern	1:1
FCB–Servette	1:1
FCB–St. Gallen	6:1
FCB–Young Boys	1:1
FCB–Young Fellows	2:0
FCB–FC Zürich	3:0
Biel–FCB	2:0
Cantonal–FCB	2:0
La Chaux-de-Fonds–FCB	3:1
Grasshoppers–FCB	1:2
Grenchen–FCB	4:1
Lausanne–FCB	4:1
Lugano–FCB	2:1
Luzern–FCB	1:1
Servette–FCB	1:1
St. Gallen–FCB	2:1
Young Boys–FCB	0:3
Young Fellows–FCB	1:3
FC Zürich–FCB	4:3

Saison 1944/45
13. Rang Nationalliga

FCB–Bellinzona	2:0
FCB–Biel	3:1
FCB–Cantonal	0:4
FCB–La Chaux-de-Fonds	2:1
FCB–Grasshoppers	3:3
FCB–Grenchen	0:2
FCB–Lausanne	2:3
FCB–Lugano	4:4
FCB–Servette	3:1
FCB–St. Gallen	3:0
FCB–Young Boys	3:4
FCB–Young Fellows	3:0
FCB–FC Zürich	3:3
Bellinzona–FCB	0:0
Biel–FCB	2:2
Cantonal–FCB	3:0
La Chaux-de-Fonds–FCB	3:1
Grasshoppers–FCB	6:4
Grenchen–FCB	1:1
Lausanne–FCB	2:0
Lugano–FCB	3:0
Servette–FCB	2:0
St. Gallen–FCB	2:2
Young Boys–FCB	2:1
Young Fellows–FCB	2:0
FC Zürich–FCB	4:1

Saison 1945/46
1. Rang NLB

FCB–Aarau	1:1
FCB–Brühl	2:0
FCB–Derendingen	2:1
FCB–Etoile Chaux-de-Fonds	7:0
FCB–Fribourg	6:1
FCB–Helvetia Bern	10:0
FCB–International Genf	4:0
FCB–Luzern	3:1
FCB–Nordstern	8:0
FCB–Schaffhausen	1:1
FCB–St. Gallen	2:1
FCB–Urania Genf	2:0
FCB–SC Zug	3:1
Aarau–FCB	1:1
Brühl SG–FCB	0:0
Derendingen–FCB	0:1
Etoile Chaux-de-Fonds–FCB	1:2
Fribourg–FCB	0:3
Helvetia Bern–FCB	1:6
International Genf–FCB	2:1
Luzern–FCB	0:2
Nordstern–FCB	3:5
Schaffhausen–FCB	2:7
St. Gallen–FCB	3:1
Urania Genf–FCB	1:1
SC Zug–FCB	0:6

Saison 1946/47
4. Rang NLA

FCB–Bellinzona	4:1
FCB–FC Bern	1:1
FCB–Biel	1:3
FCB–Cantonal	5:1
FCB–Grasshoppers	0:1
FCB–Grenchen	1:0
FCB–Lausanne	1:1
FCB–Locarno	6:0
FCB–Lugano	1:0
FCB–Servette	5:1
FCB–Urania Genf	8:2
FCB–Young Boys	8:1
FCB–Young Fellows	3:2
Bellinzona–FCB	4:1
FC Bern–FCB	1:1
Biel–FCB	1:3
Cantonal–FCB	2:3
Grasshoppers–FCB	4:0
Grenchen–FCB	3:1
Lausanne–FCB	7:0
Locarno–FCB	0:2
Lugano–FCB	2:1
Servette–FCB	3:2
Urania Genf–FCB	0:0
Young Boys–FCB	2:0
Young Fellows–FCB	2:2

Saison 1947/48
10. Rang NLA

FCB–Bellinzona	0:0
FCB–FC Bern	1:2
FCB–Biel	3:3
FCB–Cantonal	4:1
FCB–La Chaux-de-Fonds	2:2
FCB–Grasshoppers	2:2
FCB–Grenchen	2:2
FCB–Lausanne	1:3
FCB–Locarno	2:1
FCB–Lugano	0:1
FCB–Servette	3:2
FCB–Young Fellows	2:1
FCB–FC Zürich	3:3
Bellinzona–FCB	1:5
FC Bern–FCB	2:0
Biel–FCB	1:0
Cantonal–FCB	0:2
La Chaux-de-Fonds–FCB	1:5
Grasshoppers–FCB	3:0
Grenchen–FCB	2:2
Lausanne–FCB	5:0
Locarno–FCB	3:0
Lugano–FCB	1:1
Young Fellows–FCB	5:0
FC Zürich–FCB	3:3

Saison 1948/49
2. Rang NLA

FCB–Bellinzona	1:0
FCB–Biel	1:1
FCB–La Chaux-de-Fonds	3:2
FCB–Chiasso	4:0
FCB–Grasshoppers	2:0
FCB–Grenchen	2:2
FCB–Lausanne	3:1
FCB–Locarno	4:1
FCB–Lugano	0:1
FCB–Servette	3:0
FCB–Urania	1:1
FCB–Young Fellows	6:1
FCB–Zürich	3:1
Bellinzona–FCB	3:3
Biel–FCB	2:1
La Chaux-de-Fonds–FCB	2:4
Chiasso–FCB	2:1
Grasshoppers–FCB	2:2
Grenchen–FCB	2:3
Lausanne–FCB	2:0
Locarno–FCB	2:0
Lugano–FCB	1:0
Servette–FCB	1:1
Urania–FCB	2:3
Young Fellows–FCB	3:3
FC Zürich–FCB	2:4

Saison 1949/50
2. Rang NLA

FCB–Bellinzona	1:0
FCB–FC Bern	3:1
FCB–Biel	1:1
FCB–La Chaux-de-Fonds	4:3
FCB–Chiasso	0:2
FCB–Grenchen	1:1
FCB–Lausanne	2:1
FCB–Locarno	3:0
FCB–Lugano	3:2
FCB–Servette	4:2
FCB–St. Gallen	2:0
FCB–Young Fellows	3:0
FCB–FC Zürich	3:2
Bellinzona–FCB	2:1
FC Bern–FCB	0:4

Biel–FCB	0:0
La Chaux-de-Fonds–FCB	0:2
Chiasso–FCB	2:1
Grenchen–FCB	2:2
Lausanne–FCB	2:2
Locarno–FCB	5:0
Lugano–FCB	1:2
Servette–FCB	2:0
St. Gallen–FCB	3:0
Young Fellows–FCB	1:2
FC Zürich–FCB	5:2

Saison 1950/51
4. Rang NLA

FCB–Bellinzona	3:0
FCB–Biel	2:2
FCB–Cantonal	2:3
FCB–La Chaux-de-Fonds	4:1
FCB–Chiasso	6:2
FCB–Grenchen	0:2
FCB–Lausanne	1:4
FCB–Locarno	2:1
FCB–Lugano	1:1
FCB–Servette	4:2
FCB–Young Boys	5:1
FCB–Young Fellows	3:0
FCB–FC Zürich	5:1
Bellinzona–FCB	2:4
Biel–FCB	1:1
Cantonal–FCB	0:2
La Chaux-de-Fonds–FCB	4:3
Chiasso–FCB	2:1
Grenchen–FCB	0:1
Lausanne–FCB	3:1
Locarno–FCB	5:0
Lugano–FCB	1:0
Servette–FCB	2:2
Young Boys–FCB	3:6
Young Fellows–FCB	6:2
FC Zürich–FCB	2:1

Saison 1951/52
4. Rang NLA

FCB–Bellinzona	4:1
FCB–FC Bern	5:1
FCB–Biel	7:1
FCB–La Chaux-de-Fonds	1:5
FCB–Chiasso	1:2
FCB–Grasshoppers	2:0
FCB–Lausanne	3:2
FCB–Locarno	5:3
FCB–Lugano	2:0
FCB–Servette	0:3
FCB–Young Boys	3:0
FCB–Young Fellows	6:1
FCB–FC Zürich	2:2
Bellinzona–FCB	6:2
FC Bern–FCB	2:6
Biel–FCB	0:3
La Chaux-de-Fonds–FCB	2:1
Chiasso–FCB	1:0
Grasshoppers–FCB	2:2
Lausanne–FCB	1:1
Locarno–FCB	0:2

Lugano–FCB	0:3
Servette–FCB	4:1
Young Boys–FCB	4:3
Young Fellows–FCB	0:2
FC Zürich–FCB	4:1

Saison 1952/53
1. Rang NLA

FCB–Bellinzona	2:2
FCB–FC Bern	2:2
FCB–La Chaux-de-Fonds	3:2
FCB–Chiasso	4:1
FCB–Fribourg	1:0
FCB–Grasshoppers	1:0
FCB–Grenchen	6:2
FCB–Lausanne	1:1
FCB–Locarno	8:1
FCB–Lugano	1:1
FCB–Servette	1:0
FCB–Young Boys	1:0
FCB–FC Zürich	5:1
Bellinzona–FCB	2:3
FC Bern–FCB	1:2
La Chaux-de-Fonds–FCB	2:6
Chiasso–FCB	4:3
Fribourg–FCB	0:1
Grasshoppers–FCB	4:5
Grenchen–FCB	2:3
Lausanne–FCB	1:2
Locarno–FCB	3:5
Lugano–FCB	0:0
Servette–FCB	3:3
Young Boys–FCB	2:2
FC Zürich–FCB	1:1

Saison 1953/54
8. Rang NLA

FCB–Bellinzona	3:2
FCB–FC Bern	3:1
FCB–Biel	4:0
FCB–La Chaux-de-Fonds	4:2
FCB–Chiasso	1:3
FCB–Fribourg	3:2
FCB–Grasshoppers	1:6
FCB–Grenchen	4:3
FCB–Lausanne	2:3
FCB–Luzern	1:2
FCB–Servette	2:3
FCB–Young Boys	1:0
FCB–FC Zürich	3:4
Bellinzona–FCB	2:0
FC Bern–FCB	2:2
Biel–FCB	2:1
La Chaux-de-Fonds–FCB	2:0
Chiasso–FCB	3:5
Fribourg–FCB	2:1
Grasshoppers–FCB	3:4
Grenchen–FCB	2:1
Lausanne–FCB	5:2
Luzern–FCB	2:3
Servette–FCB	2:2
Young Boys–FCB	3:0
FC Zürich–FCB	1:2

Saison 1954/55
9. Rang NLA

FCB–Bellinzona	1:1
FCB–La Chaux-de-Fonds	4:3
FCB–Chiasso	0:2
FCB–Fribourg	2:0
FCB–Grasshoppers	3:2
FCB–Grenchen	3:1
FCB–Lausanne	5:2
FCB–Lugano	4:1
FCB–Luzern	3:1
FCB–Servette	3:2
FCB–Thun	3:2
FCB–Young Boys	1:1
FCB–FC Zürich	0:3
Bellinzona–FCB	1:0
La Chaux-de-Fonds–FCB	4:1
Chiasso–FCB	3:1
Fribourg–FCB	3:1
Grasshoppers–FCB	3:1
Grenchen–FCB	3:1
Lausanne–FCB	1:1
Lugano–FCB	2:3
Luzern–FCB	2:1
Servette–FCB	2:2
Thun–FCB	2:1
Young Boys–FCB	2:1
FC Zürich–FCB	3:1

Saison 1955/56
7. Rang NLA

FCB–Bellinzona	2:2
FCB–La Chaux-de-Fonds	2:0
FCB–Chiasso	2:1
FCB–Fribourg	9:1
FCB–Grasshoppers	2:5
FCB–Grenchen	4:2
FCB–Lausanne	2:1
FCB–Lugano	3:2
FCB–Schaffhausen	1:0
FCB–Servette	1:1
FCB–Urania	3:0
FCB–Young Boys	2:2
FCB–FC Zürich	3:2
Bellinzona–FCB	2:0
La Chaux-de-Fonds–FCB	6:2
Chiasso–FCB	2:0
Fribourg–FCB	1:0
Grasshoppers–FCB	4:2
Grenchen–FCB	4:2
Lausanne–FCB	0:1
Lugano–FCB	0:0
Schaffhausen–FCB	2:2
Servette–FCB	3:0
Urania–FCB	2:0
Young Boys–FCB	4:1
FC Zürich–FCB	1:1

Saison 1956/57
4. Rang NLA

FCB–Bellinzona	3:1
FCB–La Chaux-de-Fonds	4:3
FCB–Chiasso	3:0
FCB–Grasshoppers	1:3
FCB–Lausanne	1:0
FCB–Lugano	3:0
FCB–Schaffhausen	4:1
FCB–Servette	0:0
FCB–Urania	2:1
FCB–Winterthur	3:4
FCB–Young Boys	3:4
FCB–Young Fellows	3:1
FCB–FC Zürich	3:0
Bellinzona–FCB	3:1
La Chaux-de-Fonds–FCB	2:3
Chiasso–FCB	1:1
Grasshoppers–FCB	1:0
Lausanne–FCB	7:1
Lugano–FCB	1:1
Schaffhausen–FCB	0:2
Servette–FCB	1:0
Urania–FCB	1:0
Winterthur–FCB	0:1
Young Boys–FCB	2:2
Young Fellows–FCB	0:3
FC Zürich–FCB	3:5

Saison 1957/58
9. Rang NLA

FCB–Bellizona	3:2
FCB–Biel	6:2
FCB–La Chaux-de-Fonds	2:1
FCB–Chiasso	0:2
FCB–Grasshoppers	1:3
FCB–Grenchen	3:4
FCB–Lausanne	1:1
FCB–Lugano	1:2
FCB–Servette	6:2
FCB–Urania	6:0
FCB–Winterthur	8:1
FCB–Young Boys	0:0
FCB–Young Fellows	1:6
Bellinzona–FCB	3:2
Biel–FCB	2:2
La Chaux-de-Fonds–FCB	1:0
Chiasso–FCB	1:1
Grasshoppers–FCB	1:0
Grenchen–FCB	3:4
Lausanne–FCB	0:1
Lugano–FCB	2:0
Servette–FCB	2:2
Urania–FCB	3:2
Winterthur–FCB	2:2
Young Boys–FCB	6:2
Young Fellows–FCB	1:3

Saison 1958/59
6. Rang NLA

FCB–Bellinzona	6:1
FCB–La Chaux-de-Fonds	1:3
FCB–Chiasso	0:0
FCB–Grasshoppers	2:4
FCB–Grenchen	1:4
FCB–Lausanne	4:0
FCB–Lugano	2:2
FCB–Luzern	2:2
FCB–Servette	0:3
FCB–Urania	2:2
FCB–Young Boys	2:3
FCB–Young Fellows	5:2
FCB–FC Zürich	2:1
Bellinzona–FCB	0:0
La Chaux-de-Fonds–FCB	2:1
Chiasso–FCB	1:2
Grasshoppers–FCB	1:2
Grenchen–FCB	6:2
Lausanne–FCB	0:5
Lugano–FCB	0:1
Luzern–FCB	2:4
Servette–FCB	3:4
Urania–FCB	1:3
Young Boys–FCB	1:0
Young Fellows–FCB	1:0
FC Zürich–FCB	3:1

Saison 1959/60
10. Rang NLA

FCB–Bellinzona	3:1
FCB–Biel	0:2
FCB–La Chaux-de-Fonds	4:0
FCB–Chiasso	3:0
FCB–Grasshoppers	1:1
FCB–Grenchen	1:1
FCB–Lausanne	2:0
FCB–Lugano	1:1
FCB–Luzern	3:3
FCB–Servette	2:2
FCB–Winterthur	3:3
FCB–Young Boys	3:3
FCB–FC Zürich	3:1
Bellinzona–FCB	0:0
Biel–FCB	3:1
La Chaux-de-Fonds–FCB	4:1
Chiasso–FCB	2:1
Grasshoppers–FCB	3:0
Grenchen–FCB	3:2
Lausanne–FCB	2:1
Lugano–FCB	2:4
Luzern–FCB	6:1
Servette–FCB	5:2
Winterthur–FCB	2:0
Young Boys–FCB	1:1
FC Zürich–FCB	2:3

Saison 1960/61
5. Rang NLA

FCB–Biel	4:0
FCB–La Chaux-de-Fonds	3:2
FCB–Chiasso	3:1
FCB–Fribourg	3:0
FCB–Grasshoppers	2:0
FCB–Grenchen	1:1
FCB–Lausanne	2:0
FCB–Luzern	0:1
FCB–Servette	0:1
FCB–Winterthur	1:4
FCB–Young Boys	2:0
FCB–Young Fellows	1:5
FCB–FC Zürich	2:4
Biel–FCB	0:1
La Chaux-de-Fonds–FCB	2:3
Chiasso–FCB	1:0
Fribourg–FCB	1:0
Grasshoppers–FCB	2:4
Grenchen–FCB	1:2
Lausanne–FCB	3:1
Luzern–FCB	0:1
Servette–FCB	4:2
Winterthur–FCB	0:4
Young Boys–FCB	0:0
Young Fellows–FCB	1:0
FC Zürich–FCB	2:0

Saison 1961/62
7. Rang NLA

FCB–Biel	4:2
FCB–La Chaux-de-Fonds	3:2
FCB–Fribourg	4:3
FCB–Grasshoppers	1:1
FCB–Grenchen	2:1
FCB–Lausanne	0:0
FCB–Lugano	0:2
FCB–Luzern	1:2
FCB–Schaffhausen	2:1
FCB–Servette	1:1
FCB–Young Boys	6:2
FCB–Young Fellows	2:2
FCB–FC Zürich	4:2
Biel–FCB	4:4
La Chaux-de-Fonds–FCB	3:0
Fribourg–FCB	1:1
Grasshoppers–FCB	4:3
Grenchen–FCB	0:1
Lausanne–FCB	6:1
Lugano–FCB	2:2
Luzern–FCB	1:1
Schaffhausen–FCB	1:2
Servette–FCB	5:1
Young Boys–FCB	1:4
Young Fellows–FCB	1:0
FC Zürich–FCB	4:1

Saison 1962/63
6. Rang NLA

FCB–Biel	3:2
FCB–La Chaux-de-Fonds	3:4
FCB–Chiasso	2:2
FCB–Grasshoppers	1:2
FCB–Grenchen	3:5
FCB–Lausanne	3:1
FCB–Lugano	3:0
FCB–Luzern	0:2
FCB–Servette	3:2
FCB–Sion	8:1
FCB–Young Boys	2:2
FCB–Young Fellows	2:1
FCB–FC Zürich	0:1
Biel–FCB	1:2
La Chaux-de-Fonds–FCB	3:2
Chiasso–FCB	2:4
Grasshoppers–FCB	3:0
Grenchen–FCB	3:2
Lausanne–FCB	0:0
Lugano–FCB	0:3
Luzern–FCB	1:1
Servette–FCB	3:1
Sion–FCB	3:3
Young Boys–FCB	2:2
Young Fellows–FCB	2:4
FC Zürich–FCB	3:2

Saison 1963/64
7. Rang NLA

FCB–Biel	4:0
FCB–Cantonal	3:2
FCB–La Chaux-de-Fonds	2:2
FCB–Chiasso	2:2
FCB–Grasshoppers	2:1
FCB–Grenchen	0:2
FCB–Lausanne	4:2
FCB–Luzern	3:0
FCB–Servette	0:6
FCB–Sion	2:0
FCB–Schaffhausen	2:2
FCB–Young Boys	2:1
FCB–FC Zürich	0:5
Biel–FCB	2:2
Cantonal–FCB	2:1
La Chaux-de-Fonds–FCB	2:0
Chiasso–FCB	0:0
Grasshoppers–FCB	3:2
Grenchen–FCB	0:1
Lausanne–FCB	2:3
Luzern–FCB	3:2
Servette–FCB	4:1
Sion–FCB	2:0
Schaffhausen–FCB	1:1
Young Boys–FCB	2:1
FC Zürich–FCB	0:2

Saison 1964/65
8. Rang NLA

FCB–Bellinzona	3:0
FCB–Biel	4:3
FCB–La Chaux-de-Fonds	1:1
FCB–Chiasso	2:1
FCB–Grasshoppers	5:4
FCB–Grenchen	2:0
FCB–Lausanne	3:3
FCB–Lugano	2:0
FCB–Luzern	2:2
FCB–Servette	2:3
FCB–Sion	4:0
FCB–Young Boys	0:1
FCB–FC Zürich	1:0
Bellinzona–FCB	0:0
Biel–FCB	3:2
La Chaux-de-Fonds–FCB	6:0
Chiasso–FCB	0:1
Grasshoppers–FCB	3:1
Grenchen–FCB	5:1
Lausanne–FCB	1:2
Lugano–FCB	2:0
Luzern–FCB	2:1
Servette–FCB	0:2
Sion–FCB	6:0
Young Boys–FCB	6:1
FC Zürich–FCB	2:2

Saison 1965/66
6. Rang NLA

FCB–Biel	5:0
FCB–La Chaux-de-Fonds	2:0
FCB–Grasshoppers	1:5
FCB–Grenchen	5:1
FCB–Lausanne	1:1
FCB–Lugano	3:1
FCB–Luzern	2:0
FCB–Servette	5:2
FCB–Sion	2:1
FCB–Urania	4:1
FCB–Young Boys	4:2
FCB–Young Fellows	5:1
FCB–FC Zürich	2:5
Biel–FCB	1:1
La Chaux-de-Fonds–FCB	2:1
Grasshoppers–FCB	2:2
Grenchen–FCB	3:2
Lausanne–FCB	5:3
Lugano–FCB	2:2
Luzern–FCB	4:4
Servette–FCB	6:1
Sion–FCB	1:0
Urania–FCB	2:2
Young Boys–FCB	1:1
Young Fellows–FCB	5:4
FC Zürich–FCB	3:0

Saison 1966/67
1. Rang NLA

FCB–Biel	4:1
FCB–La Chaux-de-Fonds	1:0
FCB–Grasshoppers	2:2
FCB–Grenchen	5:0
FCB–Lausanne	2:2
FCB–Lugano	1:0
FCB–Moutier	10:0
FCB–Servette	1:1
FCB–Sion	2:1
FCB–Winterthur	4:0
FCB–Young Boys	4:1
FCB–Young Fellows	2:2
FCB–FC Zürich	3:1
Biel–FCB	0:2
La Chaux-de-Fonds–FCB	0:2
Grasshoppers–FCB	0:2
Grenchen–FCB	0:4
Lausanne–FCB	0:2
Lugano–FCB	3:1
Moutier–FCB	0:1
Servette–FCB	1:2
Sion–FCB	0:0
Winterthur–FCB	0:0
Young Boys–FCB	1:1
Young Fellows–FCB	2:1
FC Zürich–FCB	2:2

Saison 1967/68
5. Rang NLA

FCB–Bellinzona	1:0
FCB–Biel	4:0
FCB–La Chaux-de-Fonds	3:1
FCB–Grasshoppers	0:1
FCB–Grenchen	3:1
FCB–Lausanne	2:0
FCB–Lugano	1:1
FCB–Luzern	3:0
FCB–Servette	1:0
FCB–Sion	2:2
FCB–Young Boys	4:0
FCB–Young Fellows	1:0
FCB–FC Zürich	1:2
Bellinzona–FCB	0:0
Biel–FCB	4:1
La Chaux-de-Fonds–FCB	3:2
Grasshoppers–FCB	1:1
Grenchen–FCB	0:1
Lausanne–FCB	3:1
Lugano–FCB	4:2
Luzern–FCB	4:2
Servette–FCB	0:3
Sion–FCB	0:0
Young Boys–FCB	3:2
Young Fellows–FCB	2:4
FC Zürich–FCB	1:4

Saison 1968/69
1. Rang NLA

FCB–Bellinzona	1:1
FCB–Biel	4:2
FCB–La Chaux-de-Fonds	5:0
FCB–Grasshoppers	1:1
FCB–Lausanne	4:0
FCB–Lugano	3:0
FCB–Luzern	2:1
FCB–St. Gallen	3:2
FCB–Servette	2:1
FCB–Sion	2:2
FCB–Winterthur	1:1
FCB–Young Boys	2:1
FCB–FC Zürich	2:1
Bellinzona–FCB	2:1
Biel–FCB	1:1
La Chaux-de-Fonds–FCB	1:1
Grasshoppers–FCB	2:2
Lausanne–FCB	5:0
Lugano–FCB	1:0
Luzern–FCB	2:3
St. Gallen–FCB	0:0
Servette–FCB	0:2
Sion–FCB	1:1
Winterthur–FCB	0:0
Young Boys–FCB	0:2
FC Zürich–FCB	0:3

Saison 1969/70
1. Rang NLA

FCB–Bellinzona	2:0
FCB–Biel	5:1
FCB–La Chaux-de-Fonds	3:2
FCB–Fribourg	3:0
FCB–Grasshoppers	0:0
FCB–Lausanne	1:1
FCB–Lugano	4:0
FCB–St. Gallen	2:1
FCB–Servette	2:2
FCB–Wettingen	6:2
FCB–Winterthur	4:0
FCB–Young Boys	3:1
FCB–FC Zürich	1:1
Bellinzona–FCB	0:4
Biel–FCB	1:4
La Chaux-de-Fonds–FCB	0:0
Fribourg–FCB	0:0
Grasshoppers–FCB	2:0
Lausanne–FCB	1:1
Lugano–FCB	2:1
St. Gallen–FCB	1:4
Servette–FCB	1:2
Wettingen–FCB	0:5
Winterthur–FCB	2:0
Young Boys–FCB	2:1
FC Zürich–FCB	0:1

Saison 1970/71
1. Schlussrang NLA,
2. in der Meisterschaft nach verlorenem Entscheidungsspiel gegen GC

FCB–Bellinzona	5:2
FCB–Biel	2:0
FCB–La Chaux-de-Fonds	2:0
FCB–Fribourg	3:0
FCB–Grasshoppers	3:1
FCB–Lausanne	5:3
FCB–Lugano	4:1
FCB–Luzern	5:0
FCB–Servette	2:2
FCB–Sion	2:0
FCB–Winterthur	5:0
FCB–Young Boys	3:2
FCB–FC Zürich	4:2
Bellinzona–FCB	0:2
Biel–FCB	1:1
La Chaux-de-Fonds–FCB	0:1
Fribourg–FCB	2:3
Grasshoppers–FCB	2:1
Lausanne–FCB	2:2
Lugano–FCB	1:1
Luzern–FCB	1:1
Servette–FCB	1:1
Sion–FCB	0:1
Winterthur–FCB	2:1
Young Boys–FCB	1:6
FC Zürich–FCB	0:1
Entscheidungsspiel in Bern:	
Grasshoppers–FCB	4:3 n.V.

Saison 1971/72
1. Rang NLA

FCB–Biel	6:2
FCB–La Chaux-de-Fonds	6:2
FCB–Grasshoppers	2:1
FCB–Grenchen	0:0
FCB–Lausanne	1:1
FCB–Lugano	3:1
FCB–Luzern	1:0
FCB–Servette	5:1
FCB–Sion	3:0
FCB–St. Gallen	3:0
FCB–Winterthur	2:1
FCB–Young Boys	0:0
FCB–FC Zürich	4:0
Biel–FCB	1:2
La Chaux-de-Fonds–FCB	1:3
Grasshoppers–FCB	1:2
Grenchen–FCB	0:2
Lausanne–FCB	1:1
Lugano–FCB	0:3
Luzern–FCB	1:2
Servette–FCB	0:2
Sion–FCB	3:3
St. Gallen–FCB	1:1
Winterthur–FCB	2:4
Young Boys–FCB	4:1
FC Zürich–FCB	3:3

Saison 1972/73
1. Rang NLA

FCB–La Chaux-de-Fonds	7:1
FCB–Chiasso	4:0
FCB–Fribourg	3:0
FCB–Grasshoppers	0:1
FCB–Grenchen	2:0
FCB–Lausanne	2:1
FCB–Lugano	5:2
FCB–Servette	2:2
FCB–Sion	2:3
FCB–St. Gallen	4:3
FCB–Winterthur	3:1
FCB–Young Boys	2:0
FCB–FC Zürich	2:1
La Chaux-de-Fonds–FCB	2:3
Chiasso–FCB	0:0
Fribourg–FCB	0:1
Grasshoppers–FCB	1:2
Grenchen–FCB	1:2
Lausanne–FCB	0:0
Lugano–FCB	0:1
Servette–FCB	0:0
Sion–FCB	2:1
St. Gallen–FCB	3:4
Winterthur–FCB	3:1
Young Boys–FCB	2:3
FC Zürich–FCB	1:1

Saison 1973/74
5. Rang NLA

FCB–La Chaux-de-Fonds	4:2
FCB–Chênois	6:0
FCB–Chiasso	3:1
FCB–Grasshoppers	1:3
FCB–Lausanne	3:2
FCB–Lugano	3:0
FCB–Servette	5:1
FCB–Sion	1:0
FCB–St. Gallen	1:1
FCB–Winterthur	1:0
FCB–Xamax	1:2
FCB–Young Boys	2:3
FCB–FC Zürich	1:3
La Chaux-de-Fonds–FCB	0:2
Chênois–FCB	0:1
Chiasso–FCB	1:1
Grasshoppers–FCB	2:1
Lausanne–FCB	2:0
Lugano–FCB	0:0
Servette–FCB	2:3
Sion–FCB	1:2
St. Gallen–FCB	2:1
Winterthur–FCB	3:2
Xamax–FCB	0:5
Young Boys–FCB	3:1
FC Zürich–FCB	5:1

Saison 1974/75
4. Rang NLA

FCB–Chênois	2:0
FCB–Grasshoppers	0:1
FCB–Lausanne	3:2
FCB–Lugano	2:2
FCB–Luzern	3:0
FCB–Xamax	2:2
FCB–Servette	1:0
FCB–Sion	2:3
FCB–St. Gallen	8:2
FCB–Vevey	3:0
FCB–Winterthur	5:0
FCB–Young Boys	0:0
FCB–FC Zürich	1:0
Chênois–FCB	1:1
Grasshoppers–FCB	1:1
Lausanne–FCB	1:1
Lugano–FCB	2:0
Luzern–FCB	1:2
Xamax–FCB	2:2
Servette–FCB	2:1
Sion–FCB	1:1
St. Gallen–FCB	2:0
Vevey–FCB	1:0
Winterthur–FCB	2:0
Young Boys–FCB	4:4
FC Zürich–FCB	1:2

Saison 1975/76
3. Rang NLA

FCB–Biel	3:1
FCB–La Chaux-de-Fonds	5:2
FCB–Chênois	3:0
FCB–Grasshoppers	5:1
FCB–Lausanne	1:2
FCB–Lugano	3:0
FCB–Xamax	0:0
FCB–Servette	2:0
FCB–Sion	1:1
FCB–St. Gallen	2:2
FCB–Winterthur	5:1
FCB–Young Boys	5:1
FCB–FC Zürich	1:1
Biel–FCB	1:5
La Chaux-de-Fonds–FCB	1:2
Chênois–FCB	1:3
Grasshoppers–FCB	2:1
Lausanne–FCB	0:1
Lugano–FCB	1:1
Xamax–FCB	2:2
Servette–FCB	3:0
Sion–FCB	5:1
St. Gallen–FCB	2:2
Winterthur–FCB	2:3
Young Boys–FCB	3:1
FC Zürich–FCB	1:1

Saison 1976/77
2. Rang NLA-Qualifikation
1. Rang NLA-Finalrunde nach Entscheidungsspiel gegen Servette

Qualifikation

FCB–Bellinzona	4:3
FCB–Chênois	4:1
FCB–Grasshoppers	3:2
FCB–Lausanne	2:2
FCB–Xamax	3:1
FCB–Servette	4:1
FCB–Sion	2:1
FCB–St. Gallen	4:2
FCB–Winterthur	6:1
FCB–Young Boys	1:4
FCB–FC Zürich	1:3
Bellinzona–FCB	1:2
Chênois–FCB	1:2
Grasshoppers–FCB	1:1
Lausanne–FCB	0:1
Xamax–FCB	0:2
Servette–FCB	2:2
Sion–FCB	0:0
St. Gallen–FCB	1:1
Winterthur–FCB	2:3
Young Boys–FCB	0:6
FC Zürich–FCB	1:0

Finalrunde

FCB–Grasshoppers	2:3
FCB–Xamax	3:1
FCB–Servette	2:0
FCB–Young Boys	2:0
FCB–FC Zürich	3:1
Grasshoppers–FCB	6:1
Xamax–FCB	0:0
Servette–FCB	2:0
Young Boys–FCB	0:3
FC Zürich–FCB	3:3

Entscheidungsspiel in Bern
FCB–Servette	2:1

Saison 1977/78
4. Rang NLA-Qualifikation
3. Rang NLA-Finalrunde

Qualifikation

FCB–Chênois	3:1
FCB–Etoile Carouge	4:0
FCB–Grasshoppers	2:4
FCB–Lausanne	1:4
FCB–Xamax	6:1
FCB–Servette	2:1
FCB–Sion	5:0
FCB–St. Gallen	4:2
FCB–Young Boys	0:0
FCB–Young Fellows	5:0
FCB–FC Zürich	2:2
Chênois–FCB	2:0
Etoile Carouge–FCB	1:0
Grasshoppers–FCB	0:1
Lausanne–FCB	0:0
Xamax–FCB	2:5
Servette–FCB	2:0
Sion–FCB	4:1
St. Gallen–FCB	1:2
Young Boys–FCB	4:5
Young Fellows–FCB	1:4
FC Zürich–FCB	1:1

Finalrunde

FCB–Grasshoppers	2:0
FCB–Lausanne	3:1
FCB–Servette	2:2
FCB–Sion	2:0
FCB–FC Zürich	1:1
Grasshoppers–FCB	4:2
Lausanne–FCB	1:1
Servette–FCB	0:2
Sion–FCB	1:4
FC Zürich–FCB	4:2

Saison 1978/79
4. Rang NLA-Qualifikation
6. Rang NLA-Finalrunde

Qualifikation

FCB–Chênois	2:1
FCB–Chiasso	4:0
FCB–Grasshoppers	3:2
FCB–Lausanne	2:0
FCB–Xamax	5:2
FCB–Nordstern	1:1
FCB–Servette	4:1
FCB–Sion	2:0
FCB–St. Gallen	4:2
FCB–Young Boys	2:2
FCB–FC Zürich	1:0
Chênois–FCB	1:0
Chiasso–FCB	2:1
Grasshoppers–FCB	2:1
Lausanne–FCB	0:1
Xamax–FCB	2:0
Nordstern–FCB	1:1
Servette–FCB	6:0
Sion–FCB	0:0
St. Gallen–FCB	1:1
Young Boys–FCB	2:0
FC Zürich–FCB	1:1

Finalrunde

FCB–Grasshoppers	2:3
FCB–Servette	1:4
FCB–St. Gallen	2:0
FCB–Young Boys	6:0
FCB–FC Zürich	1:3
Grasshoppers–FCB	2:1
Servette–FCB	2:0
St. Gallen–FCB	4:1
Young Boys–FCB	2:2
FC Zürich–FCB	4:2

Saison 1979/80
2. Rang NLA-Qualifikation
1. Rang NLA-Finalrunde

Qualifikation
FCB–La Chaux-de-Fonds	6:0
FCB–Chênois	0:0
FCB–Chiasso	6:1
FCB–Grasshoppers	2:0
FCB–Lausanne	3:1
FCB–Lugano	7:0
FCB–Luzern	8:2
FCB–Xamax	6:1
FCB–Servette	0:1
FCB–Sion	2:1
FCB–St. Gallen	1:1
FCB–Young Boys	4:1
FCB–FC Zürich	3:1
La Chaux-de-Fonds–FCB	1:1
Chênois–FCB	1:1
Chiasso–FCB	1:1
Grasshoppers–FCB	4:1
Lausanne–FCB	0:3
Lugano–FCB	2:5
Luzern–FCB	2:0
Xamax–FCB	0:1
Servette–FCB	0:0
Sion–FCB	1:2
St. Gallen–FCB	3:0
Young Boys–FCB	1:3
FC Zürich–FCB	1:1

Finalrunde
FCB–Grasshoppers	0:0
FCB–Luzern	5:0
FCB–Servette	2:0
FCB–Sion	3:2
FCB–FC Zürich	2:0
Grasshoppers–FCB	3:1
Luzern–FCB	0:4
Servette–FCB	2:1
Sion–FCB	2:2
FC Zürich–FCB	2:4

Saison 1980/81
6. Rang NLA

FCB–Bellinzona	4:0
FCB–Chênois	0:0
FCB–Chiasso	3:0
FCB–Grasshoppers	1:5
FCB–Lausanne	3:2
FCB–Luzern	4:4
FCB–Xamax	1:2
FCB–Nordstern	1:1
FCB–St. Gallen	1:0
FCB–Servette	2:2
FCB–Sion	4:1
FCB–Young Boys	2:2
FCB–FC Zürich	2:0
Bellinzona–FCB	1:1
Chênois–FCB	2:2
Chiasso–FCB	3:0
Grasshoppers–FCB	2:2
Lausanne–FCB	2:2
Luzern–FCB	3:1
Xamax–FCB	3:2
Nordstern–FCB	1:2
St. Gallen–FCB	1:2
Servette–FCB	2:1
Sion–FCB	1:1
Young Boys–FCB	3:1
FC Zürich–FCB	1:3

Saison 1981/82
8. Rang NLA

FCB–Aarau	2:0
FCB–Bellinzona	3:1
FCB–Bulle	1:0
FCB–Chiasso	3:0
FCB–Grasshoppers	1:3
FCB–Lausanne	1:3
FCB–Luzern	2:2
FCB–Xamax	1:1
FCB–Nordstern	3:0
FCB–Servette	0:1
FCB–Sion	2:1
FCB–St. Gallen	5:2
FCB–Vevey	4:2
FCB–Young Boys	1:1
FCB–FC Zürich	0:2
Aarau–FCB	2:1
Bellinzona–FCB	1:1
Bulle–FCB	1:0
Chiasso–FCB	0:0
Grasshoppers–FCB	3:0
Lausanne–FCB	2:3
Luzern–FCB	2:2
Xamax–FCB	4:2
Nordstern–FCB	3:4
Servette–FCB	1:0
Sion–FCB	3:2
St. Gallen–FCB	4:0
Vevey–FCB	0:1
Young Boys–FCB	3:1
FC Zürich–FCB	3:1

Saison 1982/83
11. Rang NLA

FCB–Aarau	2:1
FCB–Bellinzona	2:3
FCB–Bulle	3:1
FCB–Grasshoppers	3:1
FCB–Lausanne	1:0
FCB–Luzern	3:0
FCB–Xamax	0:4
FCB–Servette	1:3
FCB–Sion	2:2
FCB–St. Gallen	2:2
FCB–Vevey	5:1
FCB–Wettingen	1:0
FCB–Winterthur	1:0
FCB–Young Boys	0:1
FCB–FC Zürich	1:1
Lausanne–FCB	2:2
Luzern–FCB	3:1
Xamax–FCB	3:2
Nordstern–FCB	1:2
St. Gallen–FCB	1:2
Servette–FCB	2:1
Sion–FCB	1:1
Young Boys–FCB	3:1
FC Zürich–FCB	1:3

Aarau–FCB	1:2
Bellinzona–FCB	0:3
Bulle–FCB	2:1
Grasshoppers–FCB	1:0
Lausanne–FCB	7:0
Luzern–FCB	4:3
Xamax–FCB	3:2
Servette–FCB	2:0
Sion–FCB	1:0
St. Gallen–FCB	2:0
Vevey–FCB	3:3
Wettingen–FCB	1:0
Winterthur–FCB	1:1
Young Boys–FCB	4:2
FC Zürich–FCB	4:3

Saison 1983/84
9. Rang NLA

FCB–Aarau	0:0
FCB–Bellinzona	5:1
FCB–La Chaux-de-Fonds	0:1
FCB–Chiasso	4:1
FCB–Grasshoppers	0:0
FCB–Lausanne	1:0
FCB–Luzern	5:2
FCB–Xamax	4:2
FCB–Servette	3:2
FCB–Sion	1:1
FCB–St. Gallen	4:2
FCB–Vevey	5:2
FCB–Wettingen	0:2
FCB–Young Boys	2:0
FCB–FC Zürich	3:0
Aarau–FCB	4:0
Bellinzona–FCB	4:2
La Chaux-de-Fonds–FCB	2:2
Chiasso–FCB	1:3
Grasshoppers–FCB	4:1
Lausanne–FCB	4:0
Luzern–FCB	4:1
Xamax–FCB	2:0
Servette–FCB	3:1
Sion–FCB	5:3
St. Gallen–FCB	4:2
Vevey–FCB	2:2
Wettingen–FCB	0:0
Young Boys–FCB	2:0
FC Zürich–FCB	2:1

Saison 1984/85
8. Rang NLA

FCB–Aarau	0:1
FCB–La Chaux-de-Fonds	4:1
FCB–Grasshoppers	2:0
FCB–Lausanne	6:2
FCB–Luzern	4:1
FCB–Xamax	1:3
FCB–Servette	0:3
FCB–Sion	1:1
FCB–St. Gallen	1:5
FCB–Vevey	2:1
FCB–Wettingen	0:0
FCB–Winterthur	3:2
FCB–Young Boys	1:0
FCB–SC Zug	3:0 fortfait
FCB–FC Zürich	1:1
Aarau–FCB	1:0
La Chaux-de-Fonds–FCB	1:1
Grasshoppers–FCB	3:0
Lausanne–FCB	1:0
Luzern–FCB	1:1
Xamax–FCB	0:0
Servette–FCB	4:0
Sion–FCB	1:1
St. Gallen–FCB	4:0
Vevey–FCB	3:3
Wettingen–FCB	2:3
Winterthur–FCB	1:2
Young Boys–FCB	0:0
SC Zug–FCB	3:4
FC Zürich–FCB	3:2

Saison 1985/86
10. Rang NLA

FCB–Aarau	4:1
FCB–Baden	5:0
FCB–La Chaux-de-Fonds	2:0
FCB–Grasshoppers	2:2
FCB–Grenchen	3:0
FCB–Lausanne	0:3
FCB–Luzern	0:1
FCB–Xamax	1:1
FCB–Servette	2:0
FCB–Sion	1:0
FCB–St. Gallen	3:1
FCB–Vevey	5:2
FCB–Wettingen	0:3
FCB–Young Boys	0:1
FCB–FC-Zürich	3:3
Aarau–FCB	2:1
Baden–FCB	1:3
La Chaux-de-Fonds–FCB	0:0
Grasshoppers–FCB	0:0
Grenchen–FCB	1:0
Lausanne–FCB	2:2
Luzern–FCB	4:0
Xamax–FCB	4:0
Servette–FCB	1:2
Sion–FCB	1:0
St. Gallen–FCB	1:1
Vevey–FCB	2:2
Wettingen–FCB	1:1
Young Boys–FCB	1:1
FC Zürich–FCB	1:0

Saison 1986/87
12. Rang NLA

FCB–Arau	0:0
FCB–Bellinzona	1:1
FCB–La Chaux-de-Fonds	1:0
FCB–Grasshoppers	0:3
FCB–Lausanne	4:3
FCB–Locarno	3:1
FCB–Luzern	2:4
FCB–Xamax	1:4
FCB–Servette	1:4
FCB–Sion	2:5
FCB–St. Gallen	3:4
FCB–Vevey	2:2
FCB–Wettingen	1:1
FCB–Young Boys	1:0
FCB–FC Zürich	5:3
Aarau–FCB	2:1
Bellinzona–FCB	1:0
La Chaux-de-Fonds–FCB	0:2
Grasshoppers–FCB	2:1
Lausanne–FCB	4:3
Locarno–FCB	3:5
Luzern–FCB	2:0
Xamax–FCB	2:1
Servette–FCB	2:1
Sion–FCB	3:1
St. Gallen–FCB	0:0
Vevey–FCB	2:2
Wettingen–FCB	1:2
Young Boys–FCB	0:1
FC Zürich–FCB	3:2

Abstiegsspiele

FCB–Bulle	2:2
Bulle–FCB	2:2 n.V., 3:5 Penalties
Wettingen–FCB	2:1
FCB–Wettingen	7:0

Saison 1987/88
11. Rang NLA-Qualifikation
5. Rang NLA/NLB-Auf-/Abstieg

Qualifikation

FCB–Aarau	0:1
FCB–Bellinzona	1:1
FCB–Grasshoppers	0:1
FCB–Lausanne	1:2
FCB–Luzern	3:3
FCB–Xamax	1:2
FCB–St. Gallen	2:1
FCB–Servette	0:0
FCB–Sion	3:1
FCB–Young Boys	1:4
FCB–FC Zürich	5:4
Aarau–FCB	2:0
Bellinzona–FCB	2:2
Grasshoppers–FCB	5:1
Lausanne–FCB	5:0
Luzern–FCB	2:0
Xamax–FCB	9:1
St. Gallen–FCB	2:0
Servette–FCB	4:0
Sion–FCB	3:1
Young Boys–FCB	1:1
FC Zürich–FCB	0:4

Auf-/Abstiegsrunde

FCB–Bellinzona	0:2
FCB–Bulle	1:2
FCB–Etoile Carouge	4:0
FCB–Malley	1:0
FCB–Old Boys	1:1
FCB–Schaffhausen	4:1
FCB–Wettingen	0:2
Bellinzona–FCB	4:1
Bulle–FCB	0:2
Etoile Carouge–FCB	0:6
Malley–FCB	2:2
Old Boys–FCB	3:3
Schaffhausen–FCB	0:0
Wettingen–FCB	3:2

Saison 1988/89
1. Rang NLB-Qualifikation
4. Rang NLA/NLB-Auf-/Abstieg

Qualifikation

FCB–Baden	1:4
FCB–Chiasso	2:1
FCB–Chur	4:0
FCB–Emmenbrücke	3:1
FCB–Glarus	1:2
FCB–Locarno	3:0
FCB–Old Boys	1:2
FCB–Schaffhausen	1:0
FCB–Winterthur	3:1
FCB–FC Zürich	2:2
FCB–SC Zug	3:0
Baden–FCB	0:2
Chiasso–FCB	0:1
Chur–FCB	0:3
Emmenbrücke–FCB	2:3
Glarus–FCB	0:3
Locarno–FCB	2:2
Old Boys–FCB	0:3
Schaffhausen–FCB	1:3
Winterthur–FCB	2:1
FC Zürich–FCB	1:1
SC Zug–FCB	2:2

Auf-/Abstiegsrunde

FCB–Chênois	1:1
FCB–Grenchen	2:1
FCB–Lausanne	1:1
FCB–Malley	1:1
FCB–Old Boys	0:1
FCB–St. Gallen	2:3
FCB–FC Zürich	1:1
Chênois–FCB	2:2
Grenchen–FCB	2:2
Lausanne–FCB	4:1
Malley–FCB	1:2
Old Boys–FCB	0:2
St. Gallen–FCB	3:0
FC Zürich–FCB	0:2

Saison 1989/90
5. Rang NLB-Qualifikation
3. Rang NLB/NLA-Auf-/Abstieg

Qualifikation
FCB–Bulle	3:2
FCB–Etoile Carouge	0:1
FCB–La Chaux-de-Fonds	2:0
FCB–Chênois	2:0
FCB–Fribourg	2:4
FCB–Grenchen	2:0
FCB–Malley	0:3
FCB–Martigny	2:0
FCB–Montreux	1:1
FCB–Old Boys	2:0
FCB–Yverdon	1:1
Bulle–FCB	2:0
Etoile Carouge–FCB	5:2
La Chaux-de-Fonds–FCB	0:4
Chênois–FCB	2:2
Fribourg–FCB	0:3
Grenchen–FCB	0:1
Malley–FCB	0:3
Martigny–FCB	1:1
Montreux–FCB	2:2
Old Boys–FCB	1:5
Yverdon–FCB	4:0

Auf-/Abstiegsrunde
FCB–Bellinzona	4:1
FCB–Chur	1:0
FCB–Fribourg	1:1
FCB–Schaffhausen	3:1
FCB–Servette	1:1
FCB–Yverdon	1:1
FCB–FC Zürich	3:3
Bellinzona–FCB	1:4
Chur–FCB	1:0
Fribourg–FCB	0:1
Schauffhausen–FCB	0:5
Servette–FCB	3:1
Yverdon–FCB	1:1
FC Zürich–FCB	3:1

Saison 1990/91
4. Rang NLB-Qualifikation
4. Rang NLB/NLA-Auf-/Abstieg

Qualifikation
FCB–Baden	1:3
FCB–Bellinzona	2:1
FCB–Chiasso	2:2
FCB–Chur	0:3
FCB–Emmenbrücke	2:1
FCB–Glarus	3:0
FCB–Kriens	2:1
FCB–Locarno	1:2
FCB–Schaffhausen	6:2
FCB–SC Zug	2:2
FCB–Winterthur	1:1
Baden–FCB	2:0
Bellinzona–FCB	0:0
Chiasso–FCB	2:2
Chur–FCB	1:1
Emmenbrücke–FCB	0:3
Glarus–FCB	0:0
Kriens–FCB	0:3
Locarno–FCB	2:3
Schaffhausen–FCB	3:2
SC Zug–FCB	0:2
Winterthur–FCB	2:2

Auf-/Abstiegsrunde
FCB–Baden	1:4
FCB–Chiasso	3:0
FCB–Etoile Carouge	3:1
FCB–Fribourg	0:0
FCB–St. Gallen	0:1
FCB–Wettingen	1:2
FCB–Yverdon	3:0
Baden–FCB	1:1
Chiasso–FCB	0:0
Etoile Carouge–FCB	2:1
Fribourg–FCB	2:2
St. Gallen–FCB	1:0
Wettingen–FCB	1:3
Yverdon–FCB	2:0

Saison 1991/92
1. Rang NLB-Qualifikation
4. Rang NLB/NLA-Auf-/Abstieg

Qualifikation
FCB–Bulle	1:0
FCB–Etoile Carouge	2:1
FCB–Châtel-St-Denis	5:2
FCB–La Chaux-de-Fonds	0:2
FCB–Delémont	3:2
FCB–Fribourg	3:0
FCB–Grenchen	1:3
FCB–Malley	2:2
FCB–Old Boys	0:0
FCB–Urania Genf	3:1
FCB–Yverdon	1:1
Bulle–FCB	1:2
Etoile Carouge–FCB	0:0
Châtel-St-Denis–FCB	0:4
La Chaux-de-Fonds–FCB	3:3
Delémont–FCB	0:2
Fribourg–FCB	2:3
Grenchen–FCB	2:4
Malley–FCB	0:1
Old Boys–FCB	4:0
Urania Genf–FCB	4:1
Yverdon–FCB	0:1

Auf-/Abstiegsrunde
FCB–Aarau	2:4
FCB–Baden	3:3
FCB–Bellinzona	2:1
FCB–Locarno	2:2
FCB–Lugano	2:2
FCB–Malley	1:0
FCB–Yverdon	1:1
Aarau–FCB	0:0
Baden–FCB	2:1
Bellinzona–FCB	2:1
Locarno–FCB	3:0
Lugano–FCB	1:1
Malley–FCB	0:2
Yverdon–FCB	1:2

Saison 1992/93
2. Rang NLB-Qualifikation
4. Rang NLB/NLA-Auf-/Abstieg

Qualifikation
FCB–Bümpliz	7:0
FCB–Châtel-St-Denis	3:0
FCB–La Chaux-de-Fonds	2:0
FCB–Chênois	3:0
FCB–Delémont	1:0
FCB–Etoile Carouge	2:0
FCB–Fribourg	3:0
FCB–Grenchen	2:0
FCB–Old Boys	3:0
FCB–Urania Genf	8:0
FCB–Yverdon	0:0
Bümpliz–FCB	0:0
Châtel-St-Denis–FCB	1:1
La Chaux-de-Fonds–FCB	0:3
Chênois–FCB	2:2
Delémont–FCB	0:1
Etoile Carouge–FCB	0:1
Fribourg–FCB	0:3
Grenchen–FCB	1:0
Old Boys–FCB	0:3
Urania Genf–FCB	3:5
Yverdon–FCB	3:1

Auf-/Abstiegsrunde
FCB–Bulle	1:2
FCB–Chênois	4:1
FCB–Delémont	3:2
FCB–Grasshoppers	0:2
FCB–Locarno	2:0
FCB–Luzern	1:1
FCB–Wil	1:1
Bulle–FCB	1:3
Chênois–FCB	0:1
Delémont–FCB	0:2
Grasshoppers–FCB	1:1
Locarno–FCB	1:4
Luzern–FCB	4:1
Wil–FCB	1:1

Saison 1993/94
2. Rang NLB-Qualifikation
1. Rang NLB/NLA-Auf-/Abstieg

Qualifikation
FCB–Bulle	5:0
FCB–Chênois	2:0
FCB–Delémont	1:2
FCB–Etoile Carouge	0:0
FCB–Fribourg	3:1
FCB–Grenchen	0:1
FCB–Monthey	3:1
FCB–Old Boys	1:2
FCB–Urania Genf	4:0
Bulle–FCB	0:3
Chênois–FCB	3:0
Delémont–FCB	0:3
Etoile Carouge–FCB	1:3
Fribourg–FCB	0:1
Grenchen–FCB	0:1
Monthey–FCB	2:0
Old Boys–FCB	1:6
Urania Genf–FCB	0:3

Auf-/Abstiegsrunde
FCB–Etoile Carouge	0:0
FCB–Kriens	1:0
FCB–Schaffhausen	3:0
FCB–St. Gallen	3:0
FCB–Xamax	3:1
FCB–Yverdon	1:1
FCB–Zürich	1:1
Etoile Carouge–FCB	1:1
Kriens–FCB	0:1*
Schaffhausen–FCB	1:4
St. Gallen–FCB	0:0
Xamax–FCB	1:0
Yverdon–FCB	0:3
Zürich–FCB	1:1

*In Basel ausgetragen

Saison 1994/95
7. Rang NLA-Qualifikation
7. Rang NLA-Finalrunde

Qualifikation
FCB–Aarau	0:2
FCB–Grasshoppers	0:2
FCB–Lausanne	2:1
FCB–Lugano	0:1
FCB–Luzern	4:0
FCB–Servette	2:1
FCB–Sion	1:2
FCB–St. Gallen	0:0
FCB–Xamax	0:0
FCB–Young Boys	0:1
FCB–Zürich	0:0
Aarau–FCB	0:0
Grasshoppers–FCB	0:3
Lausanne–FCB	2:1
Lugano–FCB	1:1
Luzern–FCB	0:1
Servette–FCB	0:0
Sion–FCB	0:0
St. Gallen–FCB	0:3
Xamax–FCB	1:0
Young Boys–FCB	1:0
Zürich–FCB	0:0

Finalrunde
FCB–Aarau	0:1
FCB–Grasshoppers	1:0
FCB–Lausanne	5:0
FCB–Lugano	1:2
FCB–Luzern	2:0
FCB–Sion	3:1
FCB–Xamax	1:2
Aarau–FCB	0:1
Grasshoppers–FCB	1:0
Lausanne–FCB	0:1
Lugano–FCB	4:1
Luzern–FCB	2:1
Sion–FCB	1:2
Xamax–FCB	5:1

Saison 1995/96
5. Rang NLA-Qualifikation
6. Rang NLA-Finalrunde

Qualifikation
FCB–Aarau	2:1
FCB–Grasshoppers	1:3
FCB–Lausanne	0:1
FCB–Lugano	0:2
FCB–Luzern	2:0
FCB–Servette	2:2
FCB–Sion	2:1
FCB–St. Gallen	0:0
FCB–Xamax	0:2
FCB–Young Boys	1:0
FCB–Zürich	0:3
Aarau–FCB	2:0
Grasshoppers–FCB	1:3
Lausanne–FCB	1:0
Lugano–FCB	0:1
Luzern–FCB	3:1
Servette–FCB	1:2
Sion–FCB	4:1
St. Gallen–FCB	0:1
Xamax–FCB	1:0
Young Boys–FCB	1:4
Zürich–FCB	0:0

Finalrunde
FCB–Aarau	1:3
FCB–Grasshoppers	0:2
FCB–Luzern	1:0
FCB–Servette	2:0
FCB–Sion	2:0
FCB–St. Gallen	1:1
FCB–Xamax	1:2
Aarau–FCB	1:0
Grasshoppers–FCB	3:0
Luzern–FCB	1:1
Servette–FCB	1:1
Sion–FCB	2:0
St. Gallen–FCB	3:0
Xamax–FCB	1:1

Saison 1996/97
8. Rang NLA-Qualifikation
8. Rang NLA-Finalrunde

Qualifikation
FCB–Aarau	2:0
FCB–Grasshoppers	4:5
FCB–Lausanne	2:4
FCB–Lugano	2:0
FCB–Luzern	2:2
FCB–Servette	1:1
FCB–Sion	0:3
FCB–St. Gallen	2:2
FCB–Xamax	0:1
FCB–Young Boys	1:1
FCB–Zürich	0:0
Aarau–FCB	0:1
Grasshoppers–FCB	4:2
Lausanne–FCB	0:0
Lugano–FCB	1:1
Luzern–FCB	0:3
Servette–FCB	2:0
Sion–FCB	2:2
St. Gallen–FCB	1:0
Xamax–FCB	3:3
Young Boys–FCB	0:3 forfait*
Zürich–FCB	1:1

*YB setzte beim 2:2 den nicht qualifizierten Spieler Bekirovski ein

Finalrunde
FCB–Aarau	3:2
FCB–Grasshoppers	3:3
FCB–Lausanne	3:2
FCB–Sion	1:2
FCB–St. Gallen	1:2
FCB–Xamax	1:3
FCB–Zürich	1:0
Aarau–FCB	2:1
Grasshoppers–FCB	4:1
Lausanne–FCB	2:0
Sion–FCB	1:0
St. Gallen–FCB	2:1
Xamax–FCB	3:0
Zürich–FCB	1:1

Saison 1997/98
11. Rang NLA-Qualifikation
3. Rang NLA/B Auf-/Abstieg

Qualifikation
FCB–Aarau	2:1
FCB–Carouge	0:0
FCB–Grasshoppers	1:0
FCB–Kriens	4:1
FCB–Lausanne	0:1
FCB–Luzern	3:4
FCB–Servette	1:3
FCB–Sion	1:3
FCB–St. Gallen	3:2
FCB–Xamax	1:4
FCB–Zürich	3:3
Aarau–FCB	1:0
Carouge–FCB	2:1
Grasshoppers–FCB	3:2
Kriens–FCB	3:1
Lausanne–FCB	3:0
Luzern–FCB	0:1
Servette–FCB	4:1
Sion–FCB	2:2
St. Gallen–FCB	3:1
Xamax–FCB	3:0
Zürich–FCB	0:0

Auf-/Abstiegsrunde
FCB–Baden	0:0
FCB–Carouge	3:1
FCB–Kriens	4:2
FCB–Lugano	0:0
FCB–Solothurn	3:0
FCB–Xamax	3:6
FCB–Young Boys	4:1
Baden–FCB	3:1
Carouge–FCB	2:0
Kriens–FCB	1:3
Lugano–FCB	0:0
Solothurn–FCB	2:3
Xamax–FCB	2:1
Young Boys–FCB	2:2

Saison 1998/99
6. Rang NLA-Qualifikation
5. Rang NLA-Finalrunde

Qualifikation
FCB–Aarau	1:0
FCB–Grasshoppers	1:1
FCB–Lausanne	1:1
FCB–Lugano	1:3
FCB–Luzern	1:0
FCB–Servette	0:2
FCB–Sion	0:0
FCB–St. Gallen	1:0
FCB–Xamax	2:0
FCB–Young Boys	1:1
FCB–Zürich	2:1

Aarau–FCB	5:0
Grasshoppers–FCB	2:1
Lausanne–FCB	0:2
Lugano–FCB	5:1
Luzern–FCB	4:1
Servette–FCB	3:1
Sion–FCB	1:0
St. Gallen–FCB	0:1
Xamax–FCB	3:1
Young Boys–FCB	1:2
Zürich–FCB	1:0

Finalrunde
FCB–Grasshoppers	2:0
FCB–Lausanne	1:2
FCB–Luzern	1:1
FCB–Servette	0:0
FCB–St. Gallen	3:3
FCB–Xamax	1:0
FCB–Zürich	1:0

Grasshoppers–FCB	4:2
Lausanne–FCB	3:0
Luzern–FCB	0:2
Servette–FCB	2:1
St. Gallen–FCB	1:2
Xamax–FCB	1:1
Zürich–FCB	2:1

Saison 1999/2000
2. Rang NLA-Qualifikation
3. Rang NLA-Finalrunde

Qualifikation
FCB–Aarau	2:1
FCB–Delémont	3:0
FCB–Grasshoppers	1:1
FCB–Lausanne	3:3
FCB–Lugano	1:0
FCB–Luzern	2:0
FCB–Servette	0:0
FCB–St. Gallen	4:1
FCB–Xamax	1:1
FCB–Yverdon	1:2
FCB–Zürich	0:0

Aarau–FCB	1:3
Delémont–FCB	2:2
Grasshoppers–FCB	1:1
Lausanne–FCB	1:0
Lugano–FCB	1:1
Luzern–FCB	3:0
Servette–FCB	1:1
St. Gallen–FCB	1:1
Xamax–FCB	1:2
Yverdon–FCB	0:1
Zürich–FCB	0:1

Finalrunde
FCB–Grasshoppers	2:2
FCB–Lausanne	0:3
FCB–Luzern	0:0
FCB–Servette	1:0
FCB–St. Gallen	3:1
FCB–Xamax	1:1
FCB–Yverdon	2:0

Grasshoppers–FCB	3:0
Lausanne–FCB	0:0
Luzern–FCB	3:2
Servette–FCB	1:1
St. Gallen–FCB	1:1
Xamax–FCB	1:2
Yverdon–FCB	0:1

Saison 2000/01
7. Rang NLA-Qualifikation
7. Rang NLA-Finalrunde

Qualifikation
FCB–Aarau	5:2
FCB–Grasshoppers	1:0
FCB–Lausanne	2:3
FCB–Lugano	2:3
FCB–Luzern	7:4
FCB–Servette	4:2
FCB–Sion	4:1
FCB–St. Gallen	2:2
FCB–Xamax	5:1
FCB–Yverdon	2:1
FCB–Zürich	1:1

Aarau–FCB	0:1
Grasshoppers–FCB	1:2
Lausanne–FCB	3:0
Lugano–FCB	1:0
Luzern–FCB	0:2
Servette–FCB	1:1
Sion–FCB	1:1
St. Gallen–FCB	4:0
Xamax–FCB	2:0
Yverdon–FCB	1:0
Zürich–FCB	2:0

Finalrunde
FCB–Grasshoppers	3:3
FCB–Lausanne	0:0
FCB–Lugano	4:1
FCB–Servette	1:1
FCB–Sion	2:1
FCB–St. Gallen	1:1
FCB–Zürich	2:1

Grasshoppers–FCB	0:0
Lausanne–FCB	1:1
Lugano–FCB	1:1
Servette–FCB	3:0
Sion–FCB	0:1
St. Gallen–FCB	3:2
Zürich–FCB	0:0

Bilanz des FCB nach Gegnern in 58 Nationalliga-Saisons 1943 bis 2001 (ab Saison 1995/96 drei Punkte pro Sieg)

Gegner	Liga	Spiele	Siege	Remis	Niederl.	Tore	Punkte
Aarau	A	34	16	3	15	40:42	45
	B	2	0	2	0	2:2	2
	A/B	4	0	2	2	2:4	2
	T	40	16	7	17	44:48	49
Baden	A	2	2	0	0	8:1	4
	B	4	1	0	3	4:9	2
	A/B	6	0	3	3	7:13	3
	T	12	3	3	6	19:23	9
Bellinzona	A	54	26	16	12	110:70	68
	B	2	1	1	0	2:1	3
	A/B	6	3	0	3	12:11	6
	T	62	30	17	15	124:82	77
FC Bern	A	12	6	4	2	30:16	16
Biel	A	48	26	13	9	124:66	65
Brühl St. Gallen	B	2	1	1	0	2:0	3
SC Bümpliz	B	2	1	1	0	7:0	3
Bulle	A	4	2	0	2	5:4	4
	B	2	2	0	0	8:0	4
	A/B	10	5	2	3	17:14	12
	T	16	9	2	5	30:18	20
Cantonal Neuchâtel	A	12	6	1	5	23:21	13
Châtel-St-Denis	B	4	3	1	0	13:3	7
La Chaux-de-Fonds	A	70	40	11	19	164:119	91
	B	6	4	1	1	14:5	9
	T	76	44	12	20	178:124	100
Chênois	A	16	9	5	2	30:12	23
	B	6	3	2	1	11:7	8
	A/B	4	2	2	0	8:4	6
	T	26	14	9	3	49:23	37
Chiasso	A	46	20	10	16	88:59	50
	B	4	2	2	0	7:5	6
	A/B	2	1	1	0	3:0	3
	T	52	23	13	16	98:64	59
Chur	B	4	2	1	1	8:4	5
	A/B	2	1	0	1	1:1	2
	T	6	3	1	2	9:5	7
Delémont	A	2	1	1	0	5:2	4
	B	6	5	0	1	11:4	10
	A/B	2	2	0	0	5:2	4
	T	10	8	1	1	21:8	18
Derendingen	B	2	2	0	0	3:1	4
Emmenbrücke	B	4	4	0	0	11:4	8
Etoile Carouge	A	4	1	1	2	5:3	3
	B	8	4	2	2	10:8	10
	A/B	8	4	2	2	18:7	11
	T	20	9	5	6	33:18	24
Etoile ChdFds	B	2	2	0	0	9:1	4
Fribourg	A	18	12	4	2	39:16	28
	B	10	9	0	1	30:8	18
	A/B	4	1	3	0	4:3	5
	T	32	22	7	3	74:27	51
Grasshoppers	A	119	32	26	61	172:251	95
	A/B	2	0	1	1	1:3	1
	T	121	32	27	62	173:254	96
Grenchen	A	50	23	9	18	100:91	55
	B	8	5	0	3	11:7	10
	A/B	2	1	1	0	4:3	3
	T	60	29	10	21	115:101	68
Helvetia Bern	B	2	2	0	0	16:1	4
Internationale Genf	B	2	2	0	1	5:2	2
Kriens	A	2	1	0	1	5:4	3
	B	2	2	0	0	5:1	4
	A/B	4	4	0	0	9:3	10
	T	8	7	0	1	19:8	17
Lausanne	A	114	43	29	42	179:208	117
	A/B	2	0	1	1	2:5	1
	T	116	43	30	43	181:213	118
Locarno	A	16	12	0	4	47:29	24
	B	4	2	1	1	9:6	5
	A/B	4	2	1	1	8:6	5
	T	24	16	2	6	64:41	35
Lugano	A	76	31	21	24	127:94	87
	A/B	4	0	4	0	3:3	4
	T	80	31	25	24	130:97	91
Luzern	A	74	32	18	24	150:120	91
	B	2	2	0	0	5:1	4
	A/B	2	0	1	1	2:5	1
	T	78	34	19	25	157:126	96
Malley	B	6	4	1	1	9:5	11
	A/B	4	2	2	0	6:4	6
	T	10	6	3	1	15:9	17
Martigny	B	2	1	1	0	3:1	3
Monthey	B	2	1	0	1	3:3	2
Montreux	B	2	0	2	0	3:3	2
Moutier	A	2	2	0	0	11:0	4
Nordstern	A	6	3	3	0	12:7	9
	B	2	2	0	0	13:3	4
	T	8	5	3	0	25:10	13
Old Boys	B	10	6	1	3	24:10	13
	A/B	2	1	0	1	2:1	2
	T	12	7	1	4	26:11	15
Servette	A	118	40	34	44	181:204	118
	A/B	2	0	1	1	2:4	1
	T	120	40	35	45	183:208	119
Sion	A	74	29	22	23	121:109	85
Solothurn	A/B	2	2	0	0	6:2	6
St. Gallen	A	68	28	21	19	121:110	84
	B	2	1	0	1	3:4	2
	A/B	6	1	1	4	5:8	3
	T	76	30	22	24	129:122	89
Schaffhausen	A	8	5	3	0	16:8	13
	B	6	4	1	1	20:9	9
	A/B	6	5	1	0	19:3	11
	T	20	14	5	1	55:20	33
Thun	A	2	1	0	1	4:4	2
Urania Genf	A	14	7	4	3	38:18	18
	B	8	6	1	1	27:9	13
	T	22	13	5	4	65:27	31

Gegner	Liga	Spiele	Siege	Remis	Niederl.	Tore	Punkte
Vevey	A	14	8	6	0	41:23	22
Wettingen	A	14	6	4	4	27:15	16
	A/B	4	1	0	3	6:8	2
	T	18	7	4	7	33:23	18
Wil	A/B	2	0	2	0	2:2	2
Winterthur	A	32	19	6	7	79:41	44
	B	4	1	2	1	7:6	4
	T	36	20	8	8	86:47	48
Xamax	A	54	14	14	26	84:106	46
	A/B	4	1	0	3	7:10	2
	T	58	15	14	29	91:116	48
Young Boys	A	94	38	26	30	190:148	106
	A/B	2	1	1	0	3:2	4
	T	96	39	27	30	193:150	110
Young Fellows	A	36	23	4	9	96:63	50
Yverdon	A	4	3	0	1	5:2	9
	B	6	1	3	2	4:9	5
	A/B	8	3	4	1	12:7	10
	T	18	7	7	4	21:18	24
SC Zug	A	2	2	0	0	7:3	4
	B	6	4	2	0	18:5	10
	T	8	6	2	0	25:8	14
FC Zürich	A	110	42	32	36	201:193	119
	B	2	1	0	1	3:4	2
	A/B	8	2	5	1	11:10	10
	T	120	45	37	38	215:207	131

Höchste Siege und Niederlagen des FCB in der Meisterschaft seit 1943

Gegner	Höchster Sieg/Jahr		Höchste Niederlage/Jahr	
Aarau	4:1	85/86	0:5	98/99
	5:2	00/01		
Baden	5:0	85/86	1:4	88/89 (NLB)
			1:4	90/91 (A/B)
Bellinzona	6:1	58/59	2:6	51/52
FC Bern	4:0	49/50	0:2	47/48
	5:1	51/52		
	6:2	51/52		
Biel	7:1	51/52	1:4	67/68
Brühl St. Gallen	2:0	45/46 (NLB)	Keine Niederlage	
Bümpliz	7:0	92/93 (NLB)	Keine Niederlage	
Bulle	5:0	93/94 (NLB)	0:2	89/90 (NLB)
Cantonal Neuchâtel	5:1	46/47	0:4	44/45
Châtel-St-Denis	4:0	91/92 (NLB)	Keine Niederlage	
La Chaux-de-Fonds	7:1	72/73	0:6	64/65
	6:0	79/80		
Chênois	6:0	73/74	0:3	93/94 (NLB)
Chiasso	6:1	79/80	0:3	80/81
Chur	4:0	88/89 (NLB)	0:3	90/91 (NLB)
Delémont	3:0	93/94 (NLB)	1:2	93/94 (NLB)
	3:0	99/00		
Derendingen	2:1	45/46 (NLB)	Keine Niederlage	
	1:0	45/46 (NLB)		
Emmenbrücke	3:0	90/91 (NLB)	Keine Niederlage	
Etoile Carouge	6:0	87/88 (A/B)	2:5	89/90 (NLB)
Etoile ChdFds	7:0	45/46 (NLB)	Keine Niederlage	
Fribourg	9:1	55/56	1:3	54/55
			2:4	89/90 (NLB)
Grasshoppers	5:1	75/76	1:6	53/54
			1:6	(Finalrunde)
Grenchen	5:0	66/67	1:5	64/65
Helvetia Bern	10:0	45/46 (NLB)	Keine Niederlage	
Internationale Genf	4:0	45/46 (NLB)	1:2	45/46 (NLB)
Kriens	3:0	90/91 (NLB)	1:3	97/98
			4:1	97/98
Lausanne	5:0	58/59	0:7	46/47
			0:7	82/83
	5:0	94/95		
Locarno	8:1	52/53	0:5	49/50
			0:5	50/51

Gegner	Höchster Sieg/Jahr		Höchste Niederlage/Jahr	
Lugano	7:0	79/80	1:5	98/99
Luzern	8:2	79/80	1:6	59/60
Malley	3:0	89/90 (NLB)	0:3	89/90 (NLB)
Martigny	2:0	89/90 (NLB)	Keine Niederlage	
Monthey	3:1	93/94 (NLB)	0:2	93/94 (NLB)
Montreux	Kein Sieg		Keine Niederlage	
Moutier	10:0	66/67	Keine Niederlage	
Nordstern	8:0	45/46 (NLB)	Keine Niederlage	
Old Boys	6:1	93/94 (NLB)	0:4	91/92 (NLB)
Schaffhausen	7:2	45/46 (NLB)	2:3	90/91 (NLB)
	5:0	89/90 (A/B)		
Servette	5:1	46/47	0:6	63/64
	5:1	71/72	0:6	78/79
	5:1	73/74		
	6:2	77/78		
Sion	8:1	62/63	0:6	64/65
Solothurn	3:0	97/98 (A/B)	Keine Niederlage	
St.Gallen	8:2	74/75	0:4	81/82
			0:4	84/85
			0:4	00/01
			1:5	84/85
Thun	3:2	54/55	1:2	54/55
Urania Genf	8:0	92/93 (NLB)	1:4	91/92 (NLB)
Vevey	5:1	82/83	Keine Niederlage	
Wettingen	7:0	86/87 (A/B)	0:3	85/86
Wil	Kein Sieg		Keine Niederlage	
Winterthur	8:1	57/58	1:4	60/61
Xamax	5:0	73/74	1:9	87/88
	6:1	77/78		
	6:1	79/80		
Young Boys	8:1	46/47	1:6	64/65
Young Fellows	6:1	48/49	0:5	47/48
	6:1	51/52	1:6	57/58
	5:0	77/78		
Yverdon	3:0	90/91 (A/B)	0:4	89/90 (NLB)
	3:0	93/94 (A/B)		
SC Zug	6:0	45/46 (NLB)	Keine Niederlage	
FC Zürich	5:1	50/51	0:5	63/64
	5:1	52/53		

Cup-Fakten zum FCB seit Beginn des Schweizer Cups (1925)

Anzahl Teilnahmen:	76 Cupsaisons seit 1925	
Anzahl Cupspiele:	273 Partien	
Anzahl Siege:	186 Siege (inkl. 1 Los-Sieg und 1 Sieg nach Penalties)	
Anzahl Unentschieden:	19 Unentschieden	
Anzahl Niederlagen:	68 Niederlagen (inkl. 1 Los-Niederlage)	
Torverhältnis:	820:342 (inkl. 3:0-Forfait, ohne Penaltyschiessen)	
Anzahl Begegnungen/Runden:	255 Begegnungen (zum Teil Hin- und Rückspiele, zum Teil Wiederholungsspiele)	
Anzahl Gegner:	88 verschiedene Cupgegner	
Positive Bilanz mit:	73 Gegnern	
Ausgeglichene Bilanz mit:	7 Gegnern (FC Schaffhausen, FC Zürich, Aarau, Brühl SG, Moutier, Pratteln, Young Fellows/Juventus ZH)	
Negative Bilanz mit:	8 Gegnern (Luzern, Servette, Sion, Xamax, Locarno, Cantonal NE, Kriens, Stade Nyonnais)	

Cupfinalsiege:	1933	Grasshoppers	4:3
	1947	Lausanne	3:0
	1963	Grasshoppers	2:0
	1967	Lausanne	3:0 forfait (2:1/Abbruch)
	1975	Winterthur	2:1 n.V.
Cupfinalniederlagen:	1942	Grasshoppers	0:0 und 2:3
	1944	Lausanne	0:2
	1970	FC Zürich	1:4 n.V.
	1972	FC Zürich	0:1
	1973	FC Zürich	0:2 n.V.
	1982	Sion	0:1
Cup-Halbfinals:	1932	Grasshoppers	1:8
	1935	Nordstern Basel	2:3
	1950	Lausanne	0:1
	1952	Grasshoppers	0:2
	1965	Sion	2:3
	1966	Servette	1:3
	1978	Grasshoppers	1:5
	1986	Servette	3:4 n.V.
	1994	Schaffhausen	0:0 n.V., 5:6 Pen.
Cup-Viertelfinals:	1934	Locarno	3:4
	1943	Lugano	0:2
	1948	La Chaux-de-Fonds	0:2
	1953	Servette	3:4 n.V.
	1955	FC Zürich	1:4
	1956	Cantonal Neuchâtel	0:1
	1962	Bellinzona	0:1
	1969	Servette	0:1
	1971	Mendrisiostar	0:2 n.V.
	1974	Sion	2:2 und 0:1
	1979	Xamax Neuchâtel	0:5
	1981	FC Zürich	0:3
	1989	Aarau	0:2
	1990	Grasshoppers	0:1
	1992	Lugano	2:3
	1993	Xamax Neuchâtel	2:3
	1996	Xamax	1:2 n.V.
	2000	Lausanne	2:3
	2001	Lausanne	0:0 n.V. 6:7 Pen.
Cup-Achtelfinals:	1930	Locarno	4:5
	1938	Grasshoppers	0:1
	1939	Brühl St. Gallen	1:3
	1945	StGallen	1:3
	1946	Servette	3:4
	1949	Grasshoppers	1:1 und 1:2
	1951	Locarno	1:2
	1960	Young Boys	1:1 und 3:5
	1964	Porrentruy	0:1
	1968	FC Zürich	0:1
	1976	Young Boys	1:3
	1977	Xamax Neuchâtel	1:4 n.V.
	1980	Young Boys	0:2
	1983	Mendrisio	1:2
	1985	Servette	0:1
	1987	Kriens	1:2
	1995	Luzern	0:2
	1997	Servette	1:4
	1998	Xamax	0:2
Höchste Cupsiege:	1929	Dietikon	10:0
	1952	Helvetia Bern	10:0
	1969	Minerva Bern	10:0
	1993	SC Zug	10:0
Höchste Cupniederlage:	1932	Grasshoppers	1:8

Der FCB im Schweizer Cup – alle Resultate seit 1925

Saison 1925/26
1/32 Horgen 8:1
1/16 Aarau 1:1, Los für Aarau

Saison 1926/27
1/32 Old Boys 0:2

Saison 1927/28
1/32 Young Fellows 0:1

Saison 1928/29
1/32 Bülach 10:2
1/16 Concordia Basel 2:3

Saison 1929/30
1/32 Dietikon 10:0
1/16 Lugano 5:3
1/8 Locarno 4:5

Saison 1930/31
1/32 Locarno 4:5

Saison 1931/32
1/32 Veltheim 5:1
1/16 Lugano 3:3 und 1:0
1/8 Brühl St. Gallen 4:1
1/4 La Chaux-de-Fonds 6:3
1/2 Grasshoppers 1:8

Saison 1932/33
1/32 Concordia Basel 4:2
1/16 Blue Stars Zürich 3:0
1/8 Bellinzona 3:2
1/4 Lugano 4:2
1/2 Lausanne 5:3
Final Grasshoppers 4:3

Saison 1933/34
1/32 Solothurn 8:0
1/16 Lausanne 3:1
1/8 Nordstern 3:1
1/4 Locarno 3:4

Saison 1934/35
1/32 Bellinzona 1:0
1/16 St. Gallen 5:2
1/8 Chiasso 2:0
1/4 Lugano 5:3
1/2 Nordstern 2:3

Saison 1935/36
1/32 Luzern 0:2

Saison 1936/37
1/32 Concordia Basel 1:3

Saison 1937/38
1/32 Breite Basel 10:2
1/16 Bellinzona 5:1
1/8 Grasshoppers 0:1

Saison 1938/39
1/16 Concordia Basel 3:2
1/8 Brühl St. Gallen 1:3

Saison 1939/40
1/64 Zofingen 6:1
1/32 Schöftland 4:1
1/16 Aarau 2:4

Saison 1940/41
1/64 Old Boys 4:3
1/32 Allschwil 2:1
1/16 Nordstern 3:3 und 0:2

Saison 1941/42
1/64 Old Boys 4:2 n.V.
1/32 Birsfelden 2:2 und 1:0
1/16 Young Boys 3:0
1/8 Solothurn 6:1
1/4 Lugano 1:1, Los für FCB
1/2 Grenchen 0:0 und 2:0
Final Grasshoppers 0:0 und 2:3

Saison 1942/43
1/16 Pratteln 6:0
1/8 SpVgg Schaffhausen 9:2
1/4 Lugano 0:2

Saison 1943/44
1/16 Nordstern 4:1
1/8 St. Gallen 6:2
1/4 Young Boys 5:1
1/2 Biel 1:0
Final Lausanne 0:3

Saison 1944/45
1/32 Allschwil 6:0
1/16 Zofingen 3:1
1/8 St. Gallen 1:3

Saison 1945/46
1/32 Schöftland 5:1
1/16 Fribourg 4:0
1/8 Servette 3:4

Saison 1946/47
1/32 Black Stars Basel 3:2
1/16 La Chaux-de-Fonds 2:1
1/8 Nordstern 6:1
1/4 Grasshoppers 2:1
1/2 Grenchen 2:1
Final Lausanne 3:0

Saison 1947/48
1/32 Balerna 7:0
1/16 FC Zürich 2:1
1/8 Locarno 5:3
1/4 La Chaux-de-Fonds 0:2

Saison 1948/49
1/32 Winterthur 2:1
1/16 Concordia Basel 1:0
1/8 Grasshoppers 1:1 und 1:2

Saison 1949/50
1/32 Porrentruy 2:1
1/16 Grasshoppers 2:1
1/8 Wil 5:2
1/4 Bellinzona 2:0
1/2 Lausanne 0:1

Saison 1950/51
1/32 FC Münchenstein 6:0
1/16 Biel 1:0
1/8 Locarno 1:2

Saison 1951/52
1/32 Wettingen 7:0
1/16 Locarno 3:2
1/8 Chiasso 3:1
1/4 Servette 6:5
1/2 Grasshoppers 0:2

Saison 1952/53
1/32 Helvetia Bern 10:0
1/16 Thun 5:0
1/8 Grenchen 4:1
1/4 Servette 3:4 n.V.

Saison 1953/54
1/16 Grenchen 0:1

Saison 1954/55
1/32 Riehen 6:0
1/16 Olten 2:0
1/4 FC Zürich 1:4

Saison 1955/56
1/32 Binningen 5:0
1/16 Emmenbrücke 6:2
1/8 Biel 7:3
1/4 Cantonal Neuchâtel 0:1

Saison 1956/57
1/32 Burgdorf 1:0
1/16 Luzern 0:0 und 0:2

Saison 1957/58
1/32 Olten 8:0
1/16 FC Bern 1:2

Saison 1958/59
1/32 Old Boys 3:0
1/16 Moutier 0:2

Saison 1959/60
1/32 Derendingen 1:0
1/16 Porrentruy 5:2
1/8 Young Boys 1:1 und 3:5

Saison 1960/61
1/32 Concordia Basel 1:2

Saison 1961/62
1/32 Delémont 3:2 n.V.
1/16 Breite Basel 3:0
1/8 FC Zürich 1:0
1/4 Bellinzona 0:1

Saison 1962/63
1/32 Black Stars Basel 4:0
1/16 Young Boys 2:0
1/8 Burgdorf 7:1
1/4 Chiasso 2:1
1/2 Lausanne 1:0
Final Grasshoppers 2:0

Saison 1963/64
1/32 Schöftland 7:0
1/16 Concordia Basel 4:0
1/8 Porrentruy 0:1

Saison 1964/65
1/32 Locarno 6:1
1/16 FC Bern 3:1
1/8 Lausanne 3:2
1/4 Grasshoppers 3:1 n.V.
1/2 Sion 2:3

Saison 1965/66
1/16 Biel	3:1
1/8 Luzern	3:1
1/4 Young Boys	2:1
1/2 Servette	1:3

Saison 1966/67
1/16 Blue Stars Zürich	6:0
1/8 FC Zürich	3:2
1/4 Biel	2:2 und 2:1
1/2 Lugano	0:0 und 2:1
Final Lausanne	2:1 Abbruch, 3:0 forfait

Saison 1967/68
1/16 Le Locle	2:1 n.V.
1/8 FC Zürich	0:1

Saison 1968/69
1/16 Thun	2:1
1/8 Luzern	3:1
1/4 Servette	0:1

Saison 1969/70
1/16 Minerva Bern	10:0
1/8 Grenchen	3:2
1/4 Xamax	2:0 und 5:2
1/2 Servette	2:0 und 4:1
Final FC Zürich	1:4 n.V.

Saison 1970/71
1/16 Chênois	5:1
1/8 Bellinzona	2:0
1/4 Mendrisiostar	0:2 n.V.

Saison 1971/72
1/16 Monthey	3:1
1/8 La Chaux-de-Fonds	3:0
1/4 Grasshoppers	1:1 und 3:2
1/2 Young Boys	2:0
Final FC Zürich	0:1

Saison 1972/73
1/16 Martigny	6:0
1/8 Young Boys	4:0
1/4 Chiasso	2:0 und 5:3
1/2 Biel	1:0 und 5:1
Final FC Zürich	0:2 n.V.

Saison 1973/74
1/16 Biel	2:1
1/8 Mendrisiostar	4:1
1/4 Sion	2:2 und 0:1

Saison 1974/75
1/16 Chiasso	1:0
1/8 Zürich	3:1
1/4 Etoile Carouge	2:1 und 2:1
1/2 Chênois	4:1 und 2:1
Final Winterthur	2:1 n.V.

Saison 1975/76
1/16 Grenchen	2:0
1/8 Young Boys	1:3

Saison 1976/77
1/16 Fribourg	2:1 n.V.
1/8 Xamax	1:4 n.V.

Saison 1977/78
1/16 Lerchenfeld Thun	4:2
1/8 FC Zürich	3:1
1/4 St. Gallen	4:1
1/2 Grasshoppers	1:5

Saison 1978/79
1/16 Glattbrugg	7:0
1/8 FC Zürich	3:1
1/4 Xamax	0:5

Saison 1979/80
1/16 Mendrisiostar	3:1
1/8 Young Boys	0:2

Saison 1980/81
1/16 Fribourg	3:0
1/8 Martigny	6:0
1/4 FC Zürich	0:3

Saison 1981/82
1/32 Sursee	9:1
1/16 Bellinzona	1:0
1/8 Aarau	3:2
1/4 Lausanne	2:1
1/2 Delémont	3:0
Final Sion	0:1

Saison 1982/83
1/32 Breitenbach	4:0
1/16 Lausanne	2:1 n.V.
1/8 Mendrisio	1:2

Saison 1983/84
1/32 Birsfelden	8:0
1/16 Luzern	0:3

Saison 1984/85
1/32 Dürrenast Thun	4:0
1/16 Langenthal	6:0
1/8 Servette	0:1

Saison 1985/86
1/32 Concordia Basel	9:1
1/16 Vernier	6:0
1/8 Lausanne	4:1
1/4 Lengnau	6:0
1/2 Servette	3:4 n.V.

Saison 1986/87
1/32 Köniz	9:2
1/16 Fribourg	3:1
1/8 Kriens	1:2

Saison 1987/88
1/32 Old Boys	1:2

Saison 1988/89
1/64 Oberwil/BL	5:0
1/32 Young Boys	4:1
1/16 Töss Winterthur	1:0 n.V.
1/8 Olten	2:1
1/4 Aarau	0:2

Saison 1989/90
1/64 Moutier	8:0
1/32 Burgdorf	3:0
1/16 Schaffhausen	1:0
1/8 Bulle	6:0
1/4 Grasshoppers	0:1

Saison 1990/91
1/64 Pratteln	0:4

Saison 1991/92
1/64 Einsiedeln	6:2
1/32 Willisau	2:0
1/16 St. Gallen	1:1 n.V., 4:2 Pen.
1/8 FC Bern	5:1
1/4 Lugano	2:3

Saison 1992/93
1/64 Baudepartement Basel	6:0
1/32 Old Boys	4:0
1/16 Juventus/YF ZH	3:0
1/8 Savièse	3:0
1/4 Xamax	2:3

Saison 1993/94
1/64 SC Zug	10:0
1/32 Aarau	4:1
1/16 Lausanne	2:0
1/8 Xamax	1:0
1/4 Yverdon	1:0 n.V.
1/2 Schaffhausen	0:0 n.V., 5:6 Pen.

Saison 1994/95
1/32 Bözingen 34	5:0
1/16 Aarau	3:0
1/8 Luzern	0:2

Saison 1995/96
1/32 Subingen	6:1
1/16 Gossau/SG	2:0
1/8 Biel	4:1
1/4 Xamax	1:2 n.V.

Saison 1996/97
1/32 Münsingen	3:1 n.V.
1/16 Young Boys	2:1
1/8 Servette	1:4

Saison 1997/98
1/16 Buochs	7:2 n.V.
1/8 Xamax	0:2

Saison 1998/99
1/16 Stade Nyonnais	2:4 n.V.

Saison 1999/2000
1/16 Mendrisio	5:1
1/8 Grasshoppers	1:1 n.V., 6:5 Pen.
1/4 Lausanne	2:3

Saison 2000/01
1/16 Etoile Carouge	1:1 n.V., 10:9 Pen.
1/8 Bellinzona	3:2
1/4 Lausanne	0:0 n.V., 6:7 Pen.

Die Cupgegner des FCB nach Häufigkeit

14-mal
Grasshoppers Zürich, Lausanne

12-mal
FC Zürich

11-mal
Young Boys

9-mal
Servette

8-mal
Bellinzona, Biel, Concordia Basel, Lugano

7-mal
Locarno, Xamax

6-mal
Aarau, Grenchen, Luzern, Old Boys Basel

5-mal
Chiasso, Mendrisio, Nordstern Basel, St. Gallen

4-mal
La Chaux-de-Fonds, Fribourg

3-mal
FC Bern, Burgdorf, Olten, Porrentruy, Schöftland, Sion

2-mal
Allschwil, Birsfelden, Black Stars Basel, Blue Stars Zürich, Breite Basel, Brühl St. Gallen, Chênois Genf, Delémont, Etoile Carouge, Martigny, Moutier, Pratteln, FC Schaffhausen, Solothurn, Thun, Winterthur, Young Fellows Zürich, Zofingen

1-mal
Balerna, Baudepartement Basel, Binningen, Bözingen 34, Breitenbach, Bülach, Bulle, Buochs, Cantonal Neuchâtel, Derendingen, Dietikon, Dürrenast Thun, Einsiedeln, Emmenbrücke, Glattbrugg, Gossau SG, Helvetia Bern, Horgen, Köniz, Kriens, Langenthal, Lengnau, Lerchenfeld Thun, Le Locle, Minerva Bern, Monthey, Münchenstein, Münsingen, Nyon, Oberwil/BL, Riehen, Savièse, SpgVV Schaffhausen, Subingen, Sursee, Töss Winterthur, Veltheim Winterthur, Vernier, Wettingen, Wil/SG, Willisau, Yverdon, SC Zug

Alle Cupgegner des FC Basel seit 1925

FCB-Gegner	Anzahl Begegnungen	FCB kam weiter	FCB schied aus	FCB-Gegner	Anzahl Begegnungen	FCB kam weiter	FCB schied aus
Aarau	6	3	3	Martigny	2	2	0
Allschwil	2	2	0	Mendrisio(star)	5	3	2
				Minerva Bern	1	1	0
Balerna	1	1	0	Monthey	1	1	0
Baudepartement Basel	1	1	0	Moutier	2	1	1
Bellinzona	8	7	1	Münchenstein	1	1	0
Bern, FC	3	2	1	Münsingen	1	1	0
Biel	8	8	0				
Binningen	1	1	0	Nordstern Basel	5	3	2
Birsfelden	2	2	0	Nyon	1	0	1
Black Stars Basel	2	2	0				
Blue Stars Zürich	2	2	0	Oberwil/BL	1	1	0
Bözingen 34	1	1	0	Old Boys Basel	6	4	2
Breite Basel	2	2	0	Olten	3	3	0
Breitenbach	1	1	0				
Brühl St. Gallen	2	1	1	Porrentruy	3	2	1
Bülach	1	1	0	Pratteln	2	1	1
Bulle	1	1	0				
Buochs	1	1	0	Riehen	1	1	0
Burgdorf	3	3	0				
				Savièse	1	1	0
Cantonal Neuchâtel	1	0	1	Schaffhausen, FC	2	1	1
Chaux-de-Fonds, La	4	3	1	Schaffhausen, SpgVV	1	1	0
Chênois Genf	2	2	0	Schöftland	3	3	0
Chiasso	5	5	0	Servette Genf	9	2	7
Concordia Basel	8	5	3	Sion	3	0	3
				Solothurn	2	2	0
Delémont	2	2	0	St. Gallen	5	4	1
Derendingen	1	1	0	Subingen	1	1	0
Dietikon	1	1	0	Sursee	1	1	0
Dürrenast Thun	1	1	0				
				Thun	2	2	0
Einsiedeln	1	1	0	Töss Winterthur	1	1	0
Emmenbrücke	1	1	0				
Etoile Carouge	2	2	0	Veltheim Winterthur	1	1	0
				Vernier	1	1	0
Fribourg	4	4	0				
				Wettingen	1	1	0
Glattbrugg	1	1	0	Wil/SG	1	1	0
Gossau SG	1	1	0	Willisau	1	1	0
Grasshoppers Zürich	14	8	6	Winterthur	2	2	0
Grenchen	6	5	1				
				Xamax Neuchâtel	7	2	5
Helvetia Bern	1	1	0				
Horgen	1	1	0	Young Boys Bern	11	8	3
				Young Fellows Zürich	2	1	1
Köniz	1	1	0				
Kriens	1	0	1	Yverdon	1	1	0
Langenthal	1	1	0	Zofingen	2	2	0
Lausanne	14	10	4	Zug	1	1	0
Lengnau	1	1	0	Zürich, FC	12	6	6
Lerchenfeld Thun	1	1	0				
Locarno	7	3	4				
Locle, Le	1	1	0				
Lugano	8	6	2				
Luzern	6	2	4				

Der FC Basel im Liga-Cup

Saison 1972
1/8 FCB–Servette	8:0
1/4 FCB–Lausanne	2:1 n.V.
1/2 FCB–Sion	6:1
Final: FCB–Winterthur	4:1 in Zürich

Saison 1973
1/8 Xamax–FCB	4:1

Saison 1974/75
1/16 Young Boys–FCB	2:4
1/8 FCB–Luzern	5:2
1/4 FCB–Aarau	4:2 n.V.
1/2 FCB–Grasshoppers	1:3

Saison 1975/76
1/16 St. Gallen–FCB	1:4
1/8 Young Fellows–FCB	1:8
1/4 Grenchen–FCB	2:6
1/2 FCB–Young Boys	3:5 n.V.

Saison 1976/77
1/16 FCB–Grenchen	2:1
1/8 Luzern–FCB	2:2 n.V., 4:3 Penalties

Saison 1977/78
1/16 Wettingen–FCB	0:3
1/8 FCB–Chiasso	2:1 n.V.
1/4 FCB–Young Boys	4:3 n.V.
1/2 FCB–St. Gallen	1:1 n.V., 4:5 Penalties

Saison 1978/79
1/16 FCB–Grenchen	2:0
Grenchen–FCB	3:2
1/8 FCB–Nordstern	1:0
1/4 FCB–Luzern	3:1
1/2 Xamax–FCB	0:2
Final FCB–Servette	2:2 n.V., 3:4 Penalties

Saison 1979/80
1/16 Young Boys–FCB	1:0

Saison 1980/81
1/16 FCB–FC Zürich	1:2

Saison 1981/82
1/16 FCB–Young Boys	1:0
1/8 Grenchen–FCB	1:2
1/4 Aarau–FCB	1:0

Der FC Basel im Europacup

Messestädte-Cup (Vorgänger des Uefa-Cups)

Saison	FCB-Partien	Resultate	Gesamtsieger
1954/55 (inoffiziell)	Zagreb–FCB*	6:3 und 8:0	–
1956–58	London–FCB*	5:0 und 1:0	–
	Eintracht Frankfurt–FCB	5:1 und 2:6	CF Barcelona
1958–60	Barcelona–FCB*	2:1 und 5:2	CF Barcelona
1960/61	KB Kopenhagen–FCB*	8:1	
	FCB*–KB Kopenhagen	3:3	AS Roma
1961/62	FCB*–Roter Stern Belgrad	1:1	
	Roter Stern Belgrad–FCB*	4:1	Valencia
1962/63	Bayern München–FCB*	3:0 (1 Spiel)	Valencia
1964/65	FCB–Spora Luxemburg	2:0	
	Spora Luxemburg–FCB	1:0	
	FCB–RC Strasbourg	0:1	
	RC Strasbourg–FCB	5:2	Ferencvaros Budapest
1965/66	FCB–Valencia	1:3	
	Valenzia–FCB	5:1	CF Barcelona
1966/67	DOS Utrecht/Ho–FCB	2:1	
	FCB–DOS Utrecht	2:2	Dinamo Zagreb
1968/69	FCB–FC Bologna	1:2	
	FC Bologna–FCB	4:1	Newcastle United*

UEFA-Cup

Saison	FCB-Partien	Resultate	Gesamtsieger
1971/72	FCB–Real Madrid	1:2	
	Real Madrid–FCB	2:1	Tottenham Hotspurs
1976/77	Glentoran Belfast–FCB	3:2	
	FCB–Glentoran Belfast	3:0	
	FCB–Athletic Bilbao	1:1	
	Athletic Bilbao–FCB	3:1	Juventus Turin
1978/79	FCB–VfB Stuttgart	2:3	
	VfB Stuttgart–FCB	4:1	Borussia Mönchengladbach
2000/01	Folgore Falciano San Marino–FCB	1:5	FC Liverpool
	FCB–Folgore Falciano San Marino	7:0	
	FCB–Brann Bergen	3:2	
	Brann Bergen–FCB	4:4	
	FCB–Feyenoord Rotterdam	1:2	
	Feyenoord Rotterdam–FCB	1:0	

* Der FC Basel startete als Städte-Team mit Spielern des FC Nordstern und des FC Concordia

Cup der Cupsieger

Saison	FCB–Partien	Resultate	Gesamtsieger
1963/64	FCB–Celtic Glasgow Celtic Glasgow–FCB	1:5 5:0	Sporting Lissabon
1967/68	Für Cupsieger FCB spielte Finalverlierer Lausanne im Cupsiegercup, da der FCB als Double-Gewinner im Meistercup mitmachte		AC Milan
1975/76	FCB–Atletico Madrid Atletico Madrid–FCB	1:1 2:1	RSC Anderlecht

Cup der Landesmeister

Saison	FCB–Partien	Resultate	Gesamtsieger
1967/68	FCB–Hvidovre Kopenhagen Hvidovre Kopenhagen–FCB	1:2 3:3	Manchester United
1969/70	FCB–Celtic Glasgow Celtic Glasgow–FCB	0:0 2:0	Feyenoord Rotterdam
1970/71	Spartak Moskau–FCB FCB–Spartak Moskau Ajax Amsterdam–FCB FCB–Ajax Amsterdam	3:2 2:1 3:0 1:2	Ajax Amsterdam
1972/73	Ujpest Dosza B'pest–FCB FCB–Ujpest Dosza B'pest	2:0 3:2	Ajax Amsterdam
1973/74	Fram Rejkjavik–FCB FCB–Fram Rejkjavik FC Brügge–FCB FCB–FC Brügge FCB–Celtic Glasgow Celtic Glasgow–FCB	0:5 6:2 2:1 6:4 3:2 4:2 n.V.	Bayern München

Saison	FCB–Partien	Resultate	Gesamtsieger
1977/78	FCB–SW Innsbruck SW Innsbruck–FCB	1:3 0:1	FC Liverpool
1980/81	FC Brügge–FCB FCB–FC Brügge FCB–Roter Stern Belgrad Roter Stern Belgrad–FCB	0:1 4:1 1:0 2:0	FC Liverpool

Europacup-Bilanzen

Messestädte-Cup

10 Teilnahmen
23 Spiele 2 Siege 3 Unentschieden 18 Niederlagen 30:78 Tore

UEFA-Cup

4 Teilnahmen
14 Spiele 4 Siege 2 Unentschieden 8 Niederlagen 32:72 Tore

Cup der Cupsieger

2 Teilnahmen
4 Spiele 0 Siege 1 Unentschieden 3 Niederlagen 3:13 Tore

Cup der Landesmeister

7 Teilnahmen
22 Spiele 10 Siege 2 Unentschieden 10 Niederlagen 43:40 Tore

Europacup gesamt (inkl. Messestädte-Cup)

23 Teilnahmen
63 Spiele 16 Siege 8 Unentschieden 39 Niederlagen 108:158 Tore

---

Der FC Basel im Alpencup

1963
FCB–Juventus Turin	1:5
FCB–Grasshoppers	1:1
FCB–AS Rom	1:4

1964
FCB–FC Genova	2:5
FCB–FC Zürich	3:4
FCB–Atalanta Bergamo	0:3

1965
Kein Alpencup-Wettbewerb

1966
FCB–Catania	0:1
FCB–Napoli	2:4
FCB–Juventus Turin	1:2
FCB–Spal Ferrara	2:3 in Bern

1967
FCB–Torino	0:1
FCB–AS Roma	0:2
FCB–1860 München	4:4
FCB–AC Milan	0:3

1968
Servette–FCB	1:1
FCB–AS Roma	2:2
FCB–Kaiserslautern	1:0
FCB–Köln	3:2
FCB–Fiorentina	1:1
FCB–Schalke 04	1:3 n.V. (Final)

1969
FCB–Sampdoria Genua	4:1
FCB–Waregem/Be	3:0
FCB–Eintracht Frankfurt	3:2
FCB–Napoli	2:3
FCB–FC Bologna	3:1 (Final)

1970
FCB–Bari	4:1
FCB–Sampdoria	2:1
FCB–Fiorentina	3:3
FCB–Lazio Rom	3:2
FCB–Fiorentina	3:2 (Final)

1971
Verona–FCB	3:2
Varese–FCB	0:1
FCB–Verona	4:1
FCB–Varese	0:1
FCB–Lazio Rom	1:3 (Final)

1972
Bordeaux–FCB	1:3
Lyon–FCB	1:0
FCB–Bordeaux	3:4
FCB–Lyon	3:2

1973
Stade Reims–FCB	4:1
RC Strasbourg–FCB	1:1
FCB–Stade Reims	3:1
FCB–RC Strasbourg	2:0

1974
FCB–Lyon	1:1
Nîmes–FCB	2:4
Lyon–FCB	1:3
FCB–Nîmes	1:2
FCB–Young Boys Bern	0:3 (Final)

1975
Stade Reims–FCB	3:4
FCB–Lyon	2:2
FCB–Stade Reims	2:1
Lyon–FCB	2:2
FCB–Servette	0:3 (Final)

1976
FCB–Nantes	2:3
Nantes–FCB	1:1
Metz–FCB	2:0
FCB–Metz	3:1

1977
FCB–Bastia	2:3
FCB–Lyon	3:2
Bastia–FCB	3:0
Lyon–FCB	4:2

1978
Sochaux–FCB	1:1
Stade Reims–FCB	1:1
FCB–Sochaux	0:2
FCB–Stade Reims	2:1

1979
Der FCB nicht am Alpencup

1980
Der FCB nicht am Alpencup

1981
FCB–Bordeaux (in Pruntrut)	0:3
FCB–Bastia (in Delsberg)	4:1
Bordeaux–FCB	0:1
Bastia–FCB	0:4
FCB–Sochaux	2:2 n.V., 5:3 Pen. (Final)

1982
FCB–Auxerre	0:0
Auxerre–FCB	2:2
FCB–Metz	3:2
Metz–FCB	5:1

1983
Der FCB nicht am Alpencup

Der FC Basel im IFC/UIC
(Internationaler Fussballcup, Rappan-Cup)

1961
FCB–Sparta Rotterdam	0:4
Sparta Rotterdam–FCB	5:2
FCB–Elfsborg Borås	1:2
Elfsborg Borås–FCB	6:3
FCB–Tasmania Berlin	2:1
Tasmania Berlin–FCB	1:1

1962
FCB–PSV Eindhoven	4:3
FCB–FC Rijeka/Jug.	2:2
FCB–Rotweiss Oberhausen	4:4
PSV Eindhoven–FCB	4:3
FC Rijeka–FCB	5:1
Rotweiss Oberhausen–FCB	2:2

1996
FCB–Sheffield Wednesday	1:0
Gornik Zabrze–FCB	1:2
FCB–Karlsruher SC	2:3
Aarhus–FCB	2:1

1997
FCB–Schachtjor Donezk	2:2
Antalyaspor–FCB	2:5
FCB–Atoka-Aura Minsk	5:0
Rotor Wolgograd–FCB	3:2

Die Schlussrangliste der Gruppe 7:
1. Rotor Wolgograd 4/9
2. FC Basel 4/7
3. Antalyaspor 4/6
4. Schachtjor Donezk 4/4
5. Atoka-Aura Minsk 4/3

Der FCB damit in der Vorrunde ausgeschieden

2000
1. Runde UIC:
Korotan Prevalje/Slowenien–FCB	0:0
FCB–Korotan Prevalje	6:0

2. Runde UIC:
FCB–Boby Brno (Tschechien)	0:0
Boby Brno–FCB	2:4

3. Runde UIC:
Hamburger SV–FCB	0:1
FCB–Hamburger SV	2:3

Die Trainer des FC Basel

1913–1914	Percy Humphreys, Engländer
1922–1923	Max Breunig, Deutscher
1928–1930	Julius Kertesz, Ungar
1930–1931	Gustav Putzendopler, Österreicher/Schweizer
1932	Otto Haftel, Österreicher
1932–1933	Karl Kurz, Österreicher
1934	Josef Haist, Österreicher
1934	Richard Dombi
1934–1935	Alvin Riemke, Deutscher
1936–1937	Heinz Körner, Deutscher
1937–1939	Fernand Jaccard
1939	Walter Dietrich
1939–1940	Max Galler
1940–1943	Eugen Rupf
1943–1945	Willy Wolf
1945–1946	Max Barras
1946–1947	Anton Schall, Österreicher
1947–1952	Ernst Hufschmid
1952–1955	René Bader/Willy Dürr
1955–1957	Béla Sarosi, Ungar
1957–1958	Rudi Strittich, Österreicher
1958–1959	René Bader
1959–1961	Jenö Vincze, Ungar
1961–1965	Georges Sobotka, Tscheche
1965–1982	Helmut Benthaus, Deutscher/Schweizer
1982–1983	Rainer Ohlhauser, Deutscher
1983–1984	Ernst August Künnecke, Deutscher
1985	Emil Müller
1985–1987	Helmut Benthaus, Deutscher/Schweizer
1987–1990	Urs Siegenthaler
1990–1992	Ernst August Künnecke, Deutscher
1992	Karl Odermatt/Bruno Rahmen
1992–1993	Friedel Rausch, Deutscher
1993–1995 (Oktober)	Claude Andrey

1995 (Oktober)
    Oldrich Svab
    Tscheche/Schhweizer (1 Spiel)
1995 (November)–1997 (März)
    Karl Engel
1997 (März) Heinz Hermann (4 Spiele)
1997 (April)–1997 (Juni)
    Salvatore Andracchio

1997 (Juni)–1997 (Oktober)
    Jörg Berger
    Deutscher
1997 (Oktober)–1997 (Dezember)
    Salvatore Andracchio
1998 (Januar)–1999 (Mai)
    Guy Mathez

1999 (Mai)–1999 (Juni)
    Marco Schällibaum
1999 (ab 15. Juni)
    Christian Gross

Präsidenten des FC Basel von 1893 bis 1993

1893–1896	Roland Geldner	1918–1919	August Rossa	1946–1959	Jules Düblin
1896	Emanuel Schiess	1919–1920	Bernard Klingelfuss	1959–1962	Ernst Weber
1896–1899	Charlie Volderauer	1920–1921	Franz Rinderer	1962–1966	Lucien Schmidlin
1900–1901	Ernst Thalmann	1921–1922	Carl Burkhardt	1966–1970	Harry Thommen
1901–1902	Emanuel Schiess	1922–1925	Karl Ibach	1970–1976	Felix Musfeld
1902	Ernst Thalmann	1925–1926	Carl Burkhardt	1976–1980	René Theler
1902–1903	Josy Ebinger	1926–1927	Franz Rinderer	1980–1982	Pierre-Jacques Lieblich
1903–1907	Ernst Thalmann	1927	Karl Junker	1982–1983	Roland C. Rasi
1907–1908	Siegfried Pfeiffer	1927	Karl Ibach	1983–1986	Urs Gribi
1908–1913	Ernst Thalmann	1927–1929	Hans Rupprecht	1986–1987	Peter Max Suter
1913	Karl Ibach	1929–1931	Otto Kuhn	1987–1992	Charles Röthlisberger
1913–1914	C.A. Hintermann	1931–1936	Franz Rinderer	1992–1996	Peter Epting
1914–1915	Ernst Thalmann	1936–1939	Emil Junker	1996–	René C. Jäggi
1915	Philipp Leichner	1939–1944	Albert Besse		
1915–1918	Franz Rinderer	1944–1946	Emil Junker		

Die Kader des FC Basel seit 1942/43

1942/43
Trainer: Eugen Rupf (Spielertrainer)
Tor: Cinguetti, Wechlin
Feld: Grauer, Favre, Wirz, Grieder, Elsässer, Vonthron, Hufschmid, Knup, Andres, Losa, Schmidlin, Rupf, Spengler, Suter, von Arx, Ebner, Kappenberger

1943/44
Trainer: Willy Wolf
Tor: Müller, Wechlin
Feld: Grauer, Favre, Suter, Elsässer, Losa, Vonthron, Hufschmid, Schmidlin, Meconi, Bertsch, von Arx, Weisshaar, Ebner, Spadini, Knup, Rothen, Mathys, Kappenberger

1944/45
Trainer: Willy Wolf
Tor: Müller, Wechlin
Feld: Grauer, Favre, Elsässer, Losa, Vonthron, Hufschmid, Schmidlin, Oberer, Bader, Ebner, Weisshaar, Suter, Wirz, Gloor, Bertsch, Monigatti, Kappenberger

1945/46
Trainer: Max Barras
Tor: Müller
Feld: Grauer, Bopp, Favre, Wirz, Maurer, Vonthron, von Arx, Ebner, Martin, Wenk, Suter, Spadini, Stöcklin, Bader, Oberer, Kappenberger, Bertsch

1946/47
Trainer: Anton Schall
Tor: Müller
Feld: Grauer, Bopp, Wirz, Hufschmid, Maurer, Ebner, Vonthron, Wenk, Stöcklin, Oberer, Mathez, Bader, Suter, Kappenberger

1947/48
Trainer: Ernst Hufschmid
Tor: Müller
Feld: Grauer, Bopp, Wenk, Hufschmid, Neuenschwander, Wirz, Redolfi, Stöcklin, Oberer, Weisshaar, Suter, Finazzi, Vonthron, Hans Hügi I, Wenk, Stäubli, Emmenegger, Kappenberger, Monigatti
Neu: Hans Hügi, Redolfi

1948/49
Trainer: Ernst Hufschmid
Tor: Müller
Feld: Redolfi, Rieder, Bopp, Baumgratz, Hans Hügi I, Schenker, Stöcklin, Wenk, Monigatti, Grether, Fitze, Josef «Seppe» Hügi II, Bader, Stäuble
Neu: «Seppe» Hügi
Weg: Grauer (Grasshoppers), Oberer (Cantonal)

1949/50
Trainer: Ernst Hufschmid
Tor: Müller
Feld: Redolfi, Bopp, Fitze, Bannwart, Schenker, Wenk, Stöcklin, Zingg, Hans Hügi I, Seppe Hügi II, Krieg, Bader, Stäuble, Baumgratz

1950/51
Trainer: Ernst Hufschmid
Tor: Müller
Feld: Redolfi, Wenk, Baumgratz, Hans Hügi I, Seppe Hügi II, Bopp, Hartmann, Fitze, Bader, Bannwart, Stäuble, Stöcklin, Müller, Leisinger, Weber, Grether, Baumgartner, Capra

1951/52
Trainer: Ernst Hufschmid
Tor: Müller
Feld: Redolfi, Bader, Sutter, Weber, Wenger, Maurer, Bopp, Seppe Hügi II, Bannwart, Stöcklin, Thalmann, Capra, Fitze, Hartmann, Wenk, Wolf, Hans Hügi I
Weg: Stäuble (Lausanne)

1952/53
Trainer: René Bader (Spielertrainer)
Tor: Müller, Schley
Feld: Bielser, Maurer, Bannwart, Weber, Wenger, Mogoy, Thalmann, Redolfi, Bopp, Hans Hügi I, Seppe Hügi II, Bader, Fitze, Hartmann

1953/54
Trainer: René Bader/Willy Dürr
Tor: Müller, Schley, de Taddeo
Feld: Hans Hügi I, Fitze, Mogoy, Redolfi, Weber, Maurer, Bopp, Felber, Bannwart, Bader, Seppe Hügi II, Bielser, Klauser, Thalmann, Hartmann, Ludwig, Studer

1954/55
Trainer: René Bader/Willy Dürr
Tor: Müller, Schley
Feld: Bannwart, Bopp, Mogoy, Weber, Monros, Redolfi, Hans Hügi I, Oberer, Seppe Hügi II, Haug, Thalmann, Klauser, Fitze, Bader, Büchel, Jordi, Zolin, Keller

1955/56
Trainer: Bela Sarosi
Tor: Schley, Müller, Blatter
Feld: Bopp, Fitze, Hans Hügi I, Mogoy, Klauser, Redolfi, Bader, Thüler, Bannwart, Sanmann, Seppe Hügi II, Bielser, Oberer, Stäuble, Rickenbacher
Neu: Thüler (Solothurn), Sanmann (Concordia Hamburg), Stäuble (Lausanne)
Weg: Weber (Lausanne)

1956/57
Trainer: Bela Sarosi
Tor: Schley, Blatter
Feld: Bopp, Michaud, Redolfi, Fitze, Rickenbacher, Borer, Frey, Bannwart, Hans Hügi I, Seppe Hügi II, Oberer, Suter, Stäuble, Sanmann, Thüler, Locher
Neu: Michaud (FCB-Junioren)
Weg: Bader (Trainer Biel-Bözingen)

1957/58
Trainer: Rudi Strittich
Tor: Stettler, Blatter
Feld: Hans Hügi I, Seppe Hügi II, Bopp, Thüler, Borer, Redolfi, Burger, Stäuble, Suter, Weber, Oberer, Tschirky, Klauser, Rickenbacher
Neu: Stettler (Luzern), Burger, Weber (Lausanne)
Weg: Michaud (Lausanne), Fitze (Rücktritt), Sanmann (Concordia Hamburg)

1958/59
Trainer: René Bader
Tor: Stettler, Jeker, Wider
Feld: Bopp, Weber, Kehrli, Michaud, Maurer, Burger, Thüler, Turin, Jaeck, Ludwig, Seppe Hügi II, Kohn, Frigerio, Stäuble, Oberer, Rickenbacher
Neu: Kohn (Luxemburg), Michaud (Lausanne), Kehrli (Biel), Turin (Biel), Frigerio (Schaffhausen), Jaeck (Schaffhausen), Ludwig
Weg: Suter, Hans Hügi I, (Young Fellows), Redolfi, Klauser

1959/60
Trainer: Jenö Vincze
Tor: Stettler, Jeker
Feld: Rickenbacher, Weber, Vetsch, Maurer, Michaud, Thüler, Chenaux, Ludwig, Stockbauer, Gygax, Oberer, Frigerio, Jaeck, Seppe Hügi II, Speidel
Neu: Stockbauer (Wiesbaden), Speidel, Chenaux, Gygax, Vetsch (Grasshoppers)
Weg: Kohn (Holland), Burger (Grasshoppers), Stäuble (Biel), Kehrli, Turin

1960/61
Trainer: Jenö Vincze
Tor: Stettler, Jeker
Feld: Michaud, Speidel, Thüler, Walther, Siedl, Rickenbacher, Gygax, Vetsch, Tabel, Chenaux, Danani, Weber, Seppe Hügi II, Oberer, Stocker, Porlezza, Kranichfeldt, Vogt, Stockbauer, Jaeck
Neu: Siedl (1860 München), Danani (Moutier), Stocker (Concordia Basel), Porlezza (Junioren), Kranichfeldt (Lugano)
Weg: Frigerio (Lausanne), Ludwig (Old Boys), Maurer, Bopp

1961/62
Trainer: Georges Sobotka
Tor: Stettler, Jeker, Günthardt
Feld: Michaud, Weber, Pfirter, Porlezza, Oberer, Thüler, Kranichfeldt, Walther, Seppe Hügi II, Stocker, Fritz, Speidel, Blumer, Burri, Ludwig, Caccia, Denicolo
Neu: Caccia (Chiasso), Blumer (Reinach), Denicolo (Allschwil), Burri (Birsfelden), Fritz (Kandern), Günthardt (Kleinhüningen), Pfirter (Concordia Basel), Ludwig (Old Boys)
Weg: Danani (Lausanne), Gygax (Xamax), Stockbauer (Urania Genf), Vetsch (Aesch), Jaeck (Yverdon), Siedl (Deutschland)

1962/63
Trainer: Georges Sobotka
Tor: Stettler, Günthardt, Jeker
Feld: Vogt, Michaud, Stocker, Weber, Porlezza, Ludwig, Burri, Odermatt, Pfirter, Blumer, Gatti, Fritz, Kiefer, Füri, Simonet
Neu: Odermatt (Concordia Basel), Füri (Concordia Basel), Vogt (Oberkirch/Deutschland), Kiefer (Riehen)
Weg: Speidel, Kranichfeldt, Seppe Hügi

1963/64
Trainer: Georges Sobotka
Tor: Stettler, Günthardt, Kunz
Feld: Füri, Michaud, Stocker, Burri, Kiefer, Pfirter, Odermatt, Frigerio, Blumer, Gatti, Mazzola, Baumann, Löffel, Porlezza, Lüth, Simonet
Neu: Kunz (Gerlafingen), Frigerio (Lausanne), Mazzola (Concordia Basel), Löffel (Grenchen)
Weg: Jeker (Winterthur), Ludwig (Schaffhausen)

1964/65
Trainer: Georges Sobotka
Tor: Kunz, Günthardt, Laufenburger
Feld: Füri, Kiefer, Michaud, Stocker, Gabrieli, Hauser, Sartor, Decker, Moscatelli, Tschopp, Porlezza, Mazzola, Grava, Odermatt, Frigerio, Baumann, Pfirter Ognjanovic, Arn
Neu: Laufenburger (Sochaux), Hauser (Schopfheim), Decker (Concordia Basel), Arn (Luzern), Sartor (Ludwigshafen), Moscatelli (Luzern), Tschopp (Old Boys), Gabrieli (Nordstern)
Weg: Gatti (Biel), Burri (Cantonal), Stettler (Young Fellows), Lüthi (Concordia Basel)

1965/66
Trainer: Helmut Benthaus (Spielertrainer)
Tor: Kunz, Laufenburger, Günthardt
Feld: Benthaus, Michaud, Pfirter, Stocker, Kiefer, Vetter, Odermatt, Decker, Füri, Schwager, Konrad, Moscatelli, Mundschin, Gabrieli, Baumann, Schnell, Hauser, Paolucci, Siegenthaler, Frigerio
Neu: Benthaus (Köln), Vetter (Birsfelden), Mundschin (Sursee), Konrad (FCB-Junioren), Siegenthaler (FCB-Junioren), Paolucci
Weg: Porlezza, Mazzola

1966/67
Trainer: Helmut Benthaus (Spielertrainer)
Tor: Kunz, Laufenburger, Günthardt
Feld: Kiefer, Michaud, Stocker, Pfirter, Odermatt, Siegenthaler, Schnyder, Benthaus, Konrad, Hauser, Frigerio, Paolucci, Wenger, Moscatelli, Ramseier, Mundschin, Vetter
Neu: Schnyder (Servette), Ramseier (Cantonal), Wenger (Luzern)
Weg: Gabrieli (Grasshoppers)

1967/68
Trainer: Helmut Benthaus (Spielertrainer)
Tor: Kunz, Laufenburger
Feld: Ramseier, Kiefer, Michaud, Stocker, Pfirter, Siegenthaler, Odermatt, Mundschin, Rüefli, Benthaus, Schnyder, Hauser, Vetter, Wenger, Konrad, Rahmen, Demarmels
Neu: Rüefli (Winterthur), Rahmen (Riehen), Demarmels (Pratteln)
Weg: Moscatelli (St. Gallen), Frigerio (Tessin)

1968/69
Trainer: Helmut Benthaus (Spielertrainer)
Tor: Kunz, Laufenburger
Feld: Konrad, Sundermann, Mundschin, Balmer, Hauser, Ramseier, Siegenthaler, Rüefli, Benthaus, Wenger, Paolucci, Demarmels, Rahmen, Michaud, Odermatt, Kiefer, Fischli
Neu: Sundermann (Servette), Fischli (Young Fellows), Balmer (Thun)
Weg: Schnyder, Stocker

1969/70
Trainer: Helmut Benthaus (Spielertrainer)
Tor: Kunz, Laufenburger
Feld: Kiefer, Michaud, Siegenthaler, Ramseier, Mundschin, Paolucci, Odermatt, Sundermann, Fischli, Rahmen, Benthaus, Balmer, Hauser, Wenger, Demarmels
Weg: Rüefli, Konrad

1970/71
Trainer: Helmut Benthaus
Tor: Kunz, Laufenburger
Feld: Mundschin, Kiefer, Rahmen, Ramseier, Paolucci, Fischli, Siegenthaler, Odermatt, Sundermann, Reisch, Hauser, Balmer, Manzoni, Wenger, Demarmels
Neu: Manzoni (Xamax), Reisch (Nürnberg)
Weg: Benthaus (als Spieler), Michaud (Rücktritt)

1971/72
Trainer: Helmut Benthaus
Tor: Kunz, Laufenburger
Feld: Mundschin, Kiefer, Siegenthaler, Fischli, Ramseier, Paolucci, Rahmen, Odermatt, Sundermann, Demarmels, Bula, Hasler, Hauser, Wenger, Balmer, Hitzfeld
Neu: Hasler (Zürich), Hitzfeld (Lörrach-Stetten), Bula (Junioren)
Weg: Reisch

1972/73
Trainer: Helmut Benthaus
Tor: Kunz, Laufenburger
Feld: Mundschin, Fischli, Ramseier, Siegenthaler, Stohler, Odermatt, Demarmels, Hasler, Balmer, Riner, Blättler, Hitzfeld, Wenger, Balmer, Kiefer, Rahmen, Schönebeck, Paolucci
Neu: Stohler (Pratteln), Blättler (Lugano), Riner (FCB-Junioren), Alex Wirth (Junioren)
Weg: Bula, Sundermann (Trainer Servette)

1973/74
Trainer: Helmut Benthaus
Tor: Kunz, Laufenburger
Feld: Mundschin, Fischli, Ramseier, Paolucci, Rahmen, Hasler, Demarmels, Odermatt, Wampfler, Balmer, Wenger, Kiefer, Hitzfeld, Cubillas, Stohler, Rolle
Neu: Cubillas (Lima), Wampfler (Sion)
Weg: Siegenthaler (Xamax), Blättler (St. Gallen)

1974/75
Trainer: Helmut Benthaus
Tor: Kunz, Jean Müller
Feld: Fischli, Stohler, Mundschin, Ramseier, Tanner, Paolucci, Nielsen, Odermatt, Fritz Wirth, Alex Wirth, von Wartburg, Hitzfeld, Tschudin, Schönenberger, Rahmen, Demarmels, Hasler
Neu: Nielsen (Winterthur), von Wartburg (Concordia Basel), Fritz Wirth (Grenchen), Alex Wirth (FCB-Nachwuchs), Tanner (FCB-Nachwuchs), Schönenberger, Tschudin
Weg: Kiefer, Paolucci (Winterthur), Cubillas (Porto), Wampfler, Wenger (Nordstern)

1975/76
Trainer: Helmut Benthaus
Tor: Müller, Wenger
Feld: Rahmen, Mundschin, Tanner, Stohler, von Wartburg, Ramseier, Geisser, Nielsen, Muhmenthaler, Hasler, Fischli, Wirth, Demarmels, Schönenberger, Marti
Neu: Muhmenthaler (Grenchen), Marti. (Zürich), Geisser (Nordstern)
Weg: Kunz (Nordstern), Hitzfeld (VfB Stuttgart), Odermatt (Young Boys)

1976/77
Trainer: Helmut Benthaus
Tor: Müller, Wenger
Feld: Mundschin, Geisser, Ramseier, Stohler, Fischli, Demarmels, Marti, Tanner, von Wartburg, Muhmenthaler, Nielsen, Lauscher, Maradan, Schönenberger
Neu: Maradan (Grenchen), Lauscher (Köln)
Weg: Rahmen, Hasler (Xamax)

1977/78
Trainer: Helmut Benthaus
Tor: Küng, Müller
Feld: Stohler, Geisser, Mundschin, Ramseier, Fischli, Bucher, Demarmels, Tanner, Nielsen, Maradan, Schär, Marti, Muhmenthaler, Lauscher, Schönenberger, von Wartburg, Maissen
Neu: Schär (Oensingen), Maissen (Reinach), Küng (Xamax)

1978/79
Trainer: Helmut Benthaus
Tor: Küng, Müller
Feld: Stohler, Geisser, Baldinger, Siegenthaler, Fischli, Demarmels, Marti, Tanner, Schönenberger, von Wartburg, Lauscher, Maradan, Schönauer, Meyer, Schär, Maissen
Neu: Baldinger (Wettingen), Siegenthaler (Young Boys), Meyer (Emmen)
Weg: Mundschin (Rücktritt), Ramseier (Rücktritt), Nielsen (Dänemark), Muhmenthaler (Young Boys)

1979/80
Trainer: Helmut Benthaus
Tor: Küng, Müller
Feld: Maradan, Stohler, Geisser, Jungk, Zingg, Schönauer, Schär, Meyer, Hasler, Maissen, Baldinger, Marti, von Wartburg, Tanner, Küttel, Demarmels, Lauscher, Gaisser, Schleiffer
Neu: Jungk, Schleiffer (Xamax), Schönauer (Binningen), Gaisser (St-Louis), Küttel (Young Boys), Hasler (Xamax)
Weg: Siegenthaler (Winterthur), Schönenberger (Young Boys)

1980/81
Trainer: Helmut Benthaus
Tor: Küng, Müller
Feld: Geisser, Gaisser, Schär, Hasler, Schleiffer, Maradan, Stohler, Küttel, Maissen, Zingg, Lauscher, Tanner, Demarmels, Mullis, von Wartburg, Marti
Neu: Mullis (Bad Ragaz)
Weg: Meyer (Luzern), Jungk, Schönauer, Baldinger

1981/82
Trainer: Helmut Benthaus
Tor: Küng, Müller, Paul
Feld: Geisser, Duvernois, Graf, Hasler, Maradan, Stohler, Gaisser, Zingg, Demarmels Lüthi, Mullis, Schär, von Wartburg, Stefano Ceccaroni, Lauscher, Maissen, Nickel, Sutter
Neu: Paul (FCB-Junioren), Graf (Chiasso), Lüthi (Subingen), Nickel (Borussia Mönchengladbach), Sutter (Gelterkinden)

1982/83
Trainer: Rainer Ohlhauser
Tor: Küng, Müller, Paul
Feld: Stohler, Bossert, Duvernois, Geisser, Gaisser, Graf, Maradan, Guido Rudin, Jeitziner, Lüthi, von Wartburg, Berkemeier, Stefano Ceccaroni, Marti, Sutter, Zbinden, Hauser
Neu: Bossert, Rudin, Jeitziner, Hauser, Berkemeier (Young Boys), Duvernois (St-Louis), Marti (Aarau), Zbinden (Nordstern)
Weg: Hasler, Zingg, Demarmels (Rücktritt), Mullis (Bad Ragaz), Schär (Aarau), Lauscher (Luzern), Nickel, Maissen (Zürich)

1983/84
Trainer: Ernst August Künnecke
Tor: Suter, Müller, Paul
Feld: Geisser, Süss, Stohler, Maradan, Lauper, von Wartburg Jeitziner, Lüthi, Andermatt, Maissen, Botteron, Sutter, Zbinden, Hauser, Dreher, Stefano Ceccaroni
Neu: Suter (Wettingen), Lauper (Wettingen), Andermatt (Wettingen), Dreher (Stuttgarter Kickers), Süss (Nordstern), Botteron (Nürnberg), Maissen (Zürich)
Weg: Küng (Liestal), Bossert (Laufen), Duvernois (Seraing), Graf (Wettingen), Gaisser, Berkemeier (Lalden), Marti

1984/85
Trainer: Ernst August Künnecke, ab November 1984 Emil Müller
Tor: Suter, Paul
Feld: van Kraay, Grossenbacher, Lauper, Guido Rudin, Felix Rudin, Süss, Keller, Bordoli, Feigenwinter, Irizik, Andermatt, Botteron, Lüthi, Jeitziner, Herr, Sutter, Maissen, Hauser, Nadig, Zbinden
Neu: van Kraay (Waterschei), Feigenwinter (Nordstern), Bordoli (Kasseler SV), Irizik (Concordia Basel), Keller (Chiasso), Grossenbacher, Herr, Nadig, Felix Rudin (alle FCB-Junioren)
Weg: Müller (Laufen), Geisser (Rücktritt), Stohler (Grenchen), Maradan (Grenchen), von Wartburg (Grenchen), Stefano Ceccaroni (Chiasso/Baden), Dreher (Laufen)

1985/86
Trainer: Helmut Benthaus
Tor: Suter, Paul, Leder
Feld: Strack, Süss, Laydu, Irizik, Ladner, Herr, Lauper, Reichen, Grossenbacher, Schällibaum, Botteron, Lüthi, Jeitziner, Mata, Maissen, Zbinden, Sutter, Stefano Ceccaroni, Hauser, Nadig
Neu: Strack (Köln), Ladner (Grasshoppers), Schällibaum (Grasshoppers), Laydu (La Chaux-de-Fonds), Mata (Xamax), Reichen (Oensingen), Ceccaroni (Baden), Leder (Laufenburg)
Weg: Feigenwinter (Nordstern), van Kraay (PSV Eindhoven), Andermatt (Grasshoppers), Keller (Riehen), Bordoli (Locarno)

1986/87
Trainer: Helmut Benthaus
Tor: Suter, Leder, Mäder
Feld: Strack, Ladner, Herr, Süss, Schällibaum, Felix Rudin, Grossenbacher, Hodel, Hänni, Füri, Mata, Maissen, Botteron, Bützer, Reichen, Hauser, Ghisoni, François, Nadig, Knup, Massimo Ceccaroni, Gonçalo
Neu: Mäder (Schaffhausen), Ghisoni (Lengnau), François (Concordia Basel), Bützer (Young Boys), Füri (Concordia Basel), Hänni (Oensingen), Hodel (Nordstern), Knup (FCB-Nachwuchs), Massimo Ceccaroni (FCB-Nachwuchs), Gonçalo (Brasilien).
Weg: Jeitziner (Young Boys), Irizik (St. Gallen), Sutter (Yamax), Laydu (Locarno), Lauper (Baden), Lüthi (Grenchen), Stefano Ceccaroni (Laufen), Zbinden (Wettingen), Paul (Old Boys)

1987/88
Trainer: Urs Siegenthaler
Tor: Suter, Pulver
Feld: Herr, Hodel, Zahner, Füri, Bernauer, Smith, Baumberger, Massimo Ceccaroni, Wehrli, Hänni, Mata, Ghisoni, Bützer, Thoma, Schramm, Nadig, Eggeling, Knup, Steiner, Hauser, Moorthy
Neu: Zahner (Aarau), Pulver (FC Bern), Bernauer (Wehr), Smith (Schottland), Wehrli (Laufen), Schramm, Baumberger (Junioren), Thoma (Rheinfelden), Eggeling (Grenchen), Steiner (Aesch), Moorthy (Malaysia)
Weg: Grossenbacher (Servette), Schällibaum (Servette), François (St-Etienne), Ladner (Lugano), Maissen (Young Boys), Süss (Karlsruher SC), Strack (Fortuna Düsseldorf), Gonçalo (Old Boys), Mäder (Baden), Botteron (Rücktritt), Leder (Pratteln)

1988/89
Trainer: Urs Siegenthaler
Tor: Brügger, Glanzmann
Feld: Syfrig, Rindlisbacher, Hodel, Füri, Bernauer, Dittus, Massimo Ceccaroni, Hänni, Mata, Moscatelli, Aeby, Baumann, Fanciulli, Esposito, Patrick Rahmen, Thoma, Steiner, Cueni, Spirig
Neu: Brügger (Luzern), Glanzmann (Therwil), Dittus (Winterslag), Syfrig (Glarus), Baumann (VfB Stuttgart), Rindlisbacher (Aarau), Moscatelli (St. Gallen), Esposito (Luzern), Aeby (Volketswil), Fanciulli (Old Boys), Rahmen (FCB-Nachwuchs), Cueni (Laufen), Spirig (Altstätten)
Weg: Suter (Zürich), Pulver (Young Boys), Hauser (Old Boys), Nadig (Luzern), Moorthy (Old Boys), Knup (Aarau), Herr (Lausanne), Ghisoni (Emmenbrücke), Smith (Schottland), Eggeling (Emmenbrücke), Zahner (Olten), Bützer (Locarno), Wehrli (Laufen)

1989/90
Trainer: Urs Siegenthaler, ab November 1989 Ernst August Künnecke
Tor: Grüter, Glanzmann
Feld: Aeby, Baumann, Mata, Bernauer, Olaf Berg, Baumann, Massimo Ceccaroni, Dittus, Fanciulli, Heuting, Hodel, Maissen, Mancastroppa, Wagner, Moscatelli, Rindlisbacher, Reich, Spicher, Thoma, Wassmer, Zbinden
Neu: Berg (Viktoria Buchholz), Grüter (St. Gallen), Heuting (Concordia Basel), Maissen (Young Boys), Mancastroppa (Red Star Zürich), Reich (Bellinzona), Spicher (Old Boys), Wagner (Steinen-Höllstein), Wassmer (Schalke 04), Zbinden (Bellinzona)
Weg: Brügger (St. Gallen), Cueni (Laufen), Esposito (Bellinzona), Hänni (Klus-Balsthal), Spirig (Altstätten), Steiner (Pratteln), Syfrig (Aarau)

1990/91
Trainer: Ernst August Künnecke
Tor: Grüter, Glanzmann, Künzli
Feld: Baumgartner, Baumann, Bernauer, Bertelsen, Massimo Ceccaroni, Dittus, Djurdjevic, Fanciulli, Gottardi, Mancastroppa, Hangarter, Heidenreich, Maissen, Mata, Patrick Rahmen, Wagner, Reich, Zbinden
Neu: Baumgartner (Wettingen), Bertelsen (Wettingen), Djurdjevic (Belgrad), Gottardi (Dornach), Hangarter (Brüttisellen), Heidenreich (Hannover 96), Künzli (Breitenbach)
Weg: Heuting (Riehen), Hodel (Olten), Moscatelli (Schaffhausen), Rindlisbacher (Bellinzona), Spicher (Pratteln), Thoma (Rheinfelden), Wassmer (Aarau)

1991/92
Trainer: Ernst August Künnecke, ab März 1992 Bruno Rahmen/Karl Odermatt
Tor: Grüter, Glanzmann
Feld: Bauer, Bernhard, Massimo Ceccaroni, Dittus, Gottardi, Baumgartner, Heidenreich, Jeitziner, Jenzer, Mancastroppa, Marcolli, Schweizer, Sitek, Verelli, Epars, Kok, Micha Rahmen, Wagner, Walther
Neu: Bauer (Aesch), Bernhard (Muttenz), Micha Rahmen (Grasshoppers), Jenzer (Rapid Ostermundigen), Jeitziner (Xamax), Marcolli (Aesch), Schweizer (SC Freiburg), Sitek (Baden), Verelli (FCB-Junioren), Epars (Servette), Kok (Zürich)
Weg: Fanciulli (Grenchen), Maissen (Reinach), Mata (Laufen), Patrick Rahmen (Young Boys), Reich (Young Boys), Künzli (Laufen), Baumann (Kirchheim/Teck), Bernauer (Laufenburg/De), Bertelsen (St. Gallen), Djurdjevic (Lörrach), Hangarter (Chur)

1992/93
Trainer: Friedel Rausch
Tor: Reinwald, Grüter, Rausch
Feld: Bauer, Baumgartner, Massimo Ceccaroni, Jeitziner, Jenzer, Karrer, Marcolli, Michael Rahmen, Patrick Rahmen, Schürmann, Sitek, Wagner, Walker, Walther, Berg, Uccella, Chassot, Smajic
Neu: Reinwald (Chur), Rausch (Luzern), Karrer (FCB-Junioren), Schürmann (Lausanne), Walker (Lugano), Berg (1860 München), Uccella (Winterthur), Chassot (Xamax), Smajic (Xamax)
Weg: Dittus (Rücktritt), Epars (Urania Genf), Kok, Gottardi (Dornach), Heidenreich (SC Freiburg), Schweizer (SC Freiburg), Mancastroppa (Schaffhausen), Glanzmann (Ettingen), Bernhard (Fribourg)

1993/94
Trainer: Claude Andrey
Tor: Huber, Grüter
Feld: Bauer, Ceccaroni, Meier, Uccella, Walker, Baumgartner, Tabakovic, Berg, Cantaluppi, Derkach, Hertig, Jeitziner, Karrer, Steingruber, Micha Rahmen, Schürmann, Smajic, Palumbo, Zuffi, Schreiber, Wittmann, Rotzler, Kruse
Neu: Cantaluppi (Grasshoppers), Derkach (Dinamo Moskau), Hertig (Lugano), Huber (Lausanne), Meier (Chiasso), Palumbo (Stuttgarter Kickers), Steingruber (Old Boys), Zuffi (Lugano), Schreiber (FCB-Nachwuchs), Wittmann (FCB-Nachwuchs), Rotzler (FCB-Nachwuchs), Tabakovic (Sloboda Tuzla, ab Februar 94), Gigon (Lausanne, ab Februar 94), Kruse (VfB Stuttgart, ab April 94)
Weg: Chassot (Xamax), D'Ambrosio (Riehen), Jenzer (Rapid Ostermundigen), Lellek (Oldenburg), Marcolli (Old Boys), Patrick Rahmen (Delémont), Rausch (Kaiserslautern), Reinwald (Türkgücü Berlin), Sitek (Locarno), Thalmann (Riehen), Bauer (Old Boys, Februar 94), Walther (Pratteln), Zbinden (Bellinzona), Schürmann (Wil, Februar 94

1994/95
Trainer: Claude Andrey (bis Oktober 95), Oldrich Svab (Oktober 95), Karl Engel (ab November 95)
Tor: Huber, Grüter, Matthey-Doret
Feld: Ceccaroni, Cantaluppi, Gigon, Hertig, Jeitziner, Karrer, Lichtsteiner, Meier, Moser, Olsen, Rey, Saric, Schmitt, Schreiber, Smajic, Steingruber, Tabakovic, van Duren, Walker, Zuffi
Neu: Walker (Lugano), Olsen (Seraing/Be), Matthey-Doret (FCB-Nachwuchs), Moser (Birsfelden), Lichtsteiner (FCB-Nachwuchs), Rey (Sion), Schmitt (FCB-Nachwuchs), Saric (Arminia Bielefeld), van Duren (Groningen, ab September 94)
Weg: Baumgartner (Riehen), Berg (Bodö Glimt), Derkach (Dynamo Moskau), Kruse (VfB Stuttgart), Uccella (Riehen), Micha Rahmen (Riehen), Bauer (Old Boys)

1995/96
Trainer: Karl Engel
Tor: Huber, Grüter, Stöckli
Feld: Ceccaroni, Douimi, Sutter, Disseris, Hakan Yakin, Smajic, Nyarko, Moro, Hasler, Tabakovic, Moser, Orlando, Olsen, Meier, Cantaluppi, Walker, Zuffi, Rey, Okolosi, Vilmar Barbosa Santos, Kondé
Neu: Douimi (St-Louis), Sutter (Young Fellows), Vilmar Barbosa Santos (Brasilien), Disseris (Old Boys), Hakan Yakin (Concordia), Nyarko (Accra), Orlando (Sion), Okolosi (Abidjan), Moro (Xamax), Hasler (FCB-Nachwuchs), Kondé (Binningen/FCB-Nachwuchs), Stöckli (Muri/AG)
Weg: Gigon (Xamax), Hertig (Etoile Carouge), Jeitziner (Old Boys), Karrer (Grenchen), Lichtsteiner (Riehen), Saric (Sportfreunde Siegen), Schreiber (Baden), Steingruber (St.Gallen), van Duren (Holland), Matthey-Doret (Muttenz)

1996/97
Trainer: Karl Engel (bis März 97), Heinz Hermann (März 97), Salvatore Andracchio (bis Juni 97)
Tor: Huber, Grüter, Stöckli, Shorunmu (bis August 96)
Feld: Ceccaroni, Nyarko, La Placa, Zuffi, Orlando, Falub, Salvi, Disseris, Tschopp, Moser, Hasler, Smajic, Frick, Kondé, Tabakovic, Sutter, Poulard, Armentano, Buess, Hakan Yakin, Giallanza, Gamberini, Reimann, Schmidiger (FCB-Nachwuchs), Schupp (ab Januar 97), Foda (ab Januar 97), Knup (ab Januar 97), Henry (ab Januar 97)
Neu: Armentano (Racing Buenos Aires), Frick (St. Gallen), La Placa (Sion), Poulard (Delémont), Salvi (Wil), Falub (Universitatea Cluj), Henry (Toledo), Tschopp (Bubendorf/FCB-Nachwuchs), Buess (FCB-Nachwuchs), Shorunmu (Shooting Stars Nigeria), Foda (VfB Stuttgart), Giallanza (Sion), Gamberini (Modigliana), Reimann (FCB-Nachwuchs), Schupp (Hamburger SV), Knup (Galatasaray Istanbul)
Weg: Meier (Schaffhausen), Olsen (Brøndby Kopenhagen), Rey (Sion), Walker (1860 München), Vilmar Barbosa Santos (Baden), Moro (Rücktritt), Cantaluppi (Servette), Okolosi (Young Boys), Douimu (Celle), Shorunmu (Zürich, ab August 96), Smajic (Young Boys, ab April 2000)

1997/98
Trainer: Jörg Berger (bis Oktober 97), Salvatore Andracchio (bis Dezember 97), Guy Mathez (ab Januar 98)
Tor: Huber, Stöckli
Feld: Buess, Calapes, Ceccaroni, Disseris, Hasler, Kreuzer, Salvi, Sas (bis März 98), Tabakovic, Zuffi, Barberis, Frick, Gaudino, Hartmann, Henry, Kondé, La Placa, Perez, Reimann, Mendi, Schmidiger, Tschopp, Frei, Dobrovoljski, Knup, Giallanza (bis September 97), Subiat (ab September 97), Nemtsoudis (ab September 97), Berger (ab November 97), Webber (ab Januar 98), Pechoucek (ab Januar 98), Fabinho (ab Februar 98)
Neu: Calapes (FCB-Nachwuchs), Barberis (Servette), Kreuzer (Bayern München), Sas (Bradford City), Gaudino (Eintracht Frankfurt), Hartmann (Hamburger SV), Mendi (Klus-Balsthal), Perez (Vaduz), Frei (FCB-Nachwuchs), Dobrovoljski (VfB Stuttgart), Pechoucek (FCB-Nachwuchs), Berger (Grasshoppers), Fabinho (Joinville Esporte Club), Webber (Guarani), Nemtsoudis (Grasshoppers), Subiat (Grasshoppers)
Weg: Giallanza (Nantes, ab September 97), Subiat (St-Etienne, ab Januar 98), Nemtsoudis (Griechenland, ab Januar 98), Sas (Holland, ab März 98), Nyarko (Karlsruher SC), Orlando (Sion), Falub (Rumänien), Moser (Young Boys), Sutter (Zürich), Poulard (Nyon), Armentano (Argentinien), Hakan Yakin (Grasshoppers), Gamberini (Rücktritt), Schupp (Sturm Graz), Foda (Sturm Graz), Grüter (Rücktritt)

1998/99
Trainer: Guy Mathez (bis Mai 99), Marco Schällibaum (bis Juni 99)
Tor: Huber, Matan
Feld: Ceccaroni, Cravero, Disseris, Kreuzer, Kondé (bis Oktober 98), Sahin, Abedi Gonçalves, Barberis, Calapes, Huggel, Pechoucek, Perez, Reimann, Rytschkow, Tschopp, Veiga, Fabinho, Frick, Mendi, Ouattara (bis Januar 99), Cantaluppi (ab Januar 99). Varela (Servette, ab Januar 99), Potocianu (ab Februar 99), Güntensperger (ab April 99), Güner (ab April 99)
Neu: Matan (Zürich), Cravero (Etoile Carouge), Sahin (Muttenz), Huggel (Arlesheim), Rytschkow (Köln), Veiga (Sion), Ouattara (Sion), Abedi Gonçalves (Sion), Cantaluppi (Servette), Varela (Servette), Potocianu (Servette), Güntensperger (Eintracht Frankfurt), Güner (Trabzonspor/Borussia Dortmund)
Weg: Gaudino (Vfl Bochum), Zuffi (Winterthur), Knup (Rücktritt), Stöckli (Baden), Buess (Muttenz), Hasler (Baden), Salvi (Rücktritt), Tabakovic (Waldhof Mannheim), Hartmann (Rücktritt, FCB-Trainerstab), Henry (Frankreich), La Placa (Sion), Schmidiger (Muttenz), Frei (Thun), Dobrovoljski (Deutschland), Berger (Baden), Webber (Brasilien), Pechoucek (Baden), Fabinho (Brasilien), Kondé (Blackburn Rovers) (ab Oktober 98), Ouattara (Extremadura, ab Januar 99)

1999/2000
Trainer: Christian Gross
Sportdirektor: Erich Vogel (ab Februar 2000)
Tor: Zuberbühler, Stöckli
Feld: Ceccaroni, Knez, Kreuzer, Cravero, Quennoz, Calapes, Barberis, Huggel, Cantaluppi, Savic, Sahin (bis August 99), Perez (bis Dezember 99), Rytschkow (bis September 99), Tschopp, Kehrli, Koumantarakis, Tholot, Güner, Güntensperger, N'Tiamoah, Thomas Häberli (ab Januar 2000) Murat Yakin (ab Februar 2000), Agent Sawu (ab März 2000)
Neu: Zuberbühler (Grasshoppers), Koumantarakis (Luzern), Knez (Luzern), Quennoz (Sion), Tholot (Sion), Kehrli (Young Boys), N'Tiamoah (Mulhouse) Savic (Xamax), Stöckli (Baden), Häberli (Kriens), Murat Yakin (Fenerbahce Istanbul), Sawu (Wil)
Weg: Huber (Grasshoppers), Frick (Zürich), Veiga (Le Havre), Abedi Gonçalves (Yverdon), Varela (Servette), Potocianu (Servette), Reimann (Young Boys), Pechoucek (Baden), Sahin (Göztepe Izmir, ab Juli 99), Perez (Delémont) (ab Januar 2000), Rytschkow (Delémont, ab September 99), Matan (Young Boys), Disseris (Winterthur), Mendi (Winterthur)

2000/01
Trainer: Christian Gross
Sportdirektor: Erich Vogel (bis 29. Mai 2001)
Tor: Zuberbühler (bis 23. Juli 2000), König (ab 24. Juli 2000), Crevoisier, Matan
Feld: Aziawonou, Barberis, Cantaluppi, Ceccaroni, Cravero, Ergic, Güner (bis 31. Dezember 2000), Huggel, Knez, Koumantarakis, Kreuzer, Magro, Muff, N'Tiamoah (bis 31. Dezember 2000), Quennoz, Savic, Tchouga, Tholot (bis 31. Dezember 2000), Varela, Ebé (ab 15. März 2001), Tum (ab 1. Januar 2001), Hakan Yakin (ab 1. Januar 2001), Murat Yakin (ab 25. März 2001)
Neu: König (Grasshoppers), Crevoisier (Kriens), Aziawonou (Wangen bei Olten), Ergic (FC Perth Glory/Aus), Magro (Udinese, Muff (Grasshoppers), Tchouga (Yverdon), Varela (Servette), Hakan Yakin (GC), Murat Yakin (Kaiserslautern), Tum (Sion), Ebé (Etoile Carouge)
Weg: Zuberbühler (am 24. Juli 2000 zu Bayer Leverkusen), Stöckli (Winterthur), Calapes (Xamax), Kehrli (Luzern), Tschopp (Xamax), Fabinho, Güntensperger (Horgen), Häberli (Young Boys), Murat Yakin (Kaiserslautern), Sawu (Wil), Güner (ab 1. Januar 2001 Türkei), Tholot (ab 1. Januar 2001 Young Boys), N'Tiamoah (ab 1. Januar 2001 Delémont)

Ausländische Spieler des FC Basel

Die wichtigsten ausländischen Spieler und Grenzgänger, die der FCB im Verlauf seiner Geschichte verpflichtet hat. Die Angabe des Jahres betrifft das Jahr des Vertragsbeginnes.

Jahr	Name	Vorname	Nationalität
1912	Goldschmidt	Josy	Deutscher
1920	Schaffer	?	Ungar
1920	Putzendopler	Gustav	Österreicher
1929	Wionsowsky	Leopold	Pole
1929	Enderlin	Hermann	Deutscher
1930	Jaeck	Alfred	Franzose/Schweizer
1930	Juve	Jörgen	Norweger
1930	Fisher	?	Siamese
1931	Haftel	Otto	Österreicher
1931	Platko	?	?
1932	Borecky	?	?
1932	Wessely	F.	Engländer
1950	Redolfi	Jean	Franzose
1953	Mogoy	Georges	Ungar
1954	Monros	Juan	Spanier
1955	Sanmann	Jürgen	Deutscher
1957	Magyar	Istvan	Ungar
1958	Kohn	Antoine	Luxemburger
1958	Ludwig	Otto	Deutscher
1960	Siedl	Jürgen	Deutscher
1960	Stockbauer	Franz	Deutscher
1961	Lüth	Erdmann	Deutscher
1961	Fritz	Wilhelm	Deutscher
1962	Vogt	Edmund	Deutscher
1964	Laufenburger	Jean-Paul	Franzose
1964	Sartor	Heinz	Deutscher
1964	Hauser	Helmut	Deutscher
1964	Kiefer	Josef	Deutscher
1965	Benthaus	Helmut	Deutscher/Schweizer
1968	Sundermann	Jürgen	Deutscher
1971	Hitzfeld	Ottmar	Deutscher
1972	Reisch	Stephan	Deutscher
1973	Cubillas	Teofilo	Peruaner
1974	Nielsen	Eigil	Däne
1976	Lauscher	Detlev	Deutscher
1979	Gaisser	Serge	Franzose
1980	Duvernois	Serge	Franzose
1981	Nickel	Harald	Deutscher
1982	Berkemeier	Winfried	Deutscher
1982	Hauser	Thomas	Deutscher
1983	Dreher	Uwe	Deutscher
1983	Süss	Thomas	Deutscher
1984	van Kraaj	Adrianus	Holländer
1985	Strack	Gerd	Deutscher
1987	Bernauer	Peter	Deutscher
1988	Dittus	Uwe	Deutscher
1988	Baumann	Rolf	Deutscher
1989	Wassmer	Uwe	Deutscher
1990	Bertelsen	Brian	Däne
1990	Djurdjevic	Miodrag	Jugoslawe
1990	Wagner	Manfred	Deutscher
1990	Heidenreich	Maximiliam	Deutscher
1991	Schweizer	Thomas	Deutscher
1991	Sitek	André	Holländer
1992	Kok	Robert	Holländer
1992	Lellek	Dirk	Deutscher
1992	Berg	Oerjan	Norweger
1993	Smajic	Admir	Bosnier
1993	Derkach	Sergej	Russe
1993	Palumbo	Enzo	Deutscher
1994	Kruse	Axel	Deutscher
1994	Tabakovic	Samir	Bosnier
1994	Saric	Asif	Bosnier
1994	Olsen	Lars	Däne
1994	van Duren	Martinus	Holländer
1995	Douimi	Yassime	Franzose
1995	Nyarko	Alexander	Ghanaer
1995	Okolosi	Gabriel	Nigerianer
1995	Vilmar	Barbosa Santos	Brasilianer
1996	Henry	Fabrice	Franzose
1996	Falub	Adrian	Rumäne
1996	Foda	Franco	Deutscher
1996	Schupp	Markus	Deutscher
1996	Armentano	Mariano	Argentinier
1996	Gamberini	Giuseppe	Italiener
1996	Shorunmu	Ike	Nigerianer
1997	Kreuzer	Oliver	Deutscher
1997	Sas	Marco	Holländer
1997	Gaudino	Maurizio	Deutscher
1997	Hartmann	Jürgen	Deutscher
1997	Perez	Marco	Spanier
1997	Mendi	Deniz	Türke
1997	Dobrovoljski	Daniel	Jugoslawe
1997	Berger	Jan	Tscheche
1998	Fabinho	Fabio José Dos Santos	Brasilianer
1998	Webber	Dos Santos Leandro	Brasilianer
1998	Pechoucek	Vaclav	Tscheche
1998	Sahin	Attila	Türke
1998	Abedi	Robson Vicente Gonçalves	Brasilianer
1998	Rytschkow	Alexander	Russe
1998	Veiga	Argemiro	Brasilianer
1998	Ouattara	Ahmed	Elfenbeinküste
1999	Potocianu	Dan	Rumäne
1999	Güner	Cetin	Türke
1999	Koumantarakis	Georges	Südafrikaner
1999	Tholot	Didier	Franzose
1999	N'Tiamoah	Edmond	Franzose
2000	Sawu	Agent	Simbabwer
2000	Aziawonou	Yao	Togoer
2000	Ergic	Ivan	Australier
2000	Tchouga	Jean-Michel	Kameruner
2000	König	Miroslav	Slowake
2001	Tum	Hervé	Kameruner

Schweizer Nationalspieler des FC Basel, 12. Februar 1905 bis 30. Juni 2001

Albicker Christian
5 Spiele
1913: Deutschland 2:1
Frankreich 1:4
Belgien 1:2
1914: Frankreich 2:2
1915: Italien 1:3

Andermatt Martin
2 Spiele
1983: Elfenbeinküste 0:1
Kenia 0:0

Bader René
22 Spiele
1946: Tschechoslowakei 2:3
1948: England 0:6
1949: Luxemburg 5:2
Belgien 0:3
1950: Österreich 3:3
Schottland 1:3
Jugoslawien 0:3
Brasilien 2:2
Mexiko 2:1
Holland 7:5
Schweden 4:2
Deutschland 1:0
1951: Spanien 3:6
Deutschland 2:3
Jugoslawien 3:7
1952: England 0:3
Türkei 5:1
Österreich 1:1
Ungarn 2:4
Deutschland 1:5
1953: Holland 2:1
Dänemark 1:4

Balmer Walter
20 Spiele
1969: Türkei 0:3
Griechenland 1:4
1970: Frankreich 2:1
Italien 1:1
Griechenland 1:0
Malta 2:1
1971: Polen 2:4
Griechenland 1:0
Türkei 4:0
England 2:3
England 1:1
1972: Schweden 1:1
Polen 0:0
Dänemark 1:1
Italien 0:0
BRD 1:5
1973: Luxemburg 1:0
Türkei 0:0
Schottland 1:0
Luxemburg 1:0

Bielser Karl
8 Spiele
1922: Österreich 1:7
Ungarn 1:1
1929: Deutschland 1:7
1932: Ungarn 3:1
1933: Jugoslawien 4:1
England 0:4
Jugoslawien 2:2
Rumänien 2:2

Blättler Rolf
4 Spiele
1971: England 2:3
England 1:1
1972: Schweden 1:1
Polen 0:0

Botteron René
4 Spiele
1986: Türkei 0:1
BRD 0:1
Algerien 2:0
Österreich 1:1

Burger Rudolf
4 Spiele
1958: Schweden 2:3
Belgien 0:2
Holland 0:2
1959: Portugal 4:3

Cantaluppi Mario
12 Spiele
1997: Russland 2:1
Lettland 1:0
2000: Oman 4:1
Vereinigte
Arabische Emirate 0:1
Norwegen 2:2
Deutschland 1:1
Griechenland 2:2
Russland 0:1
Färöer Inseln 5:1
Slowenien 2:2
Tunesien 1:1
2001: Polen 0:4

Demarmels Otto
16 Spiele
1972: Schweden 1:1
Polen 0:0
Dänemark 1:1
Italien 0:0
BRD 1:5
1973: Luxemburg 1:0
Türkei 0:0
Schottland 1:0
Luxemburg 1:0
Türkei 0:2
1974: Holland 0:1
1977: Tschechoslowakei 1:0
Schweden 1:2
England 0:0
Spanien 1:2
Finnland 2:0

Frigerio Roberto
1 Spiel
1967: Tschechoslowakei 1:2

Galler Max
5 Spiele
1923: Holland 1:4
1928: Italien 2:3
Ungarn 1:3
1929: Deutschland 1:7
Tschechoslowakei 0:5

Greiner Hans
1 Spiel
1934: Tschechoslowakei 2:2

Hasler Emil
4 Spiele
1908: Frankreich 1:2
1909: Deutschland 0:1
England 0:9
1911: Italien 2:2

Hasler René
25 Spiele
1971: Türkei 4:0
1972: Dänemark 1:1
Italien 0:0
BRD 1:5
1973: Luxemburg 1:0
Türkei 0:0
Schottland 1:0
Luxemburg 1:0
Italien 0:2
Türkei 0:2
1974: Belgien 0:1
Holland 0:1
Portugal 3:0
Türkei 1:2
Ungarn 0:1
1975: Türkei 1:1
Irland 1:2
Irland 1:0
England 1:2
1976: Schottland 0:1
Ungarn 0:1
Polen 2:1
Finnland 0:1
Bulgarien 2:2
1977: Portugal 0:1

Huber Stefan
2 Spiele
1999: Griechenland 1:1
Italien 0:0

Hufschmid Ernst
11 Spiele
1932:	Ungarn	3:1
1933:	Holland	2:0
	Jugoslawien	4:1
	England	0:4
	Rumänien	2:2
	Deutschland	0:2
	Italien	2:5
1934:	Holland	3:2
	Tschechoslowakei	2:3
	Tschechoslowakei	2:2
	Holland	2:4

Hug Daniel
2 Spiele
1908:	Frankreich	1:2
	Deutschland	5:3

Hügi Hans (I)
1 Spiel
1952:	Ungarn	2:4

Hügi Josef «Seppe» (II)
34 Spiele
1951:	Italien	1:1
1952:	England	0:3
	Türkei	5:1
	Österreich	1:1
	Ungarn	2:4
	Deutschland	1:5
	Italien	0:2
1953:	Holland	2:1
	Türkei	1:2
	Dänemark	1:4
1954:	Uruguay	3:3
	Italien	2:1
	Italien	4:1
	Österreich	5:7
	Dänemark	1:1
	Ungarn	0:3
1955:	Österreich	2:3
	Holland	1:4
	Spanien	0:3
	Jugoslawien	0:0
1956:	Italien	1:1
	Deutschland	3:1
1957:	Spanien	2:2
	Österreich	0:4
1958:	Holland	0:2
1959:	Portugal	4:3
	Deutschland	0:4
1960:	Belgien	1:3
	Chile	4:2
	Holland	3:1
	Frankreich	6:2
	Belgien	4:2
1961:	Belgien	2:1
	Schweden	0:4

Jaccard Fernand
7 Spiele
1936:	Irland	0:1
	Italien	1:2
	Spanien	0:2
	Belgien	1:1
	Norwegen	2:1
	Schweden	2:5
	Italien	2:4

Jaeck Alfred
25 Spiele
1932:	Deutschland	0:2
	Frankreich	3:3
	Tschechoslowakei	5:1
	Ungarn	3:1
	Österreich	1:3
	Schweden	2:1
1933:	Holland	2:0
	Belgien	3:3
	Italien	0:3
	Jugoslawien	4:1
	England	0:4
	Ungarn	0:3
	Jugoslawien	2:2
1934:	Tschechoslowakei	2:3
	Tschechoslowakei	2:2
	Holland	2:4
	Österreich	0:3
1935:	Deutschland	0:4
	Tschechoslowakei	1:3
	Ungarn	6:2
	Irland	1:0
	Frankreich	2:1
	Norwegen	2:0
	Ungarn	1:6
1936:	Spanien	0:2

Jeitziner Martin
1 Spiel
1985:	Mexiko	2:1

Kaltenbach Ernst
13 Spiele
1911:	Ungarn	0:9
1912:	Deutschland	1:2
1913:	Belgien	0:2
1914:	Frankreich	2:2
	Italien	1:1
	Italien	0:1
1917:	Österreich	0:1
	Österreich	3:2
1918:	Ungarn	1:2
1920:	Deutschland	4:1
1921:	Italien	2:1
1922:	Österreich	1:7
	Ungarn	1:1

Kappenberger Rudolf
6 Spiele
1941:	Spanien	2:3
1942:	Portugal	0:3
	Deutschland	2:1
	Frankreich	2:0
	Deutschland	3:5
	Schweden	3:1

Kunz Marcel
14 Spiele
1967:	Rumänien	7:1
	UdSSR	2:2
	Zypern	5:0
	Italien	2:2
	Italien	0:4
1968:	Israel	1:2
	Zypern	1:2
1969:	Türkei	0:3
1970:	Frankreich	2:1
	Italien	1:1
	Malta	2:1
1971:	Polen	2:4
	Türkei	4:0
	England	2:3

Maissen Erni
15 Spiele
1977:	Finnland	2:0
1979:	DDR	0:2
	Island	2:0
1980:	Tschechoslowakei	2:0
	Griechenland	2:0
	Irland	0:2
	BRD	2:3
	Argentinien	0:5
	Uruguay	0:4
	Brasilien	0:2
1981:	Tschechoslowakei	1:0
	England	2:1
	Norwegen	1:1
1982:	Spanien	0:2
	Brasilien	1:1

Maradan Jean-Pierre
1 Spiel
1977:	Tschechoslowakei	1:0

Marti Peter
5 Spiele
1980:	Norwegen	1:2
	England	2:1
	Argentinien	0:5
	Uruguay	0:4
	Brasilien	0:2

Maurer Kurt
1 Spiel
1953:	Dänemark	1:4

Michaud Bruno
15 Spiele
1967:	Rumänien	7:1
	UdSSR	2:2
	Zypern	5:0
	Italien	2:2
	Italien	0:4
1968:	Israel	1:2
	Zypern	1:2
	BRD	0:0
	Österreich	1:0
	Griechenland	1:0
	Rumänien	0:2
1969:	Portugal	2:0
	Rumänien	0:1
	Türkei	0:3
	Griechenland	1:4

Monnard Numa
3 Spiele
1937:	Italien	2:2
	Ungarn	0:2
1938:	Tschechoslowakei	4:0

Muff André
1 Spiel
2000:	Tunesien	1:1

Müller Walter
1 Spiel
1933:	Deutschland	0:2

Mundschin Walter
7 Spiele
1972:	Schweden	1:1
	Polen	0:0
	Dänemark	1:1
	Italien	0:0
	BRD	1:5
1973:	Schottland	1:0
	Luxemburg	1:0

Odermatt Karl
50 Spiele
1963:	England	1:8
	Frankreich	2:2
1964:	Norwegen	2:3
1965:	Holland	2:1
1966:	UdSSR	2:2
	Mexiko	1:1
	BRD	0:5
	Belgien	0:1
	Rumänien	2:4
1967:	Mexiko	0:3
	Tschechoslowakei	1:2
	Rumänien	7:1
	UdSSR	2:2
	Zypern	5:0
	Italien	2:2
	Italien	0:4
1968:	Israel	1:2
	Zypern	1:2
	BRD	0:0
	Österreich	1:0
	Griechenland	1:0
1969:	Spanien	0:1
	Portugal	2:0
	Rumänien	0:1
	Türkei	0:3
	Griechenland	1:4
	Portugal	1:1
1970:	Spanien	0:1
	Frankreich	2:1
	Italien	1:1
	Ungarn	0:1
	Griechenland	1:0
	Malta	2:1
1971:	Malta	5:0
	Polen	2:4
	Griechenland	1:0
	Türkei	4:0
	England	2:3
	England	1:1
1972:	Schweden	1:1
	Polen	0:0
	Dänemark	1:1
	Italien	0:0
	BRD	1:5

1973:	Luxemburg	1:0
	Türkei	0:0
	Schottland	1:0
	Luxemburg	1:0
	Italien	0:2
	Türkei	0:2

Pfeiffer Siegfried
1 Spiel
1908:	Deutschland	5:3

Pfirter Markus
9 Spiele
1967:	Tschechoslowakei	1:2
	Rumänien	7:1
	UdSSR	2:2
	Zypern	5:0
	Italien	2:2
	Italien	0:4
1968:	Israel	1:2
	Zypern	1:2
	BRD	0:0

Ramseier Peter
28 Spiele
1968:	BRD	0:0
	Österreich	1:0
	Griechenland	1:0
	Rumänien	0:2
1969:	Spanien	0:1
	Portugal	2:0
	Rumänien	0:1
	Türkei	0:3
	Griechenland	1:4
	Portugal	1:1
1970:	Spanien	0:1
	Frankreich	2:1
	Griechenland	1:0
	Malta	2:1
1971:	Malta	5:0
	Polen	2:4
	Griechenland	1:0
	Türkei	4:0
	England	2:3
	England	1:1
1972:	Schweden	1:1
	Polen	0:0
	Dänemark	1:1
	Italien	0:0
	BRD	1:5
1973:	Luxemburg	1:0
	Türkei	0:0
	Schottland	1:0

Schällibaum Marco
4 Spiele
1985:	Irland	0:0
	Dänemark	0:0
	Norwegen	1:1
1986:	Frankreich	2:0

Schaub Paul
2 Spiele
1934:	Tschechoslowakei	2:2
	Österreich	0:3

Schley Werner
2 Spiele
1960:	Chile	4:2
	Holland	3:1

Schnyder Anton
1 Spiel
1966:	Belgien	0:1

Schönenberger Roland
2 Spiele
1977:	Spanien	1:2
	Norwegen	1:0

Schreyer Emile
1 Spiel
1914:	Frankreich	2:2

Stäuble Gottlieb
1 Spiel
1950:	Holland	7:5

Stettler Kurt
2 Spiele
1962:	England	1:3
1963:	England	1:8

Stocker Hanspeter
1 Spiel
1967:	Tschechoslowakei	1:2

Stohler Jörg
10 Spiele
1975:	England	1:2
1976:	Schottland	0:1
	Ungarn	0:1
	Bulgarien	2:2
	Norwegen	0:1
1978:	DDR	1:3
1980:	Irland	0:2
	Dänemark	1:1
	BRD	2:3
	Norwegen	1:2

Sutter Beat
15 Spiele
1983:	Tschechoslowakei	0:0
	DDR	0:3
	Jugoslawien	2:0
	Belgien	3:1
	Algerien	2:1
	Elfenbeinküste	0:1
	Zimbabwe	2:3
	Kenia	0:0
1984:	Argentinien	0:2
	Norwegen	1:0
	Dänemark	1:0
	Italien	1:1
1985:	Bulgarien	0:1
	Mexiko	2:1
	USA	1:1

Tanner Markus
9 Spiele
1978:	Holland	1:3
1979:	DDR	0:2
	Island	2:0
	Island	2:1
	DDR	2:5
1980:	BRD	2:3
	Norwegen	1:2
	England	1:2
	Brasilien	0:2

Thüler Silvan
2 Spiele
1956:	Deutschland	3:1
1958:	Schweden	2:3

Walker Marco
1 Spiel
1995:	Türkei	1:2

von Wartburg Arthur
5 Spiele
1977:	Frankreich	0:4
	Schweden	1:2
	England	0:0
	Spanien	1:2
	Finnland	2:0

Weber Alfons
1 Spiel
1937:	Ungarn	0:2

Weber Hans
22 Spiele
1958:	Frankreich	0:0
	Schweden	2:3
	Belgien	0:2
	Tschechoslowakei	1:2
	Holland	0:2
1959:	Jugoslawien	1:5
	BRD	0:4
1960:	Italien	0:3
	Belgien	1:3
	Chile	4:2
	Frankreich	6:2
1961:	Belgien	2:1
1962:	England	1:3
	Chile	1:3
	BRD	1:2
	Italien	0:3
	BRD	1:5
1963:	Holland	1:1
	England	1:8
	Norwegen	0:2
1964:	Italien	1:3
	Norwegen	2:3

Wenger Peter
7 Spiele
1969:	Türkei	0:3
	Griechenland	1:4
1970:	Frankreich	2:1
	Italien	1:1
	Ungarn	0:1
	Griechenland	1:0
	Malta	2:1

Yakin Hakan
3 Spiele
2001:	Polen	0:4
	Jugoslawien	1:1
	Luxembourg	5:0

Yakin Murat
1 Spiel
2000:	Deutschland	1:1

Zuberbühler Pascal
4 Spiele
1999:	Wales	2:0
2000:	Oman	4:1
	Norwegen	2:2
	Deutschland	1:1

Zuffi Dario
4 Spiele
1995:	Türkei	1:2
	Italien	0:1
1997:	Finnalnd	1:2
	Aserbeidschan	5:0

Schweizer Nationalspieler des FC Basel
Persönliche Bilanzen

Stand 30. Juni 2001

Name	Spiele	Siege	Remis	Niederlagen	Tore
Odermatt Karl	50	15	14	21	9
Hügi Josef «Seppe» (II)	34	11	7	16	23
Ramseier Peter	28	11	8	9	0
Hasler René	25	7	5	13	0
Jaeck Alfred	25	9	4	12	2
Bader René	22	7	3	12	1
Weber Hans	22	3	2	17	1
Balmer Walter	20	8	7	5	2
Demarmels Otto	16	5	6	5	0
Maissen Erni	15	6	2	7	0
Michaud Bruno	15	5	3	7	0
Sutter Beat	15	6	4	5	1
Kunz Marcel	14	5	3	6	0
Kaltenbach Ernst	13	3	3	7	0
Hufschmied Ernst	11	4	2	5	0
Stohler Jörg	10	0	2	8	0
Pfirter Markus	9	2	3	4	0
Tanner Markus	9	2	0	7	1
Bielser Karl	8	2	3	3	0
Jaccard Fernand	7	1	1	5	0
Mundschin Walter	7	2	4	1	1
Wenger Peter	7	3	1	3	0
Cantaluppi Mario	12	4	5	3	2
Kappenberger Rodolfo	6	3	0	3	5
Albicker Christian	5	1	1	3	1
Galler Max	5	0	0		0
Marti Peter	5	1	0	4	0
von Wartburg Arthur	5	1	1	3	0
Blättler Rolf	4	0	3	1	2
Botteron René	4	1	1	2	0
Burger Rudolf	4	1	0	3	2
Hasler Emil	4	1	3	0	0
Zuberbühler Pascal	4	2	2	0	0

Name	Spiele	Siege	Remis	Niederlagen	Tore
Zuffi Dario	4	1	0	3	0
Monnard Numa	3	1	1	1	1
Yakin Hakan	3	1	1	1	0
Andermatt Martin	2	0	1	0	0
Huber Stefan	2	0	2	0	0
Hug Daniel	2	1	0	1	1
Schaub Paul	2	0	1	1	0
Schley Werner	2	2	0	0	0
Schönenberger Roland	2	1	0	1	0
Stettler Kurt	2	0	0	2	0
Thüler Silvan	2	1	0	1	0
Frigerio Roberto	1	0	0	1	0
Greiner Hans	1	0	1	0	0
Hügi Hans (II)	1	0	0	1	0
Jeitziner Martin	1	1	0	0	0
Maradan Jean-Pierre	1	1	0	0	0
Maurer Kurt	1	0	0	1	0
Muff André	1	0	1	0	0
Müller Walter	1	0	0	1	0
Pfeiffer Siegfried	1	1	0	0	2
Schnyder Anton	1	0	0	1	0
Schreyer Georg	1	0	1	0	0
Stäuble Gottlieb	1	1	0	0	0
Stocker Hanspeter	1	0	0	1	0
Walker Marco	1	0	0	1	0
Weber Alfonso	1	0	0	1	0
Yakin Murat	1	0	1	0	0
Total 60 Spieler mit	**486**	**144**	**114**	**228**	**58**

Es wurden für diese Statistiken nur Spieler berücksichtigt, die zur Zeit der aufgeführten Länderspiele beim FC Basel unter Vertrag waren. Im weiteren wurden nur FCB-Spieler aufgeführt, die in offiziellen Länderspielen der Schweizer A-Nationalmannschaft auftraten.

Tore, die FCB-Spieler für die Nationalmannschaft erzielt haben

Hügi Josef «Seppe» (II)
23 Tore
01.06.52	Ankara	5:1	Türkei	2 Tore
20.09.52	Bern	2:4	Ungarn	1 Tor
22.03.53	Amsterdam	2:1	Holland	1 Tor
27.06.53	Basel	1:4	Dänemark	1 Tor
17.06.54	Lausanne	2:1	Italien	1 Tor
23.06.54	Basel	4:1	Italien	2 Tore
26.06.54	Lausanne	5:7	Österreich	3 Tore
01.05.55	Bern	2:3	Österreich	1 Tor
22.05.55	Rotterdam	1:4	Holland	1 Tor
21.11.56	Frankfurt	3:1	BRD	1 Tor
10.03.57	Madrid	2:2	Spanien	2 Tore
06.04.60	Basel	4:2	Chile	1 Tor
18.05.60	Zürich	3:1	Holland	1 Tor
12.10.60	Basel	6:2	Frankreich	5 Tore

Odermatt Karl
9 Tore
18.06.66	Lausanne	1:1	Mexiko	1 Tor
02.11.66	Bukarest	2:4	Rumänien	1 Tor
03.05.67	Basel	1:2	CSSR	1 Tor
24.05.67	Zürich	7:1	Rumänien	1 Tor
08.11.67	Lugano	5:0	Zypern	1 Tor
12.05.71	Bern	1:0	Griechenland	1 Tor
26.09.71	Zürich	4:0	Türkei	1 Tor
10.11.71	London	1:1	England	1 Tor
08.04.73	Luxemburg	1:0	Luxemburg	1 Tor

Kappenberger Rodolfo
5 Tore
28.12.41	Valencia	2:3	Spanien	1 Tor
01.02.42	Wien	2:1	Deutschland	2 Tore
08.03.42	Marseille	2:0	Frankreich	1 Tor
18.10.42	Bern	3:5	Deutschland	1 Tor

Balmer Walter
2 Tore
26.09.71	Zürich	4:0	Türkei	1 Tor
04.10.72	Kopenhagen	1:1	Dänemark	1 Tor

Blättler Rolf
2 Tore
26.09.71	Zürich	4:0	Türkei	1 Tor
26.04.72	Genf	1:1	Schweden	1 Tor

Burger Rudolf
2 Tore
16.05.59	Genf	4:3	Portugal	2 Tore

Cantaluppi Mario
2 Tore
30.03.2000	Lugano	2:2	Norwegen	1 Tor
15.11.2000	Tunis	1:1	Tunesien	1 Tor

Jaeck Alfred
2 Tore
07.05.33	Zürich	4:1	Jugoslawien	1 Tor
14.04.35	Zürich	6:2	Ungarn	1 Tor

Pfeiffer Siegfried
2 Tore
05.04.08	Basel	5:3	Deutschland	2 Tore

Albicker Christian
1 Tor
08.03.14	Paris	2:2	Frankreich	1 Tor

Bader René
1 Tor
02.07.50	Porto Alegro	2:1	Mexiko	1 Tor

Hasler Emil
1 Tor
07.05.11	Mailand	2:2	Italien	1 Tor

Hug Daniel
1 Tor
05.04.08	Basel	5:3	Deutschland	1 Tor

Monnard Numa
1 Tor
03.04.38	Basel	4:0	CSSR	1 Tor

Mundschin Walter
1 Tor
22.06.73	Bern	1:0	Schottland	1 Tor

Sutter Beat
1 Tor
26.10.83	Basel	2:0	Jugoslawien	1 Tor

Tanner Markus
1 Tor
11.10.78	Bern	1:3	Holland	1 Tor

Weber Hans
1 Tor
12.10.60	Basel	6:2	Frankreich	1 Tor

Quellenangaben, Fotonachweis

Bücher:
FC Basel 1893–1993 (Buchverlag Basler Zeitung, Josef Zindel)
50 Jahre Fussball-Club Basel (Jules Düblin)
75 Jahre Fussball-Club Basel (Jules Düblin)
Das Goldene Buch des Schweizer Fussballs (Verlag Domprobstei Basel)
Fussball-Weltgeschichte (Verlag Copress)
Die Saga des Weltfussballs (Walter Lutz, Habegger-Verlag)
25 Jahre Nationalliga
50 Jahre Nationalliga
Karl Odermatt-Story (Jean-Pierre Ackermann, Ackermann & Fahrni)
Festschrift zum 30jährigen Bestand des Schweiz. Fussball- und Athletik-Verbandes (Fritz Klippstein)
Fussball in der Nordwestschweiz (Eugen A. Meier, Birkhäuser)
Fussball in der Schweiz (Hans Sutter/Jean-Pierre Gerwig)
Fussball-Handbuch der Nationalliga (diverse Jahrgänge)
Fussball (diverse Jahrgänge, Habegger-Verlag)
Jahresberichte des Schweizerischen Fussballverbandes (diverse Jahrgänge)
80 Anni di calcio Svizzero, Almanacco calcistico Svizzero (Armando Libotte, Giornale del Popolo)
Basler Stadtbuch (diverse Jahrgänge)
The Observer's Book of Association Football (Albert Sewell)
Le Guide de Foot (Daniel Masnari)

Privatarchive:
Rudolf Schneiter, Harry Thommen, Martin Dürr, Jürg Spahr (Jüsp), Kurt Walter, Sport-Toto-Gesellschaft, Marco von Ah, Diverse Homepages

Zeitungen:
National-Zeitung, Basler Nachrichten, Basler Zeitung, Der Tip, Der Sport, Semaine sportive, Match Mag

Fotonachweis:
Stefan Holenstein, Basel: S. 8, 10, 11, 13, 14, 16, 18 (2x), 19, 21, 23, 24, 25, 26/27, 29, 31 (2x), 32, 33, 35, 36, 37, 38 (oben), 41, 42, 43 (2x), 44, 51, 52, 54, 63, 64/65, 66, 67, 68, 69, 70 (2x), 71 (3x), 72, 73, 74, 75 (2x), 76, 77, 79, 80, 81, 82, 83, 168, 192 (3x), 193 (2x), 194 und Buchumschlag
Peter Armbruster, Basel: S. 38 (unten), 39 (2x)
Aimée Bürgi-Michaud, Rodersdorf, Privatarchiv: S. 102
André Muelhaupt, Basel: S. 260
Herzog & de Meuron, Basel: Illustrationen S. 22, 45

Alle restlichen Abbildungen stammen aus den Archiven der Basler Zeitung, FC Basel, Kurt und Trudi Baumli sowie Stefan Holenstein und wurden bereits im Buch «FC Basel 1893–1993» publiziert.

Grossen Dank für wertvollste Mitarbeit an:
Hans-Peter Platz, Andreas Schluchter, Michael Martin, Georg Heitz, Daniel Schaub
Raymond Simonet, Biel-Benken
Schweizerische Landesbibliothek, Bern
Martha und Marcus Zindel, Rebstein
Markus Zindel, Zürich
Hansjörg Schifferli, Winterthur
Dokumentation und Archiv-Team BaZ mit Marcel Münch, Nathalie Kaufmann, Bernhard Vesco
Doris Zindel-Rudin, Basel
Monika Sommer, Bottmingen
Bernard Unternährer, Basel
Michel Wirz, Ettingen
Den Kolleginnen vom Opinio Verlag

Der Verlag und der Autor danken dem Lotteriefonds Basel-Stadt für die finanzielle Unterstützung dieses Werkes.

Der Autor:

Josef Zindel
Geboren 1953 in Altstätten (SG), aufgewachsen in Rebstein (SG), Schulen in Rebstein, Altstätten und Appenzell.
Lehre und Tätigkeit als Sortiments- und Verlagsbuchhändler in St.Gallen, Basel und Zürich.
1977 bis 1982 Redaktor bei der Nachrichtenagentur Sportinformation Zürich.
1982 bis 1996 Sportredaktor bei der Basler Zeitung
1996 bis 1997 Stellvertretender Chefredaktor der Zeitung SPORT
1998 bis 2000 Sportchef bei Schweizer Radio DRS
2000 bis 2001 Verlagsleiter Opinio Verlag
ab 2002 freier Journalist und Texter
Verheiratet, lebt in Basel.
Diverse Buchpublikationen, Drehbücher, Kabarett-Texte.

Redaktionsschluss: 30. Juni 2001